Juri Buranow
Wladimir Chrustaljow

Die Zarenmörder

Aufbau Sachbuch

Juri Buranow
Wladimir Chrustaljow

Die Zarenmörder

Vernichtung einer Dynastie

Aus dem Russischen
von Alfred Frank

Aufbau-Verlag

Mit 30 Abbildungen und
einer Stammtafel Nikolais II.

Der Übersetzung lag ein Manuskript mit dem Titel
»Крах дома Романовых. 1917–1919«
zugrunde

Inhalt

Anhang

Einleitung

Für Rußland steht das Jahr 1993 im Zeichen zweier denkwürdiger Daten, die in einem engen Zusammenhang zu sehen sind und die die Machthaber des Landes noch unlängst am liebsten vergessen hätten: des 125. Geburtstags des letzten russischen Selbstherrschers Nikolai II.* und des fünfundsiebzigjährigen Jubiläums der tragischen Erschießung der Zarenfamilie in Jekaterinburg im Ural**.

Die Zeiten haben sich geändert. Heute bestreitet kaum noch einer, daß es in der russischen Geschichte des 20. Jahrhunderts zahlreiche »weiße Flecken« gibt, die erst jetzt ihre Geheimnisse preisgeben. Zu diesen »weißen Flecken« gehört einer der Wendepunkte in der Geschichte unseres Landes und der ganzen Welt: der unerwartete Zusammenbruch und die Vernichtung des Romanowschen Imperatorenhauses im Februar/März 1917, hatten doch die Romanows erst 1913 das dreihundertjährige Jubiläum ihrer Herrschaft über das russische Imperium, das ein Sechstel der Erde einnahm, feierlich begangen.

Der Sturz des Hauses Romanow, der mit der Abdankung der gekrönten Brüder begann, war der Anfang vom Ende nicht allein der Zarenfamilie, die der Tod in Jekaterinburg ereilte, sondern einer ganzen Gruppe von Großfürsten, die 1918/19 in Perm, Alapajewsk, Taschkent und Petrograd hingerichtet wurde. Ihren Kreuzweg zu verfolgen, der durch Erniedrigung, Verleumdung, Verhaftung, Verbannung und Einkerkerung führte, ist eine der Hauptaufgaben unserer Arbeit. Bei einem Vergleich der Fakten kommen die Konturen des Gesamtplans zur blutigen Vernichtung eines Großteils des Zarengeschlechts im Ural zum Vorschein.

* Imperator Nikolai Alexandrowitsch Romanow (Nikolai II.) wurde am 6. (19.) Mai 1868, am Tage des Gerechten Hiobs des Vieldulders, in Zarskoje Selo bei Petersburg geboren.

** In der Nacht vom 16. zum 17. Juli 1918 wurde die Zarenfamilie im Keller des Ipatjew-Hauses in Jekaterinburg erschossen.

Im folgenden werden Ablauf und Zwangsläufigkeit der Vorgänge, die dem Zusammenbruch des zaristischen Rußlands vorausgingen, herausgearbeitet, anhand von Dokumenten die Abdankung Nikolais II. und seines Bruders, des Großfürsten Michail Alexandrowitsch, dargestellt und das tragische Schicksal vieler Vertreter der Zarendynastie nachgezeichnet. Dabei stellen sich dem Forscher zahlreiche Hindernisse in den Weg, die nicht nur mit dem schwer zugänglichen oder teilweise gänzlich fehlenden dokumentarischen Material zusammenhängen, sondern auch damit, daß der vielschichtige historische Prozeß jener Jahre nicht so ohne weiteres zu begreifen und zu erklären ist.

Dieses Buch ist der Versuch, die dunkelsten Seiten des Schicksals der während des Bürgerkriegs umgebrachten Mitglieder der Zarendynastie einschließlich der eigentlichen Zarenfamilie aufzuhellen. Es entstand auf der Grundlage von Dokumenten, die zum Teil nicht nur der breiten Leserschaft, sondern auch den professionellen Historikern unbekannt sind. Herangezogen wurden Unterlagen der Außerordentlichen Ermittlungskommission zur Untersuchung gesetzwidriger Amtshandlungen ehemaliger Minister und sonstiger hoher Amtspersonen der zaristischen Regierung beim Justizminister der Provisorischen Regierung, Dokumente und Schriftstücke, Tagungsprotokolle und Beschlüsse der Provisorischen Regierung wie der zaristischen Regierung, des WZIK* und des Rates der Volkskommissare der RSFSR, Dokumente des Volkskommissariats für Justiz, des NKWD**, der Tscheka*** der RSFSR und der Gouvernements sowie anderer zentraler und örtlicher Macht- und Verwaltungsorgane. Ferner stützten wir uns auf Unterlagen der russischen Emigration und der weißgardistischen Regierungen, u. a. auf die Ergebnisse der Ermittlungen zum Mord an der Zarenfamilie, die Untersuchungsführer N. A. Sokolow und Staatsanwalt W. F. Jordanski vornahmen. In großem Umfang wurden persönliche Dokumente der Zarenfamilie (Tagebücher, Briefe u. a.), der Großfürsten sowie anderer Vertreter der Zarendynastie und ihrer nächsten Umgebung ausgewertet. Dazu gehören die Akten, die der Jekaterinburger Arbeiter-, Bauern- und Rotarmistensowjet während der Verbannung der Romanows im Frühjahr und Sommer 1918

* Allrussisches Zentrales Exekutivkomitee, existierte bis 1936.

** Volkskommissariat des Innern.

*** Außerordentliche Kommission für den Kampf gegen Konterrevolution und Sabotage.

im Ural angelegt hatte und die nach ihrer Erschießung von Ja. M. Jurowski nach Moskau gebracht wurden. Auch Dokumente, Erinnerungen und Aussagen der Bewacher und der Henker der Romanows gelang es ausfindig zu machen. Zusammen mit verschiedenartigen Publikationen und Memoiren bot dies alles eine solide Voraussetzung, die Umstände der Vernichtung der Romanow-Dynastie zu ergründen und die verborgenen Triebfedern der planmäßig vollzogenen blutigen Aktion bloßzulegen. Uns war daran gelegen, das Gespräch mit dem Leser weitgehend in der Sprache der Dokumente zu führen und die Schlußfolgerungen ihm selbst zu überlassen.

Bevor wir auf die tragischen Schicksale der Romanows und auf die Vergehen, deren man sie bezichtigt, eingehen, müssen wir uns wenigstens in allgemeinen Zügen ein Bild davon machen, was Rußland an der Jahrhundertwende darstellte, mit welchem wirtschaftlichen und kulturellen Potential es den tragischen Ereignissen in Jekaterinburg und Alapajewsk entgegenging. Hierfür konnten bislang unbekannte Dokumente herangezogen werden: das letzte Tagebuch des Großfürsten Michail Alexandrowitsch, Protokolle der Zeugenaussagen über seine Entführung, Erinnerungen und Aussagen der unmittelbar an seiner Erschießung Beteiligten sowie nach der Tat zur Desinformation der Öffentlichkeit lancierte Meldungen über die »Flucht Michail Romanows«.

Besonders deutlich tritt der Gesamtplan zur Vernichtung der Romanows im Ural an der Alapajewsker Tragödie zutage. Einen Tag nach der Erschießung der Zarenfamilie in Jekaterinburg wurden in der Nacht vom 17. zum 18. Juli 1918 in Alapajewsk mehrere Großfürsten sowie Jelisaweta Fjodorowna, die Schwester der Zarin, auf barbarische Weise umgebracht. Die aus der weißgardistischen Untersuchung von Staatsanwalt W. F. Jordanski resultierenden bzw. durch die Jekaterinburger Tscheka produzierten Dokumente bezeugen, daß in Alapajewsk das ganze Arsenal erprobter Mittel zum Einsatz kam: als »Flucht« hingestellter heimlicher Mord und anschließende Desinformation der Öffentlichkeit in der Presse. Nachlässigkeiten bei der Vorbereitung und Durchführung der Vernichtungsaktion brachten jedoch das Verbrechen an den Tag und entlarvten die Mörder.

Nicht weniger geheimnisvoll wurde die Hinrichtung der Zarenfamilie behandelt. Daß bald eine Unmenge von Versionen kursierte, lag auch daran, daß die Sowjetregierung die Wahrheit verschwieg und lediglich die Erschießung Nikolais II. zugab. Die Ermordung der gesamten Zarenfamilie kam erst 1921 ans Tageslicht, als zunächst ein Artikel des ehemaligen Mitglieds des Jekaterinburger Sowjets P. M. Bykow und dann sein Buch »Die letzten Tage der Romanows« (Swerdlowsk 1926) erschien. Die gesamte historische Literatur der Sowjetunion vertrat in der Folgezeit die offizielle Version, die den Rat der Volkskommissare der unmittelbaren Verantwortung für die angeordnete Erschießung der Romanows enthob, die entsprechende Initiative dem örtlichen Machtorgan, dem Gebietssowjet des Urals, zuschrieb und somit die Verantwortung auf ihn abwälzte.

Nach einer langen Zeit des Verschweigens sind in den letzten Jahren in Rußland zahlreiche Artikel und Publikationen (auf der Grundlage einer Aufzeichnung Jurowskis) erschienen, in denen einige Details der Hinrichtung der Zarenfamilie dargestellt werden. Doch ist in dieser Flut von Berichten vieles bruchstückhaft und widersprüchlich, da die Aussagen nicht auf dokumentarisch belegten Tatsachen basieren, sondern auf Mutmaßungen und logischen Schlüssen. Statt zur Lüftung des Geheimnisses um den Untergang der Romanow-Dynastie beizutragen, führen derlei Veröffentlichungen vielfach zu neuen Spekulationen. Allein die Auswertung der zentralen wie der regionalen Archive ermöglicht es, die »weißen Flecken« des Zusammenbruchs und Untergangs des Romanow-Hauses auszufüllen.

Unsere Arbeit erhebt keinen Anspruch auf erschöpfende Darstellung des Themas, doch wir hoffen, daß sie vielen Lesern neue Aspekte der Endphase des Romanow-Hauses erschließt und es ihnen ermöglicht, als bekannt vorausgesetzte historische Fakten unseres Landes unter verändertem Blickwinkel zu betrachten.

Nikolai II. (1868–1918)

Erstes Kapitel

Der Zerfall der Dynastie

Ende 1916 kam es im Zarenhaus der Romanows mit seinen 65 Angehörigen (den Titel Großfürst führten 15) zum Bruch.

Der Konflikt war seit langem herangereift. Viele aus der Zarendynastie waren auf das Herrscherpaar nicht gut zu sprechen. Vorbei waren die Zeiten, da Alexander III. mit fester Hand für Disziplin in der zahlreichen »Familie« gesorgt hatte. Als einer von ihnen, Großfürst Michail Michailowitsch, ohne »höchste Billigung« die Gräfin Sofja Meregberg aus Liebe heiratete, hatte sich Alexander III. nicht damit begnügt, ihn zu degradieren und aller seiner Titel zu berauben, er verwies ihn auch des Landes. Die Lektion wirkte abschreckend. Als Großfürst Nikolai Nikolajewitsch, der sich in eine Kaufmannstochter aus Zarskoje Selo verliebt hatte, eine ähnliche Liebesheirat ersehnte, wandte er sich an den Zaren mit dem ehrerbietigsten Ersuchen, ihm die Ehe zu gestatten. Alexander III. antwortete ihm mit einem kurzen Satz, der keinerlei Hoffnungen ließ: »Mit vielen Höfen bin ich verschwägert, aber mit einem Kaufhof verschwägert war ich nicht und werde ich auch nicht sein.«

Nach dem Tode Alexanders III. hielten sich die Großfürsten nicht mehr an die bisherige Disziplin. Nikolai II., der von jugendlicher Schüchternheit war, erwies seinen älteren Onkeln und Cousins, die gewohnt waren, auf ihn herabzublicken und ihm deshalb nicht die notwendige Ehrerbietung entgegenbrachten, wenig Entgegenkommen. Hin und wieder versuchte er, es seinem Vater gleichzutun. Vor allem im Falle der morganatischen Vermählungen des Großfürsten Pawel Alexandrowitsch sowie seines Bruders Michail. Doch bald wurde auch ihnen verziehen. Die junge Zarin vermerkte in Briefen an ihre Angehörigen, der Zar befinde sich »in der Umklammerung seiner dichtgedrängten Verwandtschaft – der Großfürsten und Großfürstinnen«. Sie erkannte die Gefahr, die der Imperatorendynastie drohte, und benutzte ihren Einfluß auf den Gatten, um ihn zu bewegen, die Freiheiten, die sich einige Mitglieder der »Großfamilie« herausnahmen, mit aller Strenge zu unterbinden. Der Zar versprach, ihre Ratschläge zu befolgen, doch es dauerte nicht lange, und er gab den Forderungen der Verwandten nach, seine Gemahlin aber machte sich diese zu Feinden.

Traditionsgemäß legte jedes Mitglied der Imperatorendynastie den Treueid auf den Zaren und das Vaterland ab: »Ich ... schwöre und gelobe bei Gott, dem Allmächtigen, und seinem heiligen Evangelium, daß ich, meiner Pflicht gemäß, willens bin, meinem wahrhaftigen und naturgegebenen allergnädigsten großen Imperator Nikolai Alexandrowitsch, Selbstherrscher aller Russen, und Seiner Hoheit, dem Thronfolger Rußlands, treu zu dienen, ohne mein Leben zu schonen, bis zum letzten Blutstropfen, und alle zu Seiner Majestät des Selbstherrschers Macht und Stärke gegenwärtig und fürderhin erlassenen Rechte und Gerechtsamen mit dem Äußersten meiner Kräfte und Möglichkeiten zu erfüllen. Seiner Majestät Staat und Ländereien Feinden mit Leib und Blut, auf dem Felde und in Festungen, zu Wasser und auf dem Lande, in Schlachten und Gefechten, bei Belagerungen und Sturmangriffen sowie bei sonstigen kriegerischen Auseinandersetzungen mutig und entschlossen Widerstand zu leisten und mich in jedweden Dingen zu befleißigen, die in jeglicher Weise den treuen Dienst für Seine Majestät und den staatlichen Nutzen betreffen können. Verlust und Schaden für Seiner Majestät Interessen, sobald ich davon Kenntnis erlange, nicht nur beizeiten kundzumachen, sondern sie auch mit allen Mitteln abzuwenden, alle mir anvertrauten Geheimnisse verläßlich zu hüten, meinen Vorgesetzten in allem, was den Nutzen und den Dienst am Staat betrifft, den gebührenden Gehorsam zu leisten und alles gewissenhaft auszuführen, ohne zu eigenem Vorteil aus Freundschaft oder Feindschaft gegen Dienst und Gelöbnis zu verstoßen; mich von der Mannschaft und der Fahne, wohin ich gehöre, ob auf dem Felde, im Troß oder in der Garnison, niemals zu entfernen, sondern ihnen, solange ich am Leben bin, zu folgen und mich in allem zu verhalten, wie es einem ehrlichen, treuen, gehorsamen, tapferen und umsichtigen Offizier gebührt. Wobei mir Gott, der Allmächtige, helfe. Zum Abschluß meines Schwurs küsse ich das Wort und das Kreuz meines Erlösers. Amen.«

Wie sich jedoch zeigen sollte, hielten nicht alle ihrem Gelöbnis die Treue.

Beunruhigt durch die Konsequenzen der nahenden Revolution, unternahm eine Gruppe von Großfürsten mehrere Versuche, auf Nikolai II. einzuwirken. Sie hielten es für notwendig, Teilreformen zuzugestehen und so den unerbittlichen Gang der Ereignisse aufzuhalten. Damit folgten sie dem Vermächtnis des Imperators Alexander II.: »Besser von oben anfangen, ehe es von unten anfängt.« Die Durchführung der Reformen konnte nach Ansicht eines Teils der »Großfamilie« allein über ein »verantwortliches Kabinett« erfolgen, das die Interessen der Großbourgeoisie vertrat, die längst die wirtschaftliche Entwicklung des Landes kontrollierte.

Haupthindernis bei der Realisierung dieses Vorhabens war die Position des Imperators. Seinerzeit hatte Nikolai II. ein langes Gespräch mit dem Grafen L. L. Tolstoi, einem Sohn des Schriftstellers Lew Tolstoi, gehabt. In diesem Gespräch führte der Zar das Hauptargument ins Feld, an dem er während seiner gesamten Regentschaft festhielt. Er persönlich brauche gar nichts, am liebsten würde er »mit seiner Familie ein ruhiges Leben führen, aber der Schwur, den er bei der Krönung geleistet habe, gebe ihm nicht das Recht, auf die unbegrenzte Macht zu verzichten«. Die Verwandten Nikolais II. waren jedoch der Meinung, der Zar würde sich zu Zugeständnissen an die »Duma-Opposition« bereitfinden, stünde er nicht unter dem Einfluß seiner Gemahlin Alexandra Fjodorowna und des allseits verhaßten Grigori Rasputin.

Der große Einfluß Rasputins auf das Herrscherpaar beunruhigte die Zarendynastie, da sie in ihm eine tödliche Gefahr für die Monarchie sah. Gestern noch ein Pferdedieb, hatte er eine Wallfahrt nach Jerusalem und zu vielen heiligen Stätten Rußlands unternommen, und nachdem er am Zarenhofe den offiziellen Titel des »Leuchteranzünders« verliehen bekommen hatte, entschied er in der Tat über vieler Leute Geschick. Da er über einen starken Willen und eine gewisse Suggestionskraft verfügte, war es ihm gelungen, einen ungeheuren Einfluß auf Alexandra Fjodorowna zu gewinnen, die an die »heilige Kraft« dieses Menschen glaubte, an seine Fähigkeit, ihren einzigen und geliebten Sohn, den Zarewitsch Alexej, von seiner Krankheit zu befreien. Es gibt zahlreiche glaubwürdige Belege, wonach es ihm gelungen sein soll, auf die Krankheit wohltuend einzuwirken und die physischen Leiden des Thronfolgers zu lindern.

Die Hofdame Anna Wyrubowa beschrieb in ihren Erinnerungen einen solchen Fall: »Alle wissen, daß sich Ihre Majestäten bei den fortwährenden Erkrankungen Alexej Nikolajewitschs stets an Rasputin wandten, da sie glaubten, sein Gebet könne dem armen Jungen helfen. Im Jahre 1915, als sich der Herrscher an die Spitze der Armee stellte, nahm er Alexej Nikolajewitsch mit auf eine Fahrt zum Hauptquartier. Einige Stunden nach ihrem Aufbruch von Zarskoje Selo bekam Alexej Nikolajewitsch Nasenbluten. Doktor Derewenko, der ihn ständig begleitete, versuchte die Blutung zum Stillstand zu bringen, doch nichts half, und die Lage wurde so bedrohlich, daß Derewenko sich entschloß, den Gossudar* zu bitten, den Zug umkehren zu lassen, da Alexej Nikolajewitsch verblute. Welch qualvolle Stunden verbrachte die Zarin, während sie auf ihre Rückkehr wartete, denn vor solch einer Blutung hatten sie immer die größte Angst. Mit aller Vorsicht wurde Alexej Nikolajewitsch ins Schloß getragen. Ich sah ihn im Kinderzimmer liegen: das kleine Gesicht wächsern, in den Nasenlöchern blutige Watte. Professor Fjodorow und Doktor Derewenko taten ihr Möglichstes, wurden der Blutung jedoch nicht Herr. Fjodorow sagte mir, er wolle ein letztes Mittel versuchen – dazu brauche er eine Meerschweinchendrüse. Die Imperatorin lag vor dem Bett auf den Knien und zerbrach sich den Kopf, was weiter zu unternehmen sei. Als ich nach Hause kam, erhielt ich von ihr eine Nachricht mit der Anweisung, Grigori Jefimowitsch (Rasputin) zu holen. Er erschien im Schloß und begab sich mit den Eltern zu Alexej Nikolajewitsch. Ihren Worten zufolge trat er an das Bett des Thronfolgers, bekreuzigte ihn, sagte zu den Eltern, es sei nichts Ernstes, sie brauchten sich nicht zu beunruhigen, wandte sich um und ging. Das Bluten hörte auf. Der Gossudar reiste tags darauf zum Hauptquartier ab. Die Ärzte sagten, sie könnten sich das Geschehen nicht erklären. Doch ist es Tatsache. Wenn man die seelische Verfassung der Eltern begreift, kann man auch ihr Verhältnis zu Rasputin verstehen: jeder Mensch besitzt ein Glaubensbedürfnis, und in schwierigen Situationen erlebt er es auf seine Weise; ihre Verwandten jedoch wollten die Lage nicht begreifen ...«

Professor Sirotinin, Leibarzt des Zarenhofes, bezeugte ebenfalls die ungewöhnlichen hypnotischen Fähigkeiten Rasputins, sein wundertätiges Vermögen, nach erfolglosen Bemühungen zahlreicher Ärzte dem Bluten des Thronfolgers durch Besprechen Einhalt zu gebieten. Grigori Rasputin konnte es sich erlau-

* Herrscher.

Alexandra Fjodorowna mit Thronfolger Alexej

ben, der Zarenfamilie wiederholt zu prophezeien: »Solange ich lebe, wird die Zarenfamilie leben. Sterbe ich, müßt auch ihr ins Grab!«

Das Leben Grigori Jefimowitsch Rasputins als Favorit der Familie des letzten russischen Imperators war stets von unzähligen Legenden, Gerüchten und anekdotischen Erfindungen umwoben. Vor allem betraf das seine Biographie. Selbst 1915, als die Tobolsker Gendarmerie auf ihn aufmerksam wurde, gab der stellvertretende Leiter der Tobolsker Gouvernementsgendarmerieverwaltung in den Kreisen Tjumen, Jalutorowsk und Turinsk, Rittmeister W. M. Kalmykow, in einem Geheimbericht das ungefähre Alter Rasputins mit 38 Jahren an, d. h. Geburtsjahr 1877. Nachforschungen in Archivdokumenten ergaben jedoch, daß Rasputin am 10. Januar 1869 geboren wurde. Interessant ist auch die Geschichte mit seinem Familiennamen. In den Archiven findet sich bei den Dokumenten Nikolais II. ein Gesuch Grigori Rasputins vom 15. Dezember 1906 :

»Eure Majestät. Ich wohne in Pokrowskoje und trage den Namen Rasputin, den ebenso viele Mitbewohner dieses Dorfes tragen, wodurch alle möglichen Mißverständnisse entstehen können.

Ich werfe mich zu Füßen Eurer Majestät und bitte Euch, daß ich und meine Nachkommenschaft angehalten werden, den Namen ›Rasputin Nowy*‹ zu tragen.

Eurer Majestät treuer Untertan Grigori.«

Der Bitte wurde bald schon stattgegeben. In den Dokumenten des Amtsbezirks Pokrowskoje im Gouvernement Tobolsk (in der Heimat Grigori Rasputins) findet sich unter dem Namen Rasputin die folgende Eintragung aus dem Jahre 1908: »Grigori erhielt die allerhöchste Erlaubnis, den Familiennamen ›Rasputin-Nowy‹ zu tragen. Verfügung der Tobolsker Staatskammer vom 7. März 1907, Nr. 9136, Akte Nr. 11/1907.«

Zu dem Beinamen kam es folgendermaßen: Als Thronfolger Alexej den »Heiligen« zum erstenmal sah, nannte er ihn den »Neuen«, womit er ihn aus dem ihm bereits bekannten Umkreis der Zarenfamilie heraushob.

In Rasputin wohnten zwei gegengesätzliche Naturen: die des Gerechten und die des Sünders, und abwechselnd gewannen sie in seiner Seele die Oberhand. Von solchen Menschen hatte

* »Rasputin der Neue«.

Fjodor Dostojewski höchst treffend bemerkt: »Nie weiß man im voraus, ob sie ins Kloster gehen oder ein Dorf anzünden.«

Rasputin der Gerechte wandte sich mit seinen Prophezeiungen und seinem heiligen Wort nicht nur an die Zarenfamilie. 1911 erschien unter dem Namen »Grigori Rasputin-Nowy« eine philosophisch-religiöse Broschüre mit dem Titel »Meine Gedanken und Überlegungen. Kurze Beschreibung einer Reise zu den heiligen Stätten und dadurch ausgelöste Überlegungen über religiöse Fragen«.

Nikolai II. vermerkte am 1. November 1906 in seinem Tagebuch: »Wir lernten den Gottesmann Grigori, gebürtig aus dem Gouvernement Tobolsk, kennen . . .« Bei vielen objektiv urteilenden und ehrenwerten Menschen hinterließ die erste Berührung mit Rasputin einen zwiespältigen Eindruck. Sie spürten, daß er zweifellos ein kluger, verschlagener Mann war und daß hinter seinem berüchtigten Einfluß auf das Zarenpaar Hofintrigen von Personen standen, die ihn für ihre eigennützigen Zwecke auszunutzen gedachten.

Rasputin besaß keinerlei politisches Programm. Er propagierte schlicht und einfach den mystischen Glauben an den »gottgesalbten« Volkszaren. Nikolai II. und Alexandra Fjodorowna meinten, daß durch diesen »heiligen« gemeinen Mann das wahrhaft russische Volk mit ihnen eine uneigennützige und offene Sprache führe. Rasputin schmeichelte ihnen nie, im Gegenteil, er sagte ihnen oft unbequeme Dinge ins Gesicht, forderte sie zu »Demut« und »Bezähmung der Hoffart« auf. Vieles, was der »heilige Freund« kundtat, stimmte mit dem seelischen Empfinden des Zarenpaares völlig überein. Nikolai II. war von der Notwendigkeit überzeugt, dem Schwur, den er am Sterbebett des Vaters geleistet hatte, die Treue zu bewahren, dem Schwur, »die Bürde der absoluten Monarchie mit Würde zu tragen«.

So wurde Grigori Rasputin in der Staatsduma von der Opposition als Zielscheibe ihrer gegen die Dynastie gerichteten Propaganda erkoren. Nicht umsonst machte der Arzt Je. S. Botkin die bittere Bemerkung: »Hätte es Rasputin nicht gegeben, dann hätten die Gegner der Zarenfamilie und die Wegbereiter der Revolution durch ihr Gerede die Wyrubowa dazu gemacht, hätte es die Wyrubowa nicht gegeben, dann mich oder sonstwen.« Obwohl man ihn dessen bezichtigte, ließ sich in Rasputins Ratschlägen beim besten Willen nichts finden, was von den Feinden des Vaterlandes inspiriert gewesen wäre. Seine Ratschläge und Predigten riefen ausschließlich zur Befestigung des Staatswesens und des Volkswohls auf.

Das ausschweifende, lasterhafte Leben, das der »Prophet« außerhalb des Zarenschlosses führte, war indessen zunehmend skandalumwittert. Der Öffentlichkeit wurde beharrlich suggeriert, »finstere Kräfte« beeinflußten die Staatspolitik. Rasputin selbst goß Öl ins Feuer, wenn er im Rausch vor seinen Zechkumpanen mit seinen engen Beziehungen zu Zar und Zarin prahlte und sie »Papa« und »Mama« nannte. Den schmutzigen Pasquillen über Rasputins Eskapaden, wie zum Beispiel dem »Heiligen Teufel«, einer im Ausland verfaßten Auftragsarbeit des entweihten Mönchs Iliodor, wurde dadurch zusätzliche Glaubwürdigkeit verliehen. Besagtes Büchlein enthielt Telegramme mit Nummern- und Datumsangaben, die Rasputin angeblich mit der Zarenfamilie gewechselt hatte. Später stellte die Außerordentliche Ermittlungskommission der Provisorischen Regierung fest, daß diese Dokumente sämtlich gefälscht und niemals abgesandt worden waren. Doch wer an die Front kam, konnte bezeugen, daß in den Schützengräben neben allen möglichen illegalen Schriften ein Kärtchen kursierte: Rasputin umarmt Nikolai II. und Alexandra Fjodorowna. Und darunter: »Zu dritt ist es schöner!«

Im November 1916 tönten die Anklagereden gegen Rasputin in der Staatsduma besonders laut. »Woher rührt all dies Böse?« fragte der Monarchist W. M. Purischkewitsch und antwortete: »Ich gestatte mir, hier vor der Staatsduma zu sagen, daß alles Böse von finsteren Kräften kommt, von den Einflüssen, die Leute in Bewegung setzen und auf hohe Posten befördern, die sie nicht bekleiden dürfen – Einflüssen, unter denen an erster Stelle Grischka Rasputin zu nennen ist!« Er appellierte an die Minister, sich zu ermannen und den Zaren zu bitten: »Nicht Grischka Rasputin soll Lenker des inneren und öffentlichen Lebens sein!«

Auf solchen Reden beruhte die im einfachen Volk verbreitete Meinung: »Jetzt herrscht bei uns nicht Nikolai II. Romanow, sondern Grigori I. Rasputin.« Viele glaubten, es genüge, Rasputin aus dem Zarenschloß zu entfernen, um Rußland manches Unheil zu ersparen. Doch die Antwort Nikolais II. auf die Bitte des Hofministers Graf Fredericks, er möge Rasputin entfernen, lautete: »Diese Frage lassen Sie beiseite, das ist meine Sache.«

Will man gewissen Äußerungen von Großfürsten Glauben schenken, soll der Zar gestanden haben, ihm seien »zehn Raspu-

Grigori Rasputin

tins lieber als die Hysterie von Alexandra Fjodorowna«. Selbst diesbezügliche Bitten naher Verwandter – der leiblichen Schwester der Zarin, der Großfürstin Jelisaweta Fjodorowna, und der Imperatorenwitwe Maria Fjodorowna – führten zu nichts, das Ergebnis war eine noch größere Entfremdung in den familiären Beziehungen des Hauses Romanow.

Die leidenschaftliche Rede Purischkewitschs machte großen Eindruck auf den jungen Fürsten Felix Jussupow, der mit einer Nichte des Zaren verheiratet war. Er ergriff die Initiative zur Beseitigung des »Freundes der Familie« und rief am 20. November Purischkewitsch an. Die Verschwörer wandten sich um Rat und Vermittlung an den bekannten Advokaten W. A. Malakow, der zum Führungskreis der Kadettenpartei gehörte. »Bilden Sie sich ein, die Revolutionäre würden Rasputin umbringen?« bekamen sie zu hören. »Als ob die nicht genau wüßten, daß Rasputin ihr bester Bundesgenosse ist. Niemand hat der Monarchie so viel Schaden zugefügt wie Rasputin; sie denken überhaupt nicht daran, ihn umzubringen.«

Fürst Jussupow, Großfürst Dmitri Pawlowitsch (ein Cousin Nikolais II.) und Purischkewitsch beschlossen, auf eigene Gefahr und Verantwortung zu handeln. Mit Unterstützung freiwilliger Helfer, für die es zahlreiche Belege gibt, gelang das Attentat. Fürst Jussupow fiel es nicht leicht, die Grenze des Erlaubten zu überschreiten: »Eine innere Stimme sagte mir: jeder Mord ist ein Verbrechen und eine Sünde, doch zum Wohle der Heimat mußte dieser in höchstem Maße schädliche, niederträchtige Mann, der durch teuflischen Einfluß Macht über den Gossudar und die Imperatorin gewonnen hatte, vernichtet werden ... Ich war fest davon überzeugt, daß die Vernichtung Rasputins die Zarenfamilie retten, dem Gossudar die Augen öffnen und dieser, aus der schrecklichen Rasputinschen Hypnose erwacht, Rußland zum Sieg und zum Glück führen würde.«

In der Nacht vom 16. zum 17. Dezember 1916 kam es so zu einem Ereignis, das in seinen Auswirkungen auf eine Stufe mit den Duma-Reden vom 1. November gestellt werden kann. In der Villa des Fürsten Jussupow wurde Grigori Rasputin ermordet. Man lockte ihn dorthin, und nach einem mißglückten Vergiftungsversuch erschoß man ihn aus nächster Nähe. Den Leichnam brachte man weg, um ihn in einem Eisloch zu versenken. Das Verbrechen zum Wohle der Heimat war vollbracht, doch die »Missetäter« wurden ermittelt. Es sei daran erinnert, daß sich die Mitglieder des Zarengeschlechts allein vor dem Zaren und nicht vor dem Gesetz zu verantworten hatten, d. h., sie genossen Immunität.

Für Nikolai II., der, von Alexandra Fjodorowna alarmiert, eilig aus dem Hauptquartier in die Hauptstadt zurückgekehrt war, bestand der härteste Schlag darin, daß Angehörige der Zarendynastie den Mord verübt hatten. Wie Anna Wyrubowa berichtet, wiederholte er mehrfach: »Ich schäme mich vor Rußland, daß die Hände meiner Verwandten mit dem Blut dieses Mannes befleckt sind.« Und noch fünfzig Jahre danach empfand die jüngste Schwester des Zaren, Großfürstin Olga Alexandrowna, nichts als Verachtung und Scham angesichts der ruchlosen Tat ihrer Verwandten: »Der Mord an Rasputin hatte nichts Heroisches ... Man denke nur an die beiden Namen, die am engsten mit dem Mord verbunden sind – an den Großfürsten, einen Enkel des Befreierzaren*, und an den Sproß eines unserer großen Geschlechter, verheiratet mit einer Großfürstentochter. Wie tief waren wir gesunken.«

Am 29. Dezember 1916 wurden Felix Jussupow und Dmitri Pawlowitsch im Hause Maria Pawlownas (der Älteren, Frau des Großfürstin Wladimir Alexandrowitsch) unter Hausarrest gestellt. Zu ihrer Verteidigung wurde ein gemeinsames Schreiben verfaßt, das sechzehn Mitglieder des Imperatorenhauses unterschrieben. Unter ihnen waren Vertreter der »Kerngruppen« des Imperatorengeschlechts.

Die Familie des verstorbenen Großfürsten Wladimir Alexandrowitsch gehörte dazu: seine Frau Maria Pawlowna, ihre Kinder Boris, Andrej und Kirill sowie dessen Frau, Viktoria Fjodorowna.

Ebenso der Allerälteste der Dynastie (der einzige noch lebende Sohn Alexanders II.), Pawel Alexandrowitsch, und seine Tochter Maria Pawlowna (die Jüngere).

Die Familie des Großfürsten Konstantin Konstantinowitsch (des Älteren, des bekannten Dichters K. R., gestorben 1915) war vertreten durch die Fürsten Ioann, Gawriil, Igor und Konstantin sowie durch Ioanns Frau, die serbische Prinzessin Jelena, und ihre Mutter Jelisaweta Mawrikijewna.

Als Vertreter der vierten Gruppe der Romanows bestätigten zwei Söhne des Großfürsten Michail Nikolajewitsch, Nikolai

* Alexander II. hob 1861 die Leibeigenschaft auf.

und Sergej, mit ihrer Unterschrift ebenfalls ihre Opposition gegen den Imperator.

Schließlich leistete auch Olga, Königin der Griechen, ihre Unterschrift.

Der Brief stellte, obwohl sehr loyal abgefaßt, eine ernste Warnung an Nikolai II. dar: er enthielt lediglich die Bitte, Dmitri Pawlowitschs Strafe zu mildern, ihn nicht nach Persien, sondern auf eines seiner Güter zu schicken – nach Ussowo oder Iljinskoje. Doch hinter dieser Loyalität verbarg sich etwas Schwerwiegenderes. Die Großfürsten verhehlten nicht, daß sie das Geschehene uneingeschränkt guthießen, und gaben dem Zaren zu bedenken, daß sie noch weiter zu gehen gewillt waren. Durch die Petersburger Salons geisterte der Schatten Pauls I.* Die Ermordung Rasputins vermochte den Zusammenhalt des Zarenhauses in keiner Weise zu verbessern, sie vertiefte nur noch den Riß. Doch dies war nur die Spitze des Eisberges. Die Ursachen des Zerfalls lagen wesentlich tiefer. So hatte die Fürstin S. N. Jussupowa in ihrem Brief vom 25. November 1916 an ihren Sohn Felix sehr gereizt über das Herrscherpaar geschrieben: »Jetzt ist es zu spät, ohne Skandal wird es nicht mehr abgehen, damals aber wäre alles noch zu retten gewesen, hätte man die Entfernung des Obersten (des Zaren – d. Verf.) für die gesamte Kriegszeit und die Nichteinmischung seiner Gemahlin in Fragen der Staatslenkung verlangt. Jetzt, wiederhole ich, solange diese beiden Fragen nicht behoben sind, wird auf friedlichem Wege nichts zu machen sein, richte das Onkel Mischa (M. W. Rodsjanko – d. Verf.) von mir aus.«

Und hier ein Zitat aus dem Brief der Gattin des Vorsitzenden der Staatsduma, A. N. Rodsjanko, an ihre Freundin, die Fürstin S. N. Jussupowa, vom 1. Dezember, d. h. kurz vor Rasputins Ermordung: »Alle Ernennungen und Veränderungen in der Duma, alle Verhandlungen liegen in der Hand der verrückten Deutschen, Rasputins, der Wyrubowa, Pitirims und Protopopows.«

Selbst Großfürstin Jelisaweta Fjodorowna schickte am 18. Dezember ein vielsagendes Telegramm aus Moskau:

»Großfürsten Dmitri Pawlowitsch. Petrograd.

Gestern spätabends erst nach einer Woche in Sarow und Diwejewo zurückgekehrt, bete für Euch Lieben alle. Bitte mir

* Zar (1754–1801), Sohn Peters III. und Katharinas II., ermordet durch adlige Verschwörer.

brieflich Genaueres mitzuteilen. Gott gebe Felix Kraft nach seiner patriotischen Tat. Ella.«

Mit brennendem Interesse reagierten die ausländischen Diplomaten auf die Fürstenverschwörung. So enthält das Tagebuch des französischen Botschafters Paléologue unter dem 12. Januar 1917 (31. Dezember 1916 alten Stils) eine höchst interessante Eintragung:

»Von verschiedenen Seiten wird mir versichert, daß vorgestern auf die Imperatorin ein Anschlag verübt worden sei, als sie das Lazarett von Zarskoje Selo besichtigte. Den Attentäter – einen Offizier – habe man gestern früh gehängt. Um die Motive und die näheren Umstände dieses Aktes wird absolutes Stillschweigen bewahrt.

Alle Mitglieder der Imperatorenfamilie einschließlich der verwitweten griechischen Königin, die sich gestern bei Großfürstin Maria Pawlowna versammelten, haben ein gemeinsames Schreiben an den Imperator gerichtet.

Dieses in den ehrerbietigsten Worten gehaltene Schreiben weist den Zaren auf die Gefahren hin, die Rußland und der Dynastie durch seine Innenpolitik drohen; es endet mit der Bitte, Großfürst Dmitri zu begnadigen, um ein großes Unglück abzuwenden.«

Wie wir sehen, verflochten sich Gerüchte mit provokatorischen Erfindungen und realen Vorgängen, alles zusammengenommen verhieß jedoch der Zarenfamilie nichts Gutes.

In dieser Situation, da sich Nikolai II. der geschlossenen Front aller feindlichen Kräfte und der aufgebrachten Mitglieder des Imperatorenhauses gegenübersah, konnte er sich zu keinen rigorosen Maßnahmen entschließen (nach dem Vorbild Peters I., der zur Festigung seiner Selbstherrschaft nicht einmal davor zurückgeschreckt war, den eigenen Sohn hinzurichten). Verwandtschaftliches Blut wurde nicht vergossen: Dmitri Pawlowitsch Romanow verbannte man zum Militärdienst nach Persien und F. F. Jussupow auf sein Gut. Das bedeutete nicht, daß der Imperator den Mördern verzieh. Bezeichnend für die Bewertung der Situation ist das sittliche Herangehen Nikolais II., das aus seiner Antwort auf den gemeinsamen Brief der Verwandten spricht: »Niemandem ist das Recht gegeben, sich als Mörder zu betätigen, ich weiß, daß das Gewissen vielen keine Ruhe läßt, denn nicht allein Dmitri Pawlowitsch ist in die Sache verwickelt. Über Ihr Gesuch an mich muß ich mich wundern.«

Die beunruhigte Imperatorenwitwe Maria Fjodorowna versuchte ihren Sohn mit einen Brief zur Einsicht zu bringen und den Konflikt zu entschärfen: »Verzeih, ich bin überzeugt, daß Dir bewußt ist, wie sehr Du mit Deiner schroffen Antwort, der entsetzlichen und völlig unbegründeten Anschuldigung, die Du erhobst, den Unwillen Deiner Familie erregt hast. Ich hoffe, Du wirst das Los des armen Dmitri erleichtern und ihn nicht nach Persien schicken ... Der arme Onkel Pawel (Dmitris Vater, Großfürst Pawel Alexandrowitsch – d. Verf.) schrieb mir in seiner Verzweiflung, er habe sich nicht einmal von seinem Sohn verabschieden können ... Solches Verhalten steht Dir nicht an ... Es irritiert mich sehr.«

Doch die aufgebrachte »Großfamilie« fuhr fort, Intrigen zu spinnen und das Netz der Verschwörung gegen Nikolai II. zu knüpfen. Besonders taten sich Großfürst Nikolai Michailowitsch und Großfürstin Maria Pawlowna hervor, die von ihren drei Söhnen unterstützt wurde. Letztere waren, ihrer Stellung in der Hierarchie entsprechend, im Falle der Veränderung der Dynastielinie in der Nachfolge Nikolais II. und dessen Bruders Michail reale Anwärter auf den Thron. Diese Gefahr wurde noch dadurch vergrößert, daß Maria Pawlowna über Rodsjanko gute Beziehungen zur Staatsduma unterhielt. Der Vorsitzende der Staatsduma schrieb später in seinen Erinnerungen über die Verhandlungen mit den Fürsten:

»Tags darauf traf ich zum Frühstück bei der Großfürstin auch deren Söhne, die allem Anschein nach Familienrat hielten ...

Die Großfürstin sprach davon, wie sich die innere Lage entwickelt hatte, von der Unfähigkeit der Regierung, von Protopopow und der Imperatorin. Als sie deren Namen nannte, befiel sie noch größere Erregung, ihren Einfluß und ihre Einmischung in alle Angelegenheiten fand sie schädlich, sie stürze das Land ins Verderben, durch sie gerieten der Zar und die gesamte Zarendynastie in Gefahr, diese Situation dürfe nicht länger hingenommen werden. Verändern, beseitigen, vernichten ...

Um Aufschluß zu erlangen, was sie damit sagen wolle, fragte ich:

›Wie meinen Sie das – beseitigen?‹

›Das weiß ich auch nicht ... Etwas muß man unternehmen, sich etwas einfallen lassen ... Sie verstehen doch ... Die Duma muß etwas tun ... Sie muß vernichtet werden ...‹

›Wer?‹

›Die Zarin.‹

›Eure Durchlaucht‹, sagte ich, ›gestatten Sie mir, dieses unser Gespräch als nicht stattgehabt zu betrachten, denn wenn Sie sich an mich als Vorsitzenden der Duma wenden, muß ich mich, meinem Eid getreu, stehenden Fußes zum Imperator begeben und ihm berichten, die Großfürstin Maria Pawlowna habe mir gegenüber erklärt, die Imperatorin müsse vernichtet werden.‹«

Natürlich fällt es schwer zu glauben, daß der Höfling Rodsjanko in diesem Moment an seinen Eid gedacht und auch die Großfürsten an ihn erinnert haben sollte. Da er um den verschärften Kurs und die Zwangsmaßnahmen des Imperators wußte und kein Verlangen spürte, in den familiären Zwistigkeiten des Zarenhauses seinen Kopf hinzuhalten, suchte er nach einem Alibi. Doch die Atmosphäre, die in der Hauptstadt herrschte, gibt er richtig wieder:

»Die Abdankung, zu der der Zar gezwungen werden müsse, war Ende 1916, Anfang 1917 ständig im Gespräch.« Alle sahen, daß sich nach der Ermordung Rasputins nichts geändert hatte, ebensowenig hatte das Gerede von den »finsteren Kräften« aufgehört, nur wurden sie jetzt bereits weiter oben gesucht.

Es kam so weit, daß am 1. Januar 1917 der Vertreter des Städtebundes, das Tifliser Stadtoberhaupt A. I. Chatissow, im Auftrage des Fürsten G. Je. Lwow in den Kaukasus reiste, um dem Großfürsten Nikolai Nikolajewitsch vorzuschlagen, einen Umsturz herbeizuführen und sich zum Zaren ausrufen zu lassen. Nach dreitägiger Erörterung des Vorschlags erklärte der Großfürst dem Abgesandten der Demokratie, seiner Ansicht nach würden sich bei einem Sturz des Zaren der russische Bauer und die Armee nicht auf die Seite der Verschwörer stellen und deshalb halte er den Plan für nicht ausführbar.

Nikolai II. wartete nicht ab, bis sich der Unmut der Großfürsten zu etwas noch Gefahrvollerem auswuchs, und ergriff Präventivmaßnahmen. Großfürst Nikolai Michailowitsch, Unruhestifter im Jachtklub und in den politischen Salons, wurde angewiesen, sich unverzüglich auf sein Landgut Gruschewka im Gouvernement Cherson zu begeben; Großfürst Kirill Wladimirowitsch wurde zu einer Militärinspektion an die Murmanküste entsandt, sein Bruder Boris Wladimirowitsch zu gleichem Zweck in den Kaukasus.

Großfürstin Maria Pawlowna sagte vor ihrer Abreise nach Kislowodsk zu einem der Generäle, die sie verabschiedeten:

»Wir sehen uns wieder, wenn ich über Simferopol nach Petrograd zurückfahre; nach Petrograd aber kehre ich erst zurück, wenn hier alles vorbei ist.« Doch die Großfürstin sollte die Hauptstadt nicht wiedersehen.

Die »Familien«-Mitglieder des Hauses Romanow fügten sich dem Willen des Imperators, doch an Unterwerfung dachten sie nicht.

Zweites Kapitel

»Ringsum Verrat, Feigheit und Betrug«

Es heißt, Nikolai II. habe kampflos auf den russischen Thron verzichtet. War es tatsächlich so? Sehen wir uns den Gang der Ereignisse genauer an.

Die Regierung leitete Maßnahmen für den Fall revolutionärer Aktionen ein. Im Januar 1917 war der Plan für die Verlegung von Armee- und Polizeieinheiten nach der Hauptstadt fertig. Beunruhigt durch ein Gespräch mit Protopopow, der Zweifel an der Zuverlässigkeit der Reservegardebataillone in Petrograd geäußert hatte, beorderte Nikolai II. General Chabalow zu Konsultationen. Nach dessen Bericht erteilte der Zar dem Stabschef des Obersten Befehlshabers, General W. I. Gurko (General Alexejew war noch krank), unverzüglich den Befehl, von der Front, angeblich zur Erholung, zwei Gardekavallerieregimenter und ein Uralkosakenregiment in die Kasernen zurückzuholen.

Am 14. Februar setzte die Staatsduma nach einer Pause ihre Tagungen fort. Im Tagebuch Nikolais II. wird dieses Ereignis nicht erwähnt, doch unter dem 10. Februar finden sich zwei wichtige Eintragungen: »Um 2 Uhr kam Sandro (Großfürst Alexander Michailowitsch – d. Verf.) und führte in meinem Beisein im Schlafzimmer ein langes Gespräch mit Alix.« Und weiter: »Vor dem Teetrinken empfing ich Rodsjanko.«

Nikolai II. empfing in diesen Tagen die Großfürsten, um sich über die Ergebnisse ihrer Reisen, zu denen er sie veranlaßt hatte, berichten zu lassen. So informierte Kirill Wladimirowitsch den Imperator über seine Reise an die Murmanküste und nach Archangelsk, Georgi Michailowitsch über seine dreimonatige Frontinspektion. Zum Rapport bestellt wurde auch Pawel Alexandrowitsch, General der Kavallerie und Inspekteur der Gardetruppen.

Von anderer Art war die Begegnung mit Alexander Michailowitsch. Der Großfürst beschreibt sie so:

»Forschen Schrittes trat ich ein. Alix lag in einem weißen spitzenbesetzten Morgenkleid im Bett. Ihr schönes Gesicht war ernst und verhieß nichts Gutes. Ich mußte mich auf Anwürfe gefaßt machen. Das war betrüblich. Ich wollte ja helfen und nicht schaden. Auch daß Nicky an ihrem breiten Bett saß, gefiel mir nicht. In meinem Brief an Alix hatte ich betont: ›Ich möchte Sie ganz allein sehen, um unter vier Augen mit Ihnen zu sprechen.‹ Ich mußte mir den Vorwurf machen, daß sie ihren Mann in seinem Beisein in den Abgrund zog, und das war ein bedrükkendes Gefühl.

Ich küßte ihre Hand, ihre Lippen berührten nur flüchtig meine Wange. Das war der kühlste Empfang, den sie mir seit dem ersten Tag unserer Bekanntschaft im Jahre 1893 bereitete. Ich nahm einen Stuhl, rückte ihn dicht ans Bett und setzte mich vor die mit unzähligen Ikonen bedeckte und mit blauen und roten Lämpchen beleuchtete Wand.

Ich begann damit, daß ich auf die Ikonen wies und sagte, ich möchte mit Alix wie bei der Beichte sprechen. Ich umriß kurz die politische Gesamtlage und hob hervor, daß das Volk von der revolutionären Propaganda infiziert sei, Verleumdung und Gerüchte würden für bare Münze genommen.

Sie fiel mir schroff ins Wort:

›Das ist nicht wahr! Das Volk hält dem Zaren nach wie vor die Treue. (Sie drehte sich Nicky zu.) Die Verräter in der Duma und in der Petrograder Öffentlichkeit sind meine und seine Feinde.‹

Zum Teil gab ich ihr recht.

›Nichts ist gefährlicher als die Halbwahrheit, Alix‹, sagte ich, wobei ich ihr fest in die Augen sah. ›Die Nation hält zum Zaren, aber der Einfluß, den Rasputin hatte, empört sie. Niemand weiß besser als ich, wie sehr Sie Nicky lieben, dennoch muß ich Ihnen gestehen, daß Ihre Eingriffe in die Lenkung des Staatswesens dem Ansehen Nickys und dem Bild, das sich das Volk vom Selbstherrscher macht, schaden. Vierundzwanzig Jahre lang war ich Ihr treuer Freund. Ich bin es auch jetzt, und deshalb möchte ich, daß Sie begreifen, daß alle Bevölkerungsklassen Rußlands Ihrer Politik feindlich gegenüberstehen. Sie haben eine prächtige Familie. Sollten Sie sich nicht besser darauf konzentrieren, was Ihrer Seele Frieden und Harmonie verleiht? Überlassen Sie die staatlichen Angelegenheiten Ihrem Gemahl!‹

Sie errötete und sah Nicky an. Er rauchte schweigend weiter.

Fortfahrend erklärte ich, sosehr ich auch parlamentarische Regierungsformen in Rußland ablehnte, ich sei überzeugt davon, daß, wenn der Gossudar in diesem Augenblick höchster

Gefahr eine für die Staatsduma akzeptable Regierung bildete, seine Verantwortung dadurch verringert und seine Aufgabe erleichtert würde.

›Ich beschwöre Sie, Alix, lassen Sie Ihre Gereiztheit gegen die Staatsduma nicht die Oberhand gewinnen über den gesunden Menschenverstand. Eine grundlegende Veränderung der Politik könnte den Volkszorn mäßigen. Lassen Sie es nicht zur Explosion kommen.‹

Sie lächelte verächtlich.

›Alles, was Sie sagen, ist einfach lächerlich! Nicky ist Selbstherrscher! Wie kann er die gottgegebenen Rechte mit irgend jemand teilen?‹

›Sie irren, Alix. Ihr Gemahl hat am 17. Oktober 1905 aufgehört, Selbstherrscher zu sein. Damals hätten Sie an seine »gottgegebenen Rechte« denken sollen. Jetzt ist es dafür leider zu spät! Möglicherweise bleibt in zwei Monaten in Rußland kein Stein auf dem anderen, der uns noch an die Selbstherrscher erinnern könnte, die auf dem Thron unserer Ahnen saßen.‹

Sie antwortete ausweichend, und plötzlich hob sie die Stimme. Ich folgte ihrem Beispiel. Ich hatte den Eindruck, ich müsse meine Sprechweise ändern.

›Vergessen Sie nicht, Alix, daß ich dreißig Monate lang geschwiegen habe!‹ schrie ich in fürchterlichem Zorn. ›Ich habe dreißig Monate lang kein Wort darüber verloren, was in unserer Regierung, besser gesagt, in Ihrer Regierung vor sich ging. Ich sehe, daß Sie bereit sind, zusammen mit Ihrem Mann zugrunde zu gehen, aber vergessen Sie auch uns nicht! Müssen wir alle für Ihre blinde Unvernunft büßen? Sie haben nicht das Recht, Ihre Verwandten mit in den Abgrund zu reißen.‹

›Ich lehne es ab, diesen Streit fortzusetzen‹, sagte sie kalt. ›Sie übertreiben die Gefahr. Wenn sich Ihre Erregung gelegt hat, werden Sie einsehen, daß ich recht hatte.‹

Ich erhob mich, küßte ihre Hand, ohne dafür meinerseits den gewohnten Kuß zu erhalten, und ging hinaus. Ich sah Alix nie wieder.«

Der Zar hatte an diesem Tag noch eine Unterredung, die übliche vor Eröffnung der Duma-Sitzung, mit Rodsjanko, der sich unentwegt für ein »verantwortliches Kabinett« einsetzte. In seinen Erinnerungen stellte Rodsjanko fest:

»Die ungewöhnliche Frostigkeit, mit der ich empfangen wurde, zeigte mir, daß ich keine Gelegenheit haben würde, wie sonst meine Argumente in einem offenen Gespräch darzulegen, deshalb begann ich sofort mit dem Vortrag des schriftlichen Berichts, der die schlechte Lebensmittelversorgung der Armee und der Städte, die Übergabe von Maschinengewehren an die Polizei und die politische Gesamtlage zum Gegenstand hatte. Der Gossudar verhielt sich gleichgültig, hörte zerstreut zu und unterbrach mich schließlich schroff:

›Geht es nicht ein bißchen schneller? Mich erwartet Großfürst Michail Alexandrowitsch . . .‹

Zur Übergabe von Maschinengewehren bemerkte er gleichgültig:

›Seltsam, davon habe ich nichts gehört . . .‹

Und als ich auf Protopopow zu sprechen kam, fragte er gereizt:

›Protopopow hat doch mit Ihnen in der Duma zusammengearbeitet . . . Was haben Sie jetzt gegen ihn?‹

Ich antwortete, seit Protopopow Minister sei, habe er eindeutig den Verstand verloren.

Bei der Erwähnung der bedrohlichen Stimmung im Lande und der Möglichkeit einer Revolution fiel mir der Zar ins Wort:

›Meine Informationen sind völlig entgegengesetzt, und was die Stimmung in der Duma betrifft: wenn sie sich wieder so rüde Auftritte erlaubt wie das letztemal, wird sie aufgelöst.‹

Ich sah mich gezwungen, mit meinem Bericht zu Ende zu kommen:

›Ich halte es für meine Pflicht, Gossudar, mein persönliches Vorgefühl und meine Überzeugung auszusprechen, daß dies mein letzter Vortrag bei Ihnen gewesen ist.‹

›Warum?‹ wollte der Zar wissen.

›Weil die Duma aufgelöst werden wird und der Kurs, den die Regierung verfolgt, nichts Gutes ahnen läßt . . . Noch ist Zeit, und es wäre möglich, die Lage zu wenden und eine den Kammern gegenüber verantwortliche Regierung einzusetzen. Doch danach sieht es nicht aus. Sie, Majestät, sind mit mir nicht einverstanden, und alles wird beim alten bleiben. Das Ergebnis kan meiner Ansicht nach nur Revolution und eine Anarchie sein, der niemand mehr Herr wird.‹

Der Gossudar erwiderte nichts und verabschiedete mich sehr kühl.«

Wie wir sehen, hatte sich an den Positionen der einzelnen Seiten nichts geändert. Die Konfrontation hielt an. Die Frist, die der Duma für ihre Vollmachten gesetzt war, lief ab. Wahlen standen bevor, und die Deputierten trachteten danach, politische Punkte als Kämpfer für die Interessen von Demokratie und Volk zu sammeln.

Die Frau Rodsjankos hat dessen Eindruck von seinem letzten Gespräch mit Nikolai II. in einem Brief an die Fürstin Jussupowa wiedergegeben: »Dieses Häuflein, das über alles bestimmt, hat jegliches Maß verloren und reitet sich immer weiter hinein. Jetzt ist klar, daß nicht alles nur an Alexandra Fjodorowna liegt. Er als russischer Zar macht sich noch größerer Vergehen schuldig.«

Im Januar weiteten sich die Arbeiterunruhen in Petrograd wie im gesamten Lande sprunghaft aus. Hatte es 1916 in ganz Rußland 243 politische Streiks gegeben, so waren es in den ersten zwei Monaten des Jahres 1917 bereits 1140. Am 31. Januar wurde die von Gutschkow geleitete oppositionelle Arbeitsgruppe des militärisch-industriellen Komitees verhaftet und der Beteiligung an einer »verbrecherischen Organisation, die den Sturz der bestehenden Staatsordnung anstrebt«, angeklagt. Das war das erste Warnsignal für die Opposition.

Am 8. Februar wurde auf persönlichen Befehl Nikolais II. der Petrograder Militärbezirk aus der Nordfront ausgegliedert, und der Oberbefehlshaber des Bezirks, General Chabalow, erhielt weitreichende Vollmachten. Die Petrograder Garnison bestand aus nahezu 200 000 erst unlängst einberufenen unausgebildeten Soldaten, die auf ihren Fronteinsatz warteten. Der gerade erst an die Spitze des Petrograder Militärbezirks gestellte neunundfünfzigjährige Chabalow kannte seine Soldaten kaum und zeigte sich den Anforderungen seiner Dienststellung nicht gewachsen, war er doch seit 1900 nahezu ausschließlich als Dozent, Inspekteur und Leiter militärischer Lehranstalten tätig gewesen. Dem Imperator war das bekannt, doch in den Kriegszeiten mangelte es an kampferprobten militärischen Führern. Ursprünglich war General K. N. Chagondokow (beteiligt an der Niederschlagung des Aufstandes in der Mandshurei) für diese verantwortungsvolle Aufgabe vorgesehen, doch als Alexandra Fjodorowna zu Ohren kam, daß er sich unbedacht über Rasputin geäußert habe, erklärte sie, er habe ein »äußerst durchtriebenes Gesicht«. So wurde es nichts mit seiner Ernennung.

In Petrograd kursierte das Gerücht, Zarskoje Selo habe bereits beschlossen, sich der Staatsduma zu entledigen. Die Gerüchte verdichteten sich täglich, die allgemeine Unruhe wuchs. Eröffnung und Atmosphäre der Staatsduma-Tagung hat Kerenski in seinen Erinnerungen anschaulich geschildert:

»Als am 14. Februar die Tagung der Duma eröffnet wurde, stand deren Rolle in der sich zuspitzenden Konfrontation zwischen Machthabern und Land zur Debatte. Miljukow erklärte, seiner Meinung nach sei das Land der Regierung weit voraus. Doch Denken und Wollen des Volkes könnten sich nur in dem engen Raum Gehör verschaffen, den ihnen die starre Maschinerie der Bürokratie lasse . . .

Miljukows Bemerkung über die ›starre Maschinerie der Bürkokratie‹ aufgreifend, sprach ich aus, was die Deputierten der Duma dachten, sich aber nicht getrauten, laut zu äußern. Ich erklärte, die Verantwortung für das, was vor sich gehe, liege nicht bei der Bürokratie und nicht einmal bei den ›finsteren Kräften‹, sondern bei der Krone. Die Wurzel des Bösen, sagte ich, sei bei denen zu suchen, die jetzt auf dem Thron säßen. An die Mitglieder des Progressiven Blocks gewandt, fuhr ich fort:

›Man sagt uns: Die Regierung ist schuld, die Regierenden, die kommen und gehen wie die „Schatten“. Aber haben Sie sich schon einmal ernsthaft die Frage gestellt, wer denn diese „Schatten“ eigentlich herbeiführt? Wenn Sie sich erinnern, wieviel hier von „finsteren Kräften“ die Rede war . . . Mit diesen „finsteren Kräften“ ist es vorbei! Vorbei ist es mit Rasputin! Aber sind wir dadurch vielleicht in eine neue Lebensepoche Rußlands eingetreten? Hat sich das System vielleicht verändert? Nein, das hat es nicht, es ist ganz und gar dasselbe geblieben . . .

Haben Sie begriffen, daß die historische Aufgabe des russischen Volkes in diesem Moment die Vernichtung des mittelalterlichen Systems ist – unverzüglich, um jeden Preis, durch das heroische persönliche Opfer derer, die sich dazu bekennen und es wollen? Wie läßt sich diese Ihre Überzeugung, sofern Sie sie besitzen, mit dem vereinbaren, was hier betont wird – daß Sie ausschließlich „mit gesetzlichen Mitteln“ kämpfen wollen! (Hier unterbrach mich Miljukow mit der Feststellung, diese Äußerung stelle eine Beleidigung der Duma dar.) Wie kann man mit gesetzlichen Mitteln gegen jene kämpfen, die sich des Gesetzes nur mehr dazu bedienen, das Volk zu verhöhnen? Bei Gesetzesverletzern gibt es nur eine Möglichkeit – ihre physische Vernichtung.‹

Der Vorsitzende wollte wissen, was ich damit meine. Ich erwiderte: ›Ich meine das, was im alten Rom Brutus getan hat.‹

Der Vorsitzende der Duma veranlaßte später, daß meine Erklärung, die den Sturz von Tyrannen rechtfertigte, aus dem stenographischen Bericht gestrichen wurde. Als meine Worte der Zarin hinterbracht wurden, soll sie ausgerufen haben: ›Kerenski gehört an den Galgen!‹ Tags darauf, vielleicht auch zwei Tage später, erhielt der Vorsitzende der Duma vom Justizminister eine offizielle Erklärung mit der Forderung, mir die parlamentarische Immunität zu entziehen, damit man mich wegen meines schweren Vergehens gegen den Staat vor Gericht stellen könne. Als Rodsjanko diese Erklärung erhielt, bestellte er mich umgehend in sein Arbeitszimmer, las mir den Text vor und sagte: ›Machen Sie sich keine Sorgen. Die Duma wird Sie niemals ausliefern . . .‹«

Die Lage verschärfte sich, die Opposition brach die Brücken hinter sich ab.

Zu Rodsjanko drang die Kunde, der Zar habe mehrere Minister unter Leitung des Regierungschefs Fürst N. D. Golizyn zu sich geladen. In dieser Beratung wurden die möglichen Konsequenzen der Zustimmung zu einem verantwortlichen Kabinett erörtert. Möglicherweise hatte Nikolai II. den Ministern zeigen wollen, daß auch über ihm das »Damoklesschwert« hänge, um sie zu entschlossenen Maßnahmen zu bewegen. Vielleicht auch hatte er einfach ihre generelle Haltung angesichts der zugespitzten Lage sondieren wollen. Die Beratung zeigte, daß dem Fürsten Golizyn diese Entwicklung gelegen käme, hätte sie ihn doch von einer schweren Bürde befreit. Doch am Abend des 20. Februar wurde er erneut nach Zarskoje Selo bestellt. Nikolai II. ließ ihn wissen, er begebe sich für kurze Zeit ins Hauptquartier. Als Fürst Golizyn den Zaren daran erinnerte, daß er die Absicht gehabt habe, in der Duma über seine Zustimmung zu einem verantwortlichen Kabinett zu sprechen, erwiderte dieser ruhig, er habe seine Entscheidung geändert.

Was hatte diese Änderung bewirkt? Wir können es nur vermuten. Am 23. Februar sollte General Alexejew nach langer Krankheit ins Hauptquartier zurückkehren. Großfürst Michail Alexandrowitsch hatte seinem Bruder erzählt, im Hauptquartier sei Unmut über die lange Abwesenheit des Zaren laut geworden. Möglicherweise hatte Nikolai II. auch beschlossen, noch einmal alle Argumente abzuwägen und sich endgültige Klarheit über die Situation zu verschaffen, bevor er einen Schritt von solcher Tragweite wagte.

Wie seinem Tagebuch zu entnehmen ist, empfing er einen Tag

vor seiner Abreise spätabends Protopopow. Er unterrichtete ihn darüber, daß General Gurko statt der angeordneten Verlegung der Regimenter der Leibgarde die Marinegarde nach Petrograd entsandt hatte. Die Marinesoldaten wurden von Großfürst Kirill Wladimirowitsch befehligt, was zu gewissen Befürchtungen Anlaß gab. Der Zar beabsichtigte, die Verlegung zuverlässiger Truppen in die Hauptstadt durchzusetzen. Bevor er Petrograd verließ, unterzeichnete er für den Senat bestimmte Ukase über die Vertagung der Duma wie über deren Auflösung, ließ jedoch auf beiden das Datum offen und händigte sie für unvorhersehbare Fälle Fürst Golizyn aus. Protopopow bat den Zaren, sich nicht länger als unbedingt nötig im Hauptquartier aufzuhalten, und nahm ihm das Versprechen ab, spätestens in acht Tagen zurückzusein.

Nachdem der Zar 66 Tage in der Hauptstadt verbracht und alle Seiten angehört hatte, ließ er die rebellierende Duma und seine an Masern erkrankten Kinder zurück, um zum Hauptquartier zu fahren.

Ungeachtet der sich ausweitenden revolutionären Bewegung hielten es die Regierenden weiterhin für ausgeschlossen, daß sich die Truppen gegen sie wenden könnten, zumindest bis Kriegsende. Das versicherten der Zarenfamilie auch der Oberbefehlshaber des Petrograder Militärbezirks, General Chabalow, und der Minister des Innern, Protopopow. Nachdem Nikolai II. seine Entscheidung über das »verantwortliche Kabinett« geändert hatte, verließ er also am 22. Februar, 14 Uhr, Zarskoje Selo, um sich ins Hauptquartier zu begeben. Etwas später ordnete er auf Grund der Verschärfung der politischen Lage im Lande den Abbruch der Staatsduma-Tagung an. Die ersten Meldungen aus Petrograd über Streiks und Unruhen wertete er als Hungerrevolte und als Ausdruck der Unzufriedenheit wegen des Abbruchs der Duma-Tagung. Als im Hauptquartier das alarmierende Telegramm des Staatsduma-Vorsitzenden Rodsjanko über den Beginn der Revolution eintraf, sagte Nikolai II. (wie von mehreren Seiten bezeugt wird) zu Hofminister Graf Fredericks: »Dieser Dickwanst Rodsjanko hat mir schon wieder allen möglichen Unsinn geschrieben, ich werde ihm darauf nicht antworten.«

Nichtsdestoweniger erhielten Chabalow und Protopopow am Abend des 25. Februar vom Zaren aus dem Hauptquartier die telegrafische Anweisung: »Ich befehle, die in der schweren Zeit

Nikolai II. mit Suite an der Front

des Krieges gegen Deutschland und Österreich unzulässigen Ausschreitungen in der Hauptstadt unverzüglich zu unterbinden. Nikolai.«

In Petrograd gerieten die Machthaber in Verwirrung. Später, am 22. März 1917, gestand General Chabalow im Verhör: »Dieses Telegramm, um ehrlich zu sein – ich war davon wie vor den Kopf geschlagen ... Wie sollte ich das unverzüglich unterbinden? ›Unverzüglich‹, befahl der Zar, um jeden Preis ... Was sollte ich tun? Wie denn unterbinden? Als verlangt wurde, ›gebt ihnen Brot‹, taten wir es, und die Sache war beigelegt. Doch als auf den Fahnen ›nieder mit der Selbstherrschaft‹ stand – was für Brot konnte die Leute da beruhigen! Was tun? Der Zar hatte befohlen: Es ist zu schießen ... Ich war wie erschlagen!«

Die Depeschen der Petrograder Militärbehörden übergingen die eigentlichen Ursachen, die die revolutionäre Explosion ausgelöst hatten und letzten Endes den Umsturz herbeiführten. Fürst Wladimir Andrejewitsch Obolenski, der dem radikalen Flügel der Kadetten angehörte, gab folgende Analyse der Ereignisse: »Der Ausbruch der Revolution Ende Februar 1917 kam nicht überraschend. Sie schien unvermeidlich. Doch keiner ahnte, wie sie sich vollziehen und was sie auslösen würde ... Die Revolution begann mit der Rebellion der Lebensmittelschlangen. Landwirtschaftsminister Rittich, verantwortlich für die Versorgung Petersburgs und durch den Rückgang der Getreidelieferungen für die Hauptstadt in Aufruhr versetzt, hatte angeordnet, den Bäckereien begrenzte Mehlmengen von täglich einem Pfund* pro Person zuzuteilen. Auf Grund der verringerten Getreidebereitstellung war diese Maßnahme durchaus gerechtfertigt, doch hätte man gleichzeitig Brotkarten ausgeben müssen ... Alle waren überzeugt, daß die Petersburger Rebellion rigoros niedergeschlagen würde ... Am 26. Februar rechnete Kerenski jeden Moment mit seiner Verhaftung ... Doch die spontan ausgebrochenen und chaotisch verlaufenden Ereignisse führten zu einem Umbruch in der Geschichte Rußlands, der als Februarrevolution bezeichnet wird. Am nächsten Tag wurde eine neue Seite in der russischen Geschichte aufgeschlagen.«

Die gleiche Auffassung vertrat W. D. Nabokow: »Was vor sich ging, erschien uns ziemlich ernst ... Dennoch dachten wir noch am Abend des 26. nicht im entferntesten daran, daß die nächsten

* Russisches Pfund = 410 g.

zwei, drei Tage so kolossale, entscheidende Ereignisse von welthistorischer Bedeutung mit sich bringen könnten.«

Die zaristische Regierung besaß solide Erfahrungen im Niederschlagen revolutionärer Erhebungen. Womit sie hier konfrontiert war, ging jedoch über die bisherigen Erfahrungen hinaus. (George Bernard Shaw bemerkte sehr treffend, die einzige Lehre, die die Menschheit aus der Geschichte ziehen könne, sei die, daß sie keine Lehren daraus zieht.) Die Ereignisse entwickelten sich mit Vehemenz. Die Revolution begann in Petrograd am 23. Februar. Doch erst am 27. Februar erhielt der Zar im Hauptquartier die Meldung, daß die Situation außer Kontrolle geraten sei und Unterstützung von der Front erbeten werde. So hieß es in einem Telegramm des Kriegsministers General Beljajew, das er am 27. Februar, 19.22 Uhr, an das Hauptquartier schickte: »Die Lage in Petrograd gestaltet sich außerordentlich ernst. Die Militärrevolte mit den wenigen ihrer Pflicht treu gebliebenen Truppenteilen zu unterdrücken ist bisher nicht gelungen; im Gegenteil, mehr und mehr Einheiten schließen sich den Aufrührern an. Brände sind ausgebrochen, die zu bekämpfen uns die Mittel fehlen. Erforderlich ist das schnellstmögliche Eintreffen wirklich zuverlässiger Truppenteile, und zwar in ausreichender Zahl, die in den verschiedenen Stadtteilen gleichzeitig agieren können. Beljajew.« Sieben Minuten später folgte eine zweite Depesche: »Der Ministerrat hat es für erforderlich erachtet, über Petrograd den Belagerungszustand zu verhängen. Angesichts der Verwirrung General Chabalows wurde ihm, da General Tschebykin abwesend ist, General Sankewitsch zur Seite gestellt. Beljajew.«

Im Hauptquartier gingen weiterhin besorgniserregende Telegramme ein. Am 27. Februar, 12.40 Uhr, teilte Rodsjanko Nikolai II. im Hauptquartier mit: »Die Arbeit der Staatsduma wurde per Ukas Eurer Majestät auf April vertagt. Die letzte Stütze der Ordnung ist damit beseitigt. Die Regierung zeigt sich völlig machtlos, den Aufruhr niederzuwerfen. Auf die Truppen der Garnison ist kein Verlaß. Die Reservebataillone der Garderegimenter sind von der Rebellion erfaßt. Offiziere werden umgebracht. Die Soldaten haben sich der Menge und der Volksbewegung angeschlossen und sind mit ihnen auf dem Weg zum Haus des Ministeriums des Innern und zur Staatsduma. Der Bürgerkrieg ist ausgebrochen und greift um sich. Befehlen Sie, unverzüglich eine neue Regierung einzusetzen, entsprechend den Grundsätzen, die ich Eurer Majestät in meinem gestrigen Telegramm dargelegt habe. Befehlen Sie unter Aufhebung Ihres höchsten Ukases, die gesetzgebenden Kammern wieder einzuberufen. Gossudar, zögern Sie nicht. Wenn die Bewegung auf die Armee übergreift, wird der Deutsche den Sieg davontragen, und der Zusammenbruch Rußlands und mit ihm der Dynastie ist unausbleiblich. Im Namen ganz Rußlands bitte ich Eure Majestät um Ausführung des Dargelegten. Die Stunde, die über Ihr und Rußlands Schicksal entscheidet, ist gekommen. Morgen kann es bereits zu spät sein. Vorsitzender der Staatsduma, Rodsjanko.«

Doch Nikolai II. war nach wie vor nicht gewillt, der Duma nachzugeben. Am 27. Februar, 22.30 Uhr, griff Großfürst Michail Alexandrowitsch über Direktleitung in das Gespräch mit dem Hauptquartier ein, um zu versuchen, dem Zusammenstoß der feindlichen Lager vorzubeugen und ein Blutvergießen abzuwenden:

»Am Apparat Großfürst Michail Alexandrowitsch. Ich bitte Sie (General Alexejew – d. Verf.), in meinem Namen dem Gossudar Imperator folgendes zur Kenntnis zu bringen: Um die Bewegung, die bereits ein gewaltiges Ausmaß angenommen hat, unverzüglich zu beruhigen, ist es nach meiner tiefen Überzeugung erforderlich, den gesamten Ministerrat zu entlassen, was mir auch Fürst Golizyn bestätigt hat. Im Falle der Entlassung des Kabinetts sind die Nachfolger zu ernennen. Unter den gegenwärtigen Bedingungen kann die Wahl meines Erachtens nur auf eine Person fallen, die Eurer Majestät des Imperators Vertrauen und Achtung in breiten Schichten der Bevölkerung genießt, ihr sind die Pflichten des Vorsitzenden des Ministerrates zu übertragen, der einzig Eurer Majestät verantwortlich ist. Er muß den Auftrag erhalten, nach eigenem Ermessen ein Kabinett zu bilden. Angesichts der außerordentlich ernsten Lage sollten Eure Majestät mich bevollmächtigen, hierüber in Eurer Majestät höchstem Namen umgehend eine Erklärung abzugeben, wobei ich der Ansicht bin, daß besagte Person zum gegenwärtigen Zeitpunkt Fürst Lwow sein könnte. Generaladjutant Michail.«

»Ich werde Eurer Hoheit Telegramm Seiner Majestät dem Imperator sofort zur Kenntnis bringen. Morgen reist der Gossudar Imperator nach Zarskoje Selo ab. Falls irgendwelche Befehle des Gossudars Imperator ergehen, werde ich Eurer Hoheit umgehend telegrafieren. General Alexejew.«

»Ich erwarte Ihre Antwort im Hause des Kriegsministers und

bitte, sie über Direktleitung zu übermitteln. Des weiteren bitte ich Sie, Seine Majestät den Imperator darüber zu verständigen, daß die Reise des Gossudars Imperator nach Zarskoje Selo nach meiner Überzeugung vielleicht um einige Tage verschoben werden sollte. Generaladjutant Michail.«

Nikolai II. zeigte kein Verlangen, seinem Bruder persönlich zu antworten. Michail wurde mitgeteilt:

»Spreche ich mit Seiner Hoheit dem Großfürsten Michail Alexandrowitsch? Der Gossudar Imperator hat mir aufgetragen, Eurer Hoheit in seinem Namen zu danken und Euch folgendes mitzuteilen. Erstens. In Anbetracht der außergewöhnlichen Umstände hält es der Gossudar Imperator nicht für möglich, seine Reise zu verschieben, und tritt sie morgen halb drei Uhr nachmittags an. Zweitens. Alle Maßnahmen, die personelle Veränderungen betreffen, schiebt Seine Majestät der Imperator bis zu seiner Ankunft in Zarskoje Selo auf. Morgen bricht Generaladjutant Iwanow als Oberkommandierender des Petrograder Bezirks mit einem zuverlässigen Bataillon in die Hauptsstadt auf. Viertens. Ab morgen werden von den zuverlässigsten Truppenteilen der Nord- und Westfront je vier Infanterie- und Kavallerieregimenter abgezogen und nach Petrograd in Marsch gesetzt. Gestatten Sie mir zum Abschluß die persönliche Bitte, daß die von Eurer Hoheit in Eurer letzten Mitteilung geäußerten Gedanken hinsichtlich der Ablösung der Mitglieder des Ministerrates wie auch der Wahl des neuen Rates in weiteren persönlichen Meldungen an Seine Majestät den Imperator mit Beharrlichkeit vertreten möget. Gott stehe Eurer Hoheit in dieser wichtigen Angelegenheit bei. General Alexejew.

Ganz persönlich möchte ich die Befürchtung äußern, bis zur Rückkehr Seiner Majestät könnte Zeit vertan werden, denn unter den gegenwärtigen Bedingungen ist buchstäblich jede Stunde kostbar.«

»Vielen Dank für die Mühe, die Sie auf sich genommen haben, Michail Wassiljewitsch. Ich wünsche Ihnen vollen Erfolg. Generaladjutant Michail.«

»Morgen früh beim Rapport werde ich Seine Majestät den Imperator nochmals darauf hinweisen, daß es wünschenswert sei, einige Maßnahmen sofort zu ergreifen, da ich mir völlig im klaren bin, daß in solchen Situationen vertane Zeit unwiederbringlich verloren sein kann. Ich wünsche Eurer Hoheit Gesundheit und Erfolg bei der Unterstützung, die Ihr dem Gossudar

Imperator angedeihen lassen wollt in diesem entscheidenden Moment, von dem sowohl der weitere Verlauf des Krieges als auch das Schicksal unseres Staates abhängt. General Alexejew.«

Bereits eine Stunde nach diesem Gespräch sandte der Zar dem Vorsitzenden des Ministerrates Golizyn folgendes Telegramm nach Petrograd:

»Hinsichtlich des Oberbefehlshabers für Petrograd habe ich meinem Stabschef einen Befehl erteilt und angeordnet, daß er sich unverzüglich in die Hauptstadt begibt. Das gleiche betrifft die Truppen. Ihnen persönlich übertrage ich alle erforderlichen Befugnisse für die zivile Leitung. Personelle Änderungen halte ich unter den gegebenen Verhältnissen für unzulässig. Nikolai.«

Die Position des Imperators hatte sich, wie wir sehen, nicht geändert, er blieb bei seinem Kurs. Auf Anweisung Nikolais II. setzten sich in der Nacht zum 28. Februar zarentreue Truppen unter dem Befehl von General N. Ju. Iwanow auf die Hauptstadt in Marsch. Von der Front wurden mehrere Kavallerieregimenter abgezogen.

Hinter der äußeren Ruhe Nikolais II. standen schwere seelische Erschütterungen und eine ungeheure innere Spannung. Eigentlich hätte er sich entschließen müssen, im Hauptquartier zu bleiben, wo ihm alle erforderlichen Nachrichtenverbindungen und die Truppenführung zur Verfügung standen, doch in Zarskoje Selo war seine Familie in Gefahr. In seinem Brief aus dem Hauptquartier an Alexandra Fjodorowna schrieb Nikolai II. am 26. Februar:

»Gestern abend war ich in der Kirche. Die alte Mutter des Erzpriesters dankte für das Geld, das wir gespendet haben. Heute morgen während des Gottesdienstes spürte ich mitten in der Brust einen heftigen Schmerz, der eine Viertelstunde anhielt. Ich konnte mich kaum auf den Beinen halten, und meine Stirn bedeckte sich mit Schweiß. Ich weiß nicht, was das war, denn Herzklopfen hatte ich keines, es trat dann ein, verging jedoch gleich wieder, als ich vor dem Bild der heiligen Jungfrau niederkniete.

Wenn das noch einmal geschieht, werde ich es Fjodorow sagen. Ich hoffe, daß Chabalow diesen Straßenunruhen Einhalt zu gebieten vermag. Protopopow muß ihm klare und bestimmte Instruktionen erteilen. Wenn nur der alte Golizyn nicht den Kopf verliert!«

Der Zar machte sich also auf den Weg nach Zarskoje Selo. In seinem Tagebuch vermerkte er:

»27. Februar. Montag. In Petrograd sind vor einigen Tagen Unruhen ausgebrochen; betrüblicherweise beteiligen sich jetzt auch Truppen daran. Ein scheußliches Gefühl, so weit weg zu sein und bruchstückhafte schlechte Nachrichten zu erhalten! Der Rapport dauerte nicht lange. Tagsüber unternahm ich einen Spaziergang auf der Chaussee nach Orscha. Das Wetter war sonnig. Nach dem Mittagessen beschloß ich, schleunigst nach Z[arskoje] S[elo] zu fahren, und 1 Uhr nachts stieg ich in den Zug.

28. Februar. Dienstag. Ging 3 1/4 zu Bett, da ich ein langes Gespräch mit N. Ju. Iwanow hatte, den ich mit Truppen nach Petrograd schicke, damit er für Ordnung sorgt. Schlief bis 10 Uhr. Mogiljow hatten wir 5 Uhr früh verlassen. Es herrschte sonniges Frostwetter. Tagsüber passierten wir Wjasma, Rshew und um 9 Uhr Lichoslawl.«

Die Taktik des harten Vorgehens gegen die revolutionären Aktionen wurde von der Imperatorin Alexandra Fjodorowna gutgeheißen: »Wenn wir auch nur um Haaresbreite zurückweichen, wird es morgen keinen Gossudar, kein Rußland, wird es gar nichts mehr geben! ... Wir müssen fest bleiben und zeigen, daß wir Herr der Lage sind.«

In einer unversöhnlichen Konfrontation waren Kräfte aufeinandergestoßen, die auf der einen Seite mehr oder weniger radikale gesellschaftliche Veränderungen forderten und auf der anderen das System der Selbstherrschaft aufrechterhalten wollten. Das Land spaltete sich in Lager. Je. A. Naryschkina konstatierte: »Der Imperator denkt und arbeitet nur für seine unbegrenzte Macht. Doch ach – in Zukunft wird man ihm weit mehr wegnehmen, als er freiwillig hätte hergeben müssen, wobei ihm Popularität und die Liebe seines Volkes gewiß gewesen wären ...«

Die Lage im Lande hatte sich binnen weniger Stunden schlagartig zuungunsten der Selbsterrschaft des Zaren gewandelt. Der bewaffnete Kampf gegen die Revolution erforderte zusätzliche Kräfte und energisches Handeln. Das hatte auch Nikolai II. erkannt, als er in Pskow in sein Tagebuch schrieb:

»1. März. Mittwoch. Heute nacht machten wir vor der Malaja Wischera kehrt, da Ljuban und Tosno, wie sich herausstellte, von den Rebellen besetzt sind. Fuhren nach Waldai, Dno und Pskow, wo ich die Nacht über blieb. Sah Russki ... Gattschina und Luga fanden wir ebenfalls besetzt. Schimpf und Schande! Bis nach Zarskoje [Selo] kamen wir nicht. Mit meinen Gedanken und Gefühlen bin ich ständig dort! Wie schwer muß es für die arme Alix sein, das Ganze allein durchzustehen! Gott helfe uns!«

Das Tagebuch belegt, daß auf Nikolai nicht nur die Sorge um das Schicksal Rußlands und der Dynastie, sondern auch um das Wohl und Wehe seiner Familie lastete. Als er Zarskoje Selo verlassen hatte, waren seine Kinder nacheinander schwer an Masern erkrankt, was ihm zusätzlichen seelischen Schmerz bereitete. Und vor ihm lag ein ernster politischer Kampf.

Nikolai II., dem das aufständische Volk und die von der Revolution erfaßten Truppenteile praktisch den Weg nach Petrograd verlegt hatten und ihn zwangen, nach Pskow auszuweichen, wo sich der Stab der Nordfront befand, versuchte, sein Ziel durch eine veränderte Taktik zu erreichen. Nach schwerem innerem Kampf fand sich der Imperator zu dem politischen Kompromiß, der Konzession an die Opposition in Form des »verantwortlichen Kabinetts«, bereit. So erinnerte sich General A. I. Denikin in den »Skizzen über die russischen Wirren«: »Am Abend des 1. März in Pskow. Gespräch mit General Russki; der Gossudar machte sich mit der Lage vertraut, traf jedoch keine Entscheidung. Erst in der Nacht zum 2., 2 Uhr, bestellte er Russki erneut zu sich, um ihm den Ukas über das verantwortliche Kabinett zu überreichen. ›Ich wußte, daß dieser Kompromiß zu spät kam‹, erzählte Russki, ›. . . doch ich hatte nicht das Recht der Meinungsäußerung, solange ich keine Weisungen des Exekutivkomitees der Staatsduma erhalten hatte, und schlug eine Rücksprache mit Rodsjanko vor.‹«

Inzwischen informierte General Alexejew von sich aus die Oberbefehlshaber der Fronten über die Vorgänge in Petrograd und im Hauptquartier. Insbesondere schickte er eine Botschaft an General Iwanow in Zarskoje Selo, die dessen Vorgehen gegen die Aufrührer bis zu einem gewissen Grade desorientierte (traf am 1. März, 1.15 Uhr, im Schloß ein): »Aus privaten Quellen verlautet, daß am 28. Februar in Petrograd völlige Ruhe eingetreten sei. Die Truppen, die vollzählig auf die Seite der Provisorischen Regierung übergegangen sind, würden aufgefüllt. Die Provisorische Regierung, die unter Vorsitz von Rodsjanko in der Staatsduma tagt, habe die Befehlshaber der Truppenteile vorgeladen, um ihnen Anweisungen zur Aufrechterhaltung der Ordnung zu erteilen. Im Aufruf der Provisorischen Regierung an die Bevölkerung sei die Rede von der Unerschütterlichkeit der monarchistischen Grundlagen Rußlands, von der Notwendigkeit neuer Voraussetzungen für die Wahl und die Ernennung der Regierung. Mit Ungeduld erwarte man das Eintreffen Seiner Majestät, um ihm das Dargelegte zu unterbreiten und ihn zu bitten, diesen Wunsch des Volkes zu akzeptieren. Wenn diese Meldungen den Tatsachen entsprechen, ergeben sich für Ihr Vorgehen insofern Veränderungen, als eine Befriedung durch Verhandlungen herbeizuführen ist, um der für unseren Feind so vorteilhaften schändlichen Fehde ein Ende zu setzen, damit Institutionen erhalten bleiben und Betriebe wieder ihre Arbeit aufnehmen können. Der Aufruf des neuen Ministers für Verkehrswesen Bublikow an die Eisenbahner, den ich auf Umwegen erhalten habe, fordert alle zu erfolgreicher Arbeit auf, um das durcheinandergeratene Transportsystem wieder funktionsfähig zu machen. Bringen Sie Seiner Majestät all dies zur Kenntnis und führen Sie ihm vor Augen, daß die Sache friedlich zu einem guten Ende geführt werden kann, aus dem Rußland gestärkt hervorgehen wird. Alexejew.«

Der Inhalt dieses Telegramms wurde auch den Generälen Russki, Brussilow, Ewert u. a. mitgeteilt.

Am 1. März 1917, 5.51 Uhr, telegrafierte Rodsjanko an General Alexejew: »Das Provisorische Komitee der Staatsduma setzt Eure hohe Exzellenz davon in Kenntnis, daß auf Grund der Entlassung des gesamten ehemaligen Ministerrates die Regierungsgewalt an das Provisorische Komitee der Staatsduma übergegangen ist. Rodsjanko.«

In Pskow war Nikolai II. isoliert und sah sich praktisch mit einem Ultimatum der Opposition konfrontiert.

Denikin schreibt in den »Skizzen . . .«:

»Am Morgen des 2. [März] unterbreitete Russki dem Gossudar die Ansichten Rodsjankos und der Armeeführer. Der Imperator hörte ruhig zu, sein wie erstarrtes Gesicht zeigte keinerlei Regung; um 3 Uhr nachmittags erklärte er Russki, die Urkunde über seine Abdankung zugunsten seines Sohnes habe er bereits unterzeichnet . . .«

Inzwischen hatten sich Gutschkow und Schulgin als Abgesandte der Duma von Petrograd auf den Weg zum Zaren nach Pskow gemacht. Gilliard schreibt in seinen Erinnerungen:

»Die Antwort der Duma stellte den Zaren vor die Wahl: abzudanken oder zu versuchen, mit den ihm treu gebliebenen Truppen Petrograd zurückzugewinnen; doch das hätte Bürgerkrieg in Gegenwart des Feindes bedeutet . . . Nikolai II. zauderte nicht . . . er überreichte General Russki ein Telegramm, in dem er seine Absicht kundtat, zugunsten seines Sohnes abzudanken.

Einige Stunden später bestellte der Gossudar Professor Fjodorow zu sich und sagte zu ihm:

›Sergej Petrowitsch, antworten Sie mir offen, ist Alexejs Krankheit unheilbar?‹

Professor Fjodorow, dem die Bedeutung dessen, was er zu sagen hatte, voll bewußt war, erwiderte:

›Gossudar, die Wissenschaft sagt uns, daß diese Krankheit unheilbar ist. Es kommt allerdings vor, daß jemand, der von ihr betroffen ist, ein ehrwürdiges Alter erreicht. Dennoch bleibt Alexej Nikolajewitsch in der Hand des Zufalls.‹

Der Gossudar senkte traurig den Kopf und flüsterte:

›Genau das hat mir die Gossudarin auch gesagt . . . Nun, wenn es sich so verhält, wenn Alexej für die Heimat nicht von Nutzen sein kann, wie ich es gern sähe, haben wir das Recht, ihn bei uns zu behalten.‹«

Bei der dramatischen Entwicklung der Ereignissen war Nikolai II. äußerst besorgt um das Wohlergehen seiner Familie, waren es doch gerade die beunruhigenden Meldungen aus Zarskoje Selo gewesen, die ihn zum Verlassen des Hauptquartiers in Mogiljow bewogen hatten. Am 28. Februar, nach 21 Uhr, hatte Alexandra Fjodorowna beobachtet, wie zarentreue Einheiten das Alexanderschloß umstellten, während per Telefon mitgeteilt wurde, bewaffnete Aufrührer, die vor nichts zurückzuschrecken drohten, rückten gegen das Schloß vor. Schüsse waren zu hören, ein Blutvergießen schien unvermeidlich. Daraufhin begab sich Alexandra Fjodorowna mit ihrer noch gesunden Tochter Maria zu den Soldaten, um die bewaffnete Auseinandersetzung abzuwenden. »Ich gehe zu ihnen nicht als Gossudarin, sondern als einfache Barmherzige Schwester meiner Kinder«, sagte sie. Bis Mitternacht ging sie in der eisigen Kälte die Stellungen ab, munterte die Soldaten auf und flehte sie an, Ruhe zu bewahren und Verhandlungen mit den Aufrührern aufzunehmen. Der Mut und die Besonnenheit Alexandra Fjodorownas wurden von Erfolg gekrönt, die feindlichen Seiten trennten sich nach Verhandlungen ohne Blutvergießen.

Die Telegramme, die die Zarin an ihren Gatten schickte, kamen mit blauen Bleistiftvermerken zurück, der Aufenthaltsort des »Adressaten« sei unbekannt. Eine Wand des Schweigens umgab Alexandra Fjodorowna, die Unheil ahnte. Immer aufs neue unternahm sie Versuche, diesen Ring der Ungewißheit zu durchbrechen. Am 2. März 1917 schrieb sie einen Brief voll Sorge und Verzweiflung:

»Mein geliebter, teuerster Engel, Licht meines Lebens.

Es zerreißt mir das Herz bei dem Gedanken, daß Du in völliger Einsamkeit all diese Qualen und Aufregungen durchmachen mußt, wir wissen nichts von Dir, und Du weißt nichts von uns. Ich schicke jetzt Solowjow und Gramotin zu Dir, beiden gebe ich einen Brief mit und hoffe, daß wenigstens einer Dich erreicht. Ich wollte einen Aeroplan schicken, konnte aber keinen auftreiben. Die jungen Männer werden Dir alles erzählen, deshalb brauche ich Dir über die Lage der Dinge nichts zu sagen. Es ist alles ekelerregend, und die Ereignisse entwickeln sich mit kolossaler Geschwindigkeit. Doch ich glaube fest daran – und nichts wird diesen Glauben erschüttern können –, daß alles sich zum Guten wendet ... Da ich nicht wußte, wo Du bist, habe ich mich schließlich an das Hauptquartier gewandt, denn Rods[janko] tat, als wisse er nicht, weshalb Du festgehalten wirst. Klar ist, daß sie Dich nicht zu mir lassen wollen, bevor Du irgendein Papier unterschrieben hast, die Verfassung oder etwas Grauenhaftes in der Art. Und Du, allein dastehend, ohne Armee, gefangen wie die Maus in der Falle, was kannst Du tun? Das ist die größte Gemeinheit und Niedertracht, die die Welt je erlebt hat – seinen Herrscher wie einen Gefangenen zu behandeln. Jetzt kommt P[rotopopow] nicht zu Dir durch, weil Luga von den Revolutionären besetzt ist. Sie haben das But[yrski]-Regiment abgefangen, überwältigt und entwaffnet ... Vielleicht zeigst Du Dich den Truppen in Pskow und anderswo und sammelst sie um Dich? Wenn man Dich zu Konzessionen zwingt, bist Du nicht im geringsten verpflichtet, sie einzuhalten, denn sie wurden Dir auf unwürdige Weise abgepreßt. Pawel [Alexandrowitsch], dem ich gründlich den Kopf waschen mußte, weil er nichts mit der Garde unternahm, legt sich jetzt mit ganzer Kraft ins Zeug und will uns alle retten durch eine edle, aber wahnwitzige Tat: er hat ein idiotisches Manifest verfaßt über eine Verfassung nach dem Krieg usw. Boris [Wladimirowitsch] ist zum Hauptquartier abgereist. Morgens sah ich ihn noch, und am Abend war er unter Berufung auf einen dringenden Befehl aus dem Hauptquartier abgereist – die reinste Panik. Georgi [Michailowitsch] in Gatschina läßt nichts von sich hören und sich auch nicht blicken.

Kirill, Xenia und Mischa kommen nicht aus der Stadt heraus. Deine kleine Familie ist ihres Vaters würdig. Nach und nach habe ich die Älteren über die Lage aufgeklärt . . ., vorher waren sie zu krank dazu – schrecklich, diese schweren Masern, dieser gräßliche Husten. Es war sehr quälend, sich vor ihnen verstellen zu müssen. Baby habe ich erst die Hälfte gesagt . . .

Gestern von 1 bis halb 3 habe ich Iwanow gesehen, der jetzt hier in seinem Zug sitzt. Ich dachte mir, er könnte vielleicht über Dno zu Dir durchkommen, aber ob er es schafft? Er hoffte, Deinen Zug hinter seinem durchzuschleusen. Das Haus von Fred[ericks] haben sie niedergebrannt, seine Familie liegt im Lazarett der Kavalleriegarde . . . Die beiden Strömungen – die Duma und die Revolutionäre – sind zwei Schlangen, die hoffentlich einander den Kopf abbeißen werden – das würde die Situation retten. Ich fühle, daß Gott etwas tun wird. Was für ein strahlender Sonnenschein heute, wenn Du nur hier wärst! Schlecht ist bloß, daß selbst die Garde Equipage (Marinegarde unter Kirill Wladimirowitsch – d. Verf.) uns heute abend verlassen hat – sie begreifen überhaupt nichts, in ihnen sitzt irgendeine Mikrobe . . . Rodsjanko erwähnt Dich mit keinem Wort. Aber wenn bekannt wird, daß man Dich nicht durchläßt, werden die Truppen in Zorn entbrennen und sich gegen alle erheben. Sie glauben, daß die Duma zu Dir halten will. Nun, sollen sie für Ordnung sorgen, sollen sie zeigen, daß sie zu etwas taugen, aber sie haben ein Riesenfeuer entfacht, und wie soll es jetzt gelöscht werden? . . . Ich habe starke Herzschmerzen, doch ich achte nicht darauf – ich fühle mich absolut wohlgemut und kämpferisch gestimmt. Bloß Deinetwegen tut es mir schrecklich weh . . . Das ist der Gipfel des Unheils! Wie schrecklich für unsere Verbündeten und welche Freude für unsere Feinde! Ich kann Dir nichts raten, nur bleib Dir selbst treu, Liebster. Sollte es notwendig sein, sich den Umständen zu fügen, so wird Gott Dir helfen, Dich davon zu befreien. Oh, Du mein heiliger Dulder! Immer bei Dir Deine . . .«

Der Brief kam nicht an, die Boten wurden abgefangen.

Alexandra Fjodorowna hatte recht, wenn sie den Großfürsten Passivität vorwarf. Hier zeigten sich die Folgen des unlängst aufgebrochenen Konflikts. Die Mehrzahl war zu einem monarchistischen Umsturz bereit gewesen, versprachen sie sich doch insgeheim von der Umbesetzung der Plätze auf der staatlichen Stufenleiter ihren Vorteil. Doch keiner hatte eine Revolution mit derart katastrophalen Auswirkungen erwartet. Hätte im Anfangsstadium der Unruhen einer der Großfürsten mit fester Hand die Führung der noch zarentreuen Regimenter übernommen, wären die Dinge möglicherweise ganz anders verlaufen. Im Lager der Aufständischen bestand besonders bis zum 28. Februar keinerlei Siegesgewißheit. Es gab einen Moment, da sogar die Führer der sozialistischen Parteien meinten, die Welle der Revolution sei am Verebben. So räumte der berühmte Kommissar der Provisorischen Regierung Bublikow ein: »In Petersburg herrschte ein solcher Wirrwarr, die Petersburger Garnison war damals bereits dermaßen demoralisiert, ›oben‹ gab es so wenig Sachverstand, Ordnung und wahrhaft machtbewußtes Denken, daß eine einzige von der Front abkommandierte disziplinierte Division genügt hätte, um den Aufstand im Keim zu ersticken. Mehr noch, die Befriedung hätte durch bloßes Abschneiden der Eisenbahnverbindung mit Petersburg erreicht werden können: der Hunger hätte Petersburg nach drei Tagen zum Aufgeben gezwungen. Für mich, der ich im Ministerium für Verkehrswesen saß, war das besonders klar erkennbar.«

Doch statt den Zaren zu unterstützen oder sich neutral zu verhalten, unternahm Großfürst Kirill Wladimirowitsch Schritte, die niemand von ihm erwartet hätte. Der Schloßkommandant des Imperatorenhofes, Generalmajor W. N. Wojejkow, schrieb über diese Geschehnisse:

»Großfürst Kirill Wladimirowitsch, das zaristische Monogramm auf den Achselstücken und eine roten Schleife auf der Schulter, erschien am 1. März, 4.15 Uhr, in der Staatsduma, wo er sich dem Duma-Vorsitzenden Rodsjanko mit den Worten empfahl: ›Ich habe die Ehre, mich bei Eurer hohen Exzellenz zu melden. Ich stehe zu Ihrer Verfügung wie das ganze Volk. Mir geht es um das Wohl Rußlands.‹ Und er überantwortete seine Garde Equipage der Staatsduma.

Die Staatsduma empfing den Großfürsten überaus freundlich, denn bereits vor seinem Eintreffen in der Kommandantur des Taurischen Palais waren die Schreiben bekannt geworden, die er an die Leiter der Einheiten der Garnison von Zarskoje Selo geschickt hatte: ›Ich habe mich mit der mir anvertrauten Garde Equipage der neuen Regierung angeschlossen. Ich bin überzeugt, daß auch Sie und die Ihnen anvertraute Einheit sich uns anschließen werden. Befehlshaber der Garde Equipage Seiner Majestät Suite, Konteradmiral Kirill . . .‹«

Dieser Schritt war gleichbedeutend mit Verrat.

Das Gespräch Nikolais II. mit den aus Petrograd angereisten Duma-Vertretern in Pskow wird u. a. in den Memoiren von Schulgin und Denikin beschrieben. Der Zar erklärte den Abgesandten: »Ich habe gestern und heute den ganzen Tag nachgedacht und bin zu dem Entschluß gekommen, auf den Thron zu verzichten. Bis 3 Uhr war ich zur Abdankung zugunsten meines Sohnes bereit, doch dann begriff ich, daß mir die Trennung von ihm unmöglich ist. Ich hoffe, Sie werden das verstehen. Deshalb habe ich beschlossen, zugunsten meines Bruders abzudanken.« Zuvor bereits hatte er General Iwanow angewiesen, sich jeglicher militärischer Handlungen zu enthalten, und die Kavallerieeinheiten an die Front zurückgeschickt.

Die für seine eigene Person und den minderjährigen Alexej erklärte Abdankung Nikolais II. zugunsten seines Bruders Michail kam für alle völlig unerwartet. Diese Entscheidung war Nikolai Romanow nicht leichtgefallen. In seinem Tagebuch vermerkte er: »Am Morgen kam Russki und verlas mir sein ellenlanges Ferngespräch mit Rodsjanko. Nach seinen Worten ist die Lage in Petrograd so, daß das Duma-Kabinett derzeit außerstande wäre, etwas auszurichten, da es von der sozialdemokratischen Partei, vertreten durch das Arbeiterkomitee, bekämpft wird. Meine Abdankung sei notwendig. Russki informierte über dieses Gespräch das Hauptquartier und Alexejew alle Oberkommandierenden. Bis 2 ½ Uhr trafen alle Antworten ein, des Inhalts, daß dieser Schritt gegangen werden muß, damit Rußland gerettet wird und an der Front in der Armee die Ruhe bewahrt bleibt. Ich gab meine Zustimmung. Aus dem Hauptquartier kam ein Entwurf des Manifests. Am Abend trafen aus Petrograd Gutschkow und Schulgin ein, mit denen ich Rücksprache nahm, bevor ich ihnen das unterzeichnete und überarbeitete Manifest übergab. Um ein Uhr nachts verließ ich Pskow mit dem schweren Gefühl des Erlebten. Ringsum Verrat, Feigheit und Betrug!«

Nach der Unterzeichnung der Abdankung ließ Nikolai Alexandrowitsch Pskow hinter sich. Unterwegs nach Mogiljow, schickte er ein Telegramm:

»Petrograd. Seiner Majestät Michail II.

Die Ereignisse der letzten Tage haben mich gezwungen, mich unwiderruflich zu diesem äußersten Schritt zu entschließen. Verzeih mir, wenn ich Dir Kummer bereitet habe und daß ich keine Zeit fand, Dir vorher Bescheid zu geben. Ich bleibe für immer

Dein treuer und Dir herzlich zugetaner Bruder. Ich flehe zu Gott, daß er Dir und Deiner Heimat helfen möge. Nicky«

Im Manifest über die Abdankung Nikolais II. vom 2. März 1917, das die Deputierten der Staatsduma A. I. Gutschkow und W. V. Schulgin nach Petrograd brachten, wurde verkündet:

»Hauptquartier. Stabschef.

In den Tagen des großen Kampfes gegen den äußeren Feind, der seit fast drei Jahren unsere Heimat zu unterjochen versucht, hat es Gott dem Herrn gefallen, Rußland eine neue schwere Prüfung aufzuerlegen. Die ausgebrochenen inneren Volksunruhen drohen sich verhängnisvoll auf den weiteren Verlauf des beharrlich geführten Krieges auszuwirken. Das Schicksal Rußlands, die Ehre unserer heldenhaften Armee, das Wohl des Volkes, die Zukunft unseres teuren Vaterlandes verlangen, den Krieg um jeden Preis siegreich zu Ende zu führen. Der grausame Feind spannt seine letzten Kräfte an, und schon ist die Stunde nahe, da unsere tapfere Armee gemeinsam mit unseren ruhmreichen Verbündeten imstande sein wird, den Feind endgültig zu zerschlagen. In diesen entscheidenden Tagen im Leben Rußlands halten Wir es für Unsere Gewissenspflicht, den engen Zusammenschluß aller Volkskräfte zur baldigen Erringung des Sieges zu erleichtern, und in Übereinstimmung mit der Staatsduma erachten Wir es für richtig, dem Thron des Russischen Staates zu entsagen und die oberste Macht niederzulegen. Da Wir Uns von Unserem geliebten Sohn nicht trennen möchten, treten Wir die Nachfolge an Unseren Bruder, den Großfürsten Michail Alexandrowitsch, ab und geben ihm Unseren Segen zur Besteigung des Throns des Russischen Staates. Wir gebieten Unserem Bruder, die Staatsgeschäfte in völliger und unverletzlicher Eintracht mit den Vertretern des Volkes in den gesetzgebenden Einrichtungen zu führen, entsprechend den Grundsätzen, die von ihnen festgelegt werden. Im Namen Unserer heißgeliebten Heimat rufen Wir alle treuen Söhne des Vaterlandes auf, in diesem schweren Augenblick der unserem ganzen Volk auferlegten Prüfung ihre heilige Pflicht zu erfüllen, indem sie dem Zaren Gehorsam leisten und ihm helfen, im Zusammenwirken mit den Vertretern des Volkes den Russischen Staat auf den Weg des Sieges, der Wohlfahrt und des Ruhms zu führen. Gott der Herr stehe Rußland bei. Nikolai

Pskow

2. März, 15.15 Uhr, 1917«

Denikin hat den Zwiespalt des Zaren nach der Abdankung beschrieben:

»Spätnachts brachte der Zug den abgedankten Imperator nach Mogiljow. Grabesstille, zugezogene Vorhänge und schwere, qualvolle Gedanken. Nie wird jemand erfahren, welche Gefühle in Nikolai II. – dem Vater, dem Monarchen, schlicht, dem Menschen – im Widerstreit lagen, als er in Mogiljow General Alexejew mit müden, sanften Augen ansah und irgendwie unentschlossen sagte:

›Ich habe es mir anders überlegt. Bitte schicken Sie dieses Telegramm nach Petrograd.‹

Auf dem Papier stand, deutlich von ihm selbst mit Hand geschrieben, das Einverständnis des Gossudars mit der Thronbesteigung seines Sohnes Alexej ...

Alexejew nahm das Telegramm und ... schickte es nicht ab. Es war zu spät.

Dieses Telegramm zeigte Alexejew niemandem, ›um die Köpfe nicht zu verwirren‹, er bewahrte es in seiner Brieftasche auf und übergab es mir Ende Mai, als er den Oberbefehl niederlegte. Dieses für künftige Biographen Nikolais II. interessante Dokument wurde danach in einem Geheimpaket im Generalquartiermeisterbereich des Hauptquartiers aufbewahrt.«

Nikolai Romanows Zerrissenheit ist mit seinem Verantwortungsgefühl nicht nur für die Zukunft Rußlands, sondern auch für das Schicksal seines Sohnes Alexej zu erklären. Besaß er überhaupt das moralische Recht, für ihn zu entscheiden? Auch sein weiteres Handeln war bis zu einem gewissen Grade davon geprägt. Vielleicht erinnerte er sich des Urlaubs auf der Krim, als der kleine Thronfolger Alexej überzeugt geplappert hatte: »Wenn ich Zar bin, wird es keine Armen und Unglücklichen geben, ich will, daß alle glücklich sind.« Am liebsten aß der junge Zarewitsch dort Kohlsuppe, Kascha und Schwarzbrot, »alles, was meine Soldaten essen«.

Der für seine eigene Person und für Alexej ausgesprochene Thronverzicht Nikolais II. zugunsten seines Bruders Michail Alexandrowitsch war jedoch ein offensichtlicher Verstoß gegen das Gesetz der Thronfolge, da der Zar nicht das Recht besaß, für seinen unmittelbaren Nachfolger zu verzichten. Einige Politiker sahen darin einen gewissen Selbstzweck: einerseits, sollte sich die Situation ändern, konnte der Thronverzicht für ungültig erklärt werden, und andererseits waren die Karten der Führer der Oppo-

Nikolai II. und Thronfolger Alexej an der Front

sition in der Duma durcheinandergebracht und die Lage dadurch komplizierter geworden. Jedenfalls ist bekannt, daß Michail Romanows Abdankung Nikolai II. schmerzlich berührte.

Die alarmierenden Abdankungsmeldungen hatten indessen die Imperatorenfamilie in Zarskoje Selo erreicht. Alexandra Fjodorowna war erschüttert. Pierre Gilliard, der sich beim Thronfolger Alexej befand, erinnerte sich: »Gegen Mittag geht die Nachricht von der Abdankung des Imperators am Hofe ein. Die Imperatorin erfährt ebenfalls davon, weist das Gerücht jedoch als bösartige Erfindung von sich. Wenig später erscheint Großfürst Pawel und bestätigt die Nachricht. Es besteht kein Zweifel mehr. Der Imperator hat am Abend des Vortags in Pskow zugunsten seines Bruders Michail Alexandrowitsch abgedankt. Die Verzweiflung der Zarin ist grenzenlos, doch ihr ungeheurer Mut verläßt sie nicht. Ihre kranken Kinder, die nichts von dem wissen, was seit der Abreise des Gossudars ins Hauptquartier geschehen ist, sollen unbelastet bleiben. Spätnachts erfahren wir, daß Großfürst Michail ebenfalls abgedankt hat, daß das Schicksal Rußlands durch die Konstituante entschieden werden soll. Tags darauf treffe ich die Imperatorin bei Alexej Nikolajewitsch. Sie ist ruhig, aber sehr blaß . . .«

Für wenige Abschiedstage in das Hauptquartier zurückgekehrt, telefoniert Nikolai II. mit Alexandra Fjodorowna. Am 4. März schickt er ihr ein Telegramm:

»Danke, mein Herz. Endlich habe ich in dieser Nacht Dein Telegramm erhalten. Die Verzweiflung vergeht. Der Herr segne Euch alle. In zärtlicher Liebe Nicky«

Am gleichen Tag schreibt ihm Alexandra Fjodorowna einen langen gefühlvollen Beruhigungsbrief, der folgende Zeilen enthält: »Was für eine Erleichterung und Freude war es, Deine liebe Stimme zu hören, die Verständigung war nur sehr schlecht, außerdem werden jetzt alle Gespräche abgehört! Und Dein liebes Telegramm heute früh – ich habe Dir gestern abend gegen halb neun telegrafiert und heute vor eins. – Baby beugt sich aus dem Bett und schickt Dir einen Kuß . . .«

In ihrem Brief erwähnt die Zarin ein interessantes Detail: »Revolution in Deutschland! W[ilhelm] ist tot, sein Sohn verwundet. Hinter allem erkennt man die Freimaurerbewegung.« Und die letzten Zeilen: »Erst heute morgen erfuhren wir, daß alles an M[ischa] übergeben und Baby jetzt außer Gefahr ist – welche Erleichterung!«

Vor der Rückkehr Nikolais II. nach Zarskoje Selo bittet Alexandra Fjodorowna Pierre Gilliard, den Zarewitsch Alexej vorzubereiten und ihn über das Geschehene aufzuklären:

»Ich ging zu Alexej Nikolajewitsch und sagte ihm, der Gossudar komme morgen aus Mogiljow zurück und werde nicht mehr dorthin fahren.

›Warum?‹

›Weil Ihr Vater nicht mehr Oberster Befehlshaber sein will!‹

Diese Nachricht betrübte ihn sichtlich, weil er sehr gern ins Hauptquartier fuhr. Nach einer Weile fügte ich hinzu:

›Wissen Sie, Alexej Nikolajewitsch, Ihr Vater möchte nicht mehr Imperator sein.‹

Er sah mich erstaunt an und versuchte aus meinem Gesicht herauszulesen, was geschehen war.

›Wieso? Warum?‹

›Weil er sehr erschöpft ist und in letzter Zeit viel Schweres ertragen mußte.‹

›Ach ja! Mama hat mir gesagt, daß sein Zug, als er hierherfahren wollte, aufgehalten wurde. Aber Papa wird dann wieder Imperator sein?‹

Da erklärte ich ihm, der Gossudar habe abgedankt zugunsten des Großfürsten Michail Alexandrowitsch, der seinerseits auf den Thron verzichtet habe.

›Aber wer wird dann Imperator?‹

›Ich weiß nicht, vorläufig niemand!‹

Kein Wort von sich selbst, keinerlei Andeutung seines Anspruchs als Thronfolger. Er war heftig errötet und erregt.

Nach minutenlangem Schweigen sagte er:

›Wenn es keinen Zaren mehr gibt, wer wird dann Rußland regieren?‹

Ich erklärte ihm, daß eine Provisorische Regierung gebildet worden sei, die bis zur Einberufung der Konstituierenden Versammlung das Führen der Staatsgeschäfte übernehme, und daß dann möglicherweise sein Onkel Michail den Thron besteigen werde. Ich war aufs neue betroffen von der Bescheidenheit dieses Kindes.«

Die revolutionären Ereignisse, die zur Abdankung Nikolais II. führten, stürzten die Mitglieder des Imperatorenhauses in Verwirrung.

Einen Versuch, die Initiative an sich zu reißen und der Dynastie wenigstens einen Teil ihrer Macht zu erhalten, unternahm

Großfürst Nikolai Nikolajewitsch, der, als die Ereignisse ihren Lauf nahmen, den Oberbefehl über die Kaukasusarmee hatte. Bei seiner Abdankung unterzeichnete Nikolai II. einen Ukas über die Ernennung des Großfürsten zum Obersten Befehlshaber. Am 5. März trat Nikolai Nikolajewitsch von Tiflis aus die Reise zum Hauptquartier an. Vor der Abreise bestellte er aus Kislowodsk Großfürst Andrej Wladimirowitsch zu sich und erklärte ihm: »Die letzten Dokumente, die der Gossudar unterzeichnete, waren meine Ernennung und die von Fürst Lwow zum Vorsitzenden des Ministerrates, doch der Ukas an den Senat ist nicht veröffentlicht worden ... Das ist alles, was ich weiß, und ob sie meinen Zug durchlassen, ist ungewiß, doch hinkommen werde ich wohl.« Weiter sagte er: »Was Kirill (Wladimirowitsch – d. Verf.) betrifft, so habe ich noch nichts entschieden, doch ich befehle, daß auf keinen Fall einer der Brüder zur Mutter (Maria Pawlowna, die Ältere – d. Verf.) fährt.«

»Dann erwähnte Onkel Nikolascha«, notierte Großfürst Andrej Wladimirowitsch in seinem Tagebuch, »daß es in unserer Familie keine Einigkeit gebe, Onkel Sascha (Alexander III. – d. Verf.) habe die Familie gespalten, jetzt würde man gern zueinander finden, könne es aber nicht mehr. Wir erinnerten uns unserer Familienberatungen, und der Onkel äußerte, der Familienrat, an den gedacht war, hätte helfen können, die Familie zusammenzuschweißen, aber daraus sei damals nichts geworden. Wir hätten getan, was wir tun konnten, der Mißerfolg sei nicht unsere Schuld, die Idee sei jedenfalls gut gewesen. Wir sprachen über Dmitri Pawlowitsch. Er soll nach Tiflis ... Der Onkel meinte, die Familien sollten dort bleiben, wo sie sich jeweils befinden.«

Der letzte Rat war zweifellos überflüssig, denn die Revolution hatte den Mitgliedern des Imperatorenhauses ihre Bewegungsfreiheit genommen. Nikolai Nikolajewitsch selbst wurde bald nach seiner Ankunft im Hauptquartier gezwungen, seinen Abschied einzureichen, und den Posten des Obersten Befehlshabers übernahm auf Beschluß der Provisorischen Regierung General Alexejew.

Nutzlos waren die neuerlichen Beteuerungen gegenüber der Provisorischen Regierung:

»Heutigen Tages habe ich den Treueid auf das Vaterland und die neue Staatsordnung abgelegt. Meine Pflicht werde ich bis zuletzt erfüllen, wie es mir mein Gewissen und die übernommenen Verpflichtungen gebieten.

Großfürst Nikolai Nikolajewitsch«

»Im Namen auch der Großfürstin Xenia Alexandrowna und unserer Kinder erkläre ich unsere volle Bereitschaft, die Provisorische Regierung nach Kräften zu unterstützen.

Großfürst Alexander Michailowitsch«

»Nachdem ich den Treueid auf die Provisorischen Regierung geleistet und die Dienststellung des Feldatamans aufgegeben habe, bitte ich mir mitzuteilen, ob Sie meine Rückkehr in mein Haus in Zarskoje Selo für möglich erachten. Nach meinem Eintreffen daselbst werde ich mich, sofern Sie es wünschen, der Provisorischen Regierung ständig zur Verfügung halten.

Großfürst Boris Wladimirowitsch«

»In Ihrer Person erkläre ich der Regierung meine volle Bereitschaft, sie nach Kräften zu unterstützen.

Großfürst Sergej Michailowitsch«

Neben Telegrammen erreichten die Provisorische Regierung auch gemeinschaftliche Briefe:

»Bezüglich unserer Rechte, insbesondere auch des meinen auf die Thronfolge, schließe ich mich in heißer Liebe zu meiner Heimat voll und ganz den Gedanken an, die in der Abdankungserklärung des Großfürsten Michail Alexandrowitsch zum Ausdruck gebracht wurden.

Was den Landbesitz anbelangt, so muß er nach unserer ehrlichen Überzeugung als natürliche Konsequenz aus besagter Erklärung Allgemeinbesitz des Staates werden.

Großfürst Dmitri Konstantinowitsch
Fürst Gawriil Konstantinowitsch
Fürst Igor Konstantinowitsch«

Zweifellos war die Anerkennung der Provisorischen Regierung durch viele Mitglieder des Zarengeschlechts ehrlich gemeint, doch einige von ihnen sahen sich dazu auch gezwungen. Das belegen Zeitungsberichte. So brachte am 17. März 1917 das Regierungsblatt »Westnik Wremennogo Prawitelstwa« folgende Meldung:

»Kislowodsk, 15. März. Auf Anordnung des örtlichen zivilen Exekutivkomitees wurde Generalmajor Tschebykin, Chef der Gardereserveeinheiten Petrograds, verhaftet. Er hatte einen kompromittierenden Brief der hier wohnhaften Großfürstin Maria Pawlowna an den Feldataman aller Kosakentruppen, Großfürst Boris Wladimirowitsch, bei sich, den Tschebykin überbringen sollte ... Im Zusammenhang mit dem bei Tschebykin gefundenen Brief wurde eine Haussuchung auch bei Maria Pawlowna vorgenommen, die jedoch ohne schwerwiegende Ergebnisse blieb . . .

Auf Grund des beschlagnahmten Briefes wurde in Kislowodsk auf Anweisung von Justizminister Kerenski die Großfürstin Maria Pawlowna unter Hausarrest gestellt. General Tschebykin, Oberstleutnant Tulusakow und der Militärbeamte Kotelnikow, die in diese Geschichte verwickelt sind, wurden unter Bewachung nach Petrograd geschickt.«

Bald nach diesem Zwischenfall wurde ein Telegramm der Großfürstin Maria Pawlowna veröffentlicht, das sie am 19. März 1917 aus Kislowodsk an den Ministerratsvorsitzenden Lwow geschickt hatte: »Ich erkenne die Provisorische Regierung als völlig legitim an und betrachte es als meine Pflicht, Sie hiervon in Kenntnis zu setzen.«

Am 21. März wurde auch ein Telegramm der Großfürstin Jelisaweta Fjodorowna veröffentlicht: »Da ich es als jedermanns Pflicht ansehe, sich den Anordnungen der Provisorischen Regierung zu fügen, erkläre ich hiermit, daß ich dies auch meinerseits uneingeschränkt tun werde. Jelisaweta Fjodorowna.«

Am gleichen Tag brachten die Zeitungen folgende Meldung: »Die Imperatorenwitwe Maria Fjodorowna hat sich an das Provisorische Komitee der Staatsduma mit dem Ersuchen gewandt, Kommissare zu benennen, die sie von Kiew bis zur Station Inkerman an der Südküste der Krim begleiten sollen.« So trafen die Imperatorenwitwe Maria Fjodorowna und ihre Tochter Xenia Alexandrowna am 25. März 1917 als Verbannte auf der Krim ein. Ihr Los teilten die Großfürsten Nikolai Nikolajewitsch, Alexander Michailowitsch und Pjotr Nikolajewitsch.

Der Duma-Opposition hatte eine Revolution unter den Fahnen der Monarchie gegen den Monarchen vorgeschwebt, ihr Endziel sollte die Stabilisierung des Landes und der Sieg im ersten Weltkrieg sein. Viele konnten sich eine Zukunft Rußlands ohne Thron nicht vorstellen. So rief in den ersten Tagen der »großen und unblutigen Revolution« der Führer des Progressiven Blocks, der Kadett Miljukow, aus: »Ohne die Romanows werden wir den Ozean der Revolution nicht überqueren!« In gewissem Sinne erwiesen sich diese Worte als prophetisch für die russische Demokratie. Für viele bedeutete die Abdankung Nikolais II. und Michail Romanows das Scheitern ihrer monarchistischen Bestrebungen und der »Oktoberumsturz« das Ende der Demokratie und die Errichtung einer rigorosen Diktatur in Rußland.

Drittes Kapitel

Der Leidensweg der Romanows

In Haft im Alexanderschloß

Bereits einen Tag nach der Abdankung des Zaren, am 3. März 1917, setzte das Petrograder Exekutivkomitee angesichts der auf zahlreichen Kundgebungen und Versammlungen erhobenen Forderungen die Frage »Inhaftierung Nikolais und anderer Mitglieder der Romanow-Dynastie« auf die Tagesordnung. Nach stürmischen Debatten wurde der Beschluß gefaßt: »1. Den Arbeiterdeputierten zur Kenntnis zu bringen, daß das Exekutivkomitee des Sowjets der Arbeiter- und Soldatendeputierten beschlossen hat, die Romanow-Dynastie in Haft zu nehmen und der Provisorischen Regierung vorzuschlagen, ihre Inhaftierung gemeinsam mit dem Sowjet der Arbeiterdeputierten zu besorgen. Im Falle der Ablehnung anzufragen, wie sich die Provisorische Regierung dazu stellt, wenn das Exekutivkomitee die Inhaftierung allein vornimmt. Die Antwort der Provisorischen Regierung erneut im Exekutivkomitee zu behandeln.«

Spezielle Beschlußpunkte betrafen die Inhaftierung der Großfürsten Michail Alexandrowitsch und Nikolai Nikolajewitsch. Besonders unterstrichen wurde: »Die Inhaftierung der Frauen aus dem Hause Romanow ist schrittweise vorzunehmen, in Abhängigkeit von der Rolle, die jede einzelne im alten Machtsystem spielte.« Die Ausarbeitung des Verhaftungsplans wurde der Militärkommission des Petrograder Sowjets übertragen. Über den gefaßten Beschluß setzte der Vorsitzende des Exekutivkomitees, der Menschewik Tschcheïdse, die Provisorische Regierung in Kenntnis.

Die Tinte auf den Urkunden über die Abdankung Nikolais II. und seines Bruders Michail sowie über die Abtretung der vollen Macht an die »legitime« Provisorische Regierung war noch nicht trocken, als die nicht weniger »legitime« Sowjetmacht sich beeilte, die Inhaftierung der ehemaligen »gekrönten Häupter« zu verkünden.

Welche Probleme bewegten in dieser Zeit die Provisorische Regierung? Sehen wir uns die Tagungsprotokolle an: »Der Ministerpräsident unterbreitete die Frage der Notwendigkeit einer exakten Festlegung des Machtumfangs, mit dem die Provisorische Regierung bis zur Annahme der Regierungsform und der Grundgesetze des Staatswesens durch die Konstituierende Versammlung auszustatten sei, sowie der Beziehungen zwischen der Provisorischen Regierung und dem Provisorischen Komitee der Staatsduma. Zu dieser Frage wurde die Ansicht vertreten, daß die Machtfülle, die dem Monarchen gehörte, nicht an die Staatsduma, sondern an die Provisorische Regierung übergegangen sei, daß sich damit die Frage des Fortbestehens des Komitees der Staatsduma erhebe und die Möglichkeit der Wiederaufnahme der Arbeit der 4. Staatsduma zweifelhaft erscheine.«

Sehr offenherzige Äußerungen. Wie heißt es doch so schön: »Der Mohr hat seine Schuldigkeit getan, der Mohr kann gehen.« Die Posse mit der Forderung nach einem »verantwortlichen Kabinett« hatte sich erledigt. Kaum an der Macht, hatten es die neuen Herren im Lande eilig, sich der Fesseln des Parlaments, d. h. der Staatsduma, die sie im Kampf um die Macht für sich ausgenutzt hatten, zu entledigen.

Sehen wir uns nun an, wie die Regierung auf den Beschluß des Petrograder Sowjets über die Inhaftierung der Romanow-Dynastie reagierte. Dazu gab der Außenminister Miljukow eine Information: »Der Minister für Auswärtige Angelegenheiten ... sprach sich hinsichtlich des weiteren Schicksals der Mitglieder der Zarenfamilie für ihre Ausweisung aus Rußland aus, er begründete die Notwendigkeit dieser Maßnahme sowohl mit politischen Erwägungen als auch wegen der Gefahren für ihren weiteren Aufenthalt in Rußland. Die Provisorische Regierung vertrat die Auffassung, daß keine Veranlassung bestehe, diese Maßnahme auf alle Familienmitglieder des Hauses Romanow auszudehnen, daß sie jedoch in bezug auf den abgedankten ehemaligen Imperator Nikolai II. und den Großfürsten Michail Alexandrowitsch sowie deren Familien absolut notwendig ist und keinen Aufschub duldet. Was den Aufenthaltsort dieser Personen betrifft, so besteht keine Notwendigkeit, auf ihrer Ausweisung aus Rußland zu bestehen, und falls sie in unserem Lande zu bleiben wünschen, ist lediglich ihr Aufenthaltsbereich sowie ihre Bewegungsfreiheit einzuschränken.«Einen speziellen Beschluß über die Romanows hatte die Provisorische Regierung demnach nicht gefaßt, jedoch eine Richtlinie verabschiedet.

Auf derselben Sitzung wurde als Oberkommandierender des

Petrograder Militärbezirks Generalmajor L. G. Kornilow bestätigt. Aus der Mitteilung des Seefahrtministers »über die Matrosenmeuterei auf Schiffen der Ostseeflotte« resultierte der Auftrag an Justizminister Kerenski, »als Mahnung zu verstehende Maßnahmen zur Wiederherstellung von Ruhe und Ordnung zu ergreifen«. Vor diesem Hintergrund bildete die Anweisung an den Senat, eine Außerordentliche Ermittlungskommission zur Untersuchung gesetzwidriger Amtshandlungen ehemaliger Minister und sonstiger hoher Amtspersonen der zaristischen Regierung einzusetzen, einen auffälligen Kontrast.

Justizminister Kerenski ordnete am 4. (17.) März 1917 an, die Ermittlungen über den Mord an Grigori Rasputin einzustellen und Fürst Jussupow und Großfürst Dmitri Pawlowitsch zu gestatten, in die Hauptstadt zurückzukehren. Am selben Tage wurde die Erklärung über die Abdankung Nikolais II. und über den Thronverzicht Michails bis zu dem Tage, da das Volk seinen Willen über die Regierungsform in der Konstituierenden Versammlung bekunden würde, veröffentlicht. Der Vorsitzende der Provisorischen Regierung, Fürst Lwow, richtete ein Telegramm an alle Militär- und Zivilbehörden Rußlands, das die obengenannten Abdankungserklärungen bekanntgab und gleichzeitig darüber informierte, daß bis zur Einberufung der Konstituierenden Versammlung die oberste Gewalt an die Provisorische Regierung übergegangen sei. Auf diese Weise wurde der Staatsstreich sanktioniert. Einen Tag später, am 5. (18.) März, ordnete Fürst Lwow per Telegramm an, allerorts die Gouverneure und Vizegouverneure abzulösen und an ihre Stelle zeitweilig die Vorsitzenden der Semstwo*-Verwaltungen auf Gouvernementsebene zu setzen, den Vorsitzenden der Semstwo-Verwaltungen der Kreise die Pflichten von Kreiskommissaren der Provisorischen Regierung aufzuerlegen und die Polizei durch eine von den gesellschaftlichen Selbstverwaltungen zu organisierende Miliz abzulösen. Damit hatte die Revolution auch in der Provinz gesiegt.

Am 5. März 1917 nahm die Provisorische Regierung eine Mitteilung Kerenskis über einen Senatsbeschluß entgegen, mit dem »der Senat der Provisorisachen Regierung für die nahezu völlig unblutige Herstellung des inneren Friedens und den Übergang

* Mit der Gouvernementsreform von 1864 eingeführte, neben der staatlichen Verwaltung extierende begrenzte Selbstverwaltung in einigen europäischen Gouvernements.

zu einer neuen Ordnung im Lande dankt«. Auf dieser Sitzung brachte Kerenski die »Notwendigkeit von Maßnahmen zur Bewachung der Zarenfamilie im Schloß von Zarskoje Selo und der Ablösung des Schloßkommandanten durch eine von der Provisorischen Regierung ernannte Person« zur Sprache. Der dazu gefaßte Beschluß lautete: »Der Kriegsminister wird beauftragt, umgehend den Kommandanten des Schlosses von Zarskoje Selo abzusetzen und zur Klärung der zur Bewachung der Zarenfamilie erforderlichen Maßnahmen einen Kommissar nach Zarskoje Selo zu entsenden sowie die ärztliche Betreuung des ehemaligen Thronfolgers zu gewährleisten.« Der Beschluß der Regierung hatte einerseits die humanitäre Funktion des Schutzes der Zarenfamilie, andererseits führte er strenge Kontrollbestimmungen für Zarskoje Selo ein, was einer stillschweigenden Inhaftierung gleichkam.

Noch ein Aspekt der Sache verdient Beachtung. Bei seiner Ankunft in Mogiljow hatte Nikolai II. nach seiner Abdankung General Alexejew ein eigenhändig verfaßtes Schreiben für die Provisorische Regierung übergeben, in dem es hieß:

»Von der Provisorischen Regierung folg[ende] Garantien verlangen:

1. Ungehinderte Fahrt nach Zarskoje Selo für mich und meine Begleitung.

2. Ungefährdeter Aufenthalt mit den bezeichneten Personen in Zarskoje Selo bis zur Genesung der Kinder.

3. Ungehinderte Fahrt mit diesen Personen nach Port Romanow an der Murmanküste.

4. Nach Beendigung des Krieges Übersiedelung nach Liwadia auf der Krim als ständigem Wohnsitz.«

Als Alexejew diese Bitte des Zaren am 4. März 1917 Fürst Lwow übermittelte, fügte er in seinem Telegramm von sich aus hinzu: »Nachdrücklich ersuche ich um schnellstmögliche Löung dieser Fragen durch die Regierung, sie ist von besonderer Wichtigkeit für den Stab des Obersten Befehlshabers wie für den abgedankten Imperator.«

Tags darauf, am 5. März, wandte sich Alexejew erneut mit einem Telegramm an Fürst Lwow und an Rodsjanko: »In Ergänzung meines Telegramms vom 4. März, Nr. 54, bitte ich Sie dringend, die Lösung der aufgeworfenen Fragen zu beschleunigen und gleichzeitig Vertreter zur Begleitung der Züge des abgedankten Imperators bis zum Bestimmungsort zu entsenden.«

Erst am 6. März traf die Antwort der Provisorischen Regierung ein:

»Seiner Majestät dem Imperator

Chiffriertes Telegramm des Vorsitzenden des Ministerrates, Fürst Lwow, an Generaladjutant Alexejew aus Petrograd vom 6. März 1917. Provisorische Regierung entscheidet alle drei Fragen positiv; wird alle ihr [zu] Gebote stehenden Maßnahmen ergreifen: ungehinderte Anreise [in] Zarskoje Selo, Aufenthalt [in] Zarskoje Selo und Reise nach Port Romanow [an der] Murmanküste. Nr. 938.

Ministerpräsident Fürst Lwow

Für die Richtigkeit: Generalleutnant Lukomski«

Am 6. (19.) März wandten sich die Leiter der Militärmissionen der Verbündeten mit einem Brief an General Alexejew:

»Lieber General Alexejew.

Wir Leiter der Militärmissionen der Verbündeten schlagen vor – unter der Voraussetzung, daß die Regierung Ihrer Meinung nach ihre Zustimmung gibt und daß beschlossen wird, Seine Majestät nach Zarskoje Selo reisen zu lassen –, den Imperator nach Zarskoje Selo zu geleiten.

Wir glauben, daß dies angesichts der Beziehungen, die zwischen uns und dem Gossudar Imperator bestanden, als Seine Majestät Oberster Befehlshaber war, unsere Pflicht ist und daß diese Pflicht von der Regierung respektiert werden wird.

Unter den genannten Voraussetzungen bitten wir Sie, diese Fahrt zu unterstützen.

Seien Sie, lieber General, aufrichtig gegrüßt.«

Als Antwort auf diesen Brief schrieb General Alexejew an den englischen General Williams: »Diese Reise halte ich nicht für ratsam. Ich werde mich mit der Provisorischen Regierung in Verbindung setzen müssen, was die Abreise des Gossudars Imperator verzögern kann.«

Was ging inzwischen in der Hauptstadt vor? Nach dem Thronverzicht Michail Romanows sah ein Teil der Politiker vor allem im Hinblick auf die Verläßlichkeit der Truppen im Hauptquartier und an der Front Anlaß zur Sorge. Der seinerzeit bekannte Eisenbahnkommissar Bublikow brachte die allgemeine Stimmung zum Ausdruck: »Der Zar hat sich zu meiner großen Überraschung von Pskow auf den Weg zum Hauptquartier begeben. Als ich für den Zug ›A‹, mit dem der Zar durch Rußland reiste, die Meldung über Mogiljow als Bestimmungsort erhielt, habe ich unverzüglich

Gutschkow telegraphiert . . ., um mein Befremden und meine Befürchtungen kundzutun, der Zar könnte im Hauptquartier den Widerstand organisieren. Doch Gutschkow antwortete ruhig: ›Er ist völlig harmlos.‹ . . . Daß der in den Ruhestand versetzte Zar ungehindert durch das Land reisen durfte, zu den Truppen, unter denen er möglicherweise welche fand, die ihm die Treue bewahrt hatten, mußte dennoch seltsam anmuten . . .«

Die sich rasch ändernde politische Situation beunruhigte die neuen Machthaber, die Militärs könnten ihr Verhältnis zu dem, was geschehen war, überdenken. Angeheizt wurde die Situation u. a. durch den berühmten Befehl Nr. 1, der die Einzelleitung und die Disziplin in den Truppen gefährdete, und durch den Befehl des Kriegsministers A. I. Gutschkow, auf einen Schlag 150 hochrangige Führungskräfte zu entlassen und sie durch Leute zu ersetzen, die nur einer Forderung genügten – der Sache der Revolution treu ergeben zu sein. Was, wenn Nikolai II. Unterstützung von einigen unzufriedenen Generälen erhielt und Eliteeinheiten gegen Petrograd losmarschierten oder wenn er sich im Hauptquartier festsetzte und damit jede revolutionäre Aktion lahmlegte? Als erster schlug der Petrograder Sowjet Alarm. Im Tagungsprotokoll des Exekutivkomitees des Petrosowjets vom 6. März 1917 lesen wir:

»Tschcheïdse berichtet über seine Verhandlungen mit der Provisorischen Regierung bezüglich der Inhaftierung des Hauses Romanow.

Die Regierung hat bisher keine endgültige Antwort gegeben. Von General Alexejew ist eine Erklärung Nikolai Romanows eingegangen, daß dieser nach Zarskoje Selo fahren möchte. Die Provisorische Regierung hat offenbar keine Einwände. Einer ihrer Minister (Kerenski – d. Verf.) erklärte jedoch, wenn das Exekutivkomitee des Sowjets der A.- und S.d. endgültig entscheide, Nikolai festzunehmen, werde die Provisorische Regierung alles tun, um dem Exekutivkomitee die Erfüllung dieser Aufgabe zu erleichtern.

Das Exekutivkomitee beschloß, die Militärkommission beim Sowjet der A.- und S.d. über die eingeleiteten Maßnahmen zur Festnahme Nikolai Romanows umgehend zu informieren.«

Beim Exekutivkomitee des Petrosowjets ging eine Erklärung von 84 Sowjetdeputierten ein, in der ultimative Forderungen gestellt wurden:

»1. Unter den breiten Massen der Arbeiter und Soldaten, die

für Rußland die Freiheit erkämpft haben, herrscht größte Empörung und Sorge darüber, daß der gestürzte Nikolai II. der Blutige, seine des Verrats an Rußland überführte Frau, sein Sohn Alexej, seine Mutter Maria Fjodorowna sowie alle übrigen Mitglieder des Hauses Romanow sich, ungeachtet der Kriegslage, immer noch auf freiem Fuße befinden und nach Belieben durch Rußland reisen, was völlig unzulässig ist und in höchstem Maße gefährlich für die Wiederherstellung einer normalen Ordnung und der Ruhe im Lande und im Leben und für die erfolgreiche Verteidigung Rußlands gegen den äußeren Feind.

2. Wir fordern das Exekutivkomitee auf, umgehend zu verlangen, daß die Provisorische Regierung unverzüglich die entschiedensten Maßnahmen ergreift, damit alle Mitglieder des Hauses Romanow an einem bestimmten Ort konzentriert werden unter verläßlicher Bewachung durch die Revolutionäre Volksarmee.

3. Wir verlangen, daß diese Erklärung umgehend veröffentlicht und auf der gegenwärtigen Tagung des Sowjets der Soldaten- und Arbeiterdeputierten darüber abgestimmt wird.«

Die Provisorische Regierung war über den Stand der Dinge im Petrosowjet im Bilde und gab seinem Druck nach. Während sie das Telegramm über die ungehinderte Reise des Zaren an die Murmanküste positiv beantwortete, bereitete sie seine Inhaftierung vor. Genaueres dazu ist den Erinnerungen des Kommissars der Provisorischen Regierung Bublikow zu entnehmen:

»Ich wurde zunächst zu Rodsjanko, danach in den Ministerrat bestellt und angewiesen, zusammen mit drei anderen Mitgliedern der Staatsduma nach Mogiljow zu fahren, um dort den Zaren festzunehmen und nach Zarskoje zu bringen.

Meine erste Regung war, diese ›ehrenvolle‹ Rolle abzulehnen. Es widerstrebte mir gar zu sehr, den Büttel zu spielen. Doch nach reiflicher Überlegung beschloß ich, den Auftrag anzunehmen ... Folglich brauchte ich völlige Klarheit, worin er bestand ... Die Ministerratstagung machte auf mich einen höchst verworrenen Eindruck – viel Gerede und mangelnde Umsicht ... Auch um die Festnahme des Zaren gab es natürlich eine lange Debatte ... Den Akt der Festnahme selbst beschloß man als ›Freiheitsentzug‹ zu deklarieren. Auf meine Frage, wie er in der dritten Person und in der Anrede zu nennen sei, wurde die Bezeichnung ›ehemaliger Imperator‹ beschlossen und bezüglich seiner Anrede entschied man sich, nachdem man zwischen ›Eurer Hoheit‹ und ›Eurer

Majestät‹ geschwankt hatte, schließlich für letztere, jedoch ohne den Zusatz ›Imperator‹.

Nebenbei war zu erfahren, daß der Zar sich an die Provisorische Regierung mit drei Bitten gewandt hatte: 1. Gewährleistung seiner ungefährdeten Fahrt von Mogiljow nach Zarskoje, 2. Schutz während des Aufenthalts in Zarskoje und 3. Gewährleistung seiner Reise an die Murmanküste und nach England.

Es wurde beschlossen, allen drei Bitten stattzugeben und dies im Beschluß des Ministerrates, der dem Zaren die Freiheit entzog, zu fixieren . . . Die Frage, daß der festgenommene Zar unter Bewachung gestellt und ihm der Degen abgenommen werden sollte, blieb unbehandelt, da ich stillschweigend beschloß, auf diese Zeremonien zu verzichten . . .«

Unter den Archivmaterialien findet sich ein Beschluß der Provisorischen Regierung »Über den Freiheitsentzug des abgedankten Imperators Nikolai II. und seiner Gemahlin« vom 7. März 1917, in dem festgelegt wurde:

»1. Den abgedankten Imperator Nikolai II. und seine Gemahlin der Freiheit für verlustig zu erklären und den abgedankten Imperator nach Zarskoje Selo zu bringen.

2. General Michail Wassiljewitsch Alexejew zu beauftragen, zur Bewachung des abgedankten Zaren eine Abteilung abzustellen, die den nach Mogiljow entsandten Mitgliedern der Staatsduma Alexander Alexandrowitsch Bublikow, Wassili Michailowitsch Werschinin, Semjon Fjodorowitsch Gribunin und Saweli Andrejewitsch Kalinin zur Verfügung steht.

3. Die zur Begleitung des abgedankten Imperators von Mogiljow nach Zarskoje Selo entsandten Mitglieder der Staatsduma zu beauftragen, einen schriftlichen Bericht über die Erfüllung ihres Auftrages vorzulegen.

4. Diesen Beschluß bekanntzumachen.«

Die Ausführung des Beschlusses über die Inhaftierung der Imperatorin Alexandra Fjodorowna in Zarskoje Selo wurde dem Befehlshaber der Truppen des Petrograder Mililtärbezirks, General Kornilow (berühmt geworden durch seine Flucht aus österreichischer Gefangenschaft), übertragen.

Dieses Vorgehen war für einige Mitglieder der Provisorischen Regierung anfechtbar. »Eigentlich waren weder die formalen noch die sachlichen Voraussetzungen erfüllt, Nikolai II. der Freiheit für verlustig zu erklären«, gestand in seinen Erinnerungen der erste Verwaltungsleiter der Provisorischen Regierung, der Kadett Nabokow. »Ihn für diese oder jene Verfehlungen als Imperator zur Verantwortung zu ziehen wäre unsinnig gewesen und hätte den Grundsätzen des Staatsrechts widersprochen ... Indes wurde durch den Beschluß über den Freiheitsentzug ein Knoten geschürzt, den am 4. (17.) Juli 1918 in Jekaterinburg Genosse Beloborodow durchhieb. Darüber hinaus bin ich überzeugt, daß dieses ›Schlagen eines am Boden Liegenden‹, die Verhaftung des ehemaligen Imperators, ernsthafte Auswirkungen im Sinne der Entfachung ungezügelter Leidenschaften hatte. Sie verlieh der Abdankung den Charakter des Sturzes, denn es wurde keinerlei Motivation gegeben.«

Hierzu ist anzumerken, daß Nikolai II. sich nach seiner Abdankung an den Chef der Provisorischen Regierung mit einem Schreiben gewandt hatte, in dem er ihm sein und seiner Familie Schicksal anvertraute.

Anhand von Dokumenten läßt sich der Hergang der Ereignisse genau rekonstruieren. Am 7. März traf Justizminister Kerenski in Moskau ein, um an der Tagung des Moskauer Deputiertensowjets teilzunehmen, und antwortete, der Zeitung »Russkoje Slowo« und anderen Blättern zufolge, auf die Frage nach dem Schicksal des ehemaligen Zaren und der Romanows: »Nikolai Nikolajewitsch wird nicht Oberster Befehlshaber bleiben. Was Nikolai II. betrifft, so hat er sich selbst an die neue Regierung mit der Bitte gewandt, seinen Schutz zu übernehmen. Jetzt ist Nikolai II. in meiner Hand, in der Hand des Generalstaatsanwalts! Und ich sage Ihnen, Genossen: Die russische Revolution ist unblutig verlaufen, und ich werde nicht zulassen, daß ein Schatten auf sie fällt. Ein Marat der russischen Revolution werde ich nie sein. In Kürze wird Nikolai II. unter meiner persönlichen Aufsicht zu einem Hafen gebracht werden und von da mit dem Schiff nach England fahren ...« Eine ziemlich provokante Erklärung.

In Petrograd verbreiteten sich widersprüchliche Gerüchte. So wurde behauptet, Nikolai II. habe sich bereits mit Wissen der Provisorischen Regierung samt Familie ins Ausland abgesetzt. Selbst der französische Botschafter Paléologue hielt am 8. (21.) März in seinem Tagebuch fest:

»Tagelang schon kursiert das Gerücht, der ›Bürger Romanow‹ und seine Gattin, ›die Deutsche Alexandra‹, hätten mit Unterstützung gemäßigter Minister – Lwows, Miljukows, Gutschkows usw. – heimlich die Restauration der Selbstherrschaft vorbereitet. Deshalb forderte der Sowjet gestern die unverzügliche Inhaftierung des ehemaligen Zaren und der Zarin. Die Provisorische Regierung gab nach. Vier Deputierte – Bublikow, Gribunin, Kalinin und Werschinin – machten sich am gleichen Abend auf den Weg ins Hauptquartier nach Mogiljow mit dem Mandat, den Zaren herzubringen.

Was die Imperatorin betrifft, so begab sich General Kornilow heute mit Eskorte nach Zarskoje Selo. Nach seinem Eintreffen im Alexanderschloß wurde er sogleich von der Zarin empfangen, die die Entscheidung der Provisorischen Regierung ohne jedes Zeichen von Verwirrung anhörte; sie bat lediglich, ihr die gesamte Dienerschaft zu lassen, die die kranken Kinder betreut. Das wurde ihr zugestanden. Das Alexanderschloß ist jetzt völlig von der Außenwelt abgeschnitten.

Miljukow reagierte sehr erregt auf die Inhaftnahme des Imperators und der Imperatorin; er möchte, daß der englische König ihnen Asyl auf britischem Territorium anbietet, ja sich verpflichtet, ihnen ihre Sicherheit zu garantieren; er bat deshalb Buchanan, unverzüglich nach London zu telegrafieren und auf umgehender Antwort zu bestehen . . .«

Paléologues Informationen über England entsprachen nicht ganz den Tatsachen. In Wirklichkeit verhielten sich die Dinge so: Nachdem der englische König Georg V. von der Abdankung seines Cousins Nikolai II. erfahren hatte, schickte er folgendes Telegramm an das Hauptquartier in Mogiljow: »Die Ereignisse der letzten Woche haben mich tief erschüttert. Ich denke ständig an Dich und bleibe für immer Dein treuer und ergebener Freund, der ich, wie Du weißt, stets gewesen bin.« Bekannt ist aber auch, daß Lloyd George, als die Nachricht über den Fall der russischen Monarchie eintraf, erfreut ausrief: »Ein Kriegsziel Englands ist endlich erreicht.« Das Telegramm Georgs V. war an General Williams zur Übergabe an Nikolai II. adressiert, doch der Zar hatte Mogiljow bereits verlassen. Inzwischen bat Außenminister Miljukow am 6. März den englischen Botschafter Buchanan, eiligst zu klären, ob der ehemalige Imperator mit seiner Familie nach England ausreisen könne. Buchanan schickte am gleichen Tage eine Anfrage nach London. Am 8. März telegrafierte er ein zweites Mal und teilte mit, daß Miljukow »es sehr gern sähe, daß Seine Majestät Rußland verläßt«, und »froh wäre, wenn der englische König und die englische Regierung dem Zaren in England Asyl gewährten«.

General Williams schickte das im Hauptquartier eingegangene Telegramm Georgs V. nach Petrograd an Buchanan, damit er es dem Empfänger übergebe. Die Botschaft des Königs wurde Nikolai II. jedoch nicht ausgehändigt, denn Miljukow hielt sie bis zur Klärung eines Umstandes zurück, auf den wir gleich zu sprechen kommen.

Den Ereignissen vorausgreifend, sei gesagt, daß am 9. März der englische Außenminister Balfour ein Telegramm an Buchanan schickte, aus dem hervorging, daß der König und die britische Regierung »den Zaren und die Zarin mit Freude einladen, ihren Wohnsitz in England zu nehmen und die ganze Kriegszeit hier zu bleiben. Bei der Übergabe dieser Mitteilung haben Sie der russischen Regierung klarzumachen, daß ihr die Verantworung für die Ausstattung Ihrer Majestäten mit den ihrem Rang entsprechenden Mitteln für ihren Unterhalt obliegt.« Am 10. März übergab Botschafter Buchanan in Petrograd an Miljukow eine offizielle Note zu dieser Frage, und tags darauf telegrafierte er nach London: »Gestern unterrichtete ich den Außenminister über den Inhalt Ihrer Botschaft ... Miljukow ist sehr daran interessiert, daß diese Angelegenheit nicht publik gemacht wird, da die extreme Linke die Öffentlichkeit gegen die Ausreise des Zaren aus Rußland aufbringt. Der Außenminister hofft zwar, daß es der Regierung gelingt, den Widerstand zu überwinden, bisher hat diese jedoch selbst noch keine endgültige Entscheidung getroffen ... Als ich die Frage nach den Mitteln anschnitt, erfuhr ich, der Außenminister habe Informationen, daß der Zar über ein beträchtliches persönliches Vermögen verfüge. Auf jeden Fall wird die finanzielle Frage von der Regierung sehr großzügig entschieden werden.«

Es erhebt sich die Frage, weshalb die britische Regierung, nachdem sie zunächst zugestimmt hatte, das scheinbar gemeinsame Anliegen nicht im Verein mit ihren Kollegen der Provisorischen Regierung Rußlands in die Tat umsetzte. Der Grund liegt auf der Hand. Weil sie um ihre Beziehungen zu den realen Machthabern des Landes fürchtete, um ihren Einfluß auf die Russen und deren Beteiligung am Krieg. Während Buchanan diese »Nebenmotive« sehr vorsichtig andeutet, als Vermutung, äußert sich der englische Botschafter in Frankreich, Bertie, bestimmter: »Die russischen extremen Sozialisten könnten glauben, die britische Regierung halte den ehemaligen Imperator zu Restaurationszwecken in Reserve, für den Fall, daß es im egoistischen Interesse Englands vorteilhaft erscheinen sollte, wenn die inneren Differenzen Rußlands fortdauern.«

Um sich vor unliebsamen Komplikationen zu schützen, hatte die Provisorische Regierung in den ersten Tagen der Revolution beschlossen, die Korrespondenz der Romanows mit der Außenwelt zu unterbinden. Später erklärte der ehemalige Außenminister der Provisorischen Regierung das Zurückhalten des Telegramms Georgs V. vom 6. März 1917 folgendermaßen: »Das Telegramm war an den Imperator gerichtet, aber da der Gossudar kein Imperator mehr war, gab ich es dem englischen Botschafter.« Sir G. Buchanan ist in seinem Eingeständnis freimütiger: das Telegramm an Nikolai II. hätte die Ausreise der Zarenfamilie nach England erleichtern können. Verantwortlich macht er jedoch allein Miljukow.

In der Tat, was wäre gewesen, wenn die Zarenfamilie, im Besitz eines derartigen Dokuments, sich entschlossen hätte, bei der ersten besten Gelegenheit mit ihren kranken Kindern das Land zu verlassen? Es ist völlig klar, daß einige Minister um ihre Posten bangten, und sie verfuhren nach der Devise »Jeder ist sich selbst der Nächste«. Schließlich hatten sie den Zaren nicht vom Thron gestoßen, um nun seinetwegen ihre schwer errungenen Positionen zu gefährden. Auf den ersten Blick wirkt die Haltung des englischen Botschafters Buchanan, der es wagte, den Willen seines Königs nicht zu erfüllen, irritierend. Doch offensichtlich ließ er sich von der Erwägung leiten, daß der König zwar der Herrscher, aber nicht derjenige ist, der regiert; die Regierenden in England waren an etwas anderem interessiert.

Doch kehren wir nach Zarskoje Selo zurück. Am 8. März 1917 erörtert die Regierung eine »Vorlage des Ministers für Auswärtige Angelegenheiten über die Notwendigkeit von Maßnahmen zum Schutz der staatlich bedeutsamen Dokumente im Schloß von Zarskoje Selo angesichts der dort bevorstehenden Unterbringung des abgedankten Imperators Nikolai II.«. Dazu wird der Beschluß gefaßt: »Das Arbeitszimmer des abgedankten Imperators Nikolai II. ist zu versiegeln und unter Bewachung zu stellen.«

Die Ereignisse in Zarskoje Selo nahmen ihren Lauf. Der Kammerdiener der Imperatorin, A. A. Wolkow, beschreibt in seinen Erinnerungen die Inhaftierung Alexandra Fjodorownas:

»Dann traf General Kornilow ein, mit ihm einige Offiziere, u. a. Kotzebue, Offizier des Garde-Ulanenregiments, und Oberst

Kobylinski. Im Schloß befanden sich in dieser Zeit Hofmarschall Benckendorff und Zeremonienmeister Graf Apraxin.

Kornilow bat, ihn der Zarin zu melden. Sie empfing ihn im Beisein von Graf Benckendorff.

Kornilow sagte zur Imperatorin, ihm sei die schwere Pflicht auferlegt worden, ihr die Inhaftierung zu verkünden, und bat die Gossudarin, sich nicht zu beunruhigen: die Inhaftierung könne keinerlei Gefahr und nicht einmal sonderliche Erschwernisse mit sich bringen. Kornilow bat um die Erlaubnis, der Gossudarin die ihn begleitenden Offiziere vorzustellen.

Beim Verlassen der Imperatorin erklärte er, alle aus der Umgebung der Zarenfamilie könnten aus freiem Willen bei ihr bleiben. Wer es nicht wolle, dem stehe es frei, zu gehen. Zwei Tage wurden als Bedenkzeit eingeräumt, danach galt die Inhaftierung auch für die, die bei der Zarenfamilie blieben.

Zum Kommandanten wurde Kotzebue bestimmt, zum Chef der Wache Oberst Kobylinski.«

Am selben Tag, dem 8. März, schrieb Alexandra Fjodorowna in Englisch in ihr Tagebuch: »Gen. Kornilow, Kommandant von Z[arskoje] S[elo] Kobylinski. Kornilow verkündete, wir seien eingesperrt... Von diesem Augenblick gelten alle hier Anwesenden als isoliert, sie dürfen keinen Fremden sehen... Habe meine Briefe mit Lili verbrannt.«

In dürren Verlautbarungen wurde der Bevölkerung mitgeteilt: Beauftragt durch die Provisorische Regierung, war der Oberkommandierende der Truppen des Petrograder Militärbezirkes, General Kornilow, im Schloß von Zarskoje Selo erschienen und hatte der ehemaligen Zarin im Beisein von Graf Benkkendorff und Graf Apraxin den Beschluß über ihre Inhaftierung verlesen. Nach Verlesen des Beschlusses hatte der Oberkommandierende Maßnahmen zur Bewachung des Schlosses eingeleitet – der Wachplan für alle Infanterieregimenter der Garnison von Zarskoje Selo wurde festgelegt, ein berittener Streifendienst für die ganze Stadt eingerichtet, Regelungen für den Zutritt zum Schloß und die Kommunikation mit der Außenwelt getroffen und alle Telegrafen- und Telefonleitungen durch die Wachoffiziere kontrolliert. Die Posten der Außenwache, bisher von der Schloßpolizei gestellt, wurden unverzüglich durch eine Abteilung der Garnison abgelöst.

In Petrograd kursierten weiter die unwahrscheinlichsten Gerüchte, von sensationell aufgemachten Zeitungsmeldungen gespeist. Man suchte nach Feinden der Revolution und nach Schuldigen für die sich immer mehr verschlechternde Lage an den Fronten und innerhalb des Landes. Die bequemste Zielscheibe war der gestürzte Imperator.

Am 8. März beriet das Exekutivkomitee des Petrosowjets erneut »über die Festnahme Nikolais II. und seiner Familie«. Das Ergebnis lautete: »Es wurde beschlossen, die gesamte Familie zu inhaftieren, ihren Besitz mit sofortiger Wirkung zu beschlagnahmen und ihr die Staatsbürgerschaft abzuerkennen. Dazu ist ein Parlamentär mit einer Delegation zu entsenden, die die Verhaftung vornimmt . . .«

Die Schritte der Provisorischen Regierung hinsichtlich einer möglichen Ausreise der Zarenfamilie versetzten die Mitglieder des Petrosowjets in Alarmstimmung, sie sahen darin die Gefahr der Restauration der Monarchie durch eine Einmischung Großbritanniens. Im Petrosowjet entbrannten stürmische Debatten: »Alle erklärten einhellig: Die Revolution muß sich vor jeglicher Möglichkeit der Wiedererrichtung der Monarchie schützen; der Fehdehandschuh, den die Provisorische Regierung mit der eigenmächtigen – hinter dem Rücken des Exekutivkomitees getroffenen – Entscheidung dieser für das Schicksal der Revolution hochwichtigen Frage geworfen hat, muß aufgenommen werden . . .«

Die auf der Tagung des Petrosowjets herrschende Atmosphäre hat der Sozialrevolutionär S. D. Mstislawski (Maslowski), Mitglied der Militärkommission, plastisch geschildert. In seinen Erinnerungen »Fünf Tage. Der Anfang und das Ende der Februarrevolution« stellte er fest: »Allzu weitschweifig und zu verworren ließen sich die Redner darüber aus, inwieweit der ehemalige Monarch ›persönlich‹ gefährlich sei und wer von den Großfürsten zur Kategorie jener gerechnet werden könne und müsse, die für die künftige Republik eine ›Bedrohung‹ darstellten . . . Von der Größe der Gefahr hängt natürlich das Maß der Vorbeugung ab: deshalb wurden die in ihren Erklärungen über die Gefahr der Monarchie so hemmungslosen Mitglieder des Exekutivkomitees unsicher und schlugen die Augen nieder, sobald die Logik ihrer Gedankengänge sie zwang, auf das Schicksal des Monarchen einzugehen. Es gab Sekunden, da schien es, als würde gleich das dem Menschewismus so unerträgliche Wort ›Zarenmord‹ auf uns herniedergehen . . . Doch der Gedanke verschlug dem Redner den Atem – und wieder legte sich der

Schleier vager Andeutungen, vager Eingeständnisse, vager Schwüre über die Versammelten ...«

Am 9. März erreichte die im Streit um die Zarenfamilie aufgeheizte Stimmung ihren Siedepunkt. Im Tagungsprotokoll des Exekutivkomitees des Petrosowjets lesen wir zum ersten Punkt der Tagesordnung:

»1. Festnahme Nikolai Romanows

Auf Grund der vorliegenden Informationen, daß die Provisorische Regierung beschlossen habe, Nikolai Romanow nach England ausreisen zu lassen, und daß er sich im Augenblick auf dem Weg nach Petrograd befinde, beschloß das Exekutivkomitee, unverzüglich außerordentliche Maßnahmen einzuleiten, um ihn an der Weiterfahrt zu hindern und festzunehmen. Es wurde die Besetzung aller Bahnhöfe durch unsere Truppen angeordnet und Kommissare mit außerordentlichen Vollmachten zu den Eisenbahnstationen Zarskoje Selo, Tosno und Swanka entsandt. Darüber hinaus wurde beschlossen, an alle Städte Funktelegramme zu schicken mit der Anweisung, Nikolai Romanow festzunehmen und überhaupt eine Reihe außerordentlicher Maßnahmen zu ergreifen. Weiterhin wurde beschlossen, der Provisorischen Regierung umgehend den unbeugsamen Willen des Exekutivkomitees zu verkünden, die Ausreise Nikolai Romanows nach England zu verhindern und ihn festzunehmen. Zum Inhaftierungsort Nikolai Romanows wurde die Trubezkoi-Bastion der Peter-Paul-Festung bestimmt, deren Kommandeure abzulösen sind. Die Festnahme Nikolai Romanows ist um jeden Preis durchzusetzen, selbst auf die Gefahr des Bruchs mit der Provisorischen Regierung.«

Das Exekutivkomitee des Petrosowjets hatte eine harte Gangart angeschlagen. Befehlsformulare wurden vorbereitet, auf deren Grundlage der Zug Nikolais II. gestoppt und er selbst festgenommen werden konnte. In diese Formulare brauchten nur noch die Bezeichnung der Abteilung und ihr Stationierungsort eingetragen zu werden, damit die Kämpfer eiligst zur Festnahme losgeschickt werden konnten.

Die von Tschcheïdse unterzeichneten Funktelegramme enthielten folgenden Appell:

»Dringende Mitteilung an alle:

Vom Exekutivkomitee der Arbeiter- und Soldatendeputierten. Für alle Eisenbahnen und anderen Verkehrswege, an alle Kommissare, örtliche Komitees, Truppenteile.

Ihnen allen wird mitgeteilt, daß Nikolai der Zweite vermutlich ins Ausland fliehen will. Verständigen Sie alle Agenten und Komitees an Ihrer Strecke, daß das Exekutivkomitee des Petrograder Sowjets der Arbeiter- und Soldatendeputierten anordnet, den ehemaligen Zaren zu stoppen und unverzüglich dem Exekutivkomitee – Petrograd, Taurisches Palais – Meldung zu machen zwecks Veranlassung des Weiteren.«

Die Verwirrung erfaßte ganz Rußland. Nach fünf Tagen, am 12. März, bat der Omsker Deputiertensowjet mit folgendem Telegramm um Aufklärung: »Der Omsker Sowjet der Arbeiterdeputierten bittet, die Richtigkeit des Rundschreibens über den vermuteten Fluchtversuch Nikolais II., unterzeichnet von Tschcheïdse [und] Skobelew, zu bestätigen. Sekretär Aronow.«

Ungeachtet aller Maßnahmen traf der Zug mit dem abgedankten Imperator am 9. März wohlbehalten in Zarskoje Selo ein.

Über dieses Ereignis sagte Oberst Kobylinski im April 1919 vor dem weißgardistischen Untersuchungsführer Sokolow aus:

»Ein paar Tage später (an das Datum kann ich mich nicht mehr erinnern) erhielt ich die telefonische Mitteilung über das baldige Eintreffen des Gossudars Imperator. Ich machte mich auf zum Bahnhof. Als der Zug hielt, stieg der Gossudar aus, ging, ohne jemanden anzusehen, sehr schnell den Bahnsteig entlang und nahm im Automobil Platz. Bei ihm war Hofmarschall Fürst Wassili Alexandrowitsch Dolgorukow, der zusammen mit dem Gossudar einstieg. Auf dem Bahnsteig traten zwei Mann in Zivil an mich heran, von denen der eine das Staatsduma-Mitglied Werschinin war, und sagten, ihre Mission sei beendet: den Gossudar hätten sie mir übergeben.

Eines kann ich nicht vergessen. Im Zug des Gossudars waren viele Leute mitgefahren. Als der Gossudar den Waggon verlassen hatte, stürzten sie auf den Bahnsteig und zerstreuten sich rasch. Sie sahen sich dabei nach allen Seiten um, offenbar hatten sie Angst, erkannt zu werden. Diese Szene war sehr unschön.

Ich begleitete den Gossudar zum Schloß. Er ging sofort hinauf zu seinen kranken Kindern.

Bald darauf kamen die Sachen des Gossudars vom Bahnhof.

. . . Die Instruktion für das Leben der Zarenfamilie in Zarskoje Selo schränkte ihre Kommunikation mit der Außenwelt ein, und natürlich wurden auch ihrem Leben im Schloß gewisse Beschränkungen auferlegt. Die Korrespondenz ging durch die

Nikolai II. auf dem Balkon des Alexanderschlosses in Zarskoje Selo

Hände des Kommandanten. Verlassen durfte die Familie das Schloß nur, um in den Park zu gehen. Schloß und Park waren stets von Wachen umstellt. Spaziergänge waren von morgens bis zum Einbruch der Dunkelheit erlaubt.

Weitere Beschränkungen gab es nicht. Abgesehen von der genannten Begrenzung der Ausgangszeit, mischte sich die Regierung nicht in das Leben der Familie ein.«

Ausführlicher schildert Kammerdiener Wolkow die Ankunft Nikolais II. in Zarskoje Selo: »Gegen 10 Uhr versammelten sich im Hof Offiziere, die in der Halle ungeordnet Aufstellung nahmen. Der wachhabende Offizier ging hinaus. Einige Zeit später fuhr, vom Bahnhof kommend, das Automobil des Gossudars vor. Das Tor war geschlossen, und der Offizier vom Dienst rief: ›Das Tor öffnen für den ehemaligen Zaren.‹ Das Tor wurde geöffnet, und das Automobil fuhr zum Schloß. Der Gossudar und Fürst Dolgorukow (Generaladjutant der Suite) stiegen aus.

Als der Gossudar an den in der Halle versammelten Offizieren vorbeiging, begrüßte ihn keiner. Der Gossudar tat es als erster. Da erwiderten alle seinen Gruß.

Der Gossudar begab sich zur Imperatorin. Ihr Wiedersehen war ohne Trauer. Beide hatten ein frohes Lächeln im Gesicht. Sie küßten sich und gingen gleich hinauf zu den Kindern.«

Welchen Eindruck hatte der ehemalige Imperator von dem Empfang? Am Tage seiner Ankunft schrieb Nikolai II. in sein Tagebuch:

»Rasch und wohlbehalten in Zarskoje Selo angekommen – gegen 11 ½. Doch, o Gott, welch Unterschied, auf der Straße und im Park um das Schloß Posten, drinnen am Eingang irgendwelche Fähnriche! Ging hinauf und sah meinen Schatz Alix und unsere lieben Kinder wieder. Sie bot einen munteren und gesunden Anblick, während die Kinder alle im dunklen Zimmer lagen. Doch alle waren wohlauf, bis auf Maria, die erst vor kurzem die Masern bekommen hat. Das Frühstück und das Mittagessen nahmen wir in Alexejs Spielzimmer ein. Sah den guten Benckendorff. Ging mit Walja Dolg[orukow] spazieren und arbeitete mit ihm im Garten, denn weiter dürfen wir nicht! Nach dem Tee ordnete ich meine Sachen. Am Abend suchten wir unsere Mitbewohner auf der anderen Seite auf und fanden alle beieinander.«

Alexandra Fjodorownas Tagebucheintragung vom 9. März ist sehr lakonisch: »N[ikolai] ist eingetroffen. Frühstückte mit Nikolai und Alexej im Spielzimmer. 3 Uhr: Olga [Fieber] 36,8°;

Nikolai II. und Alexandra Fjodorowna im Park am Alexanderschloß, Zarskoje Selo, Juni 1917

Tatjana 37°; Maria 37,6°; Anastasia 36,8°. War bei Anja (Wyrubowa – d. Verf.), während Nikolai im Park spazierenging. Lili (Dehn – d. Verf.) speist mit Anja . . .«

Eine genauere Beschreibung der Gefühle, die Alexandra Fjodorowna an diesem Tag bewegten, finden wir in den Erinnerungen Anna Wyrubowas:

»Die Sorgen, die wir uns um den Gossudar machten, nahmen am Morgen des 9. März ein Ende. Ich lag noch krank, Doktor Botkin (von den Bolschewiken zusammen mit der Zarenfamilie in Jekaterinburg erschossen) war eben bei mir gewesen, als die Tür aufflog und Frau Dehn, hochrot vor Aufregung, ins Zimmer stürmte. ›Er ist da!‹ rief sie und begann mir schweratmend das Eintreffen des Gossudars, ohne seine gewohnte Eskorte, aber von bewaffneten Soldaten begleitet, zu schildern. Die Gossudarin befand sich zu der Zeit bei Alexej Nikolajewitsch. Als der Wagen am Schloß vorfuhr, lief sie nach Frau Dehns Worten dem Zaren freudig entgegen; wie ein fünfzehnjähriges Mädchen eilte sie die Treppe hinab und rannte durch die langen Gänge. In diesem ersten Moment des freudigen Wiedersehens schien alles Erlebte und die ungewisse Zukunft vergessen. Doch dann, als Ihre Majestäten allein blieben, konnte der Gossudar, von allen im Stich gelassen und von allen Seiten von Verrat umgeben, wie ich später erfuhr, seinen Kummer und seine Erregung nicht länger unterdrücken – wie ein Kind habe er geschluchzt.

Erst nachmittags um 4 kam die Gossudarin, ihr blasses Gesicht und die verhaltene Sprechweise verrieten mir sofort, was sie in diesen Stunden hatte ertragen müssen. Stolz und ruhig erzählte sie alles, wie es gewesen war. Ihr Bericht erschütterte mich tief, denn in den 12 Jahren, die ich am Hofe war, hatte ich in den Augen der Gossudarin nur dreimal Tränen gesehen. ›Jetzt hat er sich beruhigt‹, sagte sie, ›und geht im Park spazieren; sieh mal!‹ Sie führte mich ans Fenster. Niemals werde ich vergessen, was sich meinem Blick darbot, als wir, aneinandergeschmiegt in Leid und Verwirrung, aus dem Fenster sahen. Wir hätten vergehen mögen vor Scham um unsere arme Heimat. Im Park, dicht am Schloß, stand der Zar aller Russen und mit ihm sein treuer Freund Fürst Dolgorukow. 6 Soldaten umgaben sie, genauer gesagt, 6 Rohlinge, die den Gossudar fortwährend stießen, bald mit den Fäusten, bald mit den Gewehrläufen, als wäre er irgendein Verbrecher, und ihn anfuhren: ›Da dürfen Sie nicht hin, Herr Oberst, kommen Sie zurück, wenn's Ihnen gesagt wird!‹ Der

Gossudar sah sie völlig ruhig an und machte kehrt in Richtung Schloß.«

Was stand hinter diesem Akt der Inhaftierung des Zarenpaares, zu der sich die Provisorische Regierung entschlossen hatte? Später leugnete keiner der Revolutionsführer die Absicht, »den Gossudar vor Gericht zu stellen«. Fürst Lwow gab es zu, wenn auch mit gewissen rechtfertigenden Vorbehalten. Kerenski war in dieser Hinsicht offenherziger. Er bestätigte, daß er auf der Tagung des Sowjets am 7. März erklärt hatte: »Ein unvoreingenommenes Gericht muß Nikolai II. seiner Rußland gegenüber begangenen Fehler wegen den Prozeß machen.« Miljukow hingegen, der Kadetten-Führer und Außenminister der Provisorischen Regierung, zog es vor, sich auf Gedächtnisschwund zu berufen, als Untersuchungsführer Sokolow ihn über die Motive der Regierungsentscheidung vernahm: »Mir ist absolut nicht erinnerlich, wie und wann die Entscheidung über die Inhaftierung des Zaren und der Zarin fiel.«

Es gibt eine noch eindeutigere Aussage: »Als der ehemalige Vorsitzende des Petrograder Rates der Rechtsanwälte, Karabtschewski, Kerenski fragt, welches Schicksal er dem Zaren zugedacht habe, faßt er sich mit unmißverständlicher Geste an den Hals.« Freilich hat der Poseur und Schönredner Kerenski diese schlimme Anschuldigung in der Emigration öffentlich dementiert.

Eine reale Gefahr für die Zarenfamilie ging in den Märztagen des Jahres 1917 auf jeden Fall vom Petrosowjet aus. Auf der Sitzung des Exekutivkomitees vom 9. März berichtete der Menschewik Tschcheïdse über die Ergebnisse der Verhandlungen mit der Provisorischen Regierung. Da das Exekutivkomitee über Informationen verfügte, daß es in der Regierung die Tendenz gebe, das Zarenpaar nach England ausreisen zu lassen, und dazu Verhandlungen mit der englischen Regierung aufgenommen worden seien, gelangte es zu der Einschätzung, es sei »verhängnisvoll für die Sache der Revolution, Nikolai auf freiem Fuß zu lassen, besonders in England, wo auf seinen Bankkonten ungeheure Summen liegen, die er für die Inszenierung von Verschwörungen gegen die neue Ordnung verwenden kann«. Eine vom Exekutivkomitee nominierte Delegation nahm in dieser Angelegenheit Verhandlungen mit der Provisorischen Regierung auf. Gleichzeitig wurden praktische Maßnahmen eingeleitet, um die Ausreise des ehemaligen Imperators zu verhindern. Nach den Verhandlungen mit dem Exekutivkomitee sanktionierte die Provisorische Regierung dessen Vorgehen. Ergebnis der Verhandlungen mit der Provisorischen Regierung waren folgende Beschlüsse: 1. die Ausreise der ehemaligen Zarenfamilie kann nur in Übereinstimmung zwischen der Provisorischen Regierung und dem Sowjet der A.- und S.d. gestattet werden; 2. die ehemalige Zarenfamilie wird, ebenfalls in Übereinstimmung zwischen der Provisorischen Regierung und dem Sowjet der A.- und S.d., zeitweilig in Zarskoje Selo inhaftiert, bis ein neuer Ort festlegt ist; 3. an der Aufsicht über die Verhafteten und der Einleitung der erforderlichen Maßnahmen wird sich ein Sonderkommissar des Exekutivkomitees des Sowjets der A.- und S.d. beteiligen.

Als Extrapunkt erschien im Sitzungsprotokoll des Exekutivkomitees des Petrosowjets vom 9. März 1917:

»13. Bericht des nach Zarskoje Selo entsandten Vertreters.

Die Bewachung des Schlosses liegt in der Hand revolutionärer Truppen. Es wurde angeordnet, niemanden in das Schloß hinein- und aus dem Schloß herauszulassen. Alle Telefon- und Telegrafenverbindungen sind unterbrochen. Nikolai Romanow befindet sich unter strenger Aufsicht. Rund dreihundert Soldaten wurden stationiert, sie gehören dem 3. Schützenregiment an. Ein Offizier der Michailowski-Manege weigerte sich zunächst, gepanzerte Fahrzeuge zu Verfügung zu stellen, er erklärte die Unterschrift des Exekutivkomitees ohne Beglaubigung durch Karaulow für unzureichend.

Als Inhaftierte befinden sich außerdem im Schloß: Naryschkin, Benckendorff und Dolgorukow. Alle Briefe und Telegramme gehen über den Wachdienst. Der Vertreter war in den Innenräumen und sah dort Nikolai Romanow. Das Regiment bat auszurichten, daß es die ständige Bewachung übernimmt, damit er nicht herauskommt. Die Offiziere, die das Schloß bewachen, halten es für völlig akzeptabel, wenn das Komitee zu Kontrollzwecken Vertreter entsendet. Nikolai Romanow herauszugeben, lehnten sie ab, sie halten es für ihre Pflicht, den Befehl von General Kornilow zu erfüllen, der befohlen hat, ihn nicht herauszugeben. Von der Zuverlässigkeit der Wache überzeugt, halten es die Vertreter für möglich, Nikolai am jetzigen Ort zu belassen. Die Schützen bestehen darauf, daß das äußerst unzuverlässige vereinigte Regiment aus Zarskoje Selo abgezogen wird.

Im Zusammenhang mit dem Bericht eines Offiziersvertreters wird unter Bezugnahme auf die Äußerung eines Arztes gemeldet, daß in Zarskoje Selo im 1. Reserveregiment Agitation gegen den Sowjet der A.- und S.d. betrieben wird. Die Truppen sind für eine konstitutionelle Monarchie. Besonders die Offiziere treten dafür ein.

Nach Behandlung aller dieser Mitteilungen beschloß das Exekutivkomitee, S. D. Maslowski als Kommissar des Exekutivkomitees zur Kontrolle der Bewachung und der Gesamtorganisation abzuordnen.«

1922 veröffentlichte Kommissar Mstislawski (Maslowski) seine Erinnerungen »Fünf Tage. Der Anfang und das Ende der Februarrevolution«, darin schildert er anschaulich seine historische Fahrt, die ihn am 9. März in verantwortungsvoller Mission nach Zarskoje Selo führte. Über seinen Aufbruch schrieb der Vollstrecker des »Volkswillens« Maslowski:

»Ich beschloß ..., lediglich Tarassow-Rodionow und zwei Schützen mitzunehmen; den Befehl über die Abteilung übertrug ich dem rangnächsten Kommandeur ..., wenn ich nach einer Stunde nicht zurücksein und über die Ordonnanzen oder per Telefon keine weiteren Anordnungen übermitteln würde, sollte die Abteilung zu den Kasernen des 2. Schützenregiments (nach unseren Informationen war auf dieses Regiment dank seinem revolutionären Geist absoluter Verlaß) marschieren, um mit ihm gemeinsam zum Schloß zu ziehen und die Erfüllung des uns übertragenen Auftrages zu sichern: ›Die Revolution ist um jeden Preis – ich betone: um jeden Preis – vor einer möglichen Restauration zu schützen. In Abhängigkeit von der Situation bringen Sie die Festgenommenen nach Petersburg, in die Peter-Paul-Festung, oder erledigen die Frage gleich hier, in Zarskoje ...‹«

Weiter berichtet Maslowski, wie im Alexanderschloß alles ablief:

»Soll er sich mir als einfachem Emissär der revolutionären Arbeiter und Soldaten präsentieren – er, der Imperator, ›der Selbstherrscher über alle Groß-, Klein- und Weißrussen ...‹, wie ein Häftling bei der Kontrolle in seinen ehemaligen Gefängnissen ... Das wird ihm niemals verziehen: sei er tot oder lebendig ...

Ich verlange kategorisch, daß er mir vorgezeigt wird ... Die reale, die tatsächliche Macht – die liegt bei uns, unteilbar ... Und die Verantwortung für das, was geschehen wird, tragen Sie: ich habe alles getan, um Blutvergießen zu vermeiden. Verlieren Sie keine Zeit umsonst ...

Das Ritual wird festgelegt. Der Imperator soll mir drinnen im Schloß vorgezeigt werden, wo sich zwei Gänge kreuzen ...

Zum ›Vorzeigeakt‹ gingen mit: der Leiter der Innenwache, der Bataillonskommandeur, der Wachhabende. Lange, demonstrativ lange gaben wir uns mit dem schweren Vorhängeschloß der massiven Eingangstür ab, die doppelt verschlossen war. An der Tür stand eine starke Wache – die letzte, bevor es zu den Inhaftierten ging: innerhalb des abgeperrten Schloßflügels befand sich kein einziger Soldat mehr – eine höchst zweckmäßige Maßnahme, denn sie unterband ein für allemal die Möglichkeit der Kommunikation der Inhaftierten mit der Außenwelt, die unvermeidlich gewesen wäre, wenn die ›Häftlinge‹ die Möglichkeit besessen hätten, sich der Wache zu nähern. Denn wie jede Erfahrung lehrt, gibt es keine Wache, die der Versuchung des Mitleids, der Achtung oder der Bestechung widerstanden hätte ... So aber war Nikolai Romanow im wahrsten Sinne des Wortes ›eingemauert‹ in diesem total von der Außenwelt abgeschnittenen Schloßflügel, hatte niemanden als seine Lakaien und Küchenjungen.

Innerhalb dieses Käfigs hatte die Provisorische Regierung alles unverändert gelassen – so, wie es vor der Katastrophe gewesen war, in der einstigen Blütezeit des ›Großen Zarenschlosses‹ – mit allem Pomp, mit allen Ritualen. Als wir endlich durch die knarrend sich öffnende Tür in die Halle traten, umringte uns – ehrerbietig, aber neugierig – die vor dem Hintergrund der ›schlichten‹ revolutionären Erlebnisse dieser Tage phantastisch anmutende Menge des Hofgesindes. Ein riesiger, schwergewichtiger Heiducke mit Bärenmütze; schnellfüßige Hofmohren in gestickten himbeerfarbenen Samtjacken, mit Turbanen und spitznasigen hochgebogenen Schuhen; Kutscher – mit Dreispitz und roten Pelerinen mit aufgeprägten Zarenadlern. Lautlos eilten auf den weichen Sohlen ihrer Lackstiefeletten, in schneeweißen Gamaschen Lakaien der ›inneren Gemächer‹ die teppichbedeckten Stufen hinauf ... Alles war hier beim alten: als wäre in dieses Riesenschloß nicht einmal ein ferner Widerhall des Sturms der Revolution, der über das Land hinweggefegt war, gedrungen.

Und als wir die Treppe hinaufgestiegen waren und durch Gästezimmer, ›Eckzimmer‹, ›Bankettsäle‹ schritten, bald über

Teppiche, bald über glänzendes Parkett und wieder über Teppiche, die das dreiste Klirren meiner Sporen dämpften, sahen wir an jeder Tür, immer paarweise, zur Reglosigkeit erstarrte Lakaien in den verschiedenartigsten Gewändern, je nach Zweck der Zimmer, vor die man sie gestellt hatte: die einen im traditionellen schwarzen Frack, andere in irgendwelchen Röcken ... weiße, schwarze, rote Schuhe, Strümpfe und Gamaschen ... Und an einer der Türen zwei hübsche Kerle von Lakaien – um den Kopf ein albernes himbeerfarbenes Band, zusammengehalten von funkelnden Agraffen, mit weißen Strümpfen und Schuhen ...

Im oberen Gang (unter einem Glasdach), der in eine Bildergalerie verwandelt worden war, erwartete uns ein Häuflein von Höflingen, angeführt von Benckendorff; hier lungerte auch schon der bei unseren ›Verhandlungen‹ durchgerutschte Kotzebue herum. Die Höflinge trugen hochgeschlossene schwarze Röcke. Sechs, acht Schritt von der Stelle entfernt, an der uns das Gefolge in Empfang genommen hatte, wurde der Gang von einem zweiten gekreuzt: ihn sollte der ehemalige Imperator entlangkommen.

Ich stellte mich in die Mitte des Ganges: rechts von mir Benckendorff, links Dolgorukow und noch jemand in Zivil, den ich nicht kannte. Die Offiziere meiner Begleitung hielten sich in einigem Abstand hinter uns ...

Mein Aussehen war wahrhaftig das eines Stepan Rasin: seit dem Tag des Umsturzes war ich kaum aus den Kleidern gekommen. Unrasiert, in einem mit Strohhalmen geschmückten Bauernpelz, auf dem Kopf die Papacha, unter der Haarzotteln hervorquollen. Und dazu der Browninggriff, der so dreist aus der Seitentasche heraussah. Dolgorukow konnte seinen Blick nicht abwenden ...

Irgendwo seitlich schnappte ein Türschloß. Benckendorff verstummte und strich sich über die Koteletten. Die Offiziere stellten sich in Linie auf und knöpften hastig ihre Handschuhe zu. Rasche Schritte und leichtes Sporenklirren wurden vernehmbar.

Er trug die feldgraue Uniform des Leibhusarenregiments ohne Kopfbedeckung. Mit dem üblichen Schulterzucken und Händereiben – als wasche er sich die Hände – blieb er auf der Kreuzung stehen und wandte uns das Gesicht zu – gedunsen, rot, mit verquollenen, entzündeten Lidern und bleiern trüben, rotgeäderten Augen. Einen Augenblick lang blieb er, wie unschlüssig, händereibend stehen, bevor er auf uns zukam. Er schien im Begriff, uns anzusprechen. Wir sahen einander in die Augen, während wir uns mit jedem seiner Schritte näher kamen. Es herrschte Grabesstille. Der wie bei einem müdegehetzten Wolf starre, gelbe Blick des Imperators belebte sich plötzlich: in der Tiefe der Pupillen flammte eine wilde, tödliche Wut auf, die die bleierne Gleichgültigkeit seiner Augen schmolz. Ich fühlte, wie die Offiziere hinter mir erbebten. Nikolai blieb stehen, trat von einem Fuß auf den andern, machte jäh kehrt und ging schulterzuckend und leicht hinkend rasch davon.

Ich machte die hinter den Gürtel gesteckte Rechte frei, legte sie, mich von den Höflingen verabschiedend, an die Papacha, und während mir Benckendorff speichelspritzend einen Gruß nachzischte, machte ich mich auf den Rückweg. Meine Begleiter schwiegen bedrückt. Erst in der Halle sagte einer mit vorwurfsvollem Kopfschütteln: ›Sie hätten die Papacha ruhig abnehmen sollen: der Gossudar wollte offensichtlich das Wort an Sie richten, aber als er sah, wie Sie dastehen . . .‹

Und ein zweiter fügte hinzu: ›Jetzt nehmen Sie sich in acht. Wenn die Romanows jemals wieder an die Macht kommen, werden Sie an diesen Moment noch zurückdenken – selbst am Ende der Welt wird man Sie zu finden wissen.‹«

Was weiter kam, wissen wir bereits: der auf der Sitzung des Exekutivkomitees des Petrosowjets gegebene Bericht über die Ergebnisse der Fahrt nach Zarskoje Selo.

Am Ende seiner Erinnerungen erwähnt Maslowski bescheiden:

»Tags darauf erschien die offizielle Meldung des Sowjets über die Ereignisse des 9. März. Ich erkannte meine Fahrt nicht wieder: die Rede war davon, wie wir ›um das Schloß einen dichten Ring aus Panzerspähwagen, MG und Artillerie gezogen‹ hätten, und dergleichen mehr . . .

›Was soll das?‹ fragte ich in meiner Einfalt den Verfasser des Berichts. ›Sie wissen doch, daß ich das Ganze allein gemacht habe, und dazu genügte mir »im Namen der Revolution«.‹

›Ist doch egal! So macht es sich wesentlich effektvoller. Glauben Sie, mit den Massen kann man so arbeiten? Romantik! Bei Zierpuppen geht das, aber nicht bei Arbeitern und Soldaten . . .‹«

Interessanterweise erwähnen weder Nikolai Alexandrowitsch noch Alexandra Fjodorowna in ihrem Tagebuch den Zwischenfall. Und die ihnen nahestehende Anna Wyrubowa schrieb über diesen Tag folgendes: ». . . Sie kamen beide nach dem Mittagessen zu mir, Frau Dehn war auch dabei. Die Gossudarin und Frau Dehn nahmen mit einer Handarbeit am Tisch Platz, während der Gossudar sich zu mir setzte und erzählte. Natürlich war er gegen menschliche Schwächen und Nöte auch nicht gefeit, doch in diesem schweren Augenblick, da er so tief gekränkt und erniedrigt wurde, wies ich den Gedanken von mir, daß seine Feinde über ihn triumphieren könnten; ich konnte es nicht glauben, daß der Gossudar, der Großmütigste und Rechtschaffenste von allen in der Familie der Romanows, dazu verurteilt sein sollte, das unschuldige Opfer seiner Verwandten und Untergebenen zu werden. Doch mit völlig ruhigem Gesichtsausdruck bestätigte der Zar, daß sich alles so verhielt, und fügte noch hinzu, selbst wenn Rußland ihn auf den Knien bäte, auf den Thron zurückzukehren, er würde es niemals tun. Er hatte mit den Tränen zu kämpfen, als er von seinen Freunden und Verwandten sprach, denen er am meisten vertraut hätte und die sich nun bei seinem Sturz als Mittäter entpuppten. Er zeigte mir Telegramme von Brussilow, Alexejew und anderen Generälen, von Mitgliedern seiner Familie, darunter Nikolai Nikolajewitsch: alle hatten Seine Majestät auf den Knien gebeten, zur Rettung Rußlands abzudanken. Doch abzudanken zu wessen Gunsten? Zugunsten der schwachen und gleichgültigen Duma! Nein, zu ihren eigenen Gunsten, damit die von ihnen gewählten Regenten sich den Namen und das Ansehen Alexej Nikolajewitschs zunutze machen konnten, um zu regieren und sich zu bereichern! Aber das zumindest hatte der Gossudar nicht zugelassen! ›Meinen Sohn gebe ich ihnen nicht‹, sagt er erregt. ›Sollen sie jemand anders wählen, Michail zum Beispiel, wenn er sich stark genug fühlt!‹

Ich bedaure, daß ich mir nicht jedes seiner Wort gemerkt habe . . .

›Warum haben Sie sich nicht mit einem Aufruf an das Volk, an die Soldaten gewandt?‹ fragte ich. Der Gossudar antwortete ruhig: ›Das Volk war sich seiner Machtlosigkeit bewußt, und inzwischen hätte man ja meine Familie umbringen können. Frau und Kinder – das ist alles, was mir bleibt! Ihre Wut richtet sich gegen die Gossudarin, doch keiner wird ihr zu nahe treten, es sei denn über meine Leiche . . .‹ Sich seinem Schmerz hingebend, sagte er leise: ›Es gibt keine Gerechtigkeit unter den Menschen. Sehen Sie, das hat mich alles so mitgenommen, daß ich tagelang nicht einmal mein Tagebuch führen konnte.‹ . . .

Ich fragte den Gossudar, ob er nicht meine, daß dieses ganze Durcheinander nicht von langer Dauer sein werde. ›Weniger als zwei Jahre wird es kaum brauchen, bis sich alles beruhigt‹, war seine Antwort. Doch was erwartete ihn, die Gossudarin und die Kinder? Das wußte er nicht. Das einzige, was er sich wünschte und worum er seine Feinde zu bitten bereit war, ohne seine Würde aufzugeben: nicht aus Rußland vertrieben zu werden. ›Laßt mich hier mit meiner Familie als einfacher Bauer leben, der sich sein Brot verdient‹, sprach er, ›schickt uns in den abgelegensten Winkel unserer Heimat, aber laßt uns in Rußland.‹ Es war das einzige Mal, daß ich den russischen Zaren deprimiert sah; alle folgenden Tage war er gefaßt.«

Die Fürstin Jelisaweta Alexejewna Naryschkina, Hofmeisterin am Imperatorenhof, schrieb in ihrem Tagebuch:

»Ich erzählte dem Gossudar, wie die Revolution von 1848 begonnen hatte, als Beispiel für die atemberaubende Geschwindigkeit, mit der sich große Zusammenbrüche vollziehen. Der Gossudar ging hinaus; jemand hatte nach ihm verlangt. Wie sich herausstellte, war ein von den Rebellen entsandter Offizier im Auto eingetroffen; sie wollten den Gossudar sehen und sich vergewissern, daß er inhaftiert sei. Er war gekommen, um ihn mitzunehmen und in die Peter-Paul-Festung zu bringen ... Er wagte es jedoch nicht, sein Mandat zu erfüllen, und nachdem er sich davon überzeugt hatte, daß der Gossudar tatsächlich inhaftiert war, verließ er das Schloß. Dieses Detail erfuhren wir am Abend von Kotzebue ... Nach einer Weile erschien der Gossudar wieder, und wir setzten unser freundschaftliches Gespräch fort. Ihre Selbstbeherrschung ist geradezu unfaßbar. Als die Imperatorin einen Moment hinausging, sagte der Imperator zu mir: ›Wie tapfer sie ist, nicht wahr?‹ Am Abend kamen sie mit zu Benckendorff, wo wir uns alle treffen. Es ist schrecklich traurig, sie bei so viel Unruhe so gefaßt zu sehen.«

Ein genaueres Bild des »Heldentums« des Kommissars Maslowski vermitteln die Aussagen, die Oberst Kobylinski bei der Vernehmung durch Untersuchungsführer Sokolow gemacht hat: »Ein Unbekannter erschein bei mir, der sich als Maslowski vorstellte und mir eine Forderung des Petrograder Exekutivkomitees des Sowjets der Arbeiter- und Soldatendeputierten vorwies. Der Mann, der sich als Maslowski vorgestellt hatte, trug eine Obristenuniform. Sonst kann ich mich an sein Äußeres nicht mehr erinnern. In der Forderung hieß es, ich hätte ihm bei der Erfüllung seines Auftrages jegliche Unterstützung zu erweisen. Die Unterschrift, das weiß ich noch genau, stammte von Tschcheïdse, Mitglied der Staatsduma; der erforderliche Stempel war auch vorhanden. Maslowski erklärte mir, im Auftrage des Exekutivkomitees habe er den Gossudar mitzunehmen und in die Peter-Paul-Festung zu bringen. Ich erklärte ihm kategorisch, daß ich das nicht zulassen könne. Daraufhin sagte er zu mir: ›Nun, Oberst, denken Sie daran, das Blut, das jetzt vergossen wird, haben Sie zu verantworten.‹ – ›Was tun? Dann muß es eben so kommen, Ihre Forderung kann ich nicht erfüllen.‹ Er ging. Ich dachte, er sei ganz weg. Aber wie sich herausstellte, war er doch hineingegangen. Im Schloß nahm ihn der Kommandeur des ersten Regiments, Hauptmann Axjuta, in Empfang. Maslowski wies ihm seine Forderung vor und erklärte, er wünsche den Gossudar zu sehen. Nachdem Axjuta seine Taschen durchsucht hatte, zeigte er ihm den Gossudar so, daß dieser ihn sah, er aber nicht den Gossudar. Ich machte dem Stab über diese Angelegenheit sofort Meldung. Mein Handeln wurde gebilligt.«

Aufschlußreich ist, daß am darauffolgenden Tag, dem 10. März 1917, Tschcheïdse auf der Sitzung des Exekutivkomitees des Petrosowjets mitteilte, Maslowski habe die Funktion des Kommissars in Zarskoje Selo abgelehnt. Auf dieser Sitzung ging es auch um Verhandlungen mit dem Chef des Petrograder Militärbezirks, General Kornilow. Im Protokoll ist unter anderem die Rede von der »Notwendigkeit, bei ihm vorsichtig zu sein, er ist ein General der alten Schule, der mit der Revolution Schluß machen möchte«.

Der Petrosowjet besaß also zu diesem Zeitpunkt keine reale Möglichkeit, seine Beschlüsse hinsichtlich der Zarenfamilie durchzusetzen, was ihn zu einem Kompromiß mit der Provisorischen Regierung zwang.

Das Leben in Zarskoje Selo war indessen in eine neue Phase eingetreten. In seinem Tagebuch vermerkte Nikolai Alexandrowitsch: »10. März. Freitag. Haben gut geschlafen. Trotz der Lage, in der wir uns jetzt befinden, ist es ein frohes und tröstliches Gefühl, daß wir alle zusammen sind. Am Morgen empfing ich Benckendorff, dann sah ich Papiere durch, ordnete und verbrannte einiges. War bis 2 ½ Uhr bei den Kindern. Machte mit Walja Dolg[orukow] einen Spaziergang in Begleitung der beiden Fähnriche von gestern, heute waren sie freundlicher.

Haben uns ordentlich im Schnee ausgearbeitet. Das Wetter war sonnig. Den Abend verbrachten wir zusammen.«

Die Hofdame Anna Wyrubowa erinnerte sich: »Fürst Dolgorukow und der Gossudar schippten den Schnee auf dem Weg an der Parkwiese, jeder vom anderen Ende; Soldaten und irgendwelche Fähnriche gingen um sie herum. Der Gossudar sah sich häufig nach dem Fenster um, an dem die Imperatorin und ich saßen, lächelte uns zu, daß es die anderen nicht sahen, oder winkte mit der Hand. Im Vorgefühl neuer Erniedrigungen für das gefangengehaltene Herrscherpaar litt ich unerträgliche Qualen. Die Imperatorin kam jeden Vormittag zu mir; ihre Gegenwart brachte mir Erholung, sie war stets ruhig. Abends kamen Ihre Majestäten beide. Der Gossudar fuhr die Gossudarin in einem Rollstuhl, zum Abend hin ermüdete sie. Mit der Zeit konnte ich aufstehen; wir saßen am runden Tisch; die Imperatorin arbeitete, der Gossudar rauchte und sprach über seinen Schmerz um die Armee, für die Disziplinlosigkeit den Untergang bedeute. Es gab vieles, woran wir gemeinsam zurückdachten ...«

Die Anwesenheit Anna Wyrubowas im Schloß gab der Umgebung des Zarenpaars bereits in den ersten Tagen der Revolution Veranlassung zu Befürchtungen, und man versuchte Alexandra Fjodorowna dazu zu bewegen, sich von ihrer treuergebenen Freundin zu trennen. Auf vorsichtige Andeutungen reagierte sie mit Empörung und Tränen. »Wollen Sie, daß ich die kranke Anna Alexandrowna aus dem Schloß jage? Das werde ich niemals tun. Glauben Sie mir, ich bin in vielem mehr Russin als Sie, doch in einem bin ich keine Russin: ich sage mich von meinen Freunden in der Not nicht los.«

Im Tagebuch der Fürstin Naryschkina lesen wir:

»11./24. März. Apraxin ist mit seiner Geduld am Ende und reist morgen ab. Als er sich von der Zarin verabschiedete, sagte er, sie sollte sich von Anja Wyr[ubowa] trennen. Entrüstung und Ablehnung. Sie klammert sich mehr denn je an sie. Unser Retter sind die Masern, aber es wäre gefährlich, sie nach ihrer Genesung bei uns zu behalten. Kotzebue war bei mir; er würde sehr gern helfen, aber die Regierung steht im Widerstreit mit den Sozialisten; sollten diese den Sieg davontragen, werden unsere Köpfe rollen ...«

Der allgemeinen Stimmung am Zarenhof entspricht auch folgende Tagebucheintragung des französischen Botschafters in Rußland, Maurice Paléologue:

»Freitag, 10./23. März. Buchanan erklärte heute früh Miljukow, König Georg biete in Übereinstimmung mit seinen Ministern dem russischen Zarenpaar Asyl auf britischem Territorium an; für ihre Sicherheit könne er nicht garantieren, doch er verleiht der Hoffnung Ausdruck, sie bis Kriegsende in England zu sehen. Miljukow ist augenscheinlich sehr gerührt durch diese Erklärung, fügt jedoch traurig hinzu: ›Ich fürchte, daß es leider zu spät ist.‹

Und in der Tat, von Tag zu Tag, ja von Stunde zu Stunde sehe ich, wie die Tyrannei des Sowjets um sich greift, wie sich die Despotie der rechten Parteien, der Druck der Utopisten und Anarchisten verstärkt . . .

Nach Meinung der einen steht die Ausrufung der Republik außer Zweifel. Nach Meinung der anderen wird es unausbleiblich eine Restauration des Imperiums in konstituionellen Formen geben . . .«

Offenbar erreichten derartige Informationen auch Zarskoje Selo. So vermerkte die Fürstin Naryschkina am 13./26. März in ihrem Tagebuch: »Es wird immer schlimmer: die revolutionäre Partei lehnt es ab, den Gossudar ziehen zu lassen, da sie Intrigen von seiner Seite und Geheimnisverrat befürchtet. Die Lage bleibt also ungeklärt. Die Deutschen bereiten sich verstärkt darauf vor, unsere Front zu durchbrechen. Wenn das gelingt, liegt ihnen der Weg nach Petersburg offen . . .«

Am 12. März 1917 schaffte die Provisorische Regierung die Todesstrafe ab, an ihre Stelle trat befristete oder unbefristete Zwangsarbeit. Am gleichen Tag wurde verkündet, daß der Grundbesitz und die Einkünfte des Kabinetts des abgedankten Imperators an den Staat fielen.

Durch Einsichtnahme in die Unterlagen des Petrograder Kontors der Staatsbank wurden die Einlagen der ehemaligen Zarenfamilie ermittelt: Großfürstin Tatjana Nikolajewna hatte 2 118 500 Rubel auf dem Konto, Olga Nikolajewna 3 169 000, der ehemalige Thronfolger Alexej Nikolajewitsch 1 425 700, die ehemalige Imperatorin 2 518 293. Die Gesamtsumme der Einlagen der Romanow-Dynastie betrug 42 402 322,71 Rubel. Das Geheimnis der persönlichen Bankeinlagen der Romanows war damit preisgegeben, was dem Buchstaben des Gesetzes widersprach.

Mitte März 1917 bestätigte der Oberkommandierende des Petrograder Militärbezirks, Generalleutnant Kornilow, offiziell die »Instruktion für den Chef der Garnison der Stadt Zarskoje Selo zur Bewachung des Alexanderschlosses«. In dieser Instruktion wurde insbesondere verfügt:

»1. Die Wache für das Alexanderschloß ist reihum von allen Reserveregimentern und -bataillonen der Ihnen unterstehenden Garnison zu stellen. Neben der Wachmannschaft ist täglich ein Offizier vom Dienst zu benennen, der für die strikte Einhaltung der Festlegungen dieser Instruktion zu sorgen hat ...

4. Dem abgedankten Imperator und der ehemaligen Imperatorin ist das Betreten des großen Balkons des Schlosses und des unmittelbar an das Schloß angrenzenden Teils des Parks zu den von ihnen gewünschten Zeiten zwischen 8 Uhr morgens und 6 Uhr abends zu gestatten. In den genannten Zeiten hat sich der Offizier vom Dienst beim abgedankten Imperator und der ehemaligen Imperatorin zu befinden und ist auf Anweisung des Chefs der Wache die Außenbewachung des Schlosses zu verstärken ...

5. Sämtliche im beigefügten Verzeichnis genannten Personen aus dem ehemaligen Gefolge, die sich auf eigenen Wunsch zeitweilig im Alexanderschloß aufhalten, haben nicht das Recht, das Schloß zu verlassen, und unterliegen in bezug auf das Betreten des Parks und ihre Beziehungen zu Personen außerhalb des Schlosses den Festlegungen dieser Instruktion.

6. Ohne meine Erlaubnis sind Besuche bei den im Alexanderschloß befindlichen Personen unzulässig.

7. Der Briefverkehr mit allen außerhalb des Schlosses befindlichen Personen ist nur über Stabsrittmeister Kotzebue zulässig, der eine strikte Kontrolle aller Briefe und Telegramme vorzunehmen und lediglich notwendigen Schriftverkehr wirtschaftlichen Charakters und Mitteilungen über Gesundheit, medizinische Betreuung u. dgl. selbständig passieren zu lassen hat. Alles übrige ist über Sie dem Stab des Bezirks vorzulegen.

8. Die in den Innenräumen des Schlosses befindlichen Fernsprechapparate sind zu entfernen, Fernsprechverkehr ist ausschließlich über das Telefon des Offiziers vom Dienst oder des Stabsrittmeisters Kotzebue zulässig.

9. Bei erforderlicher Behandlung durch Fachärzte aus Zarskoje Selo und Petrograd ist diesen der Aufenthalt im Schloß in ständiger Begleitung durch den Offizier vom Dienst zu gestatten ...

12. Über sämtliche Vorfälle ist mir durch den Schloßkom-

mandanten vorschriftsgemäß Bericht zu erstatten und außerdem unverzüglich telefonisch Meldung zu machen.«

Wie wir sehen, reglementierten die zwölf Punkte der Instruktion jeden Schritt der Inhaftierten und ihrer Bewacher. Die verstärkte Bevormundung belastete die Psyche der Schloßbewohner. So schrieb die Fürstin Naryschkina am 17./30. März in ihr Tagebuch:

»Nutzte das sonnige Wetter, um zum erstenmal frische Luft zu atmen. Eine halbe Stunde ging ich mit Mary Benckendorff auf der Terrasse spazieren. Die jungen Großfürstinnen spazierten, von einem Offizier bewacht, durch den Schnee im Park. Ein seltsames Gefühl hat man bei so einem Spaziergang als Gefangene. Uns folgte der Gossudar mit Walja Dolgorukow.

Sorgen gibt es genug, aber Widerstandskraft habe ich noch, und ich kann noch viel ertragen. Am Abend war Kotzebue bei mir; er ist sehr klug und verständnisvoll.«

Die bedrückende Atmosphäre des Eingeschlossenseins hat Gräfin M. Kleinmichel wiedergegeben, wie Graf Benckendorff sie ihr schilderte:

»›Im Schloß wurde eine strenge Ordnung eingeführt‹, fuhr Benckendorff fort. ›Unsere Spaziergänge im Park wurden uns auf einem sehr begrenzten Raum gestattet. Besonders erschwerend für die Inhaftierten war, daß sie meist nur im Hof spazierengehen durften, der zur Straße lag, so daß die Passanten die Zarenfamilie durch das Gitter des Zauns und des Tores sehen konnten. Die Zahl der Neugierigen war enorm, besonders sonn- und feiertags, wenn mit den Zügen aus Petersburg und der Umgebung Scharen von Menschen hier eintrafen. Die Wache zeigte den Leuten die Inhaftierten gegen Geld. Die Zarenfamilie mußte sich stundenlang unglaubliche, haßerfüllte Bemerkungen des von der Propaganda angestachelten Pöbels anhören. Im Hause erwarteten die Eingesperrten neue Qualen. Wenn die jungen Großfürstinnen oder die Gossudarin sich den Fenstern näherten, erlaubte sich die Wache vor ihren Augen Despektierlichkeiten, mit denen sie ihre Kameraden zum Lachen brachte . . .‹«

In der Presse setzte eine Kampagne ein, die darauf abzielte, die Zarenfamilie und die Romanow-Dynastie in Mißkredit zu bringen. Anna Wyrubowa merkt an: »Die Imperatorin erboste sich anfangs über die schmutzigen und dummen Zeitungsartikel, aber dann sagte sie lachend: ›Heb sie auf für deine Sammlung.‹ . . .«

In Alexandra Fjorownas Tagebuch häufen sich in dieser Zeit die Eintragungen über Temperatur und Gesundheitszustand der schwerkranken Kinder, die alle ihre Gedanken und ihre ganze Kraft in Anspruch nahmen. Die Lage war ernst und zeitweise zum Verzweifeln. Blättern wir ein wenig in diesem Tagebuch:

»März, 16. Donnerstag. Olga 36,5°; Tatjana 37,2°; Maria 40°; Anastasia 40,5° (Puls 120). Anastasia Rippenfell- und Lungenentzündung, Alexej 36,1°. Briefe verbrannt, Papiere durchgesehen . . . War bei Anja [Wyrubowa] . . .

März, 18. Sonnabend. Olga, Tatjana 36,5°; Maria 40°; Anastasia 38,8°; Alexej 36°. Frühstück wie gewohnt. 3 Uhr. Maria 40,9 ½°; Anastasia 38,3°. A[nja] und Lili [Dehn] im Kinderzimmer . . .«

Anna Wyrobowa berichtete über diese schrecklichen Tage: »Die Imperatorin vernichtete alle ihre kostbaren Briefe und Tagebücher, in meinem Zimmer verbrannte sie eigenhändig sechs Kisten ihrer Briefe an mich, damit sie den Unholden nicht in die Hände fielen . . . Am Morgen des 19. März (dem Tagebuch der Zarin zufolge am 18. März – d. Verf.) erhielt ich eine Nachricht von der Gossudarin, Maria Nikolajewna liege im Sterben und möchte mich sehen. Wie ich von dem Boten erfuhr, ging es auch Anastasia Nikolajewna sehr schlecht; beide hatten Lungenentzündung, letztere zudem durch eine Ohrentzündung das Gehör eingebüßt. Kotzebue wies mich darauf hin, daß man mich sofort wegbringen werde, wenn ich aufstünde. Einen Augenblick lang schwankte ich im Zwiespalt der Gefühle zwischen Mitleid mit der sterbenden Maria Nikolajewna und der Angst um mich selbst, doch das erstere gewann die Oberhand, ich stand auf und zog mich an, und Kotzebue fuhr mich im Rollstuhl durch den oberen Gang zu den Kindern, die ich einen ganzen Monat nicht gesehen hatte. Der Freudenschrei Alexej Nikolajewitschs und der älteren Mädchen ließ mich alles vergessen. Wir stürzten einander entgegen, umarmten uns und weinten. Dann gingen wir auf Zehenspitzen zu Maria Nikolajewna. Sie lag da, bleich wie Linnen; ihre von Natur sehr großen Augen erschienen noch größer, sie hatte 40,9° Fieber und atmete Sauerstoff. Als sie mich sah, machte sie Anstalten, den Kopf zu heben, und wiederholte weinend immerzu ›Anja, Anja‹. Ich blieb bei ihr, bis sie einschlief . . .

Tags darauf . . . ging ich wieder zu den Kindern, und wir waren glücklich über unser Zusammensein. Ihre Majestäten frühstückten im Kinderzimmer und waren etwas beruhigt, weil es

Maria und Anastasia Nikolajewna besser ging. Als Ihre Majestäten am Abend zu mir kamen, herrschte zum erstenmal allgemeine gute Laune; der Gossudar neckte mich, wir gedachten des Durchlebten und hofften auf Gott, daß er uns nicht im Stich lasse, Hauptsache, wir konnten alle beieinander bleiben.«

Die Sorge um die Kinder füllt in diesen Tagen auch das Tagebuch Nikolais II. aus. Erst am 19. März schrieb er mit einiger Erleichterung: »Ein strahlender Tag. Besuchte um 11 Uhr mit Olga, Tatjana und Alexej den Mittagsgottesdienst. Die Temperatur sank bei Maria und Anastasia auf normal, bei Maria stieg sie allerdings am Abend leicht an. Machte um 2 Uhr einen Spaziergang, arbeitete und genoß das Wetter. Gegen 4 ½ war ich wieder zu Hause. Saß lange bei den Kindern, am Abend waren wir bei Anja und anderen Mitbewohnern des Schlosses.«

Völlig anders war die Stimmung einiger Hofchargen, die der Zarenfamilie die Schuld an dem Unglück gaben, in das sie und ihre Umgebung geraten waren. Die Fürstin Naryschkina schrieb in ihr Tagebuch: »19. März/1. April. Alles ist so entsetzlich schwer: die letzten Telegramme der Imperatorin an den Gossudar wurden veröffentlicht. Die Imperatorin ist empört und offenbar verschreckt. Der Groll gegen sie wächst. Wie schrecklich, wenn es zur Verurteilung kommt. Wenn man ihnen doch bald die Ausreise gestatten würde, aber die beiden jüngeren Großfürstinnen sind noch sehr krank, und es tut sich nichts. In solchen Zeiten wagt man kaum, an sich zu denken, aber die gleichen Gefahren drohen auch uns. Um ihre Gunst haben alle Verräter gebuhlt. Alle haben auf Rasputin gehört. Erstaunlich, wie ein so gewaltiges und majestätisches Gebäude einstürzen konnte wie ein Kartenhaus! Die Juden haben das Wohnrecht erhalten; mit ihrem Kapital beherrschen sie Rußland. Die Engländer nähern sich Jerusalem und die Prophezeiungen der Erfüllung!«

Die relative Freiheit der Romanows rief bei den revolutionär gesinnten Bevölkerungsschichten Sorge und Protest hervor. Den Petrosowjet erreichten nach wie vor Erklärungen und Denunziationen. Oft gingen sie von Leuten aus, die einen Einblick in das Leben der Zarenfamilie hatten. Wachtmeister A. P. Danilow meldete: »1. Nikolai II. grüßt die Wache, und man antwortet ihm wie früher. 2. ... wurde ein unbekannter Ziv[ilist] eingelassen, der sich stundenlang mit Nikolai II. unterhielt. 3. Zutritt bekam der Herr in Zivil durch Oberst Artabalewski ... 4. Der Wachhabende war betrunken ... 5. Die Soldaten des 2. Bataillons verhafteten einen Offizier aus der 4. Kompanie wegen der Äußerung: Und wenn wir durch Blut waten müssen, aber das Alte holen wir zurück. Der Offizier wurde zum Rathaus gebracht, aber von irgend jemandem freigelassen . . .«

Auch im Schloß waren unter der Dienerschaft und in der Umgebung der Zarenfamilie Denunzianten am Werk. Erste Opfer der Denunziation wurden Rittmeister Kotzebue, Kommandant des Alexanderschlosses, und die Hofdame Anna Wyrubowa. Oberst Kobylinski als Chef der Garnison von Zarskoje Selo sagte bei seiner späteren Vernehmung durch Untersuchungsführer Sokolow zu diesem Vorfall aus:

»Kotzebue blieb nicht lange Schloßkommandant, zwei Wochen vielleicht. Der Anlaß für seine Entlassung war folgender. Im Schloß wohnte die Hofdame Wyrubowa und mit ihr irgendeine Dehn, die die Kleidung der Barmherzigen Schwester trug. Über die Lakaien erfuhren die Soldaten, daß Kotzebue lange bei der Wyrubowa saß und mit ihr Englisch sprach. Als mich diese Kunde erreichte, überprüfte ich sie. Der Lakai (an seinen Namen erinnere ich mich nicht), der das Gerücht in Umlauf gesetzt hatte, bestätigte mir die Tatsache, daß Kotzebue sich bis in die Nacht hinein bei der Wyrubowa aufzuhalten pflegte. Da ich Unannehmlichkeiten von seiten der Soldaten befürchtete, erstattete ich Kornilow Meldung. Der bestellte Kotzebue zu sich und befahl mir anschließend, ihn nicht mehr ins Schloß einzulassen und seine Pflichten zeitweilig selbst wahrzunehmen.«

Die Festnahme Anna Wyrubowas war ein großer moralischer Schlag für die Zarenfamilie und besonders für Alexandra Fjodorowna, die zwölf Jahre lang mit ihr Freud und Leid geteilt hatte. Wie sie erfolgte, dafür gibt es mehrere Belege. Doch geben wir zunächst Anna Wyrubowa selbst das Wort. In ihren Erinnerungen schreibt sie:

»Am 21. März war ich seit früh sehr nervös, ich hatte erfahren, daß die Soldaten Kotzebue nicht ins Schloß einließen, wahrscheinlich wegen seines humanen Verhaltens gegenüber den Inhaftierten, und dann brachten die Ärzte mir auch noch einen grotesken Zeitungsartikel, in dem behauptet wurde, ich und Doktor Badmajew, den ich übrigens gar nicht kenne, würden ›den Gossudar und den Thronfolger vergiften‹ . . . Es war ein trüber, kalter Tag, der Wind heulte. Ich schrieb eine Nachricht für die Gossudarin und bat noch für den Vormittag um ihren Besuch. Sie antwortete, ich möge um zwei Uhr ins Kinderzim-

Alexandra Fjodorowna und die Hofdame Anna Wyrubowa (rechts)

mer kommen, jetzt seien die Ärzte bei ihnen. Lili Dehn frühstückte mit mir. Ich lag im Bett. Gegen eins wurde es plötzlich laut auf dem Flur, rasche Schritte waren zu hören. Mich überlief es kalt, ich fühlte sofort, daß sie mich holen kamen. Zunächst eilte unser Jewsejew mit einer Botschaft der Gossudarin herein: ›Kerenski geht unsere Zimmer ab – Gott steh uns bei.‹ Lili, die versucht hatte, mich zu beruhigen, fuhr hoch und stürzte davon. Ein Eilbote meldete Kerenski. Von Offizieren umringt, trat ein kleinwüchsiger Mann mit dreistem glattrasiertem Gesicht ins Zimmer, er rief, er sei der Justizminister und ich solle mich sofort fertigmachen, um mit ihm nach Petrograd zu fahren. Daß ich im Bett lag, besänftigte ihn etwas, und er ordnete an, den Arzt zu befragen, ob ich fahren könne; andernfalls versprach er, mich hier noch ein paar Tage zu isolieren. Graf Benckendorff schickte nach Doktor Botkin. Von der allgemeinen Panik angesteckt, antwortete der: ›Natürlich kann sie.‹ Wie ich später erfuhr, soll die Gossudarin, in Tränen aufgelöst, zu ihm gesagt haben: ›Sie haben doch selbst Kinder – daß Sie sich nicht schämen!‹ Im nächsten Moment versammelten sich Soldaten an der Tür, ich zog mich mit Hilfe der Arzthelferin rasch an, schrieb eine Nachricht für die Gossudarin und schickte ihr mein großes Erlöserbild. Der Gossudar und die Gossudarin ließen mir ihrerseits zwei Ikonen überbringen, auf deren Rückseiten ihre Namenszüge standen. Unter Tränen bat ich den Kommandanten Korowitschenko, mir zu gestatten, mich von der Gossudarin zu verabschieden. Den Gossudar sah ich durchs Fenster, wie er vom Spaziergang zurückkam, ja fast rannte, so beeilte er sich, doch man ließ ihn nicht mehr herein. Korowitschenko (der unter den Bolschewiken einen schrecklichen Tod starb) und Kobylinski begleiteten mich . . . Ich konzentrierte meine ganze Aufmerksamkeit auf meine geliebte Herrin, die in dem von Kammerdiener Wolkow geschobenen Rollstuhl saß. Bei ihr war Tatjana Nikolajewna. Schon von weitem bemerkte ich die tränenüberströmten Gesichter der Gossudarin und Tatjana Nikolajewnas; auch der gute Wolkow schluchzte. Ein einziges langes Umarmen, wir konnten noch unsere Ringe tauschen, Tatjana Nikolajewna gab ich meinen Verlobungsring. Schluchzend wies die Imperatorin zum Himmel und sagte: ›Dort und in Gott sind wir immer vereint.‹ Ich habe fast keine Erinnerung daran, wie man mich von ihr losriß. Wolkow wiederholte in einem fort: ›Anna Alexandrowna – niemand außer Gott!‹

Als mein Blick auf die Gesichter unserer Peiniger fiel, sah ich auch darin Tränen. Ich wurde fast auf Händen zu dem Fahrzeug getragen; an der Auffahrt hatte sich eine große Menge Gesinde und Soldaten versammelt, und es rührte mich, als ich einige weinen sah. Im Fahrzeug fand ich zu meiner Überraschung Lili Dehn, die mir zuflüsterte, sie sei ebenfalls festgenommen. Mehrere Soldaten mit Gewehren schwangen sich in den Wagen. Die Türen schloß der Lakai Sednew, ein hübscher Bursche, früher Matrose auf der ›Standarte‹ (er wurde später in Jekaterinburg umgebracht). Ich konnte ihm noch zuflüstern: ›Achten Sie auf Ihre Majestäten!‹ An den Fenstern des Kinderzimmers standen die Gossudarin und die Kinder: ihre weißen Gestalten waren kaum zu erkennen . . .«

So mußte als erste Anna Wyrubowa ihre Treue zur Zarenfamilie büßen. Womit hatte sie sich gegen ihre Heimat, das Gesetz oder die Provisorische Regierung vergangen? Mit nichts, doch Kerenski, überwältigt von den Erinnerungen an die Große Französische Revolution, beschloß, Anna Wyrubowa zur zweiten Prinzessin Lamballe zu machen: sie wurde der Menge geopfert.

Vorauseilend wollen wir festhalten, daß Anna Wyrubowa (1884–1929) Demütigungen, Verleumdungen und die Qual der Festungsverliese auf sich nahm, doch der Zarenfamilie nicht einen Moment lang auch nur in Gedanken die Treue brach. Bei jeder sich bietenden Gelegenheit versuchte sie mit ihnen in Verbindung zu kommen, um ihre Leiden in der fernen sibirischen Verbannung zu lindern. Auf Grund der Untersuchungsergebnisse der Außerordentlichen Ermittlungskommission wurde die schlimmste und für sie kränkendste Anschuldigung der Spionage für Deutschland fallengelassen. Der zugrunde gerichteten und kranken Wyrubowa händigte man wie zum Hohn die Bescheinigung aus, sie sei von den Untersuchungsführern der Kommission nicht als Angeklagte vernommen worden – obwohl ihr Leben zeitweise am seidenen Faden hing. Nach dem »Oktoberumsturz« rettete sie sich vor neuerlicher Verfolgung unter Lebensgefahr über das Eis des Meerbusens nach Finnland, von wo aus sie mit der todgeweihten Zarenfamilie weiter Kontakt hielt. Nicht zufällig nannte der Henker Jurowski unter den im Ipatjew-Haus Erschossenen fälschlicherweise auch die Hofdame Wyrubowa. Nach dem Tod der Zarenfamilie fand Anna Wyrubowa Aufnahme in einem finnischen Kloster, wo sie 1919 still und unbemerkt starb. Der Welt hinterließ sie ihre Erinnerungen an die Zarenfamilie.

An diesem schrecklichen Tag – dem 21. März 1917 – notierte Alexandra Fjodorowna in ihrem Tagebuch: »3 Uhr. Kerenski. Anja und Lili wurden zur Duma gebracht.« Am selben Tag, 9 Uhr abends, ergänzte sie: »Justizminister Ker[enski] hat Lili und Anja mitgenommen. Er brachte Korowitschenko als unseren neuen Kommandanten mit.« Am nächsten Tag, dem 22. März, der Vermerk: »Anja haben sie in die Festung gesteckt.« Und wieder einen Tag später: »Anja ist in der Festung (eingekerkert; Lili in einem anderen Gebäude).«

Ausführlicher ist die Eintragung in Nikolai Alexandrowitschs Tagebuch: »21. März. Dienstag. Heute kam unverhofft Kerenski, der jetzige Justizmin[ister], er ging durch alle Zimmer, wünschte uns zu sehen, unterhielt sich fünf Minuten mit mir, stellte mir den neuen Schloßkommandanten vor und ging. Er befahl, die arme Anja festzunehmen und zusammen mit Lili Dehn in die Stadt zu bringen. Das geschah zwischen 3 und 4 Uhr, während meines Spaziergangs. Das Wetter war scheußlich und entsprach unserer Stimmung! – Maria und Anastasia schliefen fast den ganzen Tag. Nach dem Essen verbrachten wir einen ruhigen Abend zu viert mit O[lga] und T[atjana].«

Die Atmosphäre der Entfremdung und des mangelnden Verständnisses für die Zarenfamilie vermitteln die nicht ohne Schadenfreude geschriebenen Zeilen aus dem Tagebuch der Fürstin Naryschkina:

»21. März/3. April. Eben sah ich aus dem Fenster und konnte beobachten, wie sich der Spaziergang des Gossudars abspielt: Er geht vornweg, dahinter Walja D[olgorukow], gefolgt von einem Offizier als Bewacher. Das Herz krampfte sich mir zusammen vor brennendem Schmerz. So weit ist es mit dem gekommen, dem alle Güter der Welt und ein treuergebenes Volk gehörten.

Wie herrlich hätte seine Regentschaft sein können, wenn er das Gebot der Zeit zu begreifen imstande gewesen wäre. Und ohne den finsteren Einfluß, der mit Filipp begann.

Heute gab es ein großes Ereignis. Justizminister Kerenski war mit dem neuen Kommandanten und einer großen Suite gekommen, um das Schloß zu inspizieren und Anja abzuholen. Alles geschah ruhig und entschlossen. Man nahm sie zusammen mit ihrer Freundin Dehn mit. Die Imperatorin ist verzweifelt. Die arme Frau, ich glaube, sie verkennt die Lage, denn nach meiner

Überzeugung leidet sie an einer fixen Idee, die sie in ihrem Urteilsvermögen beeinträchtigt.«

»22. März/4. April. Heute sah ich den neuen Kommandanten. Der Gossudar erzählte Walja, die Imperatorin fühle sich ohne Anja und die Dehn vereinsamt. Aber was ist das für eine Einsamkeit, wenn sie einen Mann, fünf Kinder und vier Damen hat, die ihre Einsamkeit teilen? Verständlich ist ihre Sorge um das Los ihrer Freundin, doch richtiger wäre es, nicht über Einsamkeit zu klagen, sondern sich wegen des großen Unheils zu grämen, das sie heraufbeschworen hat. Ich finde, daß ich meine Loyalität und Treue zur Genüge bewiesen habe . . .

. . . Sie rührte mich mit einer beiläufigen Bemerkung: ›Der Gossudar war zum Wohle der Heimat gezwungen abzudanken. Sonst wäre ein Bürgerkrieg ausgebrochen, und da wir Krieg haben, hätte das Komplikationen mit sich gebracht. Das Wohl Rußlands geht über alles. Wenn es auf andere Weise erreichbar ist als mit unserer Hilfe, dann mag es so sein – um so besser.‹«

Über den Besuch Kerenkskis in Zarskoje Selo und die Verhaftung Anna Wyrubowas brachte das Regierungsblatt »Westnik Wremennogo prawitelstwa« am 23. März eine Sondermeldung:

»Am 21. März begab sich Justizminister A. F. Kerenski nach Zarskoje Selo, um sich an Ort und Stelle mit den Gegebenheiten sowohl der inneren als auch der äußeren Bewachung des Schlosses und des unter Freiheitsentzug gehaltenen ehemaligen Imperators sowie dessen Familie vertraut zu machen. Gemeinsam mit dem Minister unternahm der neue Kommandant des Alexanderschlosses, Oberstleutnant Korowitschenko, die Fahrt nach Zarskoje Selo.

Begleitet von dem Kommandanten Korowitschenko, dem Stellvertreter des Kommissars des Hofministeriums, dem Hofkommissar von Zarskoje Selo, dem Chef der Garnison von Zarskoje Selo und dem Kommandanten von Zarskoje Selo machte der Minister persönlich einen Rundgang durch alle Räume des Alexanderschlosses. Erläuterungen zu den Gegebenheiten der Unterbringung des ehemaligen Imperators und seiner Familie gaben während des Rundgangs der ehemalige Oberhofmarschall Graf Benckendorff und Fürst Dolgorukow.

Danach erkundigte sich der Justizminister beim ehemaligen Imperator und dessen Familie persönlich nach ihrer Gesundheit und ihrem Tagesablauf, worauf er völlig zufriedenstellende Antworten erhielt.

Die Art und Weise der äußeren und inneren Bewachung beurteilte der Minister als gänzlich befriedigend und erteilte den Verantwortlichen für die Bewachung des Alexanderschlosses von Zarskoje Selo einige zusätzliche Instruktionen.

Anschließend begab sich A. F. Kerenski in das Zimmer Frau Wyrubowas und ordnete ihre sofortige Isolierung, den Abbruch ihrer Beziehungen zu allen Personen, die im Alexanderschloß untergebracht sind, und ihre kurzfristige Überführung aus dem Schloß in ein anderes Gebäude an.

Am 22. März wurde die angeordnete Überführung der Wyrubowa aus dem Schloß vollzogen. Frau Wyrubowa ist in die Verfügungsgewalt der entsprechenden Gerichtsinstanzen überstellt worden.«

Ende März/Anfang April stellte Pierre Gilliard, der Erzieher des Thronfolgers, fest: »Das Verhältnis Kerenskis zum Gossudar hat sich gewandelt, er hat inzwischen aufgehört, sich den Anschein des Lenkers der Geschicke zu geben. Ich bin überzeugt, daß er den Gossudar und seine moralische Vollkommenheit zu verstehen beginnt, so wie es jedem geht, der ihn näher kennenlernt.«

Interessant sind in dieser Hinsicht die Beobachtungen der Fürstin Naryschkina: »Im Beisein der Soldaten- und Arbeiterdeputierten gibt sich Kerenski grob, doch wenn er mit der Zarenfamilie allein ist, verhält er sich ehrerbietig und tituliert sie sogar.«

Dieser Zwiespalt ergab sich aus Kerenskis Stellung in der revolutionären Bewegung und aus seinem Charakter. Der Kadett Nabokow schrieb dazu: »Es ist nur schwer nachvollziehbar, wie sich die schwindelerregende Höhe, zu der Kerenski in den ersten Wochen und Monaten der Revolution emporgetragen wurde, auf seine Psyche auswirkte. Die Erkenntnis, daß die ganze Verehrung, die ihn zum Idol machte, nichts weiter als eine Massenpsychose war, blieb ihm versagt ... Zweifellos hatte er seit den ersten Tagen der Revolution seelischen Schaden genommen durch die Rolle, die ihm – dem zufälligen, kleinen Mann – die Geschichte aufgezwungen hatte und in der er so ruhm- und spurlos untergehen sollte.«

Die mit der Zarenfamilie verbundenen Spannungen wurden größer. Kerenski bat das Zarenpaar, es möge seine Zeit nach Möglichkeit getrennt verbringen, da der Sowjet der Arbeiter- und Soldatendeputierten darauf bestehe. Gilliard schreibt dazu am 27. März in sein Tagebuch: »Nach dem Mittagsgottesdienst verkündet Kerenski dem Gossudar, er müsse ihn von der Imperatorin trennen ... Der Gossudar könne sie lediglich am Mittagstisch sehen und unter der Voraussetzung, daß sie Russisch sprächen. Tee dürften sie auch zusammen trinken, aber im Beisein eines Offiziers.«

Natürlich empörte das die Zarenfamilie. Nikolai II. notierte an diesem Tag: »Der Fastenanfang heute war ohne Freude. Nach dem Mittagsgottesdienst kam Kerenski und bat, unser Zusammensein auf die Mahlzeiten zu beschränken und von den Kindern getrennt zu sitzen; das sei notwendig, um den Sowjet der Arbeiter- und Soldatendeputierten zu beschwichtigen! Wir mußten uns fügen, um Gewaltanwendung zu vermeiden.« Heftiger reagierte Alexandra Fjodorowna auf die Zwangsmaßnahmen. »Nach einer Weile tritt die Imperatorin erregt zu mir«, schreibt Gilliard, »und sagt: ›So mit dem Gossudar zu verfahren, ihm solche Unannehmlichkeiten zu bereiten nach dem Opfer, das er gebracht hat mit seiner Abdankung, um einen Bürgerkrieg zu vermeiden – wie häßlich und gemein! Der Gossudar wollte nicht, daß seinetwegen das Blut auch nur eines Russen vergossen wird. Er war immer bereit, auf alles zu verzichten, wenn er nur die Gewißheit hätte, daß dies notwendig ist für das Wohl Rußlands.‹ Nach einer Pause fügt sie hinzu: ›Ja, auch mit dieser Bitternis müssen wir fertigwerden ...‹«

In ihrem Tagebuch machte Alexandra Fjodorowna kurze Vermerke: »März. 27. Montag. M[aria] 36,3 1/2°; An[astasia] 36,4 1/2°. 11 Uhr Kirche. N[ikolai] hatte ein Gespräch mit Kerenski. 2 1/2 Uhr. Sah die Wachablösung der Offiziere. 4 Uhr O[lga] 38,5° – Angina. N[ikolai] und ich dürfen uns nur während der Mahlzeiten sehen, aber nicht zusammen schlafen. 6 1/2 Uhr Kirche ...«

Später, als Untersuchungsführer Sokolow herauszubekommen versuchte, was Kerenski zu der sonderbaren Entscheidung bewogen hatte, die Gatten voneinander zu trennen, gab dieser eine nebulöse Erklärung: »Diese Entscheidung traf ich aus eigenem Antrieb, nach einem Bericht der Außerordentlichen Ermittlungskommission, der die Möglichkeit der Vernehmung Ihrer Majestäten vorsah. Daraus resultierte die Notwendigkeit, sie zu trennen, um eine objektive Untersuchung zu sichern. Diese Maßnahme galt etwa einen Monat. Sie wurde aufgehoben, sobald ihre Notwendigkeit entfallen war.«

Die Atmosphäre heizte sich auf. Hin und wieder kam es zu kleinen Zwischenfällen. Einen von ihnen erwähnt Kammerdiener Wolkow: »Wenn die Wache abgelöst wurde (das geschah, während die Zarenfamilie frühstückte), kamen der alte und der neue Wachhabende zum Gossudar herein. Einmal betraten beide Offiziere das Zimmer. Der Gossudar verabschiedete sich von dem abgelösten und reichte dem Offizier, der die Wache antrat, zur Begrüßung die Hand. Der tat demonstrativ einen Schritt zurück und schlug die ihm dargebotene Hand aus. Der Gossudar trat dicht an ihn heran, legte ihm die Hand auf die Schulter und fragte sanft: ›Warum das, mein Guter?‹ – ›Ich bin aus dem Volk‹, lautete die Antwort. ›Sie wollten dem Volk nicht die Hand reichen, jetzt gebe ich sie Ihnen nicht.‹«

Der Mann aus dem Volk kam aus dem 2. Regiment und hieß Jaremitsch. Sein Verhalten war ein Anschauungsunterricht in Flegelhaftigkeit und wurde von vielen Offizieren der Wache verurteilt. Alexandra Fjodorowna preßte bei diesem Zwischenfall die Lippen zusammen und schwieg, doch dann sagte sie zu ihrem Gatten, ohne daß es ein anderer hörte: »Wie oft habe ich dir schon gesagt, daß du ihnen besser nicht die Hand gibst. Du siehst, ich hatte recht.« Seitdem verzichtete Nikolai Alexandrowitsch darauf, den Offizieren der Wache die Hand zu reichen. Er richtete auch das Wort nur an diejenigen, die er bereits kannte und bei denen er keine Zweifel hatte.

Nach und nach verlief das Leben der Zarenfamilie in geregelten Bahnen. Gilliard schreibt:

»Wir gehen hinaus in den Park, wo uns jetzt Spaziergänge in Begleitung von Offizieren und Soldaten der Wache gestattet sind. Da wir das Bedürfnis haben, uns ein wenig körperlich zu betätigen, beginnen wir eifrig das Eis an den Teichschleusen zu zerschlagen. Am Parkgitter bildet sich sogleich ein Auflauf von Soldaten und anderen Leuten – sie sehen uns beim Arbeiten zu. Nach einer Weile tritt ein Offizier der Wache an den Gossudar heran und sagt, der Garnisonschef von Zarskoje Selo lasse ausrichten, er befürchte eine feindselige Demonstration und sogar einen Anschlag auf die Zarenfamilie, deshalb bitte er uns, an eine andere Stelle zu gehen. Der Gossudar antwortet, er habe keine Angst und diese Leute störten ihn nicht . . .«

»Es ist uns verboten, an den Teich heranzugehen; wir haben am Schloß zu bleiben und die angegebene Begrenzungslinie nicht zu überschreiten. Beim heutigen Spaziergang sahen wir einige hundert Neugierige, die begierig waren, uns zu betrachten.«

Die gleichförmig dahinfließenden Tage hielt auch Nikolai

Olga, Alexej, Anastasia und Tatjana in Zarskoje Selo, April/Mai 1917
Tatjana und Alexej in Zarskoje Selo, April/Mai 1917

Alexandrowitsch in seinem Tagebuch fest: »8. April. Sonnabend. In aller Stille begingen wir den 23. Jahrestag unserer Verlobung! Das Wetter war frühlingshaft warm. Am Morgen machte ich einen kleinen Spaziergang mit Alexej. Wir erfuhren, weshalb sich die gestrige Wache so bösartig aufgeführt hat: das waren lauter Soldatendeputierte. Abgelöst wurde sie von einer guten Wache aus dem Reservebataillon des 4. Schützenregiments. Wegen des Menschenauflaufs arbeiteten wir an der Anlegestelle und genossen die warme Sonne. Um 6 ½ ging ich mit T[atjana], A[nastasia] und Al[exej] zum Abendgottesdienst. Die Zeit danach verbrachten wir wie üblich.«

In dieses geregelte Leben griff jedoch weiterhin Kerenski ein. In Nikolai Alexandrowitschs Tagebuch lesen wir unter dem 12. April: »Ein kalter windiger Tag. Ging eine halbe Stunde spazieren und saß danach bei den Kindern, solange Alix im Mittagsgottesdienst war. Am Nachmittag kam Kerenski und hielt mich von der Arbeit auf dem Eis ab. Zunächst sprach er mit Alix, dann mit mir. Nach dem Teetrinken las ich. Den Abend verbrachten wir oben, tranken Tee zusammen und schliefen auch zusammen.«

Genaueres über den Zweck von Kerenskis Besuch erfahren wir aus den Aufzeichnungen des Grafen Benckendorff:

»Am 25. April (oder 12. April alten Stils – d. Verf.) ein neuer Besuch Kerenskis. Der Gossudar war gerade spazieren. Der Minister ließ die Imperatorin wissen, er müsse sie allein sprechen und bitte sie dazu in das Arbeitszimmer des Imperators. Von der Gossudarin wurde ihm ausgerichtet, sie sei mit ihrer Toilette beschäftigt und werde ihn ein wenig später in ihrem Salon empfangen. Gleichzeitig bestellte sie Frau Naryschkina zu sich, damit sie bei dem Gespräch zugegen sei. Während Doktor Botkin auf das Erscheinen der Gossudarin wartete, hatte er ein ziemlich langes Gespräch mit Kerenski. Als Hausarzt der Zarenfamilie hielt er es für seine Pflicht, dem Minister zu erklären, daß die Gesundheit Ihrer Majestäten und der Kinder einen längeren Aufenthalt in einem besseren Klima, an einem ruhigen, von den gegenwärtigen Vorgängen weitentfernten Ort erfordere ...

Der Minister stimmte diesen Überlegungen völlig zu und gab zu verstehen, daß ein Aufenthalt auf der Krim in Kürze geregelt werden könne ...

Der Minister begab sich anschließend ... zur ... Imperatorin ... Das Gespräch dauerte etwa eine Stunde. Bei der Gossudarin hinterließ dieses Gespräch keinen schlechten Eindruck.

Alexandra Fjodorowna in Zarskoje Selo, April 1917

Der Minister war höflich und zurückhaltend. Er befragte die Imperatorin über die Rolle, die sie in der Politik gespielt habe, über ihre Einmischung in die Auswahl der Minister und in die Staatsgeschäfte. Die Imperatorin antwortete, der Imperator und sie hätten ein sehr harmonisches Familienleben geführt, ihre einzige Freude sei ihre Familie gewesen, sie hätten voreinander keinerlei Geheimnisse gehabt und alles miteinander geteilt. Folglich sei es nicht verwunderlich, wenn die Politik in den schweren Prüfungen der letzten Jahre zwischen ihnen einen wichtigen Platz eingenommen habe. Schließlich habe der Imperator, da er sich fast ständig bei der Armee aufhielt und seine Minister über lange Zeitabschnitte nicht zu sehen bekam, ihr zuweilen aufgetragen, ihnen Weisungen von minderem Belang zu übermitteln. Am häufigsten habe sie mit ihnen über Fragen gesprochen, die sie persönlich betrafen, zum Beispiel über das Rote Kreuz, die russischen Kriegsgefangenen und zahlreiche wohltätige Einrichtungen, mit denen sie sich befaßte. Ihre politische Rolle habe sich darauf beschränkt. Sie sei überzeugt gewesen, lediglich ihre Pflicht zu erfüllen. Selbstverständlich hätten sie auch über die Ernennung der Minister gesprochen. Doch hätte es denn anders sein können – in einer so harmonischen, innigen Ehe? Später erfuhr ich, daß die Klarheit, Offenheit und Festigkeit ihrer Rede den Minister sehr beeindruckt hatten. Inzwischen war der Gossudar zurückgekehrt und empfing Kerenski in seinem Arbeitszimmer. Das Gespräch drehte sich wie beim erstenmal um die Aussagen der ehemaligen Minister, die sich häufig auf höchste Gebote beriefen, die sie von Seiner Majestät erhalten hätten.

Der Gossudar gab seine Zustimmung, daß den Schränken seines Arbeitszimmers alle Papiere entnommen würden, deren die Oberste Ermittlungskommission bedurfte.

Dieser Besuch stärkte das Vertrauen Ihrer Majestäten zu Kerenski noch mehr . . .«

Der geregelte Alltag mit seinen Sorgen und kleinen Freuden nahm alle zunehmend in Anspruch. In einem Brief an P. W. Petrow, den alten und kranken Lehrer der Zarenkinder, vom 17. (30). April schrieb Gilliard: ». . . hat nun also für unseren Schüler (Alexej Nikolajewitsch – d. Verf.) der Unterricht wieder begonnen. Sein Vater unterweist ihn in Geschichte und Geographie, die Mutter in Religion, die Baronesse Buxhoeveden übernimmt, bis Mr. Gibbs eintrifft, den Englischunterricht. Dr. Botkin wird wöchentlich vier Stunden Russisch geben und Wladimir Nikolajewitsch Derewenko, da er bei uns bleibt, den naturwissenschaftlichen Unterricht fortsetzen – er hat sich an Minister Kerenski gewandt, ihm zu gestatten, als Konsultant (Arzt) ins Schloß zu kommen. Zwei Stunden in der Woche sind für die Erledigung der Aufgaben vorgesehen, die Sie schicken – unter Aufsicht von Mademoiselle Schneider ... Alexej Nikolajewitsch bedankt sich vielmals für Ihre beiden Briefe. Er hat die Absicht, Ihnen zu schreiben ... Alle Kleinen und Großen lassen Sie grüßen. Ich danke Ihnen für Ihre Briefe und bitte nochmals zu entschuldigen, daß ich wenig schreibe ... Ich umarme Sie. Mit den besten Wünschen Ihr P. Gilliard.«

Kammerdiener Wolkow berichtet über den Alltag der Zarenfamilie: »Als der Schnee weggetaut war, machten die genesenden Kinder Spaziergänge. Der Gossudar schlug vor, daß alle, die dazu Lust hatten, arbeiten sollten. Alle beteiligten sich: die Familie, das Gefolge, die Dienerschaft. Zunächst wurde der Gemüsegarten umgegraben und allerlei Gemüse ausgesät. Die Imperatorin arbeitete nicht mit, aber als es wärmer wurde, lag sie dicht daneben auf einem Teppich. Manchmal kamen Soldaten heran, setzten sich und unterhielten sich lange mit ihr. Die Soldaten behandelten die Zarenfamilie sehr anständig ...«

Als Gilliard in seinen Erinnerungen die damalige Situation schilderte, stellte er traurig fest: »Bis zur finnischen Grenze waren es nur wenige Stunden Fahrt ..., und deshalb schien es bei entschlossenem und heimlichem Handeln möglich, ohne große Schwierigkeiten einen finnischen Hafen zu erreichen und die Zarenfamilie ins Ausland zu bringen. Doch niemand wollte die Verantwortung übernehmen, jeder hatte Angst, sich zu kompromittieren.«

Beim Petrosowjet gingen indessen weiterhin Resolutionen und Telegramme mit der Forderung ein, drastische Maßnahmen gegen die Mitglieder der Imperatorenfamilie zu ergreifen. Die Versammlung der Frontdelegierten bestand kategorisch darauf, »den Exzaren und beide Exzarinnen in die Peter-Paul-Festung« zu überführen. Der Bauerndelegiertenkongreß des Kreises Kansk forderte dazu auf, »den Besitz und das Kapital des ehemaligen Zaren zu konfiszieren, ihn in der Peter-Paul-Festung einzusperren und ihm mit aller Strenge den Prozeß zu machen«. In der Flotte und im Heer wurde verlangt, die Romanows »in Kronstadt auf Häftlingsration« zu setzen und »mit den Verrätern wie mit Militärspionen zu verfahren«.

Der Rummel um die Zarenfamilie wurde von der Presse angeheizt. In einem Telegramm aus Otschakow an das Exekutivkomitee des Petrosowjets vom 21. Mai 1917 lesen wir:

»In ›Odesskije nowosti‹, Nr. 10421, stand: ›Die Wache Nikolai Romanows trinkt mit ihm, die Matrosen unternehmen Spazierfahrten mit Alexandra [Fjodorowna].‹ Wir sind darüber aufs äußerste empört. Die Soldaten der Nikolai-Batterie der Festung Otschakow bitten, Nikolai, Alexandra und die Familie umgehend in die Peter-Paul-Festung zu überführen; eine strenge Bewachung ist zu sichern, alle Sympathisanten der Romanows sind als Verräter der Freiheit Rußlands zu bestrafen. Freundschaft mit Nikolai ist wie Verbrüderung an der Front für die Heimat verderblich.

Bevollmächtigte der Batterie, Soldaten Macharino, Bolel.«

Selbst die Fürstin Naryschkina vermerkte am 26. Mai/8. Juni in ihrem Tagebuch bitter: »Diese schändlichen Zeitungen ziehen mit dem wüstesten Geschimpfe über das Zarenpaar her. Die Kronstädter Republik hat beschlossen, den Gossudar in ihre Gewalt und nach Kronstadt zu bringen. Ich mußte weinen, als ich heute morgen von dieser Niederträchtigkeit las.« Weiter stellte die Fürstin vorwurfsvoll fest: »Das hat es noch nicht gegeben, daß ein gestürzter Herrscher in der Hauptstadt geblieben und den Beleidigungen und Gefährdungen von seiten des Mobs ausgeliefert gewesen wäre. Ich denke unablässig an sie.«

Gegen die »gelbe Presse«, die die Zarenfamilie in Verruf zu bringen und dem Spießer einzureden versuchte, mit der Ausmerzung des »rasputinschen Marasmus« der letzten Romanows werde das Land alle seine Probleme lösen, wandte sich Maxim Gorki. Die »freie Presse«, schrieb er in einem Artikel, dürfe nicht amoralisch sein und den »Instinkten der Straße nachgeben ... Über einen kranken und unglücklichen Menschen (gemeint ist Alexandra Fjodorowna – d. Verf.) – wer immer es sei – zu lachen ist nichts als Flegelei und Gemeinheit. Wer da lacht, sind Russen, dieselben, die noch vor fünf Monaten vor den Romanows gezittert haben, obwohl sie – wenn auch vage – über deren Rolle in Rußland Bescheid wußten ...«

Wie schon erwähnt, hatte die Provisorische Regierung bereits im März die Außerordentliche Ermittlungskommission zur Untersuchung gesetzwidriger Amtshandlungen ehemaliger Minister und sonstiger hoher Amtspersonen der zaristischen Regierung gebildet. Im Zusammenhang mit ihrer Tätigkeit wandte

Die jungen Großfürstinnen, Nikolai II. und der Arzt W. N. Derewenko bei der Gartenarbeit in Zarskoje Selo · Tatjana und Maria mit Offizieren der Wache in Zarskoje Selo, April/Mai 1917

sich Kerenski erneut an Nikolai II. mit der Bitte, die notwendigen Unterlagen zur Verfügung zu stellen. Dieser schreibt darüber in seinem Tagebuch: »3. Juni. Sonnabend. Nach dem morgendlichen Tee kam Kerenski unerwartet mit dem Automobil aus der Stadt angefahren. Er blieb nicht lange bei mir: bat, der Ermittlungskommission Papiere oder Briefe, die im Zusammenhang mit der Innenpolitik stehen, zu schicken. Nach dem Spaziergang half ich Korowitschenko bis zum Frühstück beim Heraussuchen dieser Papiere. Er machte dann weiter mit Kobylinski . . .«

Wozu dieses beharrliche Zusammentragen von Dokumenten und die Vernehmungen durch die Ermittlungskommission? Auf diese Frage gab der Vorsitzende der Provisorischen Regierung, Fürst Lwow, dem Untersuchungsführer Sokolow in der Emigration folgende Antwort: »Eine der Hauptfragen, die die Öffentlichkeit bewegten, war die Überzeugung, daß der Gossudar unter dem Einfluß seiner Gemahlin deutscher Herkunft bereit gewesen sei, einen Separatfrieden zu schließen, und in dieser Richtung bereits gewisse Versuche unternommen habe. Die Frage war inzwischen geklärt. Kerenski hatte in seinen Berichten an die Provisorische Regierung wiederholt kategorisch und mit voller Überzeugung festgestellt, daß die Unschuld des Gossudars und der Imperatorin eindeutig erwiesen sei.« Dennoch wurden die schuldlos Bezichtigten nicht auf freien Fuß gesetzt, ja nicht einmal die Vorschriften für ihre Inhaftierung und Isolation gelockert. Nikolai II. blieb Geisel der Revolution.

Die Ausreise der Zarenfamilie kam nicht zustande. Später, bereits in der Emigration, erklärte Kerenski in einem Interview: »Was die Evakuierung der Zarenfamilie anbelangt, so beschlossen wir, sie über Murmansk nach London fahren zu lassen. Im März 1917 erhielten wir die Zustimmung der britischen Regierung, doch im Juli, als alle Vorbereitungen für die Zugreise nach Murmansk getroffen waren und Außenminister Tereschtschenko nach London telegrafiert hatte, man möge ein Schiff schicken, um die Zarenfamilie abzuholen, erhielt der Botschafter Großbritanniens von Lloyd George die unmißverständliche Antwort, die britische Regierung könne die Zarenfamilie für die Kriegsdauer leider nicht als Gast aufnehmen.«

Die Provisorische Regierung gelangte zu der Auffassung, daß es notwendig geworden sei, einen ungefährlicheren Verbannungsort für die Zarenfamilie zu finden, sie aus dem revolutionären Petrograd zu entfernen. Es gab verschiedene Pläne. Einer wird im Tagebuch Nikolais II. erwähnt: »11. Juli. Dienstag. Morgendlicher Spaziergang mit Alexej. Zurückgekommen, erfuhr ich, Kerenski sei da. Im Gespräch erwähnte er die Wahrscheinlichkeit unserer Überführung nach dem Süden, da Z[arskoje] Selo zu nahe bei der unruhigen Hauptstadt liege . . .«

Interessanterweise telegrafierte am darauffolgenden Tag, dem 12. (25.) Juli 1917, der englische Botschafter Buchanan nach London:

»Der Außenminister teilte mir heute mit, daß Kerenski, der gestern beim Imperator war, dessen Abreise nach Tobolsk für kommenden Dienstag vereinbart habe. Seine Majestät wäre lieber auf die Krim gefahren, doch über den vorgeschlagenen Ortswechsel ist er offenbar froh. Ich verlieh der Hoffnung Ausdruck, daß in Sibirien die Freiheit des Imperators nicht so eingeschränkt sei wie in Zarskoje Selo, daß er dort die Möglichkeit erhalte, sich frei zu bewegen. Ungeachtet der vielen Fehler, die er begangen habe, und der Schwäche seines Charakters sei er kein Verbrecher und ihm müsse möglichst große Aufmerksamkeit zuteil werden. Der Außenminister erwiderte, Kerenski teile diese Ansicht und sei bereit, den Wünschen Seiner Majestät in vollem Umfang entgegenzukommen. Er habe ihm gestattet, die Personen auszuwählen, die ihn begleiten sollen . . . Der wahre Grund für die Übersiedelung des Imperators ist die wachsende Furcht der Sozialisten vor einer Konterrevolution . . .«

Der Tobolsker Erzbischof Germogen hatte Kerenski vorgeschlagen, den ehemaligen Zaren und seine Familie in die abgeschiedene Gouvernementsstadt Tobolsk zu schicken, wo die Sowjets keinen fühlbaren Einfluß hatten und die ganze Macht in der Hand des Gouvernementskommissars der Provisorischen Regierung lag. Kerenski erklärte die Situation später so: »Die Lösung dieser Frage war mir übertragen worden. Ich prüfte die bestehenden Möglichkeiten. Zunächst wollte ich sie irgendwohin nach Zentralrußland bringen; vielleicht auf das Landgut von Michail Alexandrowitsch oder das von Nikolai Michailowitsch. Das erwies sich als absolut unmöglich . . . Sie nach dem Süden zu bringen, daran war gar nicht zu denken. Dort lebten bereits einige der Großfürsten und Maria Fjodorowna, und deshalb gab es da schon genug Zwist. Letzten Endes fiel meine Wahl auf Tobolsk, und ich nannte es den Ministern . . .«

Die endgültige Entscheidung, die Zarenfamilie nach Tobolsk zu bringen, fiel in einer Beratung von vier Ministern: Fürst G. Je.

Lwow, M. I. Tereschtschenko, N. W. Nekrassow und A. F. Kerenski. Die übrigen Mitglieder der Provisorischen Regierung, behauptete Kerenski, hätten »weder Termin noch Fahrtrichtung gekannt«.

Gilliard sagte zu den Motiven der Verbannung der Zarenfamilie nach Sibirien: »Es ist schwer, genau zu bestimmen, wovon sich der Ministerrat leiten ließ, als er beschloß, die Zarenfamilie nach Tobolsk zu überführen. Als Kerenski dem Imperator diese Mitteilung machte, erklärte er die Notwendigkeit des Umzugs damit, daß die Provisorische Regierung entschlossen sei, energische Maßnahmen gegen die Bolschewiken zu ergreifen; das werde nach seinen Worten unausbleiblich zu bewaffneten Auseinandersetzungen führen, bei denen die Zarenfamilie das erste Opfer werden könne; deshalb halte er, Kerenski, es für seine Pflicht, sie vor allen möglichen Unwägbarkeiten in Sicherheit zu bringen. Andere hingegen meinten, diese Entscheidung sei eine feige Konzession an die extreme Linke gewesen, die die Vertreibung des Zaren nach Sibirien forderte, da sie ständig eine zarenfreundliche Bewegung in der Armee argwöhnte.«

Die planmäßige Kampagne zur Vernichtung der Erinnerung an das alte Regime ging weiter. Vor uns liegt ein bemerkenswertes Dokument der Russischen Geographischen Gesellschaft, einer der ältesten akademischen Institutionen Rußlands. Es handelt sich um einen Brief an das Außenministerium vom 10. Juli 1917, in dem es heißt: »Im Auftrage des Rates der Russischen Geographischen Gesellschaft habe ich die Ehre, Ihnen mitzuteilen, daß der Rat der Gesellschaft, der am 9. Juli d. J. zusammentrat, um über die durch das Ministerium für Auswärtige Angelegenheiten bei der Provisorischen Regierung beantragte Umbenennung von Nikolai-II.-Land und der Cäsarewitsch-Alexej-Insel zu beraten, es für seine Pflicht erachtet, darauf hinzuweisen ..., daß bereits eingebürgerte geographische Bezeichnungen der Geschichte angehören und deshalb aus keinen außerhalb der Wissenschaft liegenden Erwägungen heraus geändert werden dürfen. Dem ist hinzuzufügen, daß in anderen wissenschaftlichen Disziplinen die gleiche Regel gilt, einmal festgelegte Bezeichnungen und Termini werden nicht mehr verändert.«

Die unter dem Banner der Bolschewiki vor sich gehenden Erschütterungen des Juli 1917 wurden von der offiziellen Regierungspropaganda ebenfalls mit dem Namen Nikolais II. verbunden. So hieß es in der Petrograder »Iswestija« vom 12. Juli: »Es steht völlig außer Zweifel, daß die Konterrevolution mit teuflischer Tücke die Revolte dieser Tage plante und inszenierte ... Allein sie – Nikolai und Wilhelm – können Nutzen ziehen aus den ungezügelten aufwieglerischen Tiraden, die auf den Straßen ertönen und alle Organe der revolutionären Demokratie, alle ihre Führer ausnahmslos mit Schmutz bewerfen und Gift und Galle gegen sie spucken ...«

Am 20. Juli meldete »Iswestija«: »Die Provisorische Regierung hat beschlossen, den Mitgliedern des Hauses Romanow das Recht der Teilnahme an den Wahlen zur Konstituierenden Versammlung zu verweigern.«

Einen Tag bevor die Zarenfamilie in die Verbannung geschickt wurde, am Vormittag des 31. Juli, kam Kerenski nach Zarskoje Selo, um mitzuteilen, daß am Abend der Zug für die Abreise der Romanows bereitgestellt werde. Eine Stunde vor der festgesetzten Abfahrtszeit erschien Großfürst Michail Alexandrowitsch im Schloß, um sich zu verabschieden. Das Wiedersehen der Brüder geschah im Beisein Kerenskis, der sich nicht in das Gespräch einmischte, Michail Romanow jedoch verwehrte, sich von seinem Neffen und den Nichten zu verabschieden. Im Tagebuch Nikolais II. lesen wir: »Nach dem Mittagessen warteten wir darauf, die Abfahrtszeit zu erfahren, die immer wieder verschoben wurde. Unverhofft erschien Kerenski und verkündete, Mischa werde bald hiersein. Tatsächlich, gegen 10 ½ [abends] trat der liebe Mischa in Begleitung Ker[enskis] und des Chefs der Wache ein. Es war sehr schön, ihn zu sehen, doch unser Gespräch wurde durch die Anwesenheit Fremder gehemmt. Als er fort war, begannen die Schützen der Wache, unser Gepäck in den runden Saal zu schleppen ... Während wir auf die Lastwagen warteten, gingen wir auf und ab. Das Geheimnis unserer Abreise wurde so gut gehütet, daß die Kraftfahrzeuge und der Zug entgegen unserer festgesetzten Abfahrtszeit für später bestellt worden waren ... Alexej war schläfrig, bald legte er sich hin, bald stand er wieder auf. Ein paarmal gab es blinden Alarm, wir zogen die Mäntel an, traten auf den Balkon und kehrten in den Saal zurück. Mittlerweile war es Tag geworden ...«

Alexandra Fjodorowna schrieb inzwischen einen englischen Abschiedsbrief an ihre eingekerkerte Freundin Anna Wyrubowa:

»... Meine liebe Märtyrerin, ich bin unfähig zu schreiben, mein

Herz ist übervoll, ich liebe Dich, wir lieben Dich, wir segnen Dich und verneigen uns vor Dir, wir küssen die Wunde auf Deiner Stirn und Deine Augen voll Leid. Ich finde nicht die rechten Worte, doch Du weißt alles, und ich weiß alles, die Entfernung kann nichts an unserer Liebe ändern – unsere Herzen sind für immer zusammen, und durch unser Leiden verstehen wir einander noch besser. Die Meinigen sind alle gesund, küssen und segnen Dich, und wir beten für Dich ohne Unterlaß.

Ich kenne Deine neue Marter – die ungeheure Entfernung zwischen uns, man sagt uns nicht, wohin wir fahren (wir werden es erst im Zug erfahren) und für wie lange, doch wir glauben, es geht dorthin, wohin du vor kurzem gefahren bist – der Heilige ruft uns dorthin und unser Freund.

Nicht wahr, es ist sonderbar, auch Du kennst diesen Ort. Meine Liebe, welche Qual, diese Abreise, alles ist gepackt, die Zimmer sind leer – es tut so weh, 23 Jahre war das unser Heim. Doch Du, mein Engel, hast viel mehr leiden müssen! Leb wohl ... Immer mit Dir; es zerreißt mir das Herz, so weit wegzufahren von zu Hause und von Dir und wieder monatelang nichts zu wissen, aber Gott ist gnädig und barmherzig. Er wird Dich nicht verlassen und uns wieder vereinen. Ich glaube daran – und an künftige gute Zeiten. Vielen Dank für die Ikone für Baby.«

In Alexandra Fjodorownas Tagebuch ist unter diesem Tag kurz vermerkt: »11 Uhr [abends] brachte Kerenski Mischa zu N[ikolai] für 10 Min. Wir warteten, den ganzen Abend waren wir reisefertig, und erst 5.20 Uhr verließen wir im Automobil das Haus.«

Eine genaue Beschreibung des Durcheinanders bei der Abreise stammt von Kammerdiener Wolkow: »Die ganze Nacht warteten wir auf freiem Feld (zwischen Zarskoje Selo und der Station Alexandrowskaja – d. Verf.) auf den Zug, der dann sechs Uhr morgens bereitgestellt wurde. Um diese Zeit fuhren, vom Schloß kommend, zwei Automobile vor, bewacht von Kavalleristen mit schußbereiten Gewehren. Die Zarenfamilile wurde von Kerenski begleitet. Alle stiegen in den Zug. Kerenski betrat den Wagen, in dem sich der Gossudar mit seiner Familie befand, verabschiedete sich höflich von allen, wünschte gute Reise, küßte der Gossudarin die Hand und sagte zum Gossudar, mit dem er einen Händedruck wechselte: ›Auf Wiedersehen, Eure Majestät. Ich halte mich einstweilen an den alten Titel ...‹

Bevor sich Kerenski von der Zarenfamilie verabschiedete,

richtete er an die Soldaten, die den Zug begleiteten, folgende Rede: ›Sie haben die Zarenfamilie hier bewacht. Sie haben für ihre Bewachung auch in Tobolsk zu sorgen, wohin die Zarenfamilie auf Beschluß des Ministerrates überführt wird. Denken Sie daran: Einen am Boden Liegenden schlägt man nicht. Verhalten Sie sich höflich und nicht flegelhaft . . .‹«

In der Zeugenaussage, die Oberst Kobylinski im April 1919 vor dem Koltschakschen Untersuchungsführer Sokolow machte, verdient ein zusätzliches Detail Beachtung: »Als wir Zarskoje verließen, sagte Kerenski zu mir: ›Vergessen Sie nicht, daß es der ehemalige Imperator ist. Weder er noch seine Familie dürfen irgendwelche Entbehrungen erleiden.‹«

Es existieren die Erinnerungen eines weiteren Augenzeugen der Abreise der Zarenfamilie nach Tobolsk – des Obersten N. A. Artabalewski, der das 1. Gardereserveschützenregiment befehligte: »Die Zarenfamilie trat ihren Passionsweg an, als deren Zeuge die Menge ihrer Untergebenen in ehrfürchtigem Schweigen verharrte . . . Im Fenster zeigten sich der Gossudar und der Cäsarewitsch. Die Gossudarin sah kurz aus dem Fenster und lächelte uns zu. Der Gossudar legte die Hand an den Mützenschirm. Der Cäsarewitsch nickte mit dem Kopf. Ebenso die Zarentöchter, die sich am Nebenfenster versammelt hatten. Wir salutierten, dann nahmen wir die Mützen ab und neigten die Köpfe. Als wir sie hoben, waren an allen Fenstern die Vorhänge zugezogen. Kosmin ging den Wagen entlang und stellte sich wortlos neben uns . . . Der Zug setzte sich langsam in Bewegung. Die graue Menschenmenge erwachte plötzlich aus ihrer Erstarrung und winkte mit den Händen, mit Tüchern und Pelzmützen. Winkte schweigend, ohne einen einzigen Ausruf, ohne ein einziges Aufschluchzen. Ob der Gossudar und seine durchlauchtigste Familie sie wohl gesehen hatten, diese schweigende Geste des Volkes, das wie sie von den Judassen Rußlands dazu verurteilt war, den Golgathaweg zu gehen . . .«

Der Weg führte gen Osten – der aufgehenden Sonne entgegen, ins Ungewisse . . .

Viertes Kapitel

Die erste Verbannung

Der Sonderzug

Am frühen Morgen des 1. August 1917 verließen unter strengster Geheimhaltung zwei Züge den Bahnhof Zarskoje Selo. Jene, die die Züge auf die Reise schickten, wußten: Ihr Weg führte gen Osten, zumal auf einem der Wagen »Japanische Mission des Roten Kreuzes« stand. In diesem Wagen befanden sich die Zarenfamilie und ein kleiner Teil des Gefolges. Alles in allem fuhren in beiden Zügen außer den Romanows 45 Menschen, die der Zarenfamilie nahestanden, 330 Soldaten und 6 Offiziere.

Die Fahrt auf der Strecke der Nordeisenbahn bis Tjumen dauerte über zwei Tage und verlief ohne Zwischenfälle, lediglich auf der Station Swanka kam eine Schar von Arbeitern an den Zug und wollte wissen, wer darin sitze. Nachdem sie Auskunft erhalten hatte, entfernte sie sich.

Die ganze Transportoperation erfolgte unter persönlicher Kontrolle Kerenskis, der eine spezielle 16–Punkte-Instruktion erarbeitet hatte. Darin war festgelegt, daß der »ehemalige Imperator und die ehemalige Imperatorin sowie ihre Familie und die freiwillig mit ihnen reisenden Personen als Inhhaftierte zu behandeln sind«, »an den Wageneingängen sind auf beiden Seiten Posten (mindestens vier) mit einem Offizier aufzustellen. Die Gangtüren innerhalb des Wagens dürfen nicht geschlossen werden, damit die an den Wagenenden befindlichen Posten einander sehen können. Alle halben Stunden geht der Offizier vom Dienst, von einem Posten begleitet, den Gang entlang, um sich davon zu überzeugen, daß die im Wagen Untergebrachten vollzählig sind . . .«

Jeden Morgen und jeden Abend hatte der Zugführer per Militärtelegramm Meldung zu machen über den Fahrtverlauf. An die Adresse des Ministerpräsidenten der Provisorischen Regierung gingen telegrafische Mitteilungen wie: »Fahrt verläuft glatt, aber ohne Einhaltung der vereinbarten Zeiten. Kobylinski. Makarow. Werschinin.«

Am 4. August schrieb Nikolai in sein Tagebuch: »Als wir den

Ural passiert hatten, wurde es merklich kühler. Durch Jekaterinburg kamen wir am frühen Morgen.« Doch ruhig verlief das alles nur für den Eximperator ... Nach Swanka kam das nächste Alarmsignal aus Jekaterinburg. Hier, in der Metropole des Bergbaus und der Hüttenindustrie des Urals, war sofort ein Zentrum entstanden, das sich die Kontrolle aller mit dem Schicksal der Zarenfamilie verbundenen Vorgänge zur besonderen Aufgabe machte. An der Macht waren hier Swerdlow wohlbekannte Leute, auf die er baute ... Hier wurde auch aus dem Stegreif ein Sonderprogramm entwickelt, dessen Grundlage folgendes Dokument bildete:

»Jekaterinburger Deputiertensowjet an WZIK:

Am 4. August d. J. passierte Jekaterinburg in Richtung Tjumen ein Sonderzug, in dem der ehemalige Zar mit seiner Familie fährt. Wie die Zeitungen melden, wird der ehemalige Zar nach Tobolsk überführt. An der Eisenbahnstrecke und in der Stadt kursiert das Gerücht, daß der Zug mit Fahrtziel Nowo-Nikolajewsk und Charbin unterwegs ist. Dieses Gerücht verursacht Unruhe in der Bevölkerung. Das Bezirksexekutivkomitee sandte Telegramme nach Krasnojarsk, Nowo-Nikolajewsk und Irkutsk an die Deputiertensowjets, die aufgefordert wurden, dem Gerücht nachzugehen und gegebenenfalls Maßnahmen zu ergreifen.

Wir bitten uns mitzuteilen, ob dem Zentralkomitee die Umstände der durch die Provisorische Regierung veranlaßten Verbannung des ehemaligen Zaren nach Tobolsk bekannt sind und in welcher Form die Sowjets der Arbeiter-, Soldaten- und Bauerndeputierten an der Lösung dieser Frage beteiligt waren.

[Für den] Vorsitzenden des Exekutivkomitees des [Jekaterinburger] Sowjets der Arbeiter- und Soldatendeputierten M. Medwedjew. Sekretär S. Dershawin.«

Die Besorgnis des Jekaterinburger Sowjets hatte mehrere Ursachen, u. a. die widersprüchlichen Pressemeldungen über die Motive und den neuen Ort der Verbannung des Exzaren. Deshalb gab die Provisorische Regierung in einer offiziellen Verlautbarung bekannt:

»Staatliche Erfordernisse veranlaßten die Provisorische Regierung, die Überführung des unter Bewachung stehenden ehemaligen Imperators und der Imperatorin an einen neuen Aufenthaltsort zu beschließen. Zu diesem Ort wurde Tobolsk bestimmt, wohin der ehemalige Imperator und die Imperatorin gegenwärtig unter Einhaltung aller Maßnahmen einer angemessenen Bewachung gebracht werden.

Zusammen mit dem ehemaligen Imperator und der Imperatorin haben unter den gleichen Bedingungen ihre Kinder und einige ihnen nahestehende Personen freiwillig die Reise nach Tobolsk angetreten. Ministerpräsident A. Kerenski.«

In diesem Zusammenhang ist auch das am 20. September 1917 veröffentlichte Interview von Interesse, das der Innenminister der Provisorischen Regierung, A. M. Nikitin, dem Korrespondenten der »Iswestija ZIK« gewährte. Auf die Frage, welche Gründe es gab, die Romanows aus Zarskoje Selo nach Tobolsk zu schicken, antwortete Nikitin: »Die Provisorische Regierung hielt es für notwendig, sie aus Petrograd zu entfernen, um dem Gedanken an einen Versuch der Wiedererrichtung ihrer Herrschaft den Boden zu entziehen. Die weiteren Ereignisse zeigten, daß die Provisorische Regierung damit völlig recht hatte. Stellen Sie sich vor, in den Tagen des Kornilow-Putsches hätte sich die Familie Romanow in Zarskoje Selo befunden. Bekanntlich waren um Petrograd nicht wenig Truppenteile konzentriert, die mit Kornilow sympathisierten. Nikolai Romanow in unmittelbarer Nähe Petrograds – das hätte für gewisse Militärkreise, genauer gesagt, für kleine Gruppen die reinste Verführung sein können . . .«

Am späten Abend des 4. August erreichten beide Züge im Abstand von dreißig Minuten den Bahnhof Tjumen. Hier erwartete sie an der Anlegestelle das Schiff »Rus«.

Aus Tjumen ging am 5. August an Kerenski die Meldung: »Mit Unterstützung des Stellvertreters des Truppenteilkommandeurs und der für Truppenbewegungen Verantwortlichen, die uns in Empfang nahmen, wohlbehalten an Bord des Dampfers gegangen. Am Sechsten abends eintreffen [in] Tobolsk. Kobylinski, Werschinin, Makarow.«

Der Imperator hielt nach wie vor gewissenhaft die Ereignisse fest:

»6. August. Fahrt auf dem Tobol. Spät aufgestanden, da ich wegen allgemeinen Lärms, Pfiffen, Fahrtunterbrechungen u. dgl. schlecht schlief. In den Tobol gelangten wir nachts über die Tura. Der Fluß ist breiter und die Ufer höher. Der Morgen war frisch, tagsüber, als die Sonne herauskam, wurde es ganz warm. Habe vergessen zu erwähnen, daß wir gestern vormittag am Dorf Pokrowskoje – der Heimat Grigoris [Rasputins] – vorbeifuhren.

Den ganzen Tag gingen und saßen wir auf Deck. 6 1/2 Uhr erreichten wir Tobolsk, obwohl es schon 1 1/4 Stunde vorher aufgetaucht war.

Am Ufer standen viele Leute – also wußte man von unserer Ankunft. An den Blick auf die Kathedrale und die Häuser auf dem Berg erinnerte ich mich noch. Sobald der Dampfer angelegt hatte, wurde unser Gepäck ausgeladen. Walja [Dolgorukow], der Kommissar und der Kommandant gingen sich die Häuser ansehen, die für uns und das Gefolge bestimmt sind. Als ersterer zurückkam, erfuhren wir, daß die Räume leer, ohne alles Mobiliar, schmutzig und überhaupt unbeziehbar sind. Deshalb blieben wir auf dem Dampfer und warteten, daß unsere zum Schlafen benötigten Sachen zurückgebracht wurden.

Wir aßen zu Abend, scherzten über das erstaunliche Unvermögen der Leute, auch nur ein Haus herzurichten, und gingen früh zu Bett.«

Pokrowskoje zu erwähnen, vergaß auch Gilliard nicht: »Wir fuhren an dem Dorf vorbei, in dem Rasputin geboren wurde, die Zarenfamilie, die auf Deck stand, sah das Haus des ›Starzen‹, das sich deutlich von den anderen Bauernhäusern abhob. An der Sache war nichts sonderlich Erstaunliches: Rasputin hat vorausgesagt, daß es so kommen wird – und nun haben sich seine Worte durch zufällige Fügung der Umstände bewahrheitet.«

Auch Alexandra Fjodorowna registrierte natürlich dieses Ereignis: »Hier hat Grigori Jefimowitsch gelebt«, sagte sie mit Tränen in den Augen zu Kammerdiener Wolkow, »in diesem Fluß fing er Fische und brachte sie uns nach Zarskoje Selo.«

Als sich das Schiff der Anlegestelle näherte, läuteten die Glokken. Den in Aufruhr versetzten Stadtoberen erklärte die Geistlichkeit, es werde zur Abendmesse geläutet, denn morgen feiere man Christi Verklärung ...

An Land gingen die Romanows jedoch nicht: das Gouverneurshaus, in dem sie untergebracht werden sollten, war tatsächlich in einem halbverfallenen Zustand: jedenfalls konnte man vorläufig nicht darin wohnen. Sieben Tage mußten sie noch auf dem Schiff zubringen.

Allerdings brauchten die Romanows nicht die ganze Zeit auf dem Schiff zu »sitzen«, der Kapitän ließ sie zu Spaziergängen an Land. Der Zar schrieb in sein Tagebuch:

»8. August. Dienstag. Habe ausgezeichnet geschlafen und bin 9 1/4 Uhr aufgestanden. Der Morgen war klar, später kam wieder böiger Wind auf. Nach dem Frühstück fuhren wir den Irtysch ungefähr 10 Werst flußaufwärts. Wir legten am rechten Ufer an und stiegen aus zu einem Spaziergang. Unser Weg führte durch Gebüsch, und nachdem wir einen kleinen Bach überquert hatten, erstiegen wir das Steilufer, wo sich uns ein schöner Blick darbot. Das Schiff war uns gefolgt, und wir fuhren zurück nach Tobolsk. Um 6 Uhr machten wir an einer anderen Anlegestelle fest.«

Endlich konnte der Umzug der Romanows in das Gouverneurshaus stattfinden, das wie zum Hohn in »Haus der Freiheit« umbenannt worden war.

Das Leben im »Haus der Freiheit«

Am 13. August hielt der Zar den Beginn des großen »Aussitzens« in Tobolsk fest: »Sonntag. Wir standen früh auf, und die letzten Sachen waren im Nu gepackt. 10 ½ gingen ich und die Kinder mit dem Kommandanten und den Offizieren an Land zu unserem neuen Wohnsitz und besichtigten das ganze Haus von unten bis hinauf zum Dachboden. Wir belegten den ersten Stock, das Speisezimmer ist unten. 12 Uhr wurde ein Bittgottesdienst abgehalten, und der Geistliche besprengte alle Zimmer mit Weihwasser. Beim Frühstück und Mittagessen waren wir unter uns. Wir gingen uns das Haus ansehen, in dem das Gefolge untergebracht ist. Viele Zimmer sind noch nicht fertig und bieten einen wenig anziehenden Anblick. Danach gingen wir in den sogenannten Garten, einen häßlichen Gemüseschlag, besichtigten die Küche und den Wachraum. Alles sieht alt und verwahrlost aus. Ich ordnete meine Sachen im Arbeitszimmer und im Ankleidezimmer, das ich mir mit Alexej teile. Den Abend verbrachten wir zusammen, ich spielte Bésigue mit Nastenka [Hendrikowa].«

Ausführlich und recht objektiv sind die Tobolsker Lebensverhältnisse der Zarenfamilie in den Erinnerungen Gilliards dargestellt:

»Anfangs glichen unsere Haftbedingungen weitgehend denen von Zarskoje Selo, und man gewährte uns alles Notwendige. Die räumliche Enge allerdings war nicht zu übersehen. Für ihre Spaziergänge stand dem Imperator und seinen Kindern lediglich ein kleiner Garten zur Verfügung, dazu der Hof, der durch Errichtung eines Bretterzauns um ein südöstlich an das Haus

Zarengefolge in Tobolsk: Hauslehrerin Je. A. Schneider, Generaladjutant I. L. Tatischtschew, Erzieher des Thronfolgers Pierre Gilliard, Hofdame A. W. Hendrikowa, Hofmarschall Fürst Dolgorukow (von links nach rechts)

angrenzendes breites und menschenleeres Straßenstück entstanden war. Nicht eben viel, überdies war man hier ständig den Blicken der Soldaten ausgesetzt, deren Kaserne sich über dem für uns abgeteilten Platz erhob.

Das Gefolge und die Dienerschaft hingegen genossen weitaus mehr Freiheit als in Zarskoje Selo, zumindest anfangs, sie durften nicht nur in die Stadt, sondern auch in die Umgebung.«

Nach Ablösung des Kommissars Makarow und des Staatsduma-Mitglieds Werschinin wurden auf Beschluß der Provisorischen Regierung der neue Kommissar Pankratow und sein Stellvertreter Nikolski nach Tobolsk entsandt.

Dem ehemaligen Narodowolzen* Wassili Semjonowitsch Pankratow war vor seiner Abreise nach Sibirien die »Instruktion für den mit der Bewachung des ehemaligen Zaren Nikolai Alexandrowitsch Romanow, seiner Gemahlin und seiner Familie in Tobolsk betrauten Kommissar« übergeben worden. Sie berechtigte ihn u. a., die Korrespondenz der Zarenfamilie zu kontrollieren. Einer der 11 Punkte der Instruktion verpflichtete ihn außerdem: »Der Kommissar übermittelt dem Ministerpräsidenten zweimal wöchentlich per Telegramm Eilmeldungen und informiert über alle außergewöhnlichen Umstände.«

Das Eintreffen des Kommissars der Provisorischen Regierung wurde von Nikolai II. in seinem Tagebuch vermerkt: »1. September. Freitag. Der neue Kommissar der Prov[isorischen] Reg[ierung] ist eingetroffen und mit seinem Stellvertreter, einem zerzausten Fähnrich, in das Haus des Gefolges gezogen. Seinem Aussehen nach könnte er ein Arbeiter oder ein armer Lehrer sein. Er wird unsere Korrespondenz zensieren . . .«

Die Ernennung Pankratows änderte nichts Wesentliches an den Regelungen, die der Kommandant und Kommandeur der Wachabteilung, Oberst Kobylinski, für die Romanows in Tobolsk festgelegt hatte. Kleine Zwischenfälle kamen jedoch von Zeit zu Zeit vor. Einen hat Gilliard in seinen Erinnerungen festgehalten: »Im September war, von Kerenski hergeschickt, Kommissar Pankratow in Tobolsk eingetroffen. Mit ihm kam Nikolski, ein ehemaliger politisch Verbannter . . . Kaum angekommen, verlangte dieser von Oberst Kobylinski, daß wir uns alle fotografieren ließen. Auf den Einwand des Obersten, solche

* Von (russ.) »Narodnaja Wolja« – »Volkswille«. Größte und bedeutendste Volkstümlerorganisation (gegründet 1879), die zu den Methoden des Terrors griff. Ermordete nach mehreren Attentatsversuchen 1881 Alexander II.

Fotos seien völlig überflüssig, da wir allen Soldaten noch von Zarskoje Selo her gut bekannt seien, erklärte er: »Uns haben sie früher dazu gezwungen, jetzt sind sie an der Reihe.« Wir mußten diese Prozedur über uns ergehen lassen, und danach bekam jeder einen Ausweis mit Foto und Registriernummer*.«

Der Arzt Botkin richtete an die Provisorische Regierung das Gesuch, dem Exzaren und seiner Familie Kirchenbesuche und Spaziergänge in der Umgebung der Stadt zu genehmigen. Am 15. September 1917 traf aus Petrograd die Antwort ein:

»Jewgeni Sergejewitsch.

Im Auftrage des Ministerpräsidenten teile ich Ihnen mit, daß der in Ihrem Brief vom 26. August enthaltenen Bitte, dem ehemaligen Zaren und seiner Familie Spaziergänge in der Umgebung der Stadt sowie Kirchenbesuche zu genehmigen, stattgegeben wurde.

Leiter der Kanzlei des Ministerpräsidenten W. Somow.«

Das erhöhte Interesse für die Zarenfamilie – und es war ständig zu spüren – bedrückte Nikolai II. In seinem Tagebuch schrieb er:

»8. September. Freitag. Zum erstenmal waren wir in der Mariä-Verkündigungs-Kirche, in der seit langem unser Priester (gemeint ist Alexej, der Beichtvater der Zarenfamilie in Tobolsk – d. Verf.) seinen Dienst versieht. Doch die Freude wurde mir durch die dummen Umstände unseres Gangs dorthin verdorben. Den Weg entlang durch den menschenleeren Stadtpark standen Schützen, und vor der Kirche war eine große Menschenmenge! Das hat mich sehr irritiert.«

Die Kirchenbesuche wurden der Zarenfamilie jedoch nicht lange gestattet. Kammerdiener Wolkow schrieb darüber: »An jedem Sonn- und Feiertag ging der Imperator mit seiner Familie in die Kirche. Dazu mußte die Straße überquert und der Stadtpark passiert werden. In der Nähe der Kirche standen Häuflein einfachen Volks, das weinte und auf die Knie fiel, wenn die Zarenfamilie vorüberging. In die Kirche selbst ließ man während der Messe, die von 8 bis 9 Uhr zelebriert wurde, keine Fremden ein. Einmal (es war am 25. Dezember 1917 – d. Verf.) wurde nach dem Bittgottesdienst der Gesang auf das Wohlergehen des Zarenhauses angestimmt. Lärm erhob sich ... Seitdem durften

* Im Zentralen Staatsarchiv der UdSSR befindet sich der Ausweis von Anna Demidowa.

wir nicht mehr in die Kirche, und die Gottesdienste wurden im Gouverneurshaus abgehalten.«

Die ersten Kirchenbesuche hatten bei den Romanows neue Hoffnung aufkommen lassen, daß man ihnen, wie versprochen, auch Spaziergänge in der Umgebung der Stadt gestatten würde.

Doch Pankratow hielt sich nicht an die von der Zentrale erteilte Genehmigung. In der Meldung Nr. 3 an Kerenski vom 30. September 1917 teilte er mit: »In dem mir zugeschickten Papier ... werde ich aufgefordert, dem ehemaligen Zaren und seiner Familie Spaziergänge in der Umgebung der Stadt und Kirchenbesuche zu gestatten. Letzteres geschieht bereits. Was hingegen die Spaziergänge anbelangt, so ist gegenwärtig eine besorgniserregende Zeit ..., vorläufig habe ich sie abgelehnt ... Doch sobald wieder Ruhe eingekehrt ist und sich die Möglichkeit für ein gefahrloses Spaziergehen in der Umgebung der Stadt bietet, werde ich es gewähren. Das mir von W. Somow zugegangene Papier ist von Ihnen, Alexander Fjodorowitsch, nicht unterschrieben. Ich möchte deshalb bitten, mir ein entsprechendes Papier mit Ihrer Unterschrift zu schicken.«

In seinem Tagebuch reagierte Nikolai II. folgendermaßen auf diese Situation:

»29. September. Freitag. Dieser Tage erhielt Je. S. Botkin von Kerenski ein Papier, aus dem wir erfuhren, daß uns Spaziergänge in der Umgebung der Stadt erlaubt seien. Auf Botkins Frage, wann sie beginnen könnten, antwortete dieser Mistkerl von Pankratow, davon könne – aus irgendeiner unverständlichen Sorge um unsere Sicherheit – zur Zeit überhaupt nicht die Rede sein. Alle waren über diese Antwort äußerst empört.«

»2. Oktober. Montag. ... Jetzt sind wir alle, wer einen Spaziergang wünscht, verpflichtet, in Begleitung von Schützen durch die Stadt zu gehen.«

Dennoch gestalteten sich die Beziehungen zwischen der Zarenfamilie und Kommissar Pankratow alles in allem normal. Nikolai Alexandrowitsch bot ihm etwas später sogar an, Alexej Geographieunterricht zu erteilen.

Neben der Organisierung ihres Alltags mußte die Zarenfamilie sich um die weitere Bildung der jüngsten Romanows kümmern. In seinem Tagebuch vermerkte Nikolai Alexandrowitsch am 28. August 1917: »Seit Wochenbeginn ist früh Unterricht; ich gebe Alexej weiter Stunden in Geschichte und Geographie.« Und am 10. September: »Die vor zwei Tagen hier eingetroffene

Der Arzt Jewgeni Sergejewitsch Botkin

Klawdia Michailowna Bittner übergab mir einen Brief von Xenia (Schwester Nikolais II. – d. Verf.). Sie hat heute den Unterricht mit den Kindern, bis auf Olga, in verschiedenen Fächern aufgenommen.« Die Hauptfächer übernahmen: Nikolai Alexandrowitsch (russische Geschichte und Militärgeschichte), Alexandra Fjodorowna (Theologie), Fürst Tatischtschew (Russisch), Gilliard und Gibbs (Französisch und Englisch), Botkin (Biologie), Gräfin Hendrikowa (Geschichte des Altertums), Bittner (Geographie und Literatur) und Gymnasiallehrer Baturin (Mathematik).

Klawdia Bittner beklagte sich anfangs bei Pankratow: »Das hätte ich wirklich nicht erwartet: so große Kinder und kennen die russische Literatur so schlecht, sind so wenig entwickelt. Puschkin haben sie kaum gelesen, Lermontow noch weniger, den Namen Nekrassow haben sie nicht einmal gehört . . . Alexej weiß nichts von Mengenlehre, von russischer Geographie hat er nur eine blasse Ahnung.« Auf Pankratows Empfehlung behandelte sie in einer Stunde Nekrassows Poem »Russische Frauen«. »Die Wirkung war umwerfend. Die jungen Großfürstinnen äußerten: Wieso hat uns noch nie einer gesagt, daß wir so einen wunderbaren Dichter haben.« Ihren Schülern bescheinigte sie: »Sie interessieren sich einfach für alles. Großen Gefallen haben sie daran, vorgelesen zu bekommen.«

Bemerkenswert sind ihre Beobachtungen in bezug auf den Zarewitsch. »Er war sehr begabt«, erinnerte sie sich, »aber ein wenig faul. Wenn er sich etwas einprägen wollte, bat er, ihm Zeit zu lassen. Dann aber saß es auch. Er verabscheute die Lüge, und er hätte sie nicht um sich geduldet, wenn er irgendwann an die Macht gekommen wäre. Ob er an die Macht gedacht hat, weiß ich nicht. Ich hatte mit ihm ein Gespräch darüber. Ich sagte: ›Und wenn Sie Zar werden?‹

Er antwortete: ›Nein, damit ist Schluß für immer.‹

Ich meinte: ›Und wenn es doch wiederkommt und Sie Herrscher sind?‹

Er darauf: ›Dann muß alles so eingerichtet werden, daß ich besser weiß, was um mich geschieht.‹«

Klawdia Bittner stellte später fest: »Er war gütig wie sein Vater, das heißt, er brachte es nicht fertig, anderen Böses anzutun. Andererseits war er ein wenig geizig: er hing an seinen Sachen, ging sorgsam mit ihnen um, gab sein Geld nicht gern aus und sammelte alles mögliche, was nicht mehr gebraucht wurde:

Nägel, Schnüre, Papier u. dgl. Brannte eine Glühlampe durch, brachte man sie ihm, und er hob sie auf. Einmal, als er krank war, wurde ihm ein Gericht – dasselbe wie der ganzen Familie – vorgesetzt, das er stehenließ, weil er es nicht mochte. Ich war empört darüber, daß man ihm nichts extra kochte, da er krank war. Ich sagte etwas. Er erwiderte darauf: ›Das fehlte noch. Bloß wegen mir sind keine Extraausgaben nötig.‹«

E. Diehl, Dozent an der Tomsker Universität, der im Sommer 1918 das Ipatjew-Haus in Jekaterinburg besuchte, schrieb: »Auf dem Tisch lagen noch die Hefte und Lehrbücher des Thronfolgers – ganz gewöhnliche, abgenutzte Bücher, vollgekritzelt und mit Eselsohren, keinen Deut anders als bei einem liederlichen Durchschnittsschüler. In einem der Hefte stand eine schriftliche Übung des Thronfolgers in Französisch, mit vielen blau angestrichenen Fehlern. Da ich mit Pädagogik zu tun hatte, fiel mir besonders auf, daß die Bücher bei weitem nicht den von führenden Pädagogen erarbeiteten Empfehlungen entsprachen, es waren einfache Lehrbücher von mäßiger Qualität.«

Am 7. Januar 1918 schickte Alexej einen Brief an seinen alten Lehrer in Zarskoje Selo:

»Lieber Pjotr Wassiljewitsch.

Ich schreibe Ihnen schon den dritten Brief. Hoffentlich haben Sie alles bekommen. Mama und die anderen lassen Sie grüßen. Morgen beginnt der Unterricht. Ich und meine Schwestern hatten die Röteln, nur Anastasia war gesund und ging mit Papa spazieren. Seltsam, daß wir von Ihnen keine Nachricht erhalten. Heute haben wir 20 Grad Frost, bisher aber ist es warm gewesen. Während ich Ihnen schreibe, liest Shilik Zeitung, während Kolja [Derewenko] ihn malt. Kolja gebärdet sich wie ein Verrückter und stört mich beim Schreiben. Bald gibt es Mittagessen. Nagorny läßt Ihnen seine besten Wünsche ausrichten. Schöne Grüßen an Mascha und Irina. Behüte Sie Gott!

Ihr Sie liebender Alexej.«

Über das Alltagsleben der Zarenfamilie hat Oberst Kobylinski dem Untersuchungsführer Sokolow berichtet:

»Im Dienstzimmer befand sich der Offizier vom Dienst. Keiner mischte sich in das intime Leben der Familie ein. Kein Soldat wagte es, ihre Zimmer zu betreten. Bis auf die Gossudarin standen alle früh auf ... Nach dem morgendlichen Tee ging der Gossudar gewöhnlich spazieren und nahm sich immer irgendeine körperliche Arbeit vor. Auch die Kinder gingen spazieren.

Jeder machte, wozu er Lust hatte. Nach dem Spaziergang las der Gossudar oder nahm Eintragungen in seinem Tagebuch vor. Die Kinder erledigten Hausaufgaben. Die Gossudarin las, stickte oder malte. Um eins wurde gefrühstückt. Nach dem Frühstück machte die Familie im allgemeinen wieder einen Spaziergang. Der Gossudar sägte oft mit Dolgorukow, Tatischtschew oder Gilliard Holz. Auch die jungen Großfürstinnen beteiligten sich daran. Um 4 Uhr gab es Tee. Dann ging man irgendwelchen Beschäftigungen im Hause nach, zum Beispiel Fotografieren, oder saß einfach am Fenster und beobachtete das Leben draußen in der Stadt. Um 6 Uhr wurde gegessen. Danach kamen Tatischtschew, Dolgorukow, Botkin, Derewenko. Manchmal wurde Karten gespielt, von der Familie nahmen der Gossudar und Olga Nikolajewna daran teil. Manchmal las der Gossudar abends vor, und alle hörten zu. Manchmal wurde Theater gespielt: französische und englische Stücke. Um acht Uhr gab es Tee. Beim Tee wurde geplaudert. So saß man bis 11, spätestens 12, dann war Schlafenszeit. Alexej Nikolajewitsch ging gegen 9 Uhr zu Bett. Die Gossudarin nahm das Mittagessen stets oben ein. Manchmal aß Alexej Nikolajewitsch mit ihr. Die restliche Familie aß unten im Speisezimmer.

An den langen Winterabenden wurden im Gouverneurshaus Theatervorführungen in Französisch und Englisch gegeben unter Leitung von Gilliard und Gibbs, die sich als sachkundige Regisseure erwiesen. Von den russischen Stücken wurde Tschechows Vaudeville ›Der Bär‹ aufgeführt. Die Rolle des Gutsbesitzers Smirnow spielte Nikolai Alexandrowitsch selbst. Am häufigsten übernahmen Tatjana, Maria und Alexej Rollen, seltener Olga und Anastasia. Das Theaterspielen bereitete Akteuren und Zuschauern viel Vergnügen. Ein Hauch von häuslicher Behaglichkeit, familiärem Glück und Ruhe ging von diesen Vorführungen aus.«

Ungeachtet der besorgniserregenden Situation verlief das Leben der Zarenfamilie in Tobolsk in ruhigen Bahnen und vorläufig ohne größere Veränderungen. Nikolai Alexandrowitsch machte Tag für Tag Eintragungen in seinem Tagebuch:

»6. Dezember. Mittwoch. Meinen Namenstag verbrachten wir in aller Stille, ganz anders als in früheren Jahren. 12 Uhr wurde ein Bittgottesdienst abgehalten. Die Schützen des 4. Regiments im Garten, die Wache, alle gratulierten mir und ich ihnen – zu ihrem Regimentsfeiertag. Ich bekam drei Namenstagskuchen, einen schickte ich der Wache. Abends spielten Maria, Alexej und M. Gilliard recht harmonisch das kleine Stück ›Le fluide de . . .‹; es wurde viel gelacht.«

Kurz vor Weihnachten fiel ordentlich Schnee. Die Idee, einen Rodelberg zu bauen, wurde von den jungen Leuten begeistert aufgegriffen. Voller Ungeduld warteten sie auf den Spaziergang, um unter Leitung des um Einfälle nie verlegenen Gilliard ans Werk zu gehen. Am 19. Dezember 1917 schrieb Alexej seinem Lehrer Petrow in Zarskoje Selo: »Bisher haben wir sehr wenig Schnee, und deshalb ist es schwierig, eine Rodelbahn anzulegen. Joy (der Spaniel des Zarewitschs – d. Verf.) wird von Tag zu Tag dicker, weil er immerzu irgendwelche Abfälle frißt. Alle jagen ihn mit Stöcken fort. Er hat viele Bekannte in der Stadt, und darum reißt er immer aus. Ich schreibe Ihnen während der Französischstunde, weil ich fast keine freie Zeit habe . . . Schöne Grüße und Glückwünsche für die Lehrer. Behüte Sie Gott! Ihr fünfter Schüler Alexej.«

Tagelang schleppten die Kinder eifrig Schnee und bauten eine Bahn. Endlich kam der langerwartete Momemt, als Gilliard und Fürst Dolgorukow dreißig Eimer Wasser darübergossen. Nun konnte nach Herzenslust gerodelt werden.

Über das Weihnachtsfest gibt es folgende Eintragung im Tagebuch Nikolais II.: »24. Dezember. Sonntag. Am Morgen saß ich eine halbe Stunde bei der Zahnärztin. 12 Uhr wurde im Salon ein kleiner Gottesdienst abgehalten. Bis zum Spazierengehen bereiteten wir für alle die Geschenke vor . . . Während des Teetrinkens – vor 5 Uhr – gingen ich und Alix in den Wachraum und übergaben die Geschenke für den 1. Zug des 4. Regiments. Nach dem Mittagessen wurde dem Gefolge und allen anderen beschert, unsere Bescherung war vor 8 Uhr. Der Abendgottesdienst war sehr spät, er begann 10 ½, da das Väterchen wegen des Gottesdienstes in der Kirche nicht eher kommen konnte. Die Schützen, die frei hatten, waren mit dabei.«

Das Fest wurde jedoch durch den bereits erwähnten Zwischenfall in der Kirche getrübt. Bei Gilliard lesen wir darüber: »Am folgenden Tag – dem Fest von Christi Geburt – begaben auch wir uns in die Kirche. Auf Anweisung des Geistlichen stimmte der Diakon das ›Mnogoletije‹ an (das Gebet, mit dem für die Zarenfamilie ein langes Leben erfleht wird). Das war unbedacht von dem Priester und konnte nur Repressalien nach sich ziehen.«

Der Vorfall versetzte den örtlichen Sowjet, in dem der Bolschewik I. Ja. Koganizki eine aktive Rolle spielte, in Aufruhr. In seinen Erinnerungen schrieb Koganizki: »Etwa zur gleichen Zeit verbreitete irgendein Mönch, dem es gelungen war, unterzutauchen, in der Stadt von irgendeiner Bruderschaft herausgegebene reaktionäre Blättchen mit dem Aufruf zur Verteidigung ›des Glaubens, des Zaren und des Vaterlandes‹. Der Deputiertensowjet verlangte die Verhaftung der schuldig gewordenen Geistlichen und die Verschärfung der Haftbedingungen für die Romanows. Doch Erzbischof Germogen stellte sich schützend vor seine Priester und schickte sie für einige Zeit in ein entferntes Kloster, bis sich die Wogen geglättet hatten.«

Da Koganizki seine Machtlosigkeit spürte und auch der Wache der Romanows nicht sonderlich traute, forderte er Hilfe an: »Ich und noch einige Genossen schrieben nach Tjumen und Omsk. Vorläufig konnten wir nur auf eine uns ergebene Gardistengruppe von 12–13 Mann unter Führung von Unterfähnrich Matwejew bauen, die auf einer inoffiziellen Versammlung der Bolschewiki geschworen hatten, eher würden sie selbst zugrunde gehen, als auch nur ein Mitglied der ›Familie‹ lebend herauskommen zu lassen, und zu diesem Zweck hatten wir in jede Schicht der Wache unsere Leute eingeschleust.«

Nach dem Zwischenfall in der Kirche verschlechterte sich die Lage der Zarenfamilie deutlich. Oberst Kobylinski sagte aus: »Man dachte sich Schikanen aus. Es wurde beschlossen, dem Gefolge die Spaziergänge zu streichen, die Leute sollten alle dasitzen und nicht herumlaufen. Ich wies auf die Unsinnigkeit dieser Anordnung hin. Da wurde beschlossen: Spazierengehen dürfen sie, aber in Begleitung eines Soldaten. Dann bekamen sie das satt und legten fest: Jeder darf in der Woche zweimal spazierengehen, höchstens zwei Stunden, ohne Soldaten.«

Am 3. Januar 1918 beschloß das Soldatenkomitee der Garnison mit hundert gegen fünfundachtzig Stimmen, das Tragen der Schulterstücke abzuschaffen.

Aus Tobolsk ging ein Telegramm an das Zentrale Exekutivkomitee (WZIK) ab:

»Abteilung hat beschlossen, dem ehemaligen Imperator und dem ehemaligen Thronfolger die Schulterstücke abzunehmen, bitten um schriftliche Sanktionierung.

Komiteevorsitzender Matwejew. Abteilungskommandeur Kobylinski.«

Vom WZIK teilte Awanessow mit, der ehemalige Zar stehe unter Arrest und die Entscheidung der Abteilung werde gebilligt.

Am 5. Januar 1918 schrieb Gilliard in sein Tagebuch: »Nach dem Mittagsgottesdienst traten General Tatischtschew und Fürst Dolgorukow an den Imperator heran und baten ihn, die Schulterstücke abzulegen, um einer dreisten Demonstration von seiten der Soldaten aus dem Wege zu gehen. Der Imperator war offensichtlich empört, doch nachdem er einen Blick und ein paar Worte mit der Imperatorin gewechselt hatte, gewann er die Selbstbeherrschung zurück und erklärte sich einverstanden, im Interesse der Seinen die Schulterstücke abzulegen.«

Am 6. Januar notierte Gilliard: »Heute früh gingen wir in die Kirche. Der Imperator zog einen Tscherkessenrock an, der ohne Schulterstücke getragen wird. Alexej Nikolajewitsch verbarg seine Schulterstücke unter dem Baschlyk* . . .«

Inzwischen behandelte der Rat der Volkskommissare am 29. Januar 1918 die Frage »Überstellung Nikolai Romanows nach Petrograd zur Übergabe an das Gericht«. Dazu wurde festgelegt: »N. Alexejew wird beauftragt, dem Rat der Volkskommissare bis Mittwoch alle Beschlüsse des Bauernkongresses zu dieser Frage vorzulegen.« Fast einen Monat später kam der Rat der Volkskommissare auf diese Frage zurück und beschloß: »Das Justizkommissariat und zwei Vertreter des Bauernkongresses werden beauftragt, die Untersuchungsunterlagen zum Fall Nikolai Romanow vorzubereiten. Die Frage der Überstellung Nikolai Romanows wird bis zur Neubehandlung dieser Frage im Rat der Volkskommissare vertagt . . .« Zum Thema sprachen Alexejew und Urizki. Auf der Sitzung waren anwesend: Lenin, Swerdlow, Steinberg, Krylenko, Karelin, Stalin, Petrowski u. a.

In Tobolsk wurden unterdessen nach und nach die Wachleute, deren Frist abgelaufen war, ausgewechselt. Im Tagebuch Nikolais II. lesen wir: »30. Januar. Dienstag. Während des Morgenspaziergangs verabschiedeten wir uns von unseren besten, inzwischen vertraut gewordenen Schützen, die in die Heimat zurückkehren . . . Alexej lag den ganzen Tag, weil sein Knöchel geschwollen ist.«

Was bisher über die Lebensverhältnisse der Romanows in

* Kaukasische Wollkapuze.

Tobolsk gesagt wurde, läßt auf ein trotz aller Bedrängnisse geregeltes, harmonisches Familienleben schließen. Doch die Dokumente verdeutlichen auch die Tragödie des ehemaligen Selbstherrschers, der plötzlich erkennen mußte, daß er nicht nur seinen Thron verloren hatte, sondern alles, was über Jahrhunderte im Lande geschaffen worden war. Gewohnt, jeden Morgen umfangreiche Informationen über das Leben seines großen Reiches zu erhalten, war auf einmal von allem abgeschnitten. Nach dem Schock des Thronverlusts las Nikolai II. gierig die Zeitungen, denen er entnahm, daß sich das Land auf den Abgrund zu bewegte. Das Tagebuch des Imperators gibt dies nur knapp wieder:

»29. August. Dienstag. ... Nach dem Mittagessen lasen wir ein Telegramm, daß Gen. Kornilow sich zum Diktator erklärt habe, und ein zweites, daß er als Oberster Befehlshaber abgesetzt und an seiner Stelle Gen. Klembowski ernannt wurde.«

»5. September. Dienstag. Telegramme gibt es hier zweimal täglich; viele sind so unklar abgefaßt, daß es schwerfällt, ihnen Glauben zu schenken. In Petrograd herrscht offensichtlich ein großes Durcheinander, wieder hat es in der Regierung Umbesetzungen gegeben. Bei der Unternehmung General Kornilows ist allem Anschein nach nichts herausgekommen, er selbst wurde verhaftet, ebenso der größte Teil der Generäle und Offiziere, die sich ihm angeschlossen hatten, und die Truppenteile, die auf Petrograd in Marsch gesetzt worden waren, werden jetzt zurückgeschickt.«

Was tatsächlich hinter den lakonischen Eintragungen des Imperators stand, darüber äußerte sich Gilliard: »Der Imperator verfolgte den Gang der Ereignisse in Rußland mit Sorge. Er sah, daß sein Land mit atemberaubender Geschwindigkeit dem Untergang entgegentrieb. Es gab einen kurzen Augenblick der Hoffnung, als General Kornilow Kerenski anbot, gegen Petrograd zu marschieren, um der von Tag zu Tag bedrohlicheren bolschewistischen Agitation ein Ende zu bereiten. Grenzenlos war der Kummer des Zaren, als die Provisorische Regierung auch diesen Versuch, die Heimat zu retten, ablehnte. Für ihn gab es keinen Zweifel, daß damit die letzte Möglichkeit vertan war, die unausbleibliche Katastrophe abzuwenden. *Bei dieser Gelegenheit hörte ich zum erstenmal, daß der Gossudar seine Abdankung bereute* (Hervorhebung d. Verf.). Er hatte sich zu ihr nur entschlossen in der Hoffnung, daß jene, die seinen Abtritt wünschten, imstande wären, den Krieg in Ehren fortzusetzen und Rußland zu retten. Er hatte befürchtet, seine Weigerung, den Thronverzicht zu erklären, könnte angesichts des Feindes zum Bürgerkrieg führen. Er wollte nicht, daß seinetwegen auch nur ein Tropfen russisches Blut vergossen würde. Doch schon nach kürzester Zeit waren Lenin und seine Gefährten – zweifellos deutsche Agenten – auf den Plan getreten, und ihre verbrecherische Propaganda hatte die Armee kampfunfähig gemacht . . .«

Das besondere Interesse Nikolais II. beanspruchten natürlich die Vorgänge des Herbstes 1917. Wie die Tagebucheintragungen belegen, ahnte er die herannahenden entscheidenden Ereignisse voraus:

»4. November. Sonnabend. . . . Schon zwei [Tage] kommen keine Telegramme der Agenturen – wahrscheinlich gehen in den Großstädten schlimme Dinge vor sich!«

»11. November. Sonnabend. Viel Schnee gefallen. Seit langem kommen keine Zeitungen aus Petrograd; auch keine Telegramme. In so schwerer Zeit ist das beklemmend. Die Mädchen vergnügten sich auf der Schaukel und sprangen von ihr in einen Schneehaufen. Um 9 Uhr war Abendgottesdienst . . .«

»13. November. Montag. . . . Endlich kamen Telegramme von der Armee, aber keine aus Petrograd.«

»17. November. Freitag. Unverändert unfreundliches Wetter mit eisigem Wind. Widerlich, in den Zeitungen zu lesen, was vor zwei Wochen in Petrograd und Moskau geschehen ist! Weitaus schlimmer und schändlicher als das, was in der Zeit der Wirren vor sich ging.«

Über dieselben Ereignisse schrieb Gilliard: »Am 15. November erfuhren wir, daß die Provisorische Regierung gestürzt war und die Bolschewiken die Macht an sich gerissen hatten. Doch wirkte sich dieser Umstand nicht unmittelbar auf unser Leben aus, erst nach einigen Monaten kam man dort darauf, sich mit uns zu befassen.« (Gilliard irrte. In Petrograd hatte man die verbannte Zarenfamilie durchaus nicht aus den Augen verloren. Im Protokoll der Sitzung des Petrograder Revolutionären Kriegskomitees vom 29. Oktober bis 2. November 1917 heißt es: »Mitteilung des Gen. Dresen über die Bewachung Nikolai Romanows. Es wurde beschlossen, Auszüge aus dem Brief in der Presse zu veröffentlichen.«)

Die Vorgänge um den Friedensschluß mit den Deutschen beurteilte Nikolai II. sehr kategorisch: »18. November. Sonnabend. Die unglaubliche Nachricht ist eingegangen, daß irgendwelche drei Parlamentäre unserer 5. Armee vor Dwinsk zu den Deutschen gefahren sind und die Bedingungen eines vorläufigen Waffenstillstandes unterzeichnet haben! Auf so etwas Grauenhaftes war ich in keiner Weise gefaßt. Wie konnten sich diese Schufte von Bolschewiken erdreisten, ihren Traum zu verwirklichen, dem Feind den Friedensschluß anzubieten, ohne das Volk zu befragen, und das zu einem Zeitpunkt, da der Gegner einen großen Teil des Landes besetzt hält?«

In der Hauptstadt kursierten weiterhin Gerüchte über eine Flucht des Exzaren. Am 3. Dezember 1917 telegrafierte Hauptmann Axjuta nach Petrograd in den Smolny: »Die Gerüchte über die Flucht Nikolai Romanows sind falsch und provokatorisch. Hauptmann Axjuta.«

Auf diese Phase eines relativen Machtvakuums in Tobolsk wies Kommissar Pankratow in seinen Erinnerungen hin: »Eigentlich ging mit dem Sturz der Provisorischen Regierung meine offizielle Verbindung zu Piter, ja zu Rußland überhaupt verloren. Tobolsk schien sich selbst überlassen. Mit den neuen Machthabern stand ich in keinerlei Schriftwechsel, weder offiziell noch inoffiziell.«

Ungeachtet dessen betonte der Vertreter des Tobolsker Sowjets Koganizki in bezug auf die Bewachung der Zarenfamilie: »Diese Herren ließen keinerlei Kontrolle von seiten des Sowjets zu, seine Versuche in dieser Richtung wurden, teils unter Drohungen, scharf zurückgewiesen.«

In der Hauptstadt brachten sich die Monarchisten mit Verschwörungen und Aufruhr in Erinnerung. Bisweilen kam es zu Drohgebärden und Erpressungen. So wurde am 4. Dezember 1917 im WZIK folgende an den Rat der Volkskommissare adressierte ultimative Forderung registriert:

»Pestbazillen!

Zur Rettung Rußlands fordern wir:

1. Konstitutionelle Monarchie. Zar aus dem Hause Romanow. Wenn Alexej, dann als Regent Nikolai Nikolajewitsch.

2. Aus der Konstituierenden Versammlung hervorgegangene Regierung – paritätische Koalition von Sozialisten und Bürgertum.«

Die Abteilung, die den Exzaren in Tobolsk bewachte, sandte an die Zentrale weiterhin Bekundungen ihrer Treue zur Revolution. So hieß es in dem am 5. Dezember 1917 nach Petrograd übermittelten Telegramm:

»Mililtärtelegramm. Petrograd. Zentraler Deputiertensowjet. Aus Tobolsk.

Sonderabteilung steht auf Wacht für die errungene Freiheit und wird die ihr übertragene Aufgabe der Bewachung des ehemaligen Zaren und seiner Familie bis zu Anordnung der Konstituierenden Versammlung zu Ende führen. Abteilung stützt sich auf ihre Regimenter. Hier kursieren hartnäckige Gerüchte über Entsendung einer Abteilung zu unserer Ablösung. Erbitten dringende Mitteilung, ob Gerüchte der Wahrheit entsprechen, wenn ja, wodurch veranlaßt. Gerüchte über Flucht des ehemaligen Zaren falsch.«

Von besonderer Bedeutung für den Imperator war natürlich auch das Geschehen um den Brester Frieden. So notierte er am 21. Februar in seinem Tagebuch: »Den Telegrammen nach zu urteilen, geht der Krieg mit Deutschland nach Ablauf der Waffenstillstandsfrist weiter; an der Front aber haben wir offenbar nichts entgegenzusetzen, die Armee ist demobilisiert, Geschütze und Munition wurden ihrem Schicksal und dem angreifenden Feind überlassen! Schimpf und Schande!«

»12/25. Februar. Montag. Die heutigen Telegramme meldeten, daß die Bolschewiken oder der Sownarkom*, wie sie sich nennen, gezwungen sind, einen Friedensschluß zu den von der d[eutschen] Reg[ierung] diktierten demütigenden Bedingungen zu akzeptieren, da die feindlichen Truppen vorrücken und nichts sie aufhalten kann! Grauenhaft!«

Das Schicksal Rußlands bewegte auch die Umgebung Nikolais II. Die Gräfin Hendrikowa notierte ebenfalls am 25. Februar in ihrem Tagebuch: »Aus Telegrammen erfuhren wir, daß der Sownarkom die (demütigenden) Friedensbedingungen akzeptiert hat, trotzdem setzen die Deutschen den Vormarsch fort.«

In dieser Zeit vollzogen sich in der Wachabteilung Veränderungen, aus denen sich ihr Verhalten in den folgenden entscheidenden Tagen wesentlich erklärt: praktisch wurde die Wache völlig ausgewechselt.

Am 25. Februar stellte Gräfin Hendrikowa fest: »Gestern und heute fuhren von unserer Abteilung drei große Soldatengruppen ab. Von den 350 Mann, die mit uns gekommen sind, bleiben nur etwa 150. Schade, daß die besten weg sind.«

»14. (27. Februar neuen Stils). Pskow ist genommen. Gestern

* Rat der Volkskommissare.

hielt sich hartnäckig das Gerücht von der Einnahme Petrograds.«

Nikolai II. wurde die Hoffnungslosigkeit der Lage immer deutlicher bewußt, immer häufiger wandten sich seine Gedanken der Vergangenheit zu.

»2./15. März. Freitag. Ich gedenke der Tage vor einem Jahr in Pskow und im Zug (gemeint ist die Abdankung – d. Verf.). Wie lange noch wird unsere unglückliche Heimat von ihren äußeren und inneren Feinden gemartert und zerfleischt werden? Manchmal glaubt man es nicht länger ertragen zu können, man weiß nicht einmal, worauf man hoffen, was man ersehnen soll.

Und dennoch – keiner außer Gott! Sein heiliger Wille geschehe!«

Am 19. März notierte Gilliard: »Nach dem Frühstück kam das Gespräch auf den kürzlich unterzeichneten Vertrag von Brest-Litowsk. Der Imperator bemerkte dazu: ›Das ist eine Schande für Rußland und kommt einem Selbstmord gleich. Nie hätte ich geglaubt, daß Kaiser Wilhelm und die deutsche Regierung sich so weit erniedrigen könnten, mit diesen schmutzigen Leuten, die ihre Heimat verraten haben, einen Händedruck zu tauschen. Doch ich bin überzeugt, daß ihnen das kein Glück bringen wird: so rettet man sein Land nicht vor dem Verderben.‹«

Als etwas später Fürst Dolgorukow das Gespräch auf Zeitungsmeldungen brachte, nach denen ein Vertragspunkt die Forderung der Deutschen enthalte, ihnen die Zarenfamilie heil und unversehrt zu übergeben, rief der Imperator aus: »Sofern das kein Manöver ist, um mich vor dem Volk in Mißkredit zu bringen, dann tun sie mir damit auf jeden Fall Schmach an.« Und die Imperatorin fügte halblaut hinzu: »Nach allem, was sie dem Gossudar angetan haben, ziehe ich es vor, in Rußland zu sterben, als von den Deutschen gerettet zu werden.«

Im März 1919 berichtete Gilliard vor dem Untersuchungsführer Sokolow:

»Ich kann den Sinn seiner Worte, seiner Gedanken wiedergeben. Bis zum Brester Vertrag glaubte der Gossudar an eine glückliche Zukunft Rußlands. Nach diesem Vertrag verlor er offensichtlich diesen Glauben. In dieser Zeit äußerte er sich mit schroffen Worten über Kerenski und Gutschkow, er gab ihnen mit die Hauptschuld, daß die Armee kampfunfähig gemacht worden war. Er sagte, sie hätten den Deutschen damit unbewußt ermöglicht, Rußland zu vernichten. Den Brester Vertrag betrachtete der Gossudar als Schande in den Augen der Verbündeten, als Verrat an Rußland und den Verbündeten. Seine Worte lauteten etwa: ›Und sie wagten es, Seine Majestät des Verrats zu verdächtigen? Wer ist denn der tatsächliche Verräter?‹

Die Anführer der bolschewistischen Bewegung, Lenin und Trotzki, betrachtete der Gossudar als deutsche Agenten, die Rußland für viel Geld an die Deutschen verkauft hatten.

Das Verhältnis Ihrer Majestäten zur deutschen Regierung und zu ihrem Oberhaupt, Kaiser Wilhelm, war angesichts des Brester Vertrages von Verachtung geprägt . . .«

Mit der Zeit traten im Leben der Zarenfamilie auch in materieller Hinsicht einschneidende Veränderungen ein. Die Gräfin Hendrikowa hielt am 23. Februar in ihrem Tagebuch fest: »Der Kommandant hat ein Telegramm erhalten, vom Eigentumskommissar Karelin, in dem es heißt, die Einrichtungen des Hofministeriums würden für das Leben der Zarenfamilie keinerlei Summen mehr bereitstellen und es sei beschlossen worden, ihnen von ihren persönlichen Mitteln (nach einer für alle festgelegten Richtlinie) je 150 Rubel wöchentlich bzw. 600 Rubel monatlich auszuzahlen. Der Staat stelle lediglich Wohnraum (Gouverneurs- und Kornilow-Haus), Beleuchtung und Heizung sowie Soldatenration zur Verfügung.«

Alexandra Fjodorowna schrieb am selben Tag in ihr Tagebuch: »Walja [Dolgorukow] erzählte unserer ganzen Dienerschaft, wir würden nur 4000 Rubel im Monat erhalten. 600 Rbl. für jeden von uns sieben . . .«

Die Zarenfamilie war gezwungen, ihren Haushalt auf Sparsamkeitsregime umzustellen. Gilliard dazu: »Freitag. 1. März. Die neuen Bestimmungen sind in Kraft getreten. Ab heute fehlen Butter und Kaffee als Luxusartikel auf unserem Tisch.«

Erhalten hat sich ein interessantes Dokument, wie es für viele Abschnitte der Geschichte Rußlands charakteristisch ist, eine Lebensmittelkarte, Nr. 54, ausgegeben an Nikolai Alexandrowitsch Romanow. In der Spalte »Dienstgrad« steht »Eximperator«. Straße: Freiheit. Hausnummer: nicht ausgefüllt. Zahl der Familienmitglieder: sieben. Die Rückseite enthält Benutzungshinweise:

»1. Der Inhaber der Karte erhält nur gegen deren Vorlage Lebensmittel im städtischen Laden oder im Laden der Genossenschaft ›Selbstbewußtsein‹.

2. Bei Verlust der Karte büßt der Inhaber den Anspruch auf

Erhalt eines Dublikats ein, wenn er den Verlust nicht durch offizielle Angaben nachweist.

3. Die Normen der Lebensmittelausgabe und die Preise hängen im Laden aus.

4. Die Karte ist nicht übertragbar.«

Es hieße jedoch die Auswirkungen der verschärften Bestimmungen stark übertreiben, ließen wir folgende Details außer acht. Nikolai Alexandrowitsch hielt in seinem Tagebuch fest:

»28. Februar (13. März). Mittwoch. Wieder ein schöner Tag bei 12° Frost. Habe ›Anna Karenina‹ zu Ende gelesen und Lermontow angefangen. Mit Tatjana viel Holz gesägt.

In den letzten Tagen bekommen wir Butter, Kaffee, Teegebäck und Konfitüre von verschiedenen guten Menschen, die von der Kürzung unser Lebensmittelausgaben gehört haben. Wie rührend!«

»12./25. März. Montag. Aus Moskau kam zum zweitenmal Wlad. Nik. Stein, der uns von guten Menschen, mit denen wir bekannt sind, einen ansehnlichen Geldbetrag, Bücher und Tee brachte. Er war zu meiner Zeit in Mogiljow zweiter Vizegouverneur. Heute sahen wir ihn auf der Straße vorbeigehen.«

Die Romanows lebten acht Monate in einer abgeschiedenen Gegend Sibiriens. Unterdessen blieb der leidenschaftliche Streit um sie nicht nur auf die beiden Hauptstädte des ehemaligen Imperiums, Moskau und Petrograd, beschränkt. Die Leidenschaften schwelten auch in den Städten Sibiriens und im Ural. Wenn in Tobolsk bei den seltenen Kirchengängen der Zarenfamilie viele Menschen auf die Knie fielen, dann flammte in den wenigen Bolschewiken im örtlichen Sowjet das Feuer der Entrüstung auf, und sie harrten ihrer Stunde. Hilfe erhielt der von Menschewiki und Sozialrevolutionären beherrschte Sowjet im Frühjahr 1918 gleich von zwei Seiten.

Jekaterinburg schickte seine erfahrensten Organisatoren: die ehemaligen Matrosen der Ostseeflotte Chochrjakow und Saslawski, zu deren Unterstützung Militärabteilungen in Marsch gesetzt wurden. Omsk, das auf die Oberhoheit innerhalb des von ihm kontrollierten Territoriums Anspruch erhob, schickte gleichfalls Vertreter und Abteilungen. In dieser Situation wollte auch das ruhmreiche Tjumen nicht zurückstehen, das die revolutionären Vorgänge nutzte, um den Status einer Gebietsstadt zu erlangen (den bisher Tobolsk innehatte, das zur Kreisstadt wurde).

Doch damit nicht genug, entschlossen sich in ebendieser Zeit des Tobolsker »Aussitzens« der Romanows plötzlich auch die Monarchisten wie überhaupt alle Gönner und Anhänger der Zarenfamilie, aktiv zu werden und ihre Vertreter – auch kampfbereite – verstärkt nach Tobolsk auszusenden. Dabei herrschte im Lager der Monarchisten das gleiche heillose Durcheinander wie auf seiten der Tobolsker Sowjetmacht.

Nach wie vor nahm bei allem, was das Schicksal der Romanows betraf, nicht nur die sowjetische Regierung unter Lenin eine höchst sonderbare Haltung ein, sondern auch die deutsche Regierung, von der in dieser Zeit nicht wenig abhing.

Die zwei größten Organisationen, der Wyrubowa- und der Markow-II-Kreis, suchten beide den »Fall Romanow« unter ihre Kontrolle zu bringen. Daneben gab es noch andere, die die Initiative ergriffen und unabhängig agierten.

Mit der Öffnung der Archive müssen sich die Historiker auf neue, möglicherweise sensationelle Informationen gefaßt machen, die auch die Haltung der deutschen Regierung in bezug auf das Schicksal der Romanows tangieren. Doch heute spielt es keine Rolle mehr, ob dieser oder jener, der in die Tragödie der Romanows verwickelt war, ein deutscher Spion gewesen ist oder nicht. Wir meinen, daß es um etwas anderes gehen müßte – um das Verhalten derer, die damals die Möglichkeit hatten, das Schicksal der Romanows zu entscheiden. Allein dieses Material, welches das Verhalten der Schlüsselfiguren belegt, wäre völlig ausreichend, die vielbeschworenen Versuche der Befreiung der Zarenfamilie als Farce zu enthüllen.

Der Imperator ist nicht abgeschrieben

Als Untersuchungsführer Sokolow Ende Dezember 1921 in Tschita das Ehepaar Solowjow verhaftete, zweifelte er nicht daran, daß das Familienoberhaupt ein deutscher Spion war. Er ging davon aus, daß der deutsche Nachrichtendienst, der einen Nationalaufstand gegen die Bolschewiken in Sibirien erwartete, die Befürchtung hegte, Nikolai II. könnte sich an die Spitze dieses Aufstandes stellen. Da die »germanophilen« Ansichten des Zaren (wie auch Alexandra Fjodorownas) den Deutschen bekannt waren, galt es, ihn entweder auszuschalten oder aus dem gefährlich gewordenen, von den Deutschen nicht kontrollierten Raum herauszubringen. Ob Solowjow tatsächlich ein deutscher Spion war, werden wir kaum mit Sicherheit erfahren, aber daß er sich so verhielt, steht außer Frage.

Auf welche Erkenntnisse stützte sich also Sokolow bei der Bewertung monarchistischer Versuche, die Zarenfamilie aus Tobolsk herauszubringen?

Wenn wir uns an den zeitlichen Ablauf halten, so begann alles mit der Erkundungsreise, die die Hofdame Chitrowo im August 1917 nach Tobolsk unternahm. Ihr Auftauchen ist im Tagebuch Nikolais II. festgehalten:

»18. August. Freitag. Am Morgen erschien die aus Petrograd angereiste Rita Chitrowo vor dem Haus und machte einen Besuch bei Nastenka Hend[rikowa]. Das genügte, um abends bei ihr eine Durchsuchung zu veranstalten. Weiß der Teufel, was das soll!«

»19. August. Sonnabend. Infolge des gestrigen Vorfalls sind Nastenka für einige Tage die Spaziergänge gestrichen worden, und die arme Rita Chitrowo mußte mit dem Abendschiff abreisen!«

In den besorgniserregenden Augusttagen, die in den Putsch des Generals Kornilow mündeten, reagierte Kerenski mit übertriebener Schärfe. In einem Telegramm an den Staatsanwalt des Bezirksgerichts gab er die Anweisung:

»Aus Petrograd.

Dechiffrieren Sie persönlich und falls Kommissar Makarow oder Duma-Mitglied Werschinin [in] Tobolsk, dann [in] ihrem Beisein.

Verfüge strenge Überwachung aller mit dem Schiff [in] Tobolsk Eintreffenden mit Feststellung von Identität und Ausgangsort der Reise sowie Reiseweg und Aufenthaltsort. Besonderes Augenmerk richten [auf] Anreise von Margarita Sergejewna Chitrowo, die junge weltliche Frau umgehend auf dem Schiff verhaften, durchsuchen, ihr alle Briefe, Ausweise und Druckerzeugnisse abnehmen sowie sämtliche Sachen, die nicht zum persönlichen Reisegepäck gehörig, Geld, Kissen beachten; zweitens mit Anreise von zehn Personen* zu rechnen, die auch Umweg nehmen können. Sie ebenfalls verhaften und in genannter Weise durchsuchen. Da besagte Personen möglicherweise bereits [in] Tobolsk eingetroffen, sorgfältig erkunden und [im]

* Nicht in Tobolsk aufgetaucht.

Falle ihrer Entdeckung verhaften, durchsuchen, genau feststellen, mit wem getroffen. Bei allen, die sie trafen, Haussuchung vornehmen und bis zu Anweisungen in Tobolsk festhalten, sorgfältig überwachen. Chitrowo kommt allein, andere wahrscheinlich zusammen. Alle Verhafteten umgehend [unter] sicherer Bewachung [nach] Moskau [zu] Staatsanwaltschaft bringen. Falls sie oder einer der anderen bereits [in] Tobolsk gewohnt, sofort Durchsuchung [im] Haus der ehemaligen Zarenfamilie vornehmen, verdächtige Briefe beschlagnahmen, ebenso mitgebrachte Sachen und alles persönliche Geld. Über Ausführung der genannten Handlungen chiffriert telegrafieren an mich und Staatsanwaltschaft [in] Moskau, deren Anweisungen von allen Machtorganen auszuführen. Makarow oder Werschinin bitte telegrafieren, welcher Code. Nummer 2992.

Ministerpräsident Kerenski.«

Doch es passierte die übliche Panne – M. Chitrowo wurde nicht rechtzeitig verhaftet: alles Nötige hatte sie bereits ans Ziel gebracht.

Der Zwischenfall löste eine intensive Ermittlung aus. Im Antwortrapport des Staatsanwalts des Tobolsker Bezirksgerichts, A. F. Korjakin, an Kerenski vom 22. August 1917 heißt es: »Auf Grund Ihrer telegrafischen Anordnung, Herr Ministerpräsident, teile ich mit, daß ich, nachdem ich am 18. d. M., 8 Uhr morgens, das Telegramm erhalten und persönlich dechiffriert hatte, in Erfüllung der erhaltenen Anordnung mit Unterstützung des Tobolsker Gouvernementskommissars unverzüglich für die Überwachung aller in Tobolsk anreisenden und abreisenden Personen gesorgt und Maßnahmen ergriffen habe, um die Identität sämtlicher in den letzten zwei Monaten in Tobolsk angereisten Personen festzustellen. 1 Uhr mittags erhielt ich die Nachricht, daß am 17. August, 11 Uhr abends, die Barmherzige Schwester Margarita Sergejewna Chitrowo in Tobolsk angekommen und im Zimmer 12 des Hotels von Chwastunow abgestiegen ist. Da ich die Chitrowo dort nicht antraf, nahm ich in Anwesenheit des Hotelbesitzers ... eine sorgfältige Durchsuchung vor ...«

Alles geschah, wie vom Ministerpräsidenten verfügt: bei denen, die mit der Hofdame Kontakt gehabt hatten (Prochorowa, Hendrikowa, Kornilowa, Petropawlowa, Iwanowa), wurden Haussuchungen vorgenommen und Margarita Chitrowo unter Bewachung nach Moskau gebracht. Dennoch ging das Ganze ergebnislos aus: die Ermittlungen erbrachten keinerlei Hinweise »auf eine Verschwörung«. Zu dieser Feststellung gelangte der Staatsanwalt der Moskauer Gerichtskammer A. F. Stahl, der den Fall übernommen hatte, in seinem Bericht an Kerenski vom 25. August. Über die herrschenden Stimmungen in Tobolsk informierte er in folgender Weise:

»Der von mir vernommene Vorsitzende des Sowjets der Bauerndeputierten Exempljarski erklärte, daß die Gefühle der Bevölkerung von Tobolsk gegenüber der ehemaligen Zarenfamilie überwiegend von Mitleid geprägt seien und daß vor dem Haus, in dem sie wohnen, stets kleine Gruppen stehen, die ehrerbietig auf den Moment warten, daß jemand von der ehemaligen Zarenfamilie auf den Balkon trete oder am Fenster erscheine ... Der Sowjet der Soldaten- und Arbeiterdeputierten sei ohne Einfluß in der Stadt. Nach Ansicht Exempljarskis wäre die Veröffentlichung von Dokumenten, die die Aktivitäten des ehemaligen Gossudars und vor allem der ehemaligen Gossudarin belegen, mehr als wünschenswert, denn die monarchistische Stimmung, von der breite Kreise der Tobolsker Einwohnerschaft erfaßt sind, rühre im wesentlichen daher, daß den Leuten entsprechende Informationen fehlen.

In Tjumen herrscht eine stabile antimonarchistische Stimmung (Eisenbahnwerkstätten).«

Der Vorfall um die Chitrowo kam der Provisorischen Regierung dennoch sehr gelegen. In Moskau fand gerade die sogenannte Staatsberatung statt, auf der rechte Elemente offen die Errichtung einer konterrevolutionären Diktatur verlangten. »Ich«, schrieb Kerenski später, »wurde verdächtigt, mit der Reaktion anzubändeln.« Deshalb demonstrierte die Entlarvung jeder »realen« oder »vermeintlichen« monarchistischen Verschwörung die Entschlossenheit der Provisorischen Regierung, nicht nur die linke, sondern auch die rechte Gefahr zu bekämpfen. Am 20. August 1917 beschloß die Provisorische Regierung, den Großfürsten Michail Alexandrowitsch, seine Frau, die Gräfin N. S. Brassowa, sowie den Großfürsten Pawel Alexandrowitsch, seine Frau, die Gräfin O. Palej, und ihren Sohn W. Palej »unter Bewachung zu stellen«. In den Dokumenten wurde unterstrichen, daß die genannten Personen eine Gefahr für »die Verteidigung des Staates, die innere Sicherheit und die durch die Revolution errungene Freiheit« darstellten. Gleichzeitig wurde die Ausweisung von General W. Gurko, der Hofdame A. Wyrubowa, P.

Badmajew, I. Manassewitsch-Manuilow, S. Glinka-Jantschewski, W. Dietz und Stabsrittmeister G. Elwengren verfügt.

Doch wäre es naiv anzunehmen, mit dem fehlgeschlagenen Besuch der Chitrowo hätten die Monarchisten ihre Versuche aufgegeben, mit den Romanows in Verbindung zu treten. Es sei noch einmal daran erinnert, daß zu der Zeit in Rußland bereits mehrere selbständige monarchistische Zentren existierten. Wir nennen sie bewußt »Zentren« und nicht Organisationen, weil nicht alle klar umrissene Aufgaben und Ziele besaßen, von Programmen ganz zu schweigen. Ihr Anliegen sahen sie darin, auf diese oder jene Weise der Zarenfamilie zu helfen.

Diese Hilfe war zumeist ehrlich gemeint, mitunter aber doch mit rein persönlichen Zwecken verquickt oder dem Versuch, Nutzen daraus zu ziehen. Zu den vielen, die gern als Retter der Zarenfamilie in die Geschichte eingegangen wären, gehörte Boris Nikolajewitsch Solowjow. Nahezu in der gesamten Literatur über die Romanows wird er negativ gesehen, und Sokolow hielt ihn für einen deutschen Spion. Wer war dieser Mann wirklich?

Geboren wurde er 1893 in Simbirsk. Sein Vater, Schatzmeister des Synods und ein persönlicher Freund Grigori Rasputins, machte ihn 1916 mit diesem bekannt. Boris Solowjow verliebte sich in dessen jüngere Tochter. Nachdem er vorzeitig das Gymnasium verlassen hatte, bereitete er sich auf das Priesterseminar vor. In der Literatur gibt es Hinweise, er habe sich mit Okkultismus befaßt. Er selbst sagte während der Ermittlungen Sokolows darüber nichts aus, doch sein Mitstreiter Sergej Markow erzählte dem Untersuchungsführer folgendes:

»Solowjow hatte seit langem eine Leidenschaft für Okkultismus und fuhr mit einem Betreuer nach Indien, wo er ein Jahr blieb. Über seine Lehrzeit in Adier hat er mir im Gefängnis viel erzählt. Er sagte, daß die Kinder dort auf eine besondere Art erzogen würden, daß Erwachsene erst nach gewissen Prüfungen Aufnahme fänden. Bestimmt hatte er irgendwelche Grade erreicht. Er kannte viele Zeichen; ich erinnere mich an Swastiken und verschiedenartige Sterne, an ein dolchdurchbohrtes Kreuz. Er malte diese Zeichen manchmal plötzlich an die Wand und erklärte, sich damit vor einem unsichtbar Anwesenden schützen zu wollen. Er besaß einen Ring, wahrscheinlich indischer Herkunft. Er glaubte an die Aussonderungstheorie (geglückte oder mißglückte Seelenvereinigung im Raum), er sprach von Massenhypnose, von Fernsuggestion und Ferntötung. Hierfür brauche man eine Wachsfigur des Menschen, den man töten wolle, und eine Kerze, über der Figur würden irgendwelche Manipulationen vollführt, wenn die Kerze am Niederbrennen sei, brauche man starken Strom, der den Gegner töte, und der Rückschlag treffe das Tier, das neben der Figur sein müsse. Wenn man das aus eigennützigem Antrieb mache, treffe der Schlag einen selbst.

In meiner Gegenwart drückte er im Gefängnis aus einem Bleistift drei Tropfen heraus. In seiner Wohnung (in Tjumen) schläferte er seine Frau ein, und sie erzählte uns über die Lage des Gossudars und dessen Familie in Jekaterinburg, daß ein Zaun gebaut werde, wieviel Zimmer es im Ipatjew-Haus gebe u. a. Sie ist natürlich ein Medium. Er ist der Auffassung, daß seine Ehe im okkulten Sinne gelungen sei. Er sprach viel über Theosophie und Yogi. Von den Yogi hat er eine gute Meinung. Rasputin hält er für ein Naturtalent, zwischen weißer und schwarzer Magie.«

Im Herbst 1914 meldete er sich freiwillig zur Armee. Mit dem 137. Neshiner Regiment der Großfürstin Maria Pawlowna nahm er an den Gefechten teil, 1915 wurde er verwundet und nach Petrograd evakuiert. Hier absolvierte er die Fähnrichschule in Oranienbaum und kam zum 2. MG-Regiment.

In Petrograd lernte er Rasputins Tochter kennen. Über das Weitere berichtete Matrjona (Maria) Rasputina: »Ich hatte einen georgischen Bräutigam, den Kornett Pchakadse. Ich liebte ihn sehr, aber mein Vater (Rasputin – d. Verf.) wollte, daß ich Boris Nikolajewitsch Solowjow heirate . . . Pchakadse hatte sich der Gossudarin vorgestellt und nicht ihr Gefallen gefunden. Sie wußte von Solowjow und wollte ebenfalls, daß ich seine Frau werde (die Gossudarin kannte Solowjow nicht persönlich, sondern aus den Erzählungen meines Vaters). Solowjow lernte ich 1916 kennen. Er verliebte sich in mich und bot mir mehrfach die Ehe an. Ich wies ihn ab, weil ich Pchakadse liebte. Nach meiner Rückkehr 1917 aus Petrograd schrieb mir Solowjow Briefe und warb um mich. Angesichts unserer veränderten Lage, auf Zureden meiner Mutter und eingedenk des Wunsches meines Vaters und der Gossudarin beschloß ich, seine Frau zu werden. Im September 1917 ließen wir uns trauen. Für die Ausrichtung der Hochzeit kam mein Mann auf.«

Wie wir sehen, stand Boris Solowjow dem Kreis um Rasputin seit langem nahe, heiratete aber die Tochter erst ein Jahr nach dessen Tod, als ihm das außer Gefahr nichts mehr einbringen konnte, sieht man davon ab, daß die Verbindung zu den Romanows für ihn gewiß von besonderer Bedeutung war ...

Während der Februarrevolution befand sich Boris Solowjow mitten im Brennpunkt der Ereignisse: er wurde Gutschkows Adjutant. Es gibt zwei Varianten seines Verhaltens in diesen Tagen. Solowjow selbst lieferte folgende Version:

»Am 26. oder 27. Februar, als das Ganze eigentlich noch keine Revolution, sondern einfach eine Revolte war, wurde ich von Soldaten aufgegriffen und in die Staatsduma gebracht. Dort blieb ich bis zum Ende der Unruhen, und am 28. Februar, als die Revolution gewisse Formen angenommen hatte und bereits das Gerücht von der Abdankung des Gossudars kursierte, wurde ich zum Offizier für besondere Aufträge und zum Adjutanten des Vorsitzenden der Kriegs- und Flottenkommission der Staatsduma, Alexander Iwanowitsch Gutschkow, ernannt und fand Obdach bei Osten Saken, dem Kommandanten des Taurischen Palais.«

Die zweite Variante: Untersuchungsführer Sokolow glaubte nicht daran, daß Solowjow von revolutionär gesinnten Soldaten »aufgegriffen« und in die Duma gebracht worden sei (so etwas gab es zu der Zeit in Petrograd). Der Fähnrich war nach Ansicht des Untersuchungsführers von sich aus hingegangen, zusammen mit seinem 2. MG-Regiment, das sich für die revolutionäre Propaganda besonders empfänglich gezeigt hatte. Wie dem auch sei, Solowjow nutzte die Gelegenheit, Verbindung zu Generalmajor Iwan Iwanowitsch Fjodorow aufzunehmen, der dabei war, eine »große Liga« aufzubauen, die bereits in Kontakt zu General Kornilow stand. Doch die »Liga« wurde auseinandergejagt und ihre Führer verhaftet. Solowjow gelang es mit Hilfe eines heimlichen Kornilow-Anhängers, des Fürsten Tumanow, in der Kommission »zur Übernahme besonders wichtiger Aufträge für die Verteidigung des Staates« zum »Gehilfen des Leiters der Fernost-Abteilung beim Kriegsministerium« ernannt zu werden. Obwohl er die Anstellung in dieser Behörde nie antrat, wußte er seine »Ernennung« zu nutzen.

Nach dem »bolschewistischen Umsturz« beschloß Solowjow, sich seinen persönlichen Angelegenheiten zuzuwenden. Er nahm eine Tätigkeit bei dem bekannten Bankier Karl Jossifowitsch Jaroschinski auf, der ihm 40 000 Rubel Jahresgehalt anbot. Der Bankier, der die Finanzen der Imperatorin persönlich verwaltete und die Lazarette in Zarskoje Selo finanzierte, unterhielt Verbindungen zum ehemaligen Kreis um Rasputin. In seiner Aussage betonte Solowjow: »Mit ihm begannen Verhandlungen, an denen Anna Alexandrowna Tanejewa, das Staatsduma-Mitglied Loschkarjow und ich teilnahmen. Ich kenne die Gründe nicht, warum Jaroschinski sich dazu (zur Hilfe für die Zarenfamilie – d. Verf.) bereit fand. Immerhin stellte er, wenn auch höchst ungern, 25 000 Rubel zur Verfügung, die gegebenenfalls der Durchlauchtigsten Familie übergeben werden sollten.«

Das Geld gelangte über A. Tanejewa an Solowjow, und am 7. Januar verließ dieser Petrograd, um über Swanka, Wjatka, Perm und Jekaterinburg nach Tjumen zu fahren. Außer Geld hatte er einen Koffer mit verschiedenen Dingen bei sich: »Schokolade, Parfüm, Wäsche, überhaupt Geschenke von uns allen, die wir die Durchlauchtigste Familie kannten«. »Außerdem«, fügte Solowjow hinzu, »hatte ich drei Briefpäckchen bei mir, die mir von der Tanejewa übergeben worden waren.« Ein Brief war für die zum Umkreis der Zarin gehörende Verbindungsfrau der Rasputin-Anhänger Anna Pawlowna Romanowa bestimmt.

Solowjow traf in Tobolsk ein und übergab über die Romanowa und Kammerdiener Wolkow Geld und Sachen. Alexandra Fjodorowna ließ Solowjow über die Romanowa die Nachricht zukommen, er möge sich mit dem Priester Wassiljew in Verbindung setzen. Beide trafen sich, und nach vorsichtigem gegenseitigem Abtasten erzählte der Priester, daß »sich die Bevölkerung zur Durchlauchtigsten Familie sehr wohlwollend verhalte; daß in der Wache die meisten wenn nicht treuergebene, so doch auf jeden Fall verläßliche Leute seien; daß Ihre Majestäten in materieller Hinsicht größten Mangel litten und es so weit gekommen sei, daß die Stadt dem Gossudar Imperator ein Darlehen von 17 000 Rubel gewährt habe«. Die ganze Zeit, seitdem die Zarenfamilie sich hier aufhalte (mittlerweile war es bereits Januar 1918), seien nur zwei Offiziere nach Tobolsk gekommen, »aber die hätten sich herausfordernd aufgeführt, gezecht und mit Geld nur so um sich geworfen, schließlich habe man sie fortgeschickt«. Dann sei noch »irgendein Vizegouverneur« aus Moskau hiergewesen, dessen Namen Wassiljew »nicht genannt« habe.

Was die Pläne zur Befreiung der Familie anbelangt, so äußerte Vater Alexej wenig Konkretes. »Er erzählte mir«, konstatierte Solowjow, »daß innerhalb der Wachmannschaft und außerhalb eine Organisation im Entstehen sei, die es übernehmen würde, für den Schutz der Durchlauchtigsten Familie zu sorgen und *sie im äußersten Falle von hier wegzubringen* (Hervorhebung d. Verf.); das einzige, was fehle, seien die nötigen Mittel«.

Tags darauf ging Solowjow um 12 Uhr mit der Romanowa am Gouverneurshaus vorbei. An den Fenstern stand die ganze Zarenfamilie, und Solowjow tauschte mit Nikolai Alexandrowitsch »Zeichen des Grußes«. »Am gleichen Tag«, fuhr Solowjow fort, »erhielt ich über die Romanowa Briefe der Durchlauchtigsten Familie – ausgenommen den Gossudar Imperator (er schrieb offenbar an niemanden aus Tobolsk) – an die Wojejkows und die Tanejewa. Die Gossudarin schickte mir eine kleine Ikone mit der eigenhändigen Aufschrift ›Gott schenke Ihnen seinen Segen für Ihre Güte – die dankbaren ...‹ und dem Datum. Dann überbrachte mir die Romanowa für die Tanejewa ein Bildchen der Mutter Gottes ohne Aufschrift und für mich gestrickte Socken, in die die Gossudarin eine Krawattennadel mit dem Bildchen des Metropoliten Ioann gesteckt hatte.« Am 7. Februar kehrte Solowjow nach Petrograd zurück.

Im Wyrubowa-Kreis herzlich begrüßt, erhielt Solowjow nicht das nötige Geld, um seine Aktion fortsetzen zu können (Jaroschinski hatte nach Solowjows Worten ganze 10 000 Rubel gegeben). Nachdem er doch noch ein paar tausend Rubel zusammenbekommen hatte, trat er abermals die Fahrt nach Sibirien an, diesmal unter dem Namen Korshenewski, und fand wieder Aufnahme bei Vater Alexej. Dessen Sohn Georgi stattete er mit Empfehlungsschreiben aus und schickte ihn nach Petrograd – zum gleichen Zweck: Geld besorgen. Ohne bislang greifbare Ergebnisse für die Organisierung der Flucht der Romanows aus Tobolsk erzielt zu haben, fuhr Solowjow nach Pokrowskoje. Ende März wurde er festgenommen und nach Tjumen gebracht. Hier hatte er den Status des »Halbverhafteten«, d. h., während seine Identität festgestellt wurde, befand er sich auf freiem Fuß. In Tjumen machte Solowjow die wichtige Bekanntschaft von Kornett Markow und Stabshauptmann Sedow.

An dieser Stelle unterbrechen wir den Gang der Ereignisse und werfen einen Blick auf das, was Untersuchungsführer Sokolow von den beiden erfuhr, die sich derselben Sache gewidmet hatten wie Solowjow. Wie aus den Aussagen Markows und Sedows hervorgeht, vertraten sie, selbständig handelnd, andere Monarchistengrupppen, doch wurden sie mit Solowjow schnell einig und koordinierten ihre Aktivitäten.

Sergej Wladimirowitsch Markow, Pflegling seiner Exzellenz

des Generalmajors Dumbadse, eine markante Persönlichkeit, die ebenfalls von vielen der Verbindung zum deutschen Nachrichtendienst verdächtigt wird, schrieb über die Intentionen, die er in Tobolsk verfolgte:

»Am 2. März (alten Stils) 1918 machte ich mich auf den Weg von Petersburg nach Tobolsk. Ich fuhr auf Kosten Anna Alexandrowna Wyrubowas. Bei mir hatte ich: Briefe von Julia Alexandrowna Dehn, Anna Wyrubowa und Emma Fredericks (der Tochter des verstorbenen Generals); folgende Bücher waren in meinem Gepäck: 4 englische (welche, weiß ich nicht mehr), vier von Lejkin*, je eins von Sienkiewicz (›Mit Feuer und Schwert‹) und von Shdanow (›Der jugendliche Herrscher‹) sowie ›Das Leben Jesu‹ (von Renan, glaube ich), auf dem mit Bleistift ›Anna‹ geschrieben stand (Anna Wyrubowa – die IMPERATORIN wußte Bescheid) und, von mir auf dem Umschlag mit Tinte hinzugefügt, ›S. M. 1918‹ – meine Initialen. In alle Bücher hatte ich eingetragen: ›Mit der ehrerbietigsten Bitte, dies Geschenk anzunehmen. Der kleine M.‹

Geld hatte ich keins bei mir. Ich fuhr unter dem Namen Sergej Solowjow, ehemaliger Angehöriger des 449. Charkower Infanterieregiments. Vor mir hatte Boris Nikolajewitsch Solowjow unter dem Namen Korshenewski die gleiche Fahrt unternommen. Mit einem Koffer Wäsche. Er leitete die Bruderschaft des heiligen Ioann von Tobolsk, die er im August 1917 gegründet hatte und die etwa 120 Mann zählte.

Ich brachte alles wohlbehalten ans Ziel und übergab durch Vater Alexej Wassiljew am 11. morgens Bücher und Briefe, am 11. abends meinen Brief und am 12. (März) die letzten Bücher. Ich erhielt ein Gebetbuch mit der Widmung ›Dem kleinen M. mit Segenswünschen vom Ch.‹ (Chef), einen kleinen Brief von der GOSSUDARIN (bei Solowjow geblieben), eine Zigarettenspitze aus Mammutbein für mich, eine zweite für die Dehn und ein von der Gossudarin eigenhändig angefertigtes Kärtchen mit bunten Engeln und dem Spruch ›Herr, sende mir deine Gnade zu meiner Hilfe, und ich will deinen Namen preisen – A. F. 1918‹ für die Wyrubowa.«

Schließlich führte Kammerdiener Tschemodurow den Kornett an den Fenstern des Gouverneurshauses vorbei, wo, wie schon bei Boris Solowjow, die ganze Zarenfamilie stand.

* Nikolai Lejkin (1841–1906), russischer Humorist.

Von Sergej Markow ist bekannt, daß er der Imperatorin besonders ergeben war. Mit 19 Jahren hatte er sich freiwillig zur Front gemeldet, wurde verwundet, erhielt das Georgskreuz, absolvierte die Jelissowetgrader Offiziersschule, diente im 5. Alexandrinischen Ihrer Majestät der Imperatorin Regiment, kam dann zum Krim-Regiment, dessen Chefin wiederum Alexandra Fjodorowna war. Während der Februarereignisse 1917 verschaffte er sich Zutritt bei Alexandra Fjodorowna und gab ihr, während er fast eine Stunde mit ihr sprach, moralischen Halt. Kurz gesagt, die Romanows kannten ihn und versprachen sich von ihm wirksame Hilfe.

Am 12. März fuhr Markow nach Pokrowskoje, ging zu den Rasputins, erfuhr von ihnen, daß Solowjow festgenommen und nach Tjumen gebracht worden war. Hier angekommen, stellte er erstaunt fest, auf Schritt und Tritt Gleichgesinnten zu begegnen – Offizieren, die untätig herumlungerten und bereit waren, wem auch immer zu dienen, Hauptsache, sie bekamen Geld. Gleich auf dem Bahnhof traf er einen Gefährten, mit dem er gedient hatte, er lernte eine Menge Offiziere kennen, die verantwortliche Posten in den neuen Militärorganen bekleideten, und bald schon war er Kommandeur des Tjumener Revolutionären Ulanenregiments.

Solowjow indessen war in Nöten, gegen ihn wurde ermittelt. Markow schreibt: »Solowjow hatte man einen auf den Namen des Erzbischofs Germogen ausgestellten Scheck über 10 000 Rubel abgenommen. Unterschrieben war der Scheck von Solowjow. Das Geld hatte er von der Wyrubowa erhalten bzw. durch ihre, der Suchomlinowa und der Rasputins Vermittlung. Germogen hatte dem Gossudar zuvor 25 000 Rubel übergeben.«

Bald nachdem sich Solowjow und Markow (sie vertraten verschiedene Monarchistenkreise*) begegnet waren, wurden sie verhaftet – verraten durch einen französischen Ingenieur der Goldgruben, mit dem Solowjow offenbar seine Geldeinnahmen nicht geteilt hatte.

Alle genannten »Befreier« der Zarenfamilie (insbesondere Solowjow) hatten weder genaue Vorstellungen noch ein praktikables Programm, um die Flucht der Zarenfamilie in die Tat umzusetzen. Offenbar glaubten sie auch nicht recht an den Erfolg ihrer Sache. Geld war für die Durchführung der Operation ausrei-

* Sergej Markow vertrat die Organisation des bekannten Markow II, stand aber der Wyrubowa nahe.

chend beschafft worden, doch wahrscheinlich gelangte es nicht dorthin, wohin es sollte, sondern verschwand in den Taschen der »Organisatoren«.

Von Solowjows Plänen hatte Markow zum Beispiel folgende Vorstellung:

»Solowjow hatte die Absicht, die Zarenfamilie zu entführen und auf Pferden nach Osten zu bringen. Sedow wollte sie mit Motorbooten zur Irtyschmündung fahren. Ich sollte ins Ausland fahren und die Engländer um ein Schiff bitten, damit die Zarenfamilie außer Landes gebracht werden konnte. Doch dafür fehlte das Geld. Mindestens 2 ½ Millionen Rubel. Während ich im Gefängnis saß, eskortierten Leute aus meiner Schwadron die Zarenfamilie auf den letzten 20 Werst (der GOSSUDAR, die GOSSUDARIN und Maria Nikolajewna). Zur Wache der Zarenfamilie hatten wir Verbindung, besonders zum 4. Schützenregiment, über wen genau, weiß ich nicht mehr. Mit Solowjow waren wir uns völlig einig. Wir saßen im Gefängnis, als man den GOSSUDAR, die IMPERATORIN und die ganze Familie nach Jekaterinburg brachte. Wir erfuhren es bei einem Besuch von Solowjows Frau und durch einen Kommissar. Solowjow war betroffen. Der 2. Umzug erfolgte, als wir auf freiem Fuße waren, aber davon wußten wir nichts. Das Zeichen unserer Organisation war die Swastika – die IMPERATORIN kannte es – ebenso die Ikone des Ioann von Tobolsk, versehen mit einer symbolischen Aufschrift und diesem Zeichen. Nach unserer Freilassung brachte jemand Solowjow eine große Ikone des wundertätigen Nikolaus.«

Völlig zuzustimmen ist dem Urteil der Tochter des Arztes Botkin, T. N. Botkina-Melnik, über das Wirken der monarchistischen Organisationen in der Zeit der Tobolsker Verbannung der Romanows.

»Man muß unseren Monarchisten zugute halten«, schrieb sie 1921, »daß sie, als sie daran gingen, die Rettung IHRER MAJESTÄTEN zu organisieren, weder die Situation in Tobolsk noch die geographische Lage der Stadt kannten. Die Petrograder und Moskauer Organisationen schickten viele ihrer Mitglieder nach Tobolsk und Tjumen, viele lebten dort monatelang unter fremden Namen und mußten schreckliche Entbehrungen auf sich nehmen, doch sie alle gerieten in die gleiche Falle: die Organisation Vater Alexejs und ihres wichtigsten Mannes, des Leutnants Solowjow, der das Vertrauen der wenig weitsichtigen Monarchisten genoß, erschlichen durch die Heirat mit der Tochter eines

Menschen, der seinerseits das Vertrauen IHRER MAJESTÄTEN erschlichen hatte. Das Hauptziel Vater Alexejs war offensichtlich, Geld zu besorgen, um die Sache dann so drehen zu können, daß man im Falle der Restauration in den Augen IHRER MAJESTÄTEN als Retter erschien, im Falle der Errichtung einer anderen Macht jedoch nicht als Monarchist dastand. Solowjow hingegen handelte eindeutig mit dem Ziel, IHRE MAJESTÄTEN ins Verderben zu stürzen. Zu diesem Zweck wählte er das wichtige Tjumen, um alle Ankömmlinge zu sortieren und Direktiven nach Petrograd und Moskau durchzugeben.

Beide, Solowjow und Wassiljew, erhielten große Geldsummen für IHRE MAJESTÄTEN, von denen höchstens ein Viertel seine Adressaten erreichte, den Rest verwendeten sie für sich selbst. Erst nachdem IHRE MAJESTÄTEN nach Jekaterinburg abgefahren waren, kamen wir auf die Idee, die Beträge, die für IHRE MAJESTÄTEN bestimmt gewesen waren, mit denen zu vergleichen, die Solowjow und Wassiljew ihnen übergeben hatten, aber es war schon zu spät. Für IHRE MAJESTÄTEN, die nicht wußten, wieviel zu ihnen gelangt war, und immerhin einige Zehntausend und dazu etliche Pakete mit Sachen erhalten hatten, stellte es sich natürlich so dar, als seien Solowjow und Wassiljew echte Freunde und Helfer.

Beide hielten die Petrograder und Moskauer Organisationen in dem Glauben, in Tobolsk existiere eine starke Organisation von 300 Offizieren, die keine Verstärkung brauche, dafür aber ausschließlich finanzielle Unterstützung benötige. Alle, die es trotzdem zu IHREN MAJESTÄTEN trieb, hielt Solowjow in Tjumen zurück, nach Tobolsk durften sie nur für eine Nacht oder wenn sie für Untergrundarbeit völlig ungeeignet waren. Wer sich nicht fügte, den verriet er an die Deputiertensowjets, mit denen er auf gutem Fuße stand. All das erfuhren wir von einem Offizier, der vier Monate in Tjumen als Hilfsarbeiter gelebt hatte und des öfteren mit Solowjow zusammentraf, jedoch die Lage in Tobolsk nicht kannte und ihm ebenfalls blind vertraute.

Verwundern muß, daß keiner der Organisatoren den Gerüchten, die ihn erreichten, nachgegangen ist.«

Der einzige, der wirklich eine Flucht hätte organisieren können, allerdings nur bis zu einem bestimmten Zeitpunkt, war allem Anschein nach Kobylinski. Er kannte die Verhältnisse gut und genoß das Vertrauen eines Teils der Wache (in ihrer ersten Zusammensetzung). Über seine diesbezüglichen Möglichkeiten schrieb Botkina-Melnik: »Er allein konnte genaue Auskunft geben über die Stimmung in der Abteilung, die im Februar 1918 außerordentlich günstig war. Die Abteilung bestand zum überwiegenden Teil aus alten Gardeunteroffizieren, Georgskreuzträgern, die sich fast ausnahmslos freundlich zu IHREN MAJESTÄTEN verhielten, einige quälte das Bewußtsein der großen Schuld, die sie ihnen gegenüber auf sich geladen hatten, sie bezeichneten sich als eidbrüchig und versuchten, ihren Gefühlen durch kleine Gefälligkeiten Ausdruck zu verleihen, indem sie ihnen zum Beispiel Weihbrot oder Blumen brachten. Außerdem ließ ein ganzer Zug Schützen der IMPERATORENFAMILIE, geleitet von Zugführer Leutnant Malyschew, Oberst Kobylinski wissen, daß er in seiner Dienstzeit bereit sei, IHRE MAJESTÄTEN ungefährdet entkommen zu lassen.«

Ein Terrorist in der Rolle des Retters

Mit Paradoxa aus der Geschichte der Romanow-Dynastie wird man wohl kaum einen in Staunen versetzen. Doch daß ein ehemaliger Terrorist die bereits zum Tode verurteilte Zarenfamilie rettete, indem er sie aus Tobolsk herausbrachte, fällt wohl aus dem Rahmen des Gewöhnlichen.

Der eigentliche Name des Mannes, der dies vollbrachte, ist Wassili Konstantinowitsch Mjatschin, der in der einschlägigen Literatur als Wassili Wassiljewitsch Jakowlew figuriert. Geboren 1886 in einer Bauernfamilie in dem Uraldorf Scharlyk, gewann er frühzeitig Anschluß an das »Proletariat«. Er arbeitete in Ufa als Laufbursche im Lebedewschen Schuhgeschäft, in einer Uhrmacherwerkstatt, als Schlosser in Eisenbahnwerkstätten. Mit 18, 19 Jahren stand er bereits in der vordersten Linie des erbitterten Partisanenkrieges, den die Arbeiter des Urals in den Jahren 1905–1909 gegen Fabrikbesitzer, Administration, Polizei und Gendarmerie führten. Die Revolution sah ihn in den Reihen der terroristischen Kämpfer. In den Ural zurückgekehrt, stoppt Mjatschin (jetzt schon Jakowlew) ganz im Stile der besten amerikanischen Western im August 1908 auf der Station Miass der Eisenbahnstrecke Samara–Slatoust einen Zug. Mjatschin und Senzow sprengen die Tür des Postwagens. Geldsäcke fliegen auf die Erde, auch anderthalb Pud Gold werden erbeutet. Der Zug wurde mit Waffengewalt »genommen«, Blut ist geflossen, unter der Wache hat es Tote gegeben. Die gesamte Polizei und Gendarmerie wird auf die Beine gebracht, von siebzehn an der Aktion Beteiligten entgehen nur vier dem Galgen. Einer von ihnen ist Mjatschin, er kann sich mit einer Mauser-Pistole vor der sicheren Verhaftung in Samara retten. Unter Verwendung eines auf den Namen »Wassili Wassiljewitsch Jakowlew« ausgestellten Passes emigriert er zunächst nach Schweden, dann nach Belgien. 1914 wird er interniert, 1917 ist er wieder in Rußland und erneut im Brennpunkt des Geschehens.

In den Oktobertagen ist Mjatschin Kommissar des Revolutionskomitees im Zentralen Fernsprechamt, das er gegen die angreifenden Junker verteidigt. Swerdlow kennt ihn gut und erinnert sich seiner, Lenins Tischkalender enthält eine Notiz mit seinem Namen. Praktisch ist er an allen großen Aktionen der Machtergreifung durch die Bolschewiki beteiligt. Doch das wohl interessanteste Detail in seiner Biographie ist seine Arbeit im ersten Kollegium der Tscheka.

Ende Januar 1918 fährt Jakowlew in den Ural mit einem von N. Podwoiski, dem Vorsitzenden des Allrussischen Kollegiums für den Aufbau der Roten Armee, unterzeichneten Mandat, das ihn zum Kriegskommissar des Ural-Gebiets macht. Doch der Ural-Gebietssowjet hat für diese Funktion bereits F. Goloschtschokin bestätigt. Jakowlews Mandat wird annulliert, daraufhin fährt er ins heimatliche Ufa, stellt einen Getreidezug mit vierzig Waggons zusammen und bricht mit ihm zum hungernden Petrograd durch. Nachdem er hier von Menshinski Geld erhalten hat, stellt er einen Zug mit Waffen zusammen und macht sich via Moskau wieder auf in den Ural. In Moskau trifft er »zufällig« den WZIK-Vorsitzenden Swerdlow, mit dem er persönlich bekannt ist. Solche Zufälle liebt die Geschichte: Swerdlow braucht einen zuverlässigen, erprobten und unerschrockenen Mann, und Mjatschin ist in den Augen des Vorsitzenden des Allrussischen ZIK genau der Richtige. Wir dürfen nicht vergessen, daß Mjatschin neben allem anderen auch noch sechs Jahre in Westeuropa gelebt hat.

Und die Dinge nehmen ihren Lauf. Swerdlow überreicht Jakowlew das (von ihm und Lenin unterzeichnete) Mandat und beauftragt ihn, die Romanows nach Jekaterinburg zu bringen. Mit dem Mandat übergibt Swerdlow mehrere Briefe: an den Vorsitzenden des Omsker Sowjets Kossarew sowie an den Ural- und den Tobolsker Sowjet.

Zu dem Zeitpunkt, als Jakowlew mit seiner Sondermission betraut wurde, gestaltete sich die Lage in Tobolsk weiterhin sehr schwierig. Anfang März 1918 traf aus Omsk der Kommissar des Westsibirischen Deputiertensowjets W. D. Duzman in Tobolsk ein, kurz darauf folgte eine Rotgardistenabteilung der Omsker unter Leitung von A. F. Demjanow. Letzterer hatte ein Mandat bei sich, das ihn zum außerordentlichen Kommissar der Stadt und des Kreises Tobolsk machte. Gilliard vermerkte in seinem Tagebuch: »Dienstag, 26. März. Aus Omsk ist eine über 100 Mann starke Abteilung Roter eingetroffen, die ersten bolschewistischen Soldaten in der Tobolsker Garnison. Die letzte Hoffnung auf Flucht ist uns genommen. Aber die Gossudarin sagte zu mir, sie habe Grund zu der Annahme, daß unter diesen Soldaten viele ehemalige Offiziere seien. Ebenso versichert sie, ohne genau anzugeben, woher sie das weiß, daß sich in Tjumen 300 Offiziere versammelt hätten.«

Die Omsker Rotgardisten wollten sofort die Kontrolle über das Gouverneurshaus übernehmen, in dem die Zarenfamilie wohnte, doch die »Sonderabteilung« ließ das nicht zu. Ironisch kommentierte Nikolai II. am 14. (27.) März die Situation in seinem Tagebuch: »Das Eintreffen dieser ›roten Garde‹, wie jetzt jede bewaffnete Einheit heißt, hat hier für viel Aufregung und Befürchtungen gesorgt. Einfach amüsant zu hören, was darüber in den letzten Tagen geredet wurde. Der Kommandant und unsere Abteilung sind auch sichtlich verwirrt, denn schon zwei Nächte ist die Wache verstärkt, und abends wird ein Maschinengewehr hergebracht! Ein schönes gegenseitiges Vertrauen ist das heutzutage!«

Wenige Tage später traf eine zweite, fünfzig Mann starke Rotgardistenabteilung aus Tjumen ein. Wegen ihrer Undiszipliniertheit mußte sie wieder abziehen. Im Tagebuch Nikolais II. ist dieser Vorfall ebenfalls vermerkt: »22. März. Donnerstag. Den ganzen Tag war es trübe, aber es taute schön. Morgens hörten wir von draußen, wie die bolschewistischen Räuber aus Tjumen Tobolsk verließen, mit 15 Troikas, mit Schellengeläut, Gepfeife und Gejohle. Die Omsker Abteilung hat sie davongejagt!«

Als Ersatz für die Tjumener kamen bald schon Rotgardisten vom Ural. Der Tobolsker Bolschewik Koganizki erinnerte sich: »Kurze Zeit danach kam noch eine Abteilung Letten und Arbeiter aus Jekaterinburg, angeführt von dem Matrosen Pawel Chochrjakow, an den man sich in Jekaterinburg und Kronstadt gut erinnert.«

Jakow Michailowitsch Swerdlow (1885–1919), Vorsitzender des Allrussischen Zentralen Exekutivkomitees (WZIK)

Am 28. März 1918, 15.05 Uhr, schickte der Westsibirische Deputiertensowjet aus Omsk ein Telegramm an Lenin und Trotzki:

»Infolge Auflösung der Soldatenabteilung muß die Bewachung Nikolai Romanows [in] Tobolsk auf die Rote Armee übergehen. Dazu entsandte das Westsibirische Komitee aus Omsk eine Abteilung der Roten Armee [mit] verantwortlichem Kommissar. Bitten umgehend Dekret zu erlassen über Ablösung der alten Wache durch neue nach Ermessen des Westsibirischen Komitees. Übertragen Sie Festlegung der Wachordnung dem Westsibirischen [Exekutiv-]Komitee der Sowjets mit Recht der Ernennung verantwortlicher Wachkommissare. Dekret über Ablösung der alten Wache durch Rote Armee ist dringend telegrafisch [nach] Tobolsk Kommissar des Westsibirischen Komitees I. Demjanow zu übermitteln. 1039.

Vorsitzender des Westsibirischen Deputiertensowjets Kossarew. Sekretär Karpow.«

Eine analoge Bitte um dringende »Lösung der Tobolsker Frage« richtete am 13. April der stellvertretende Vorsitzende des Ural-Gebietssowjets B. W. Didkowski an den Rat der Volkskommissare. »In Tobolsk gefährliche Situation. Omsker Kommissar lehnt Unterstellung unter örtliches Exekutivkomitee ab. Befürchten bewaffnete Auseinandersetzung eines Teils seiner Abteilung und der Soldaten Kerenskis mit unseren Letten und Matrosen.« Der Ural-Gebietssowjet bat um Überführung der Romanows an einen Ort, der größere Sicherheit bot.

Das Tobolsker Exekutivkomitee schickte seinerseits ein Telegramm nach Moskau mit der Forderung, ihm die Wache der Romanows zu unterstellen. Anderenfalls lehne es die Verantwortung für mögliche Folgen ab.

Das Eintreffen der Uraler führte zu weiteren Spannungen. Zwischen ihnen und den Omskern kam es zu ernsthaften Reibereien. Im Tagebuch Nikolais II. lesen wir:

»27. März [9. April]. Dienstag. Mit dem Nordwind stellte sich sofort Kälte ein. Es war ein klarer Tag. Gestern begann ich das Buch von Nilus über den Antichrist vorzulesen, dem ›Protokolle‹ von Juden und Freimaurern beigefügt sind – eine sehr zeitgemäße Lektüre.«

»28. März [10. April]. Mittwoch. Ein herrlicher sonniger und windstiller Tag. Gestern gab es Unruhe in unserer Abteilung, verursacht durch Gerüchte über das Eintreffen weiterer Rotgardisten aus Jekaterinburg. Zur Nacht wurde die Wache verdoppelt, die Patrouillen verstärkt und die Straßen abgesichert. Es war die Rede von einer angeblichen Gefahr, die uns in diesem Hause drohe, und vom notwendigen Umzug in das Bischofshaus auf dem Berg. Den ganzen Tag wurde darüber in Komitees debattiert, abends beruhigten sich endlich alle, worüber Kobylinski mir um 7 Uhr berichten kam. Alix wurde sogar gebeten, drei Tage lang nicht auf dem Balkon zu sitzen!«

Diese Vorgänge fanden auch im Tagebuch der Gräfin Hendrikowa ihren Niederschlag: »28. [März, 10. April]. Gestern abend gab es einen großen Tumult – die Soldaten weigerten sich, den außerordentlichen Kommissar (kürzlich ebenfalls aus Omsk angekommen) Dementjew* ins Haus 1 zu lassen. Wegen der von ihm ausgesprochenen Drohung war ein Zusammenstoß zwischen den Rotgardisten und unserer Abteilung zu befürchten. Unsere Abteilung bewaffnete sich und ergriff alle Schutzmaßnahmen.«

Diesen Vorgängen vorausgegangen waren die Wahlen zum Tobolsker Deputiertensowjet vom 6. April 1918. Von 163 Mandaten gingen 85 an die Bolschewiki. Zum Vorsitzenden des Exekutivkomitees wurde am 9. April der Jekaterinburger Chochrjakow gewählt, zu Mitgliedern des Exekutivkomitees die Bolschewiki Awdejew, Saslawski u. a.

Ende März 1918 war der Bolschewik Lukin als Delegierter der »Sonderabteilung« nach Moskau gefahren. In einer dienstlichen Notiz von Bontsch-Brujewitsch, Verwaltungsleiter des Rates der Volkskommissare, heißt es: »Ein Gen. Soldat aus der Abteilung, die den ehemaligen Zaren in Tobolsk bewacht, ist nach Moskau gekommen. Dort liegt vieles im argen, viele sind aus der Abteilung weggegangen, Sold wird nicht gezahlt. Sprechen Sie bitte über die Einzelheiten mit ihm und klären Sie alles. Das ist eine ernste Sache. Swerdlow bat, diesen Soldaten zu ihm zu schicken. Wlad. Bontsch-Brujewitsch.«

Der Delegierte der Abteilung sprach am 1. April 1918 auf der Tagung des WZIK-Präsidiums, an der auch Swerdlow, Pokrowski, Wladimirski, Spiridonowa, Proschjan und Awanessow teilnahmen. Im Protokoll ist vermerkt:

»*Angehört*: 11. Mitteilung über die Bewachung des ehemaligen Zaren:

* Der Name ist falsch angegeben, richtig: Demjanow.

1. Verstärkung der Wache,
2. Soldzahlung,
3. Maschinengewehre und Handgranaten,
4. Inhaftierte: Dolgorukow, Tatischtschew, Hendrikowa, Englischlehrer. (Mündliche Mitteilung des Delegierten der Sonderabteilung.)

Beschlossen: I. Der Sonderabteilung zur Bewachung des ehemaligen Zaren Nikolai Romanow ist folgende Anordnung mitzuteilen:

1. Die Abteilung wird gebeten, den Wachdienst bis zum Eintreffen der Verstärkung zu versehen.

2. Die Wache wird angewiesen, auf ihrem Posten zu bleiben und ihn vor Eintreffen der vom WZIK bestimmten Verstärkung auf keinen Fall zu verlassen.

3. Die Aufsicht über die Verhafteten ist zu verstärken, die Bürger Dolgorukow, Tatischtschew und Hendrikowa sind als inhaftiert anzusehen, und der Englischlehrer ist bis auf weiteres aufzufordern, entweder mit den Inhaftierten zusammen zu wohnen oder den Umgang mit ihnen aufzugeben.

4. Geld für die Abteilung, Maschinengewehre und Granaten werden umgehend mit der vom WZIK entsandten Abteilung zugestellt.

II. Der Kommissar für Kriegsangelegenheiten wird beauftragt, umgehend eine Abteilung von 200 Mann (davon 30 Mann aus der Partisanenabteilung des ZIK, 20 Mann aus der Abteilung der Linken Sozialrevolutionäre) zu bilden und sie zur Verstärkung der Wache nach Tobolsk zu schicken *sowie nach Möglichkeit alle Inhaftierten unverzüglich nach Moskau zu überführen* (Hervorhebung d. Verf.).

(Dieser Beschluß ist nicht zur Veröffentlichung in der Presse bestimmt.)«

Sofort nach Rückkehr Lukins aus Moskau wurden die Haftbedingungen für die Zarenfamilie verschärft. Gilliard notierte am 12. April: »Heute ist der von unserer Abteilung entsandte Soldat aus Moskau zurückgekehrt. Er übergab Kobylinski ein Papier des Zentralen Exekutivkomitees, das vorschreibt, unsere Haftbedingungen noch weiter zu verschärfen. General Tatischtschew, Fürst Dolgorukow und Gräfin Hendrikowa sind in unser Haus zu überführen und als inhaftiert zu betrachten.«

Die Wache bereitete sich intensiv auf die Begrüßung ihrer neuen Vorgesetzten vor. Nikolai Alexandrowitsch bemerkte dazu in seinem Tagebuch:

»2. (15.) April. Montag. Am Morgen besichtigte der Kommandant mit einer Kommission von Offizieren und zwei Schützen einen Teil der Räume unseres Hauses. Das Ergebnis dieser ›Durchsuchung‹ war, daß Walja [Dolgorukow] und Gilliard der Säbel abgenommen wurde und mir der Dolch! Abermals erklärte Kobylinski diese Maßnahme mit der Notwendigkeit, die Schützen zu besänftigen!

Alexej ging es besser, ab 7 Uhr schlief er fest. Es herrschte trübes, stilles Wetter.«

Am 6. April 1918 wurde auf einer Tagung des WZIK-Präsidiums nochmals die Frage »des ehemaligen Zaren Nikolai Romanow« erörtert. Teilnehmer der Tagung waren M. N. Pokrowski, Ja. M. Swerdlow, M. F. Wladimirski, A. I. Okulow, W. A. Awanessow, G. I. Theodorowitsch und der Leiter der Militärabteilung A. S. Jenukidse. Das Präsidium beschloß:

»In Ergänzung des früher gefaßten Beschlusses wird Gen. Swerdlow beauftragt, sich über Direktleitung mit Jekaterinburg und Omsk in Verbindung zu setzen bezüglich der Verstärkung der Abteilung, die Nikolai Romanow bewacht, und der *Überführung aller Inhaftierten in den Ural* (Hervorhebung d. Verf.).

Dieser Beschluß wird dem SNK* zur Kenntnis gebracht und um seine dringende Erfüllung gebeten.«

Ungeachtet aller Maßnahmen, die die Zentrale einleitete, um die Lage in Tobolsk unter Kontrolle zu bringen, trat keine Stabilisierung ein. Es herrschte weiter eine Atmosphäre des gegenseitigen Argwohns und der allgemeinen Unruhe. Das belegen die zahlreichen telegrafischen Anfragen und Verhandlungen. So schickte die Tobolsker Sonderabteilung am 16. April folgendes Telegramm an das WZIK: »Nummer 1010. Teilen Sie uns Entsendung von Verstärkung mit. Telegrafieren Sie, ob Abteilung unterwegs, wo sie sich befindet, wann sie [in] Tobolsk eintrifft. Abteilungskommandeur Kobylinski. Komiteevorsitzender Matwejew.«

In der an den »Kommandeur der Abteilung zur Bewachung Romanows« gerichteten Antwort des WZIK vom 19. April 1918 wurde mitgeteilt: »1010. Verstärkung am zehnten April losgeschickt. Ehemaliger Imperator und Thronfolger stehen unter Arrest, die Entscheidung der Abteilung, ihnen die Schulterstücke abzunehmen, wird vom Zentralen Exekutivkomitee gebilligt. Awanessow.«

* Rat der Volkskommissare.

In den Regionalzeitungen vom 17. (4.) April erschien unter der Überschrift »Prozeß gegen Nikolai Romanow« folgende Meldung: »›Nasche slowo‹ berichtet, daß die Oberste Ermittlungskommission eine Reihe von Prozessen gegen führende Repräsentanten des alten Regimes vorbereitet. Der Prozeß gegen Nikolai II. soll als erster stattfinden.«

Ohne ein genaues Bild der Lage in Tobolsk zu besitzen, nahm der stellvertretende Vorsitzende des Jekaterinburger Deputiertensowjets Didkowski am 24. April 1918 über Direktleitung Verhandlungen mit dem WZIK auf:

»Jekaterinburg bittet den Vorsitzenden des ZIK oder den Sekretär an den Apparat.

Hier Stellvertreter des Vorsitzenden Didkowski.

Gestern habe ich einen ausführlichen Brief aus Tobolsk erhalten, dort ist alles in der Hand der Offiziere. Selbst die Omsker Abteilung ist von der Bewachung ausgeschlossen. Vorgestern traf unsere 70 Mann starke Abteilung zuverlässiger Letten ein, bisher halten sie sich völlig heraus, stehen jedoch in Bereitschaft. Ordnen Sie bitte umgehend an, daß der Leiter der Wache dem Tobolsker Exekutivkomitee unterstellt wird, bis zur Ankunft Ihres Jakowlew, der heute mit seiner Abteilung von Ufa nach Jekaterinburg abreist. Warten ist ausgeschlossen, weil sie erst in 6 Tagen in Tobolsk sein werden. Warum beeilen Sie sich nicht, erteilen Sie dem Vorsitzenden des Exekutivkomitees Vollmachten. Tun Sie es telegrafisch. Die Stimmung um und in Tobolsk ist schlecht. Die Zeitungen sind gegen uns. Zwei wurden wegen Agitation verboten. Eine richtige Sowjetmacht muß errichtet werden. Auf Wiedersehen.«

In Ufa hatte Jakowlew, der von dem in Petrograd erhaltenen Geld noch 200 000 Rubel besaß, für die Operation Leute ausgewählt, die er persönlich aus den Kämpfen der ersten russischen Revolution kannte und denen er voll vertraute. An die Spitze der Abteilung stellte er den furchtlosen D. M. Tschudinow aus der Kampfgruppe von Ufa, die Führung des Kavallerietrupps übernahm G. I. Senzow, ein jüngerer Bruder P. I. Senzows, der die Gouvernement-Tscheka von Ufa leitete (und mit dem er seinerzeit das Gold von Miass geholt hatte). Die von Jakowlew ausgewählte Abteilung war nicht groß, höchstens 100 gutbewaffnete Kämpfer und 15 Kavalleristen.

Außerdem hatte Jakowlew sich der Unterstützung des im Ural besonders gut bekannten Revolutionärs Gusakow versichert, dem er das Versprechen abnahm, ihm notfalls in Tobolsk mit einer zusätzlichen Abteilung zu Hilfe zu kommen. All das erinnert wiederum an das Szenarium eines amerikanischen Western, wo man auch vor einer gewagten Operation zuverlässige Leute anheuert, bloß geschah hier alles nicht im Kino, sondern in der Realität.

Unterwegs nach Tobolsk, machte Jakowlew mit seiner Abteilung in Jekaterinburg halt. Auf dem Bahnhof traf er sich mit Goloschtschokin und Didkowski, denen er neben dem Mandat ein Papier vorwies, das die präzise Angabe des Aufenthaltsortes Nikolais II. nach Verlassen Tobolsks enthielt – Jekaterinburg.

Die Jekaterinburger hatten vor Jakowlews Eingreifen bereits umfangreiche Vorkehrungen getroffen, um die Romanows im Handstreich aus Tobolsk abzutransportieren und nach Möglichkeit zu liquidieren. Für diese Operation hatten sie den ehemaligen Matrosen Pawel Chochrjakow, Alexander Awdejew und Semjon Saslawski nach Tobolsk entsandt. Jeder von ihnen besaß eine reiche revolutionäre Biographie, doch zum Hauptrivalen, ja Widersacher Jakowlews war Saslawski geworden.

Semjon Saweljewitsch Saslawski, 1890 geboren, stach unter seinen Mitrevolutionären durch Bildung hervor. Nach Tobolsk war er einzig zu dem Zweck entsandt worden, den Zaren wenn schon nicht zu töten, so doch wenigstens nach Jekaterinburg zu bringen. Parteimitglied seit 1904, war er 1906 in Nikolajewsk und 1914 in Irkutsk verhaftet worden, 1917 hatte er »wegen Zugehörigkeit zum Nikolajewsker Komitee vor Gericht gestanden«. Bis 1917 hatte er sein Brot mit Schlosser- und Monteurarbeiten verdient: in der französischen Fabrik »Naval« in Nikolajewsk, in Eisenbahnwerkstätten Westsibiriens und des Nordurals. Er galt als erfahrener Monteur von Verbrennungsmotoren und als Fachmann für Blechdacharbeiten (1912–1914 hatte er eine Fachschule absolviert). Auch in militärischen Dingen kannte sich Saslawski aus. 1910 war er zum Militär gekommen und hatte die Marineschule in Kronstadt besucht. Während des Krieges an der Ostseefront, war er nach einem Gerichtsverfahren (wahrscheinlich wegen bolschewistischer Propaganda) geflohen und hatte eine Arbeit als Lokführer bei der Sibirischen Eisenbahn (Stationen Nishne-Udinsk und Sima) aufgenommen. Gut bekannt war er im größten Hüttenwerk des Nordurals – in Nadeshdinsk. Bei den dortigen Arbeitern genoß er hohes Ansehen, sie wählten ihn zum Vorsitzenden des örtlichen Sowjets. Und nun führte ihn das Leben mit Jakowlew zusammen, der trotz seiner sanften Umgangsformen auf den ersten Blick als ein Mensch mit eisernem Willen zu erkennen war ... Sie gerieten aneinander, weil sie unterschiedliche Ziele verfolgten: Der eine sollte den Zaren umbringen, der andere ihn lebend nach Jekaterinburg befördern. Um es vorwegzunehmen – Saslawski und alle, die hinter ihm standen und in Jekaterinburg das Sagen hatten, unterlagen in dieser erbitterten Auseinandersetzung mit Jakowlew, die über das Leben des Zaren entschied.

Nachdem Jakowlew Tjumen passiert hatte, stieß er auf der Straße, die von Tobolsk herüberführte, auf die Abteilung Awdejews und zwang sie unter seinen Befehl. Danach holte er, 80–90 Werst vor Tobolsk, eine weitere Jekaterinburger Abteilung ein, die in der Gegenrichtung nach Tobolsk unterwegs war – »die Romanows holen«. Auch diese von Bussjazki geführte Abteilung wurde unter Jakowlews Kommando gezwungen. Später stellte sich heraus, daß Bussjazki sich nur formal unterworfen hatte. Er besaß einen eigenen Plan – von dem noch die Rede sein wird –, die Romanows umzubringen, ohne sich um irgend etwas zu scheren.

Am 22. April zog Jakowlews verstärkte Abteilung in Tobolsk ein. Ihre Ankunft war erwartet worden, und die Zarenfamilie und ihre Umgebung sahen ihr mit Sorge entgegen. Es ging das Gerücht, Trotzki sei unterwegs. Gilliard schrieb in sein Tagebuch: »Montag, 22. April. Heute traf ein Moskauer Kommissar mit einer nicht sehr großen Abteilung ein; sein Name ist Jakowlew. Alle sind unruhig, von Sorge erfüllt. Das Eintreffen des Kommissars wird als vorläufig noch unbestimmte, aber reale Bedrohung empfunden.«

Die Gräfin Hendrikowa ergänzt:

»10. (23.) April. Der gestern angekommene Kommissar Jakowlew war heute morgen in unserem Haus. Er hat eine unterwegs zusammengestellte Abteilung von 150 Mann mitgebracht. Eine Moskauer Abteilung, hört man, kommt nicht.

Der Sonderkommissar (des Gouv. Tobolsk) Dementjew (richtig: Demjanow – d. Verf.) ist vor ein paar Tagen abgereist.«

Erwähnt werden diese Ereignisse auch im Tagebuch Nikolais II.:

»10. (23.) April. Dienstag. 10 ½ Uhr vormittags erschienen Kobylinski und Jakowlew mit Gefolge.

Mit meinen Töchtern empfing ich ihn im Salon. Wir hatten ihn zu 11 Uhr erwartet, deshalb war Alix noch nicht fertig.

Er trat ein – rasiertes Gesicht, lächelnd und verlegen – und erkundigte sich, ob ich mit der Wache und der Unterbringung zufrieden sei. Dann eilte er fast im Laufschritt zu Alexej hinein, besichtigte im Vorbeigehen die übrigen Zimmer, entschuldigte sich für die Störung und ging nach unten. Ebenso eilig sah er sich in den übrigen Stockwerken um.

Nach einer halben Stunde erschien er wieder, um sich Alix vorzustellen, eilte abermals zu Alexej und entfernte sich gleich darauf. Damit war die Besichtigung des Hauses vorerst beendet. Wir machten unseren Spaziergang wie gewohnt; das Wetter war wechselhaft, bald Sonne, bald Schnee.«

Es existiert ein weiteres Dokument, der Bericht über den Besuch im Haus »Freiheit« mit einem Verzeichnis der dort Wohnenden, das belegt, wie großzügig die Unterbringung der Romanows bis zum Ende ihres Aufenthalts in Sibirien war.

»Die Kommission, bestehend aus dem Kommissar des Rates der Volkskommissare Jakowlew, seinem Sekretär Galkin, dem Hauskommandanten Kobylinski, dem Vorsitzenden des Wachkomitees Matwejew, dem Vertreter des Jekaterinburger Exekutivkomitees Awdejew und dem Offizier vom Dienst, betrat das Haus durch den Haupteingang und begab sich in das erste Zimmer rechts, den Dienstraum der Offiziere. Nach erfolgter Einsichtnahme in das Dienstbuch begann die Kommission mit der Besichtigung der Zimmer.

Zu beiden Seiten des Flurs befinden sich die Zimmer von Tatischtschew, Dolgorukow, Schneider mit zwei Gnadenbrotempfängerinnen, Hendrikowa mit Kinderfrau, Gilliard und Gibbs sowie der Speiseraum. Im ersten Stock wohnen die Romanows. Hier sind der Salon und das nicht unkomfortable Arbeitszimmer des gewesenen ›Selbstherrschers‹. Die niedrigen Zimmer unterm Dach sind dicht belegt mit Dienerschaft. Der Flur ist vollgestellt mit zahlreichen Truhen.

Die Kommission traf Nikolai mit drei seiner Töchter im Salon an.

Gen. Jakowlew begrüßte alle und fragte Romanow:

›Sind Sie mit der Wache zufrieden? Gibt es Beschwerden?‹

Worauf Nikolai, der sich unentwegt die Hände rieb, mit einem dümmlichen Lächeln, sagte:

›Sehr zufrieden, sehr zufrieden.‹

Der Kommissar äußerte den Wunsch, Alexej zu sehen. Nikolai druckste: ›Alexej Nikolajewitsch ist sehr krank.‹

›Ich muß ihn sehen‹, beharrte der Kommissar.

›Gut, aber nur Sie allein‹, gab Romanow nach.

Gen. Jakowlew und Nikolai gingen in das Zimmer Alexejs.

Die Töchter musterten während des Gesprächs neugierig den Vertreter der Kommunistischen Regierung.

Alexej, der von der Dynastie der Hessen die Bluterkrankheit geerbt hat, erwies sich tatsächlich als sehr krank. Der gelbhäutige ausgezehrte Junge schien aus dem Leben zu scheiden.

Bei der Besichtigung der anderen Zimmer machten die Lakaien unterwürfige Verbeugungen, die offenkundig verhärmten Würdenträger erhoben sich ehrerbietig grüßend.

Die ehemalige Zarin war noch nicht empfangsbereit.

Gen. Jakowlew suchte sie später allein auf.

Alexandra empfing ihn mit majestätischem Gehabe, beantwortete freundlich seine Fragen und lächelte häufig.

Alexej wurde noch einmal aufgesucht.

VERZEICHNIS DER IM HAUS 1 (›FREIHEIT‹)
WOHNENDEN PERSONEN

ROMANOWS: Nikolai, Alexandra, Olga, Tatjana, Maria, Anastasia, Alexej; Alexander Dolgorukow, Ilja Tatischtschew, Anastasia Hendrikowa, Jekaterina Schneider, Pierre Gilliard; Kammerdiener – Terenti Tschemodurow und Alexej Wolkow; Diener Alexejs – Klim Nagorski; Lakai – Alexej Trupp; Lakaien – Iwan Sednew und Franz Shurawski; Lakai Gilliards – Sergej Iwanow; Lakai Tatischtschews und Dolgorukows – Pjotr Tjutin; Arbeiter – Michail Karpow; Zimmermädchen – Maria Tuttelberg und Alexandra Schtscheglowa, Anna Demidowa und Jelisaweta Ersberg; Köche – Iwan Charitonow, Wladimir Kokitschew, Leonid Sednew; Hausmeister – Alexander Kirpitschnikow; Küchen-, Buffetarbeiter – Jakow Semjonow, Wassili Terechow und Franz Terechow; Mädchen der Schneider – Maria Kulakowa; Mädchen der Hendrikowa – Viktorina Nikolajewa; Mädchen der Schneider – Jekaterina Shiwaja; Küchenfrauen – Jewdokia Poumjanowa, Jewdokia Kljussowa, Maria Sobolewa, Anna Koskina, Ljudmila Wakulina; Dienstmädchen Gibbs' – Anfissa Iwanowa.«

Alexandra Fjodorownas kurze Notiz über den Eindruck, den der Besucher auf sie gemacht hatte, lautete:

»10/23. April. Dienstag. ... Am Vormittag kam der neue

Kommissar Jakowlew uns in Augenschein nehmen (macht den Eindruck eines intelligenten arbeitsamen Ingenieurs) . . .«

A. D. Awdejew schrieb später:

»Nach seiner Ankunft in Tobolsk berief Jakowlew eine Beratung ein. Soweit ich mich erinnere, nahmen daran teil: Pawel Chochrjakow, Semjon Saslawski, Gusakow, Senzow, Awdejew und andere. Auf dieser Beratung bat Jakowlew zunächst Chochrjakow, über die Lage in Tobolsk zu informieren, bevor er seinen Aktionsplan darlegte, genauer gesagt, seinen Plan zur Erfüllung der ihm übertragenen Aufgabe, den ehemaligen Zaren aus Tobolsk wegzubringen, wobei ihm alle zu helfen verpflichtet seien, wohin er aber mit ihm fahre – das sei nicht Gegenstand des Gesprächs.

Obwohl auf dieser Beratung unser Vorschlag, den ehemaligen Zaren wegzubringen, angenommen wurde, beschlossen wir Uraler für diese Nacht eine extra Zusammenkunft, da uns Jakowlews Verhalten verdächtig vorkam. Zu unserer Beratung wurde neben anderen Genossen aus dem Ural auch der mit einer Infanterieabteilung aus Jekaterinburg in Tobolsk eingetroffene Gen. Bussjazki eingeladen.

Auf dieser Beratung schlug Gen. Saslawski vor, daß sich an der Straße nach Tjumen nahe bei dem Dorf Iwlew bewaffnete Gruppen in den Hinterhalt legen sollten, die als Verstärkung dienen konnten. Einige schlugen vor, in der Nähe Jakowlews und des ehemaligen Zaren sollten sich ständig Uraler aufhalten, um gegebenenfalls rechtzeitig entschlossene Maßnahmen zu ergreifen. Weiterhin wurde beschlossen, beim Abtransport des Zaren durch Jakowlew Saslawski, Awedejew und die Abteilung Bussjazkis mitzuschicken, während Chochrjakow in Tobolsk bleiben sollte.«

Seine Erinnerungen schrieb Awdejew 1928, als Jakowlew kompromittiert war und im Gefängnis saß. Aus diesem Grunde gab er den hinterhältigen Plan der Jekaterinburger geradezu als Heldentat aus.

Jakowlew wußte von den Plänen Saslawskis und seiner Gruppe, hatte ihm doch einer aus Bussjazkis Abteilung berichtet:

»Ich bin Arbeiter aus dem Gouv. Perm. Kreis Ussolje, Alexandrowski Sawod. NEWOLIN, ALEXANDER Iwanowitsch. Ich war in Jekaterinburg bei der Roten Armee, in der 4. Hundertschaft. Punkt 4 Uhr nachmittags am 16. April kommt zu uns in die Hundertschaft der Gehilfe des Stabschefs Bussjazki und erklärt, in einer halben Stunde hätten wir marschbereit zu sein. Um sechs sind wir auf der Bahnstation. Der Stabschef sagt uns, wir hätten die Aufgabe, einen Mann tot oder lebendig nach Jekaterinburg zu bringen. Mehr nicht. Wir kommen nach Tjumen. Bussjazki sagt: Jetzt auf die Pferde. Als wir etwa die Hälfte des Wegs geritten sind, läßt Bussjazki uns in einem Dorf haltmachen.

Er sagt, mit einer Moskauer Abteilung ist Kommissar Jakowlew unterwegs, und die müssen wir abwarten. Tatsächlich kommt die Abteilung bald durchgeritten. Wir hinterher. In Tobolsk bleiben wir zwei Nächte. Bussjazki erklärt uns: Kommissar Jakowlew will Romanow nach Moskau bringen, und von da soll er wohl ins Ausland. Wir aber haben die Aufgabe, ihn um jeden Preis nach Jekaterinburg zu schaffen. Dazu haben wir folgendes vorgeschlagen: Jakowlew hat neun MG, aber bloß zwei MG-Schützen. Ich biete ihm meine MG-Schützen an, für seine MG, und wir reiten zusammen.Auf ein Zeichen hin müssen wir sie überfallen und ihnen alle Waffen und den Romanow abnehmen. Das war's, von meinen Genossen sagt keiner ein Wort dagegen. Ich allein protestiere, stimme die Genossen um, aus ihrem Vorhaben wird nichts, und sie ziehen ab.

Zwei, drei Tage später höre ich, sie machen wieder eine Versammlung. Ich gehe natürlich hin. Instrukteurgehilfe Ponomarjow und Instrukteur Bogdanow fangen an. Den anderen Plan haben wir aufgegeben, heißt es, jetzt haben wir folgendes beschlossen: An der Straße nach Tjumen legen wir uns in den Hinterhalt. Wenn Jakowlew mit Romanow durchkommt, müssen wir, sobald sie auf unserer Höhe sind, mit MG und Gewehren die ganze Abteilung niedermähen. Und zu keinem ein Wort. Wenn jemand wissen will, aus welcher Abteilung ihr seid, dann sagt ihr, aus der Moskauer, und verratet nicht, wer euch führt – denn das muß ohne Wissen des Gebiets- und überhaupt aller Sowjets geschehen. Da stelle ich ihm eine Frage. Die Räuber sollen wir also spielen?Was mich betrifft, ich bin mit euren Plänen nicht einverstanden, sage ich. Wenn ihr den Romanow unbedingt umbringen wollt, dann soll sich einer von sich aus dazu entschließen, für mich kommt so etwas überhaupt nicht in Frage, wir haben mit unseren Waffen auf Wacht für den Schutz der Sowjetmacht zu stehen und nicht den persönlichen Vorteil irgendwelcher Leute durchzusetzen, wenn Kommissar Jakowlew vom Rat der Volkskommissare hergeschickt worden ist, um ihn zu holen, dann hat er ihn, wie befohlen, abzuliefern, wir waren keine Räuber und können keine sein, daß wir wegen dem Romanow genausolche Rotarmisten abschießen wie dich und mich. Sie stritten natürlich mit mir: du, Newolin, mischst dich überall ein und verdirbst die Kampfmoral, aber ich schaffte es doch, die Genossen zu überzeugen, daß wir nicht so handeln können, und so wurde aus ihren ganzen Plänen nichts.

Nach der Versammlung wurde ich von Bussjazki, Bogdanow und Ponomarjow scharf gerügt und danach fortwährend schikaniert. Am Tobol angekommen, machten wir in einem Dorf halt und warteten auf Jakowlew mit Romanow. Als Jakowlew das Dorf erreichte, sagte Bussjazki zu uns, wenn ihr nichts unternehmen könnt, dann sagt wenigstens nichts. Wenn nun in Jekaterinburg die fünfte und sechste Kompanie Romanow nicht aufhält, dann ist er entwischt. Ich sagte ihm wieder: Das kann uns egal sein, das ist nicht unsere Sache, sie wissen schon, wohin mit ihm.«

Über Saslawskis Plan im Bilde, entschloß sich Jakowlew zu etwas Entscheidendem – er versicherte sich der Unterstützung der Abteilung, die die Zarenfamilie zu bewachen hatte. Das gelang ihm auf ganz einfache Weise: Jakowlew hatte Geld mitgebracht und verteilte es an die Abteilung, außerdem machte er denen, die es wünschten, das Angebot, sich demobilisieren zu lassen. Das Protokoll der Versammlung, auf der über diese Fragen entschieden wurde, ist erhalten geblieben:

»VOLLVERSAMMLUNG DER SONDERWACHE DES EHEMALIGEN ZAREN

22. APRIL 1918

TOBOLSK

An der Versammlung nehmen teil:

Sonderkommissar JAKOWLEW und Kommissar SASLAWSKI.

Versammlungsleiter: Gen. MATWEJEW.

Gen. JAKOWLEW – Genossen, Ihr Delegierter Lukin ist in Moskau gewesen und hat über Ihre materielle Lage berichtet, wonach es einen Beschluß des Rates der Volkskommissare gab, auf den ich gleich zu sprechen komme, zunächst aber bitte ich, die Mandate zu verlesen. (Der Sekretär verliest die Dokumente.) Wie Sie sehen, Genossen, bin ich mit umfassenden Vollmachten ausgestattet, deshalb haben sich alle unter meine Leitung zu stellen und nichts ohne mich zu unternehmen. Die materielle Frage Ihrer Tagegelder, das habe ich bereits mit Ihrem Komitee abgesprochen, wird morgen oder übermorgen gelöst, sobald das Büro die Listen aufgestellt hat. Auf die Demobilisierung der

Abteilung eingehend, sagte Gen. Jakowlew: Sie sind übriggeblieben von der alten Armee, und ich schlage vor: Wer seinen Dienst fortsetzen möchte, der bleibt. Jeder, der das nicht möchte, geht. Die Entscheidung liegt bei jedem selbst. Natürlich muß das organisiert geschehen, nicht einfach alles hinwerfen und gehen.

Das Mißverständnis, entstanden durch die Invasion von Abteilungen und Kommissaren mit ihren Forderungen, ist behoben, da sämtliche Abteilungen in Tobolsk allein mir unterstehen. Damit für Sie klarer wird, daß dieses Durcheinander die Frucht eines Mißverständnisses war, habe ich Gen. Saslawski und Mitglieder des Tobolsker Exekutivkomitees zu dieser Versammlung eingeladen.«

Danach stand Jakowlew vor einer weiteren Aufgabe: Der schwerkranke Alexej Nikolajewitsch war nicht transportfähig. Der Kommissar setzt sich schleunigst mit Moskau in Verbindung und fragt an:

»Volkskommissar Swerdlow. / Moskau.

. . . Swerdlow am Apparat? Richten Sie ihm folgendes von mir aus: Mein Sohn ist lebensgefährlich erkrankt. Stop. Der schlechte Straßenzustand verhindert die Mitnahme Ihres gesamten Gepäcks. Stop. Möchte den Hauptteil des Gepäcks mitnehmen, Rest geht per Schiff. Stop. Verstehen Sie mich? Stop. Wenn ja, dann antworten Sie, ob ich richtig handle, wenn ich keine Wetterbesserung abwarte und nur mit einem Teil Ihres Gepäcks aufbreche. Stop. Weisen Sie Kommissar für Post- und Telegrafenwesen an, daß man mir gestattet, über Apparat zu sprechen, sonst muß ich revolutionären Weg gehen.

Newski soll ein Telegramm zum Bahnhof Tjumen schicken, daß mein Zug als Eilfahrt ohne Halt durchgelassen und mir ein Wagen erster oder zweiter Klasse zur Verfügung gestellt wird.

Jakowlew«

An den Telegrafen kommt Theodorowitsch und ordnet an:

»Sekretär Theodorowitsch / im Auftrag Swerdlows

Ich antworte.

Möglicherweise wird Mitnahme eines Teils des Gepäcks erforderlich sein. Wurde von Ihnen und Genossen Swerdlow bereits vorgesehen. Ihre Absicht billigt er völlig. Fahren Sie mit dem Hauptteil. An Kommissar für Post und Telegrafenwesen Gen. Newski geben wir entsprechende Anweisung. Was haben Sie noch zu melden?«

Oberst Kobylinski war Zeuge, wie Kommissar Jakowlew die

Entscheidung der Regierung, die Zarenfamilie aus Tobolsk wegzubringen, überbrachte: »Um 2 Uhr betrat ich mit Jakowlew den Salon. In der Mitte des Salons standen beieinander der Gossudar und die Gossudarin. Jakowlew blieb in einiger Entfernung stehen, machte eine Verbeugung und sagte: ›Ich habe Ihnen zu sagen (er sprach eigentlich nur an den Gossudar gewandt), daß ich Sonderbevollmächtigter des Zentralen Exekutivkomitees in Moskau bin und meine Vollmachten darin bestehen, Ihre ganze Familie aus Tobolsk fortzubringen, da aber Alexej Nikolajewitsch krank ist, bin ich angewiesen worden, mit Ihnen allein loszufahren.‹ Der Gossudar erwiderte: ›Ich werde nirgends hinfahren.‹ Jakowlew darauf: ›Das bitte ich nicht zu tun. Ich habe die erhaltene Anweisung zu erfüllen. Wenn Sie sich weigern zu fahren, bin ich gezwungen, entweder Gewalt anzuwenden oder meinen Auftrag zurückzugeben. Dann wird man statt meiner möglicherweise einen anderen, weniger humanen Menschen herschicken. Seien Sie unbesorgt. Für Ihr Leben bürge ich mit meinem Kopf. Wenn Sie nicht allein fahren möchten, können Sie mitnehmen, wen Sie wollen. Halten Sie sich bereit. Morgen 4 Uhr brechen wir auf.‹«

Am gleichen Tag schrieb Nikolai II. in sein Tagebuch: »12. (25.) April. Donnerstag. Nach dem Frühstück kam Jakowlew mit Kobylinski und eröffnete uns, er habe die Anweisung, mich wegzubringen, wohin, sagte er jedoch nicht. Alix beschloß, mich zu begleiten und Maria mitzunehmen, protestieren war zwecklos. Die übrigen Kinder, zumal den kranken Alexej, unter solchen Umständen zurückzulassen fiel uns mehr als schwer! Wir begannen sofort, das Nötigste zu packen. Später sagte Jakowlew, er werde zurückkommen, um O[lga], T[atjana], An[astasia] und A[lexej] zu holen, wahrscheinlich würden wir sie in etwa drei Wochen wiedersehen. Wir verbrachten einen traurigen Abend; in dieser Nacht schlief natürlich keiner.«

In einer noch bedrückteren Verfassung befand sich Alexandra Fjodorowna, hin und her gerissen zwischen dem schwerkranken Sohn und der tödlichen Gefahr, in der ihr Gatte schwebte. In ihrem Tagebuch hielt sie fest: »Tobolsk. 12. (25.) April. Donnerstag. ... Nach dem Lunch kam Kommissar Jakowlew, und ich wollte ihn um Einrichtung einer Feldkirche für die Karwoche bitten. Statt dessen verkündete er uns die Anordnung seiner Regierung (Bolschewiken), daß er uns von hier wegzubringen habe (wohin?). Da er Baby schwerkrank fand, erklärte er, N[ikolai] allein mitnehmen zu wollen (wenn er nicht freiwillig fahre, müsse er Gewalt anwenden). Ich mußte entscheiden, ob ich bei dem kranken Baby bleiben oder N[ikolai] begleiten sollte. Ich entschloß mich, ihn zu begleiten, da ich ihm nützlicher sein kann, obwohl wir nicht wissen, wohin es geht und zu welchem Zweck (wir vermuten – nach Moskau). Eine entsetzliche Qual. Maria fährt mit uns, Olga wird Baby pflegen, Tatjana und Anastasia werden sich um das Haus kümmern. Wir nehmen Walja [Dolgorukow], Njuta [Demidowa] und Jewg[eni] Serg[ejewitsch] [Botkin] mit, dazu Tschemod[urow] und Sednew. Wir brachten Baby zu essen, legten ein paar Sachen zurecht und packten etwas zusammen. Nach dem Abendtee verabschiedeten wir uns von allen unseren Dienern. Die ganze Nacht verbrachten wir mit den Kindern. Baby schlief, und um 3 Uhr nachts ging ich vor der Abfahrt zu ihm. Morgens 4 1/4 Uhr fuhren wir los. Schrecklich, die teuren Kinder zurückzulassen. 3 von unseren Leuten (drei Gardewachsoldaten, auf deren Treue zur Zarenfamilie Verlaß war – d. Verf.) fuhren mit.«

Gilliard lieferte in seinem Tagebuch eine genaue Beschreibung der letzten Stunden, die die Zarenfamilie in Tobolsk verbrachte:

»Die Zarenfamilie ging zu Alexej Nikolajewitsch und wich bis zum Abend nicht von seinem Bett. Abends um 10 1/2 Uhr begaben wir uns hinauf zum Teetrinken. Die Imperatorin sitzt auf dem Sofa zwischen zwei ihrer Töchter. Sie weinen so viel, daß ihre Gesichter von den Tränen anschwellen. Jeder von uns gibt sich die größte Mühe, seinen Kummer zu verbergen und ruhig zu erscheinen. Der Imperator und die Imperatorin sind ruhig und gefaßt.

. . . Gegen 4 Uhr morgens fahren Reisewagen auf den Hof. Es sind schreckliche ›Tarantasse‹, ungefederte Bauernwagen, die aus einem großen Flechtkorb auf zwei langen Stangen bestehen. Nur einer der Wagen hat ein Verdeck. Wir machen auf dem Hof ein wenig Stroh ausfindig und breiten es zum Sitzen auf dem Boden der Wagen aus. Für die Imperatorin legen wir eine Matratze in den Reisewagen. Um vier Uhr gehen wir zu Ihren Majestäten hinauf, die eben aus dem Zimmer Alexej Nikolajewitschs treten. Der Imperator, die Imperatorin und Maria Nikolajewna verabschieden sich von uns. Die Imperatorin und die jungen Großfürstinnen weinen, der Gossudar wirkt völlig ruhig und findet für jeden von uns ein aufmunterndes Wort. Er umarmt und küßt uns, die Imperatorin bittet, als sie von mir Abschied nimmt, sie nicht in den Hof hinunterzubegleiten, sondern bei Alexej Nikolajewitsch zu bleiben. Ich gehe zu dem Kind, das in seinem Bett bitterlich weint. Ein wenig später hören wir die Geräusche der abfahrenden Reisewagen. Die jungen Großfürstinnen gehen schluchzend am Zimmer ihres Bruders vorbei.«

Ungeachtet der heimlichen Abreise der Zarenfamilie und der frühen Stunde waren einige Dutzend Tobolsker aus ihren Häusern gekommen, um den »Zarenzug« zu verabschieden, doch jemand mußte den Befehl gegeben haben, sie auseinanderzutreiben.

In der offiziellen Verlautbarung der »Iswestija Tobolskogo Soweta rabotschich, soldatskich i krestjanskich deputatow« hieß es: »In der Nacht vom 25. zum 26. wurde von Kommissar Gen. Jakowlew der ehemalige Zar Nikolai Romanow aus dem ›Haus der Freiheit‹ abtransportiert, mit ihm fuhren auf eigenen Wunsch die ehemalige Zarin und ihre Tochter Maria sowie die ihnen freiwillig in die Verbannung folgenden Tatischtschew* und Dolgorukow. Die Abreise war gut organisiert, alles ging ohne unnötiges Aufsehen vonstatten. Kommissar Gen. Jakowlew war durch den Rat der Volkskommissare in Moskau mit den umfassendsten Vollmachten ausgestattet . . .«

Der Weg nach Tjumen

Allen voraus eilte ein berittener Aufklärungstrupp. Kommissar Jakowlew trieb die Kolonne ohne Halt und Verschnaufpause vorwärts. Von Tobolsk bis Tjumen, wo der Zug wartete, hatte die Abteilung durch die Unwegsamkeit des Frühlings an die 300 Kilometer zurückzulegen.

Alexandra Fjodorowna litt sehr unter den Beschwerlichkeiten der Reise: »13./26. April. Freitag. Maria und ich sitzen in einem Tarantas. N[ikolai] fährt mit Komm[issar] Jakowlew. Es ist kalt, trübe und windig, wir haben den Irtysch passiert. Nach dem Pferdewechsel um 8 und um 12 machten wir in einem Dorf halt und tranken Tee zu unserem kalten Proviant. Der Weg ist abscheulich, durchweg tauender Boden, Morast, Schnee; das Wasser geht den Pferden bis zum Bauch, schreckliches Gerüttel,

* Tatischtschew blieb mit den Zarenkindern in Tobolsk.

Schmerzen die ganze Zeit. Nach 4 [Pferde-]Wechseln mußten wir in einen anderen Wagen (Korb) umsteigen, weil ein Achsnagel verlorengegangen war. Um 5.00 wechselten wir die Pferde und stiegen wieder um. Die anderen mußten fortwährend umsteigen. Um 8.00 erreichten wir Iwlewo, wo wir in einem Haus übernachteten, in dem früher der Dorfladen war. Wir schliefen zu dritt in einem Zimmer, wir in unseren Feldbetten, Maria auf ihrer Matratze auf dem Fußboden. Njuta in der Stube, in der wir unseren Proviant gegessen hatten und wo unser Gepäck stand. Walja und Je. S. [Botkin] in einem, unsere anderen Männer in einem zweiten Zimmer – alle streckten sich um 10.00 auf dem Fußboden aus, tödliche Müdigkeit, der ganze Körper tut weh. Niemand sagt uns, wohin wir von Tjumen weitermüssen – einige vermuten Moskau. Der Kleine folgt uns, sobald der Fluß frei ist und es ihm besser geht. In jeder Kurve verliert jeder Wagen ein Rad, oder etwas anderes geht entzwei . . . Der seelische Schmerz wächst – mit dem ersten Postkutscher, der uns entgegenkommt, einen Brief an die Kinder schicken.«

Eine kurze Nachricht der Imperatorin und Maria Nikolajewnas konnte einem Postkutscher nach Tobolsk mitgegeben werden. Einen zweiten Brief schickte Alexandra Fjodorowna mit der Post. Auf dem Kuvert steht als Adresse: »An Jewgeni Stepanowitsch Kobylinski, Kornilow-Haus, Straße der Freiheit. Tobolsk.« Auf der Rückseite des Kuverts der Vermerk: »Zur Übergabe an O[lga] N[ikolajewna]«. Der Datumsstempel zeigt den 27. April 1917. In Tobolsk wurde der Brief am 29. April abgestempelt.

»Iwlewo, 14./27. April 1918.

Teure, zärtlich geliebte Schätzchen! Heißen Dank von allen für Eure lieben Briefe (auch von Trina*). Schrecklich traurig ist es ohne Euch. Wie hat der Kleine geschlafen, und wie fühlt er sich?

Der Weg war scheußlich, überfrorener Morast, große, tiefe Pfützen und Löcher – einfach unwahrscheinlich; bei alldem fielen fortwährend die Räder ab u. dgl. – es tat gut, sich in dieser Zeit von dem Gerüttel zu erholen. Alle 4 Std. war in den Dörfern Pferdewechsel. Um 12 Uhr tranken wir in einem Bauernhaus Tee (und aßen von unserem Proviant); tauschten Einzelheiten der Fahrt aus! Wir schliefen in unseren Feldbetten von 10 bis

* Je. A. Schneider. – Offenbar sind telegrafische Nachrichten gemeint.

4 Uhr. Ich selbst habe kaum geschlafen, das Herz und überhaupt alles tut weh – Tropfen und alles andere habe ich mit. Alles läuft gut. Nastenka hätte mit ihrer Blinddarmentzündung so ein Gerüttel nicht überstanden. . . . Hier ist ein Flußübergang (Tobol). Es war ein wunderschöner Sonnenuntergang, und heute haben wir klaren Himmel. Heiß küssen wir in Gedanken und segnen unsere geliebten Kinder. Chistus sei mit Euch ++++ Allen herzliche Grüße von uns. Wir hoffen, Wl[adimir] Nik[olajewitsch] ist zufrieden mit Eurer Gesundheit.

Mama, Papa, Maria.

Heute werden wir ganz besonders an Euch denken. Ich hoffe, es klappt mit der Feldkirche. Ich habe solche Sehnsucht. Ich hoffe, wir schaffen es, jetzt über den neuen Komm[andanten] ein Briefchen zu schicken. M[aria] und ich sind die ganze Zeit in einer Kibitka gefahren, aber um 6 Uhr (?) brach die Achse, und wir stiegen in einen Kasten um. Wir fuhren in gleicher Aufteilung weiter.«

Alexandra Fjodorownas Sorgen um die Kinder waren nicht unbegründet. Kammerdiener Wolkow, der in Tobolsk geblieben war, erinnerte sich:

»Gleich nach ihrer Abreise erschien als Ablösung der Schützen und Kobylinskis eine bolschewistische Wache, angeführt von Kommissar Rodionow und Chochrjakow, grobschlächtigen Leuten. Russen waren kaum darunter. Rodionow saß, bis an die Zähne bewaffnet, den ganzen Tag im Dienstraum. Keiner durfte das Haus verlassen, man hielt uns wie im Gefängnis.

Am Sonntag, dem 28. April, erhielt Oberst Kobylinski ein Telegramm, in dem stand, alle seien Samstag abend wohlbehalten in Tjumen angekommen. Im Salon wurde die Feldkirche eingerichtet. Am Abend kam ein Telegramm, das gleich nach der Abreise aus Tjumen abgeschickt woden war: ›Fahren unter guten Bedingungen. Was macht Alexejs Gesundheit? Gott sei mit Euch!‹

Am Montag, dem 29. April, erhielten die Kinder einen Brief der Imperatorin aus Tjumen. Es war eine beschwerliche Reise. Bei den Flußdurchquerungen reichte das Wasser den Pferden bis zum Bauch. Ständig gab es Radbrüche.«

Awdejew schrieb später: »Alexandra fuhr die ganze Zeit mit finsterer Miene und unterhielt sich mit keinem; Nikolai dagegen unterhielt sich angeregt mit Jakowlew und dessen Umgebung. Von mir wollte er wissen, wieviel Jahre ich bei der Kavallerie gediente habe, ich sagte ihm, ich hätte keinen einzigen Tag gedient, worauf er mich ungläubig ansah und ich ihm erklärte, als kleiner Junge hätte ich in den kirgisischen Steppen das Reiten gelernt.«

In ihrem Tagebuch schrieb Alexandra Fjodorowna: »14./27 April. Sonnabend. Auferstehungstag des Lazarus. Wir standen um 4.00 auf, tranken Tee, packten, passierten den Fluß um 5.00 auf Brettern und dann auf einer Fähre. Auf die Weiterfahrt (die Anweisung Jakowlews) warteten wir bis 7 1/4 Uhr. (Der Komm[issar] war nervös, suchte nach einer Möglichkeit zu telegrafieren.) Herrliches Wetter, scheußlicher Weg. Wir wechselten die Pferde gegen (?) und erreichten Pokrowskoje, während die Pferde wieder gewechselt wurden, standen wir lange vor dem Haus unseres Freundes, sahen seine Familie und Freunde, die aus dem Fenster schauten. In Borki tranken wir in einem wunderschönen Bauernhaus Tee und aßen von unserem Proviant. Als wir das Dorf verließen, trafen wir auf der Straße plötzlich Sedow. Wechselten abermals den Wagen. Wieder alle möglichen Zwischenfälle, aber weniger als gestern. Machten halt in einer Dorfschule und tranken Tee mit unseren Soldaten. Je. S. [Botkin] lag mit einer schrecklichen Nierenkolik darnieder. Als es dunkelte, wurden an unsere Troika Glöckchen gebunden, wir genossen den herrlichen Sonnenuntergang und den Mond. Vorwärts ging es in sausender Fahrt. Als wir uns Tjumen näherten, formierte sich unsere berittene Schwadron zu beiden Seiten in Kette, wir passierten den Fluß über eine ausziehbare Brücke und legten noch 3 Werst durch die dunkle Stadt zurück. Um Mitternacht bestiegen wir den Zug . . .«

Was an Alexandra Fjodorownas Tagebucheintragung auffällt, ist der uns bereits bekannte Name des Stabsrittmeisters Nikolai Jakowlewitsch Sedow (Emissär Anna Wyrubowas, Verbindungsmann zwischen Petrograd und Tobolsk). Die Begegnung hat auch Sedow dokumentiert: »Im April jenes Jahres, in der sechsten Woche des Großen Fastens, machte ich mich auf nach Tobolsk. Unterwegs, im Dorf Dubrowno* (50–60 Werst von Tobolsk), stieß ich auf den ›Zug‹ mit dem Gossudar und der Gossudarin und der Großfürstin Maria Nikolajewna. Vorn fuhren drei Troikas mit Maschinengewehren und MG-Schützen, in der nächsten der Gossudar und Kommissar Jakowlew, dahinter folgten die Troikas mit der Gossudarin und der Großfürstin

* So im Dokument.

Maria Nikolajewna sowie mit Botkin und Fürst Dolgorukow. Am Ende des Zuges fuhren Bediente und ganz zum Schluß die Rotarmisten. Ich begegnete dem Zug mitten im Dorf und hatte die Möglichkeit, den Gossudar und die Gossudarin von nahem zu sehen. Die Gossudarin erkannte und bekreuzigte mich.«

Jakowlew machte sich vor allem wegen des Verhaltens der ihn begleitenden Uraler Sorgen. Praktisch befand er sich mit seinem Konvoi zwischen zwei Abteilungen. Voraus ritt Saslawskis Abteilung, hinter ihm, in Sichtweite, die von Bussjazki. Zum Konflikt wäre es um ein Haar in Iwlewo gekommen, als – wie P. M. Bykow, Mitglied des Jekaterinburger Gebietsexekutivkomitees, später schrieb – die Uraler sich entschlossen zeigten, Jakowlew die Romanows zu entreißen. Doch dieser überblickte die Lage, verhaftete Bussjazkis Gehilfen (setzte ihn allerdings bald wieder auf freien Fuß) und nahm eine gewisse Umbildung in der Abteilung vor. Zum Kommandeur der vereinigten Abteilung machte er den verläßlichen P. Gusakow, der sich mit seiner Abteilung der Kolonne angeschlossen hatte, und zu dessen Stellvertreter Tschudinow. Beide Seiten vermieden den offenen Zusammenstoß.

35 Werst vor der Stadt wurde die Kolonne vom Vorsitzenden des Tjumener Gouvernementsexekutivkomitees, N. M. Nemzow, in Empfang genommen und zum Stadtbahnhof geleitet.

Als sich die Abteilung Tjumen näherte, war Kommissar Jakowlew (wie Alexandra Fjodorowna bemerkte) nervös. Dokumentarisch belegt ist die telegrafische Anfrage Jakowlews bei Swerdlow, die am 26. April, 20.50 Uhr, in Moskau aufgenommen wurde:

»Moskau. Vorsitzender. Zentr. Exekutivk. / Aus Tjumen.

Bleibt Fahrtroute, oder hast Du sie geändert? Erbitte unverzüglich Mitteilung [nach] Tjumen. Bin auf alter Fahrtroute. Benötige umgehend Antwort. Jakowlew.«

Auf dem Dokument steht der Vermerk: »Telefonisch durchgegeben. Fischer.«

Aus Moskau traf umgehend die Antwort ein:

»Fahrtroute bleibt, teile mit, ob Fracht bei Dir. Swerdlow.«

Jakowlew beschrieb die Verhandlungen später so: »Wir setzten uns mit dem Kreml in Verbindung. Am Apparat war Swerdlow persönlich. Er versprach, unverzüglich mit dem Ural-Sowjet Verhandlungen aufzunehmen. Während ich auf weitere Anweisungen Swerdlows wartete, rief ich in Jekaterinburg an. Doch da Goloschtschokin, Beloborodow und Didkowski bereits durch die Verhandlungen mit Moskau in Anspruch genommen waren, mußte ich mich damit begnügen, für Goloschtschokin eine detaillierte Mitteilung über das Vorgefallene zu hinterlassen. Ich bat sie außerdem, die Jekaterinburger Abteilungen zu bändigen, um sinnloses Blutvergießen zu vermeiden. Auf dem Telegrafenamt verbrachte ich an die fünf Stunden, bis ich von Swerdlow die eindeutige Anweisung bekam, unverzüglich in Richtung Omsk loszufahren.«

Jakowlews Darstellung wird von den überlieferten Dokumenten bestätigt. Er informierte Swerdlow detailliert über die Situation und die bestehende Gefahr, die »Fracht« nicht bis Jekaterinburg bringen zu können. Er telegrafierte:

»I. Habe soeben Teil des Gepäcks hergebracht. Die Fahrtroute will ich ändern auf Grund folgender außerordentlich wichtiger Umstände. Aus Jekaterinburg sind vor mir in Tobolsk spezielle Leute zur Vernichtung des Gepäcks eingetroffen. Die Sonderabteilung hat ihnen eine Abfuhr erteilt – fast hätte es ein Blutvergießen gegeben.

Als ich ankam, gaben mir die Jekaterinburger zu verstehen, daß das Gepäck besser nicht bis ans Ziel gebracht wird. Von mir haben sie ebenfalls eine Abfuhr bekommen. Habe eine Reihe von Maßnahmen ergriffen, so daß sie es nicht wagten, es mir dort zu entreißen. Sie baten mich, nicht neben dem Gepäck zu sitzen (Petrow).

II. Das war eine offene Warnung, daß man mich auch umbringen könnte. Da ich natürlich meinen Plan, alles ans Ziel zu bringen, nicht aufgab, setzte ich mich neben das Gepäck. Und weil ich wußte, daß es den Jekaterinburger Abteilungen nur darum ging, das Gepäck zu vernichten, holte ich Gusakow mit seiner Abteilung zu Hilfe. Die ganze Strecke von Tobolsk bis Tjumen wurde von meinen Abteilungen gesichert. Nachdem die Jekaterinburger Abteilungen weder in Tobolsk noch unterwegs, noch in Tjumen ihr Ziel erreichen konnten, haben sie beschlossen, mich bei Jekaterinburg in einen Hinterhalt zu locken. Sie sind entschlossen, für den Fall, daß ich ihnen das Gepäck nicht kampflos überlasse, uns alle über den Haufen zu schießen. Das alles wissen Gusakow und meine ganze Abteilung aus der Aussage eines von uns festgenommenen Jekaterinburgers. Und aus den Fakten, mit denen ich mich konfrontiert sah. Mit Ausnahme von Goloschtschokin kennt Jekaterinburg nur eins: koste es, was es wolle, mit dem Gepäck Schluß zu machen.

IV. Der vierte, fünfte und sechste Zug der Rotarmisten warten auf uns im Hinterhalt. Wenn das nicht den Absichten der Zentrale entspricht, dann ist es Wahnsinn, das Gepäck nach Jekaterinburg zu befördern. Gusakow und ich schlagen vor, alles in das Simer Bergland zu bringen, wo wir es sowohl vor dem rechten als auch vor dem linken Flügel schützen können. Ich biete meine Dienste als ständiger Kommissar für die Bewachung des Gepäcks bis zum äußersten an. Ich erkläre, auch im Namen Gusakows, daß wir uns

V. für Jekaterinburg in keiner Weise verbürgen können. Das Gepäck dorthin zu schicken mit Abteilungen, die nur ein Ziel verfolgten und es nicht erreichen konnten, da ich rigorose Maßnahmen ergriff, wäre Wahnsinn. Ich habe Euch gewarnt, jetzt entscheidet: entweder ich befördere das Gepäck unverzüglich in das Simer Bergland, wo es im Gebirge gute, wie dafür

VI. geschaffene Orte gibt, oder ich fahre nach Jekaterinburg, aber für die Folgen kann ich mich nicht verbürgen. Wenn das Gepäck in ihre Hände fällt, dann werden sie es vernichten. Wenn sie so weit gehen sollten, nötigenfalls mich und meine Abteilung umzubringen, dann kann es nur eins geben. Antworte also: Ob ich nach Jekaterinburg oder über Omsk in das Simer Bergland fahren soll. Ich warte auf Antwort. Stehe auf dem Bahnhof mit dem Gepäck. Jakowlew. Gusakow.«

Swerdlows Antwort lautete:

»Hier Swerdlow – am Apparat Jakowlew? (Pause) Teile mit, ob Du Dich nicht zu nervös machen läßt, vielleicht sind Deine Befürchtungen übertrieben und bisherige Fahrtroute kann beibehalten werden, warte auf Antwort??

(Pause)

Ja, ja, habe ich gelesen. (kleine Pause)

Hältst Du es für möglich, nach Omsk zu fahren und dort auf weitere Anweisungen zu warten?? (Pause)

Fahr nach Omsk, nach Ankunft telegrafiere, melde Dich beim Vorsitzenden des Deputiertensowjets Wladimir Kossarew, alle weiteren konspirativen Anweisungen gebe ich nach Omsk fahr los. (Pause) Wird gemacht alle Anweisungen werden erteilt, fahr los, auf Wiedersehen.«

Diesen Verhandlungen ist zu entnehmen, daß Jakowlew von Swerdlow die Anweisung erhielt, nach Omsk zu fahren. Vorher ließ er in einem Telegramm an Goloschtschokin die Jekaterinburger noch wissen, was er von ihnen hielt:

»Telegr. Nr. 39.

In Ihren Abteilungen kennt man nur eins – das Gepäck, das ich zu holen hatte, zu vernichten. Inspiratoren: Saslawski, Chochrajakow und Bussjazki ... Sie haben eine Reihe von Maßnahmen ergriffen, um ihr Ziel in Tobolsk oder unterwegs zu erreichen, aber meine Abteilungen sind noch stark genug, und es hat nicht geklappt. Habe einen aus Bussjazkis Abteilung festgenommen, der alles zugibt.

Ich bin natürlich sicher, daß ich diesen Jüngelchen ihre miesen Absichten austreiben werde. Aber bei Ihnen in Jekaterinburg ist in den Abteilungen die Tendenz, das Gepäck zu vernichten, sehr stark. Können Sie sich für den Schutz dieses Gepäcks verbürgen? Denken Sie daran, daß der Rat der Kommissare mir Beistand zugesichert hat. Geben Sie persönlich umfassend Antwort. Sitze auf dem Bahnhof mit Hauptteil des Gepäcks, und sobald ich die Antwort erhalte, fahre ich los. Bereiten Sie die Aufnahme vor. Jakowlew. Gusakow.«

Weiter ging Jakowlew folgendermaßen vor: »Zum Bahnhof zurückgekehrt, bestellte ich den Stationsvorsteher zu mir und fragte ihn, ob die Strecke Omsk – Jekaterinburg frei und unser Zug abfahrbereit sei. Er bejahte. Nachdem ich ihn auf die Notwendigkeit strengster Konspiration hingewiesen hatte, teilte ich ihm mit, daß wir die Richtung änderten, was vor allen geheimzuhalten sei, daß wir in Richtung Omsk führen. Dazu müsse unser Zug zunächst unter Einhaltung aller Vorschriften auf die Strecke nach Jekaterinburg gebracht werden. Auf der zweiten Station nach Tjumen sei eine neue Lokomotive anzuspannen und der Zug sodann ohne Halt mit gelöschten Lichtern über Tjumen in Richtung Omsk durchzulassen. Der Stationsvorsteher führte die Anweisung exakt aus. Groß war das Staunen aller unserer Fahrgäste, als sie am nächsten Morgen erfuhren, daß sie nach Jekaterinburg unterwegs gewesen und nun kurz vor Omsk waren.«

Auf dem Bahnhof war ein Zug mit sechs Personenwagen bereitgestellt worden – im Fahrplan vermerkt als »Sonderzug Nr. 42 der Eisenbahn Samara – Slatoust«.

Alexandra Fjodorowna hielt in ihrem Tagebuch fest: »Früh schrieb ich einen zweiten Brief an die Kinder. Wir fahren mit dem Zug nach Westen. 15./28. April. Sonntag. Um 4 1/2 verließen wir Tjumen. Wir konnten kaum einschlafen. Herrliches Sonnenwetter. Nikolai und ich zusammen in einem Coupé, nebenan Maria und Njuta ... Station Nasiwajewskaja – Maria und Njuta machten ein-, zweimal draußen einen kurzen Spaziergang. Ich schrieb an die Kinder.«

Der Diensthabende im Deputiertensowjet Ural wartete auf die telegrafische Bestätigung der Abfahrt des Zuges Nr. 42 aus Tjumen in Richtung Jekaterinburg. Doch 6 Uhr morgens war die vereinbarte Bestätigung noch nicht eingetroffen. Auf Anweisung Beloborodows ging eine telegrafische Anfrage nach Tjumen. Die Antwort ließ auf sich warten. Erst um 10 Uhr konnte über die berittene Abteilung, die den Anschluß an die Kolonne Jakowlews verloren hatte und endlich in Tjumen angekommen war, ermittelt werden, daß der Zug in Richtung Omsk fuhr. Aus Jekaterinburg ging eine besorgte Depesche nach Moskau (aufgenommen am 28. April, 18.50 Uhr):

»Geheim.

Sownarkom* Gen. Lenin und Swerdlow. / Aus Jekaterinburg.

Ihr Kommissar Jakowlew brachte Romanow nach Tjumen, setzte ihn in den Zug, fuhr nach Jekaterinburg los. Nachdem er ein Stück gefahren war, änderte er die Richtung. Fuhr zurück. Jetzt befindet sich der Zug mit Nikolai vor Omsk. Mit welchem Ziel das geschah, ist uns unbekannt. Wir halten solches Verhalten für Verrat. Entsprechend Ihrem Schreiben [vom] 9. April soll Nikolai nach Jekaterinburg. Was hat das zu bedeuten? Durch Beschluß des Gebietssowjets und des Gebietsparteikomitees wurde jetzt angeordnet, Jakowlew und den Zug um jeden Preis zu stoppen, Jakowlew festzunehmen und zusammen mit Nikolai nach Jekaterinburg zu bringen. Warten am Apparat auf Ihre Antwort. Beloborodow. Safarow.«

Der Zug erreichte Omsk nicht. Jakowlew: »Wir machten auf der letzten Station halt, nahmen den Telegrafen unter unsere Kontrolle und teilten nach Omsk mit, wir würden gleich losfahren. Gusakow ließ ich an der Spitze des Zuges zurück und fuhr, begleitet von Fadejew, mit einem Wagen nach Omsk. Hinter der Brücke war die ganze Bahnlinie mit Bewaffneten übersät. Auf unsere Lokomotive sprangen Bewaffnete auf.

›Na, das ist ein Empfang!‹ sagte Fadejew.

Gegen wen geht es hier? überlegte ich, doch das Rätsel sollte sich bald lösen. Sobald der Wagen hielt, betraten wir den Bahnsteig. Eine dichte Menschenmenge umringte uns, und eine Zeitlang betrachteten wir einander verwundert.

* Rat der Volkskommissare.

›Ich bin der Sonderkommissar des WZIK Jakowlew. Ich muß den Vorsitzenden des Omsker Sowjets, Genossen Kossarew, sprechen‹, sagte ich zu den Umstehenden.

›Hier ist er, hier‹, gaben ein paar Stimmen Auskunft. Jemand kam auf mich zu. Die Menge wich zur Seite.

›Anton, bist du es!‹ rief Kossarew verwundert.

›Sei gerüßt, Wladimir! Du bist also Vorsitzender des Omsker Sowjets.‹ Endlich hatte ich meinen alten Genossen erkannt, mit dem ich in der Parteischule bei Maxim Gorki auf Capri gewesen war.

›Sag mal, wieso habt ihr so die Stacheln ausgefahren und sogar Kanonen auf den Bahnsteig gerollt‹, wollte ich von ihm wissen.

›Gegen dich, du Konterrevolutionär‹, lachte Kossarew. So erfuhr ich zum erstenmal, daß mich der Ural-Sowjet zum Verräter der Revolution erklärt hatte, weil ich mit den Romanows davongefahren war. Ich war wie vor den Kopf geschlagen. Deshalb also dieses unheildrohende Schweigen überall unterwegs und solch ein Empfang in Omsk!«

Die Uraler waren drauf und dran, Jagd auf Jakowlew zu machen. Nach Moskau, Omsk und anderen Zentren gingen Alarmtelegramme ab:

»Militärtelegramm. Höchste Dringlichkeit.

Am 28. April ist auf Omsker Eisenbahn Sonderzug Nr. 42 unter Leitung von Kommissar Jakowlew abgefahren, der ehemaligen Zaren Nikolai Romanow begleitet. Kommissar Jakowlew hatte Auftrag des Allrussischen Sownarkom, ehemaligen Zaren aus Tobolsk [nach] Jekaterinburg zu bringen und an Gebietssowjet der A.- B.- und S.d. des Urals zu übergeben. Gemäß Schreiben des ZIK-Vorsitzenden Swerdlow [vom] 9. April sollte der ehemalige Zar ohne direkte Anordnung der Zentrale nirgendwo sonst hingefahren werden, wir haben solche Weisungen nicht erhalten. Jakowlew setzte Zaren, nachdem er ihn [aus] Tobolsk weggebracht hatte, [in] Tjumen [in den] Zug und fuhr Richtung Jekaterinburg ab, doch an nächster Ausweichstelle änderte er Richtung und fuhr Zug [in] Gegenrichtung Osten [nach] Omsk. Der Gebietssowjet der Arbeiter, Bauern und Soldaten des Urals sieht [nach] Erörterung des Verhaltens des Kommissars Jakowlew und einmütiger Beschlußfassung darin direkten Verrat an der Revolution, Versuch, ehemaligen Zaren entgegen eindeutiger Anweisung des ZIK-Vorsitzenden [mit] unbekanntem Ziel aus revolutionärem Ural wegzubringen, einen Akt, der Kommissar Jakowlew außerhalb der Reihen der Revolutionäre stellt. Ural-Gebietssowjet fordert alle sowjetischen revolutionären Organisationen, insbesondere Omsker Deputiertensowjet, auf, entschlossen außerordentliche Maßnahmen einschließlich Waffengewalt zu ergreifen, um Zug des ehemaligen Zaren zu stoppen. Kommissar Jakowlew verfügt über etwa hundert Bewaffnete. Kommissar Jakowlew ist zusammen [mit den] Personen seiner Abteilung, die Widerstand leisten, festzunehmen, der gesamte Konvoi ist durch neue, zuverlässige Leute zu ersetzen, die Verhafteten sind zusammen [mit] Nikolai Romanow [nach] Jekaterinburg zu bringen und an Gebietssowjet zu übergeben. Fordern auf, Dokumente, die Jakowlew vorweist und auf die er sich beruft, nicht zu beachten, da alle seine bisherigen Schritte zweifelsfrei das Verbrecherische seiner Absichten beweisen, die er möglicherweise im Auftrag anderer Personen verfolgt. Gebietskomitees der Parteien der Bolschewiki, der Linken Sozialrevolutionäre und der Maximalisten erachten die Erfüllung des Beschlusses des Gebietssowjets als obligatorisch für die Mitglieder dieser Parteien. Über ergriffene Maßnahmen und Konsequenzen bitten wir unverzüglich zu telegrafieren – Jekaterinburg, Gebietssowjet.

Vorsitzender des Ural-Gebietssowjets der Arbeiter-, Bauern- [und] Soldatendeputierten Alexander Beloborodow.«

In diesen Tagen fand in Jekaterinburg die 4. Ural-Gebietskonferenz der RKP (B) statt, an der 102 Delegierte aus 57 Parteiorganisationen teilnahmen. Bykow wußte zu berichten: »Die Konferenz billigte das Handeln des Parteikomitees und des Gebietssowjets, die Mehrzahl der Delegierten sprach sich für die Notwendigkeit aus, Romanow schnellstmöglich zu erschießen, um allen künftigen Versuchen der Befreiung des ehemaligen Zaren und der Wiedererrichtung der Monarchie vorzubeugen.«

Der Umlenkung des Zuges nach Jekaterinburg gingen intensive Verhandlungen zwischen Moskau und den Uralern und etwas später zwischen Moskau und Jakowlew voraus. So steht in der biographischen Chronik Lenins unter dem 28. April 1918: »W. I. Lenin führt Verhandlungen (18–18.50 Uhr) über Direktleitung mit Jekaterinburg . . . Lenin führt zusammen mit Ja. M. Swerdlow Verhandlungen (21.30–23.50 Uhr) über Direktleitung mit Jekaterinburg.«

In den Erinnerungen Beloborodows nimmt sich der Vorgang wie folgt aus:

»Die Angelegenheit wurde wohl so entschieden, daß Ja. M. Swerdlow den Auftrag erhielt, alle damit zusammenhängenden Fragen zu klären. Jakowlew hatte in dieser Sache von Omsk aus ein Gespräch mit dem Kreml. Nach ihm sprachen wir mit dem Kreml. Am Apparat waren ich, Goloschtschokin, Safarow, Tolmatschow, Chotimski und Didkowski. Zunächst sprach Swerdlow allein mit uns, dann kam auch Gen. Lenin an den Apparat. Wir brachten unsere Empörung über Jakowlews Handeln zum Ausdruck, werteten es als abenteuerlich und als direkte Verletzung der uns bekannten Anordnungen des ZK zur Überführung Nikolais nach Jekaterinburg. Ja. M. sagte, Jakowlews Mitteilung zufolge hätten wir die Absicht, Nikolai zu ›liquidieren‹, und das könne das ZK nicht zulassen, Nikolai könne nur unter der Voraussetzung nach Jekaterinburg gebracht werden, daß wir für seine Sicherheit garantieren.

Diese Garantie gaben wir, und Ja. M. erklärte, Jakowlew werde nach Jekaterinburg umkehren. Etwa zwei Tage darauf war Jakowlew mit dem Zug in Jekaterinburg.«

In den Verhandlungen mit Swerdlow suchte Jakowlew zu beweisen, daß er die Fahrtroute des Zuges mit Nikolai II. hatte ändern müssen. In seiner Antwort aus Omsk argumentierte er wie folgt:

»Selbstverständlich füge ich mich allen Anordnungen der Zentrale. Ich werde das Gepäck dorthin bringen, wohin Sie es wollen. Doch ich halte es für meine Pflicht, den Rat der Volkskommissare darauf hinzuweisen, daß eine sehr ernste Gefahr besteht, die sowohl Tjumen als auch Omsk bestätigen können. Noch eine Überlegung : Wenn Sie das Gepäck nach Sim (Gouvernement Ufa – d. Verf.) schicken, können Sie es jederzeit problemlos nach Moskau oder wohin Sie möchten weiterbefördern. Wenn es jedoch auf der ersten Route (nach Jekaterinburg – d. Verf.) gefahren wird, bezweifle ich, ob es Ihnen gelingen wird, es dort herauszubekommen. Weder ich noch Gusakow noch der Jekaterinburger Awdejew haben in der Hinsicht irgendwelche Zweifel; ebensowenig bezweifeln wir, daß das Gepäck sich in ständiger Gefahr befinden wird. Nachdem wir Sie auf die Konsequenzen hingewiesen haben, erklären wir uns von jeder moralischen Verantwortung frei. Wir nehmen erste Route. Wir fahren sofort los. Ich erinnere daran, daß es bei den telegrafischen Verhandlungen ständig Mißverständnisse gab. Podbelski (Volkskommissar für Post und Telegrafenwesen – d. Verf.) untersagte Verhandlungen

Mitglieder des Ural-Gebietssowjets: Tolmatschow, Beloborodow, Safarow, Goloschtschokin

für mich. Ich bitte darum, daß Newski (Volkskommissar für Verkehrswesen – d. Verf.) mit einem streng gehaltenen Telegramm alle Stationsvorsteher anweist, per Telegraf keine anderen Meldungen durchzugeben, als daß unser Zug, abgesehen von Aufenthalten auf kleinen Stationen, ohne Halt durchzulassen ist, erinnere also Podbelski und Newski noch einmal daran. Das Gepäck liefere ich ab. Und fahre den anderen Teil holen. Leb wohl. Ich breche gleich auf. Jakowlew. Gusakow.«

Um eine Zuspitzung des Konflikts zu vermeiden, schickte Swerdlow an den Jekaterinburger Gebietssowjet und das Parteikomitee folgende Verfügung: »Alles, was von Jakowlew unternommen wird, geschieht in Erfüllung des Auftrages, den er von mir erhalten hat. Einzelheiten teile ich mit Sonderkurier mit. Treffen Sie keinerlei Anordnungen in bezug auf Jakowlew. Er handelt entsprechend den von mir heute morgen 4 Uhr erhaltenen Weisungen. Unternehmen Sie absolut nichts ohne unser Einverständnis. Jakowlew hat unser volles Vertrauen. Nochmals – keinerlei Eingriffe. Swerdlow.«

Der WZIK-Vorsitzende Swerdlow verlangte von Jekaterinburg eindeutige Sicherheitsgarantien für die Romanows und für Jakowlew. Danach übermittelte er in den Ural den Text seiner an Jakowlew ergangenen Weisung: »Unverzüglich nach Tjumen aufbrechen. Mit den Uralern über Maßnahmen verständigt, haben Garantien gegeben, übergib Fracht in Tjumen an Vertreter des Ural-Gebietskomitees. So erforderlich. Fahr selbst mit. Leiste Vertreter volle Unterstützung. Aufgabe bleibt unverändert.«

Der Vertreter war niemand anders als Saslawski, der unmittelbar vor Jakowlews Abfahrt aus Tobolsk buchstäblich Reißaus genommen, ihm freilich eine kurze schriftliche Nachricht hinterlassen hatte. Jetzt verfügte er über Vollmachten, die in folgender Instruktion dargelegt waren:

»Jekaterinburg, 29.04.1918 Geheim

GENOSSEN SEMJON SAWELJEWITSCH
SASLAWSKI

Instruktion
zur Übernahme und Begleitung des ehemaligen Zaren
NIKOLAI ROMANOW

1. Diese Instruktion wird Ihnen auf Grund der über Direktleitung mit Moskau geführten Verhandlungen mit dem VORSITZENDEN DES ZENTRALEN EXEKUTIVKOMITEES, GEN. SWERDLOW, erteilt.

2. In Ihrer Tätigkeit lassen Sie sich von folgendem über Direktleitung geführten Gespräch leiten: SWERDLOW (in Moskau): ›Können Sie folgender Anweisung an Jakowlew zustimmen: UNVERZÜGLICH NACH TJUMEN AUFBRECHEN. MIT URALERN VERSTÄNDIGT – HABEN MASSNAHMEN ERGRIFFEN, GARANTIEN GEGEBEN. ÜBERGIB GESAMTE FRACHT IN TJUMEN AN VERTRETER DES URAL-GEBIETSKOMITEES, SO ERFORDERLICH, FAHR SELBST MIT, LEISTE VERTRETER VOLLE UNTERSTÜTZUNG. AUFGABE BLEIBT UNVERÄNDERT. Ich denke, unter diesen Bedingungen können Sie die volle Verantwortung übernehmen. Was meinen Sie?‹

BELOBORODOW, SAFAROW, DIDKOWSKI, PREOBRASHENSKI (in Jekaterinburg): ›Einverstanden.‹

3. Auf der Grundlage dieses Gesprächs sind Sie direkter Vertreter des URAL-GEBIETSSOWJETS.

4. Zu Ihrer Verfügung steht eine Abteilung unter dem Befehl des Genossen BRONIZKI.

5. Ihre unmittelbare Aufgabe umfaßt folgendes:

a) Sie begeben sich mit der Abteilung von Jekaterinburg nach Tjumen, wo Sie Kommissar Jakowlew erwartet, der den ehemaligen Zaren begleitet.

b) Auf der Station Tjumen weisen Sie Gen. Jakowlew diese Instruktion und Ihr Mandat vor und vereinbaren mit ihm den Zeitpunkt der Übergabe des ehemaligen Zaren an Sie als Vertreter des GEBIETSSOWJETS.

c) Sie übernehmen den ehem. Zaren auf der Grundlage eines Protokolls, das von Ihnen, Gen. Jakowlew und dem mit Ihnen entsandten Gen. Timin zu unterzeichnen ist.

d) Nach der Übernahme setzen Sie zur Bewachung Leute aus Ihrer Abteilung ein oder belassen, wenn Sie das für möglich erachten, einen Teil der alten Wache.

e) Nach Erfüllung aller dieser Punkte geben Sie die Anweisung, daß der Zug unverzüglich zur Station Jekaterinburg losfährt, wo die endgültige Übergabe des ehem. Zaren an den GEBIETSSOWJET erfolgt.

f) Sie haben den ehem. Zaren WOHLBEHALTEN in Jekaterinburg an den GEBIETSSOWJET zu überstellen.

7. Im Falle eines verbrecherischen Überfalls auf den Zug wird die Verteidigung des Zuges von Abteilungskommandeur Bronizki übernommen, der über alle notwendigen Mittel der Verteidigung verfügt und den Sie mit dieser Instruktion vertraut zu machen haben.

8. Über Ihre Ankunft in Tjumen, die Übernahme des Zaren und die Abfahrt des Zuges nach Jekaterinburg informieren Sie den Gebietssowjet telegrafisch.

9. Der mit Ihnen entsandte Gen. Timin vertritt Sie in Ihrer Abwesenheit.«

Nachdem Jakowlew die entsprechenden Garantien und Swerdlows Anweisungen erhalten hatte, fuhr er in Richtung Jekaterinburg los. In Tjumen schloß sich dem Konvoi die Abteilung Bussjazkis an, der Jakowlew mit einem zweiten Zug folgte.

Die Atmosphäre im Zug geben die Tagebuchaufzeichnungen der Romanows wieder. Alexandra Fjodorowna am 29. April 1918: »16./29. April. Montag. 9 1/4 – Ausweichstelle 92. Sonniges Wetter. Ohne Omsk erreicht zu haben, kehrten wir um. Wieder die Station Nasiwajewskaja. Frühstück wurde gebracht, ich trank nur Kaffee. – Station ... die anderen machten einen Spaziergang. Kurz darauf noch einen ... Sednew bereitete uns heute ein gutes Mittagessen. Ich schrieb unseren 5. Brief an die Kinder. N[ikolai] las uns vor. (Der Omsker Sowjet hat uns nicht nach Omsk gelassen aus Angst, wir könnten nach Japan entführt werden.) ...«

In Jekaterinburg wurde inzwischen für die Romanows in aller Eile das »Haus zur besonderen Verwendung« vorbereitet.

Fünftes Kapitel

Das Schicksal Michail Romanows

Die Umstände fügten es, daß Michail der letzte Imperator auf dem russischen Thron wurde – sofern man die knapp zwei Tage vom 2. bis 3. März 1917 als »Regentschaft« bezeichnen kann. Sein Schicksal ist geheimnisumwittert. Auch nach der Abdankung behielt er seinen Anspruch auf den Thron, und das kostete ihn das Leben.

Prüfstein Thron

Michail Romanow beteiligte sich an keinerlei Intrigen und Verschwörungen gegen Nikolai II. Im Gegenteil, in den Januar- und Februartagen des Jahres 1917 bemühte er sich nach Kräften, ihm zu helfen. In den Tagebüchern des Zaren und der Zarin sind sechs Besuche vermerkt, die er in dieser Zeit im Alexanderschloß machte. Allerdings taucht der Name des Zarenbruders immer häufiger in den Kombinationen des politischen Patiencespiels verschiedener Parteien und Gruppierungen am Hofe auf. In diesem Zusammenhang ist wiederholt von der »politischen Rolle« des Salons der Gräfin Natalia Sergejewna Brassowa die Rede. Selbst der französische Botschafter Maurice Paléologue schrieb entrüstet:

»Es heißt, die Gräfin Brassowa lege alles darauf an, ihrem Gatten eine neue politische Rolle aufzuzwingen. Von Ehrgeiz zerfressen, raffiniert und völlig prinzipienlos, hält sie es neuerdings mit dem Liberalismus. Ihr Salon, der Fremden eigentlich verschlossen ist, steht zunehmend linken Deputierten offen. In Hofkreisen bezichtigt man sie bereits des Verrats am Zarismus, sie aber ist sehr angetan von solchen Gerüchten, die ihr eine gewisse Reputation und Popularität verschaffen. Sie emanzipiert sich immer mehr; sie redet Dinge, die anderen zwanzig Jahre Sibirien einbrächten . . .«

Die Nachricht von der Februarrevolution erreichte Michail Romanow in Gattschina. Dokumente belegen, daß er sein Möglichstes tat, um die Monarchie zu retten, aber keineswegs selbst den Thron besteigen wollte. Am 27. Februar rief ihn Rodsjanko nach Petrograd. Auf dessen Bitte setzte er sich über Direktleitung mit dem Hauptquartier in Verbindung und bat den Zaren, der Duma nachzugeben und eine Regierung des Vertrauens zu bilden. Nikolai II. antwortete über den Stabschef, General Alexejew, und dankte seinem Bruder, dessen Rat jedoch schlug er aus. An der Rückkehr nach Gattschina gehindert (die Straßen waren gesperrt), fuhr Michail Romanow spätabends zum Winterpalais, wo er wieder in den Strudel der Ereignisse geriet, unter die kopflosen und schlecht geführten letzten bewaffneten Verteidiger der Selbstherrschaft. Unter ihnen befand sich eine Gruppe von Generälen (Chabalow, Kriegsminister Beljajew u. a.), die vom Gebäude der Admiralität ins Winterpalais übergewechselt waren. Michail Romanow lehnte es ab, sich an ihre Spitze zu stellen.

Die nächsten fünf Tage hielt er sich in der Wohnung des Fürsten P. P. Putjatin auf der Millionnaja 12 versteckt, stand aber die ganze Zeit mit Rodsjanko in Verbindung. Hier fand ihn der Advokat N. N. Iwanow. Durch seine Arbeit in Kontakt mit Großfürst Pawel Alexandrowitsch, dem Onkel des Zaren, war er, unter Rodsjankos Aufsicht, einer der Verfasser des sogenannten Großfürstenmanifests. Das in der Umgebung Pawel Alexandrowitschs entstandene Dokument war ein neuerlicher Versuch, den Thron durch Abtretung der Macht an die Duma zu retten. In diesem Manifest sollte im Namen des Zaren u. a. verkündet werden: »Wir beauftragen den Vorsitzenden der Staatsduma, umgehend ein vom Vertrauen des Landes getragenes Provisorisches Komitee zu bilden, das in Übereinstimmung mit Uns für die Einberufung der Gesetzgebenden Versammlung sorgt, welche für die unverzügliche Erörterung des von der Regierung zu unterbreitenden Entwurfs der neuen Grundgesetze des Russischen Imperiums erforderlich ist . . .«

Als N. N. Iwanow am 1. März 1917 in der Millionnaja 12 erschien, war das »Manifest« bereits von den Großfürsten Pawel Alexandrowitsch und Kirill Wladimirowitsch (Cousin des Zaren) unterschrieben. Es fehlte noch die Unterschrift Michails. Iwanows Erinnerungen zufolge schwankte Michail Alexandrowitsch, erbat sich Bedenkzeit, um sich mit seiner Gattin zu beraten, und unterschrieb schließlich.

Doch das »Manifest« kam zu spät, die revolutionären Ereig-

Großfürst Michail Alexandrowitsch auf einem Maskenball, 1903

nisse überstürzten sich, so daß Rodsjanko bereits am folgenden Tag die Frage der Abdankung Nikolais II. zugunsten Alexejs bei Regentschaft Michails aufwarf. Mit dieser Überlegung wandte er sich an Michail Alexandrowitsch, um ihn zur »Einflußnahme« auf Nikolai II. zu bewegen.

Das Gerücht, Michail strebe den Thron an, schreckte die übrigen Mitglieder des Zarengeschlechts auf. Um Aufschluß zu erhalten, schickte Pawel Alexandrowitsch sofort einen Brief an den dritten Mitunterzeichner des Manifests, Kirill Wladimirowitsch, in dem er ihn wissen ließ, daß ihm »die neue Tendenz, Mischa zum Regenten zu machen, überhaupt nicht« gefalle, wahrscheinlich seien das alles Intrigen der Brassowa. Pawel Alexandrowitschs Gattin, die Fürstin Palej, beeilte sich, diese Information an Alexandra Fjodorowna weiterzugeben. Kurz gesagt, bei weitem nicht alle aus dem Zarengeschlecht hießen diese Idee gut. Da er die Einstellung seiner Verwandten kannte, fand Michail Romanow vermutlich eine Möglichkeit, sie zu beruhigen. Jedenfalls stellte Kirill Wladimirowitsch, der über den Gang der Ereignisse im Bilde war und wußte, wo sich Michail aufhielt, in seinem Antwortbrief an Pawel Alexandrowitsch fest: »Mischa handelt in eindeutigem Einvernehmen mit unserer ganzen Familie.«

Man kann sich des Eindrucks nicht erwehren, daß Rodsjanko Michail Romanow über die Variante der Abdankung Nikolais II. mehr in Kenntnis setzte, als ihn um sein Einverständnis zu bitten. Es läßt sich nicht belegen, daß Michail Alexandrowitsch seiner Regentschaft zustimmte, doch mit ebendiesem Vorschlag fuhren die beiden Abgesandten der Duma, Schulgin und Gutschkow, zum Zaren.

Das Gespräch Nikolais II. mit den Vertretern der Duma beschreibt Schulgin in seinen bekannten Memoiren »Tage«. Der Thronverzicht Nikolais II., erklärt für seine eigene Person und die des minderjährigen Thronfolgers Alexej zugunsten seines Bruders Michail, kam für sie völlig überraschend. Nicht weniger überraschte er Michail selbst.

Bereits am Morgen des 2. März 1917 hatte Miljukow im Katharinensaal des Taurischen Palais, den Ereignissen vorauseilend, vor einer großen Zuhörerschaft verkündet, Großfürst Michail Alexandrowitsch werde Regent und es sei beschlossen, in Rußland eine konstitutionelle Monarchie zu errichten. Diese Erklärung löste bei den Arbeitern und Soldaten in der Staatsduma einen Sturm der Entrüstung aus, und Miljukow sah sich zu einem Rückzieher gezwungen: er habe lediglich seine persönliche Meinung geäußert. Später lieferte Kerenski in seinen Erinnerungen eine genaue Beschreibung der anschließenden Ereignisse, die die Doppelzüngigkeit der Politiker der Provisorischen Regierung bloßlegen:

»Unmittelbar nach Bekanntgabe dieser Neuigkeit trat Stille ein, dann erklärte Rodsjanko, daß eine Thronbesteigung des Großfürsten Michail unmöglich sei. Niemand von den Mitgliedern des Provisorischen Komitees erhob Einwände. Die Meinung der Versammelten schien einhellig.

Zunächst trug Rodsjanko seine Überlegungen vor, weshalb der Großfürst nicht Zar sein könne, viele andere folgten ihm ... Als ich diese wenig überzeugenden Argumente hörte, begriff ich, daß hier gar nicht die Argumente den Ausschlag gaben. Die da sprachen, fühlten intuitiv, daß in diesem Stadium der Revolution kein neuer Zar akzeptabel war, ganz gleich welcher.

Überraschend bat Miljukow, der bisher geschwiegen hatte, ums Wort. Mit der üblichen Beharrlichkeit verfocht er seine Ansicht, Ziel der Debatte sei nicht, wer neuer Zar werden solle, sondern daß Rußland einen Zaren brauche. Die Duma habe mitnichten eine Republik angestrebt, sondern lediglich einen neuen Mann auf dem Thron sehen wollen. In engem Zusammenwirken mit dem neuen Zaren, so fuhr Miljukow fort, müsse die Duma den tosenden Sturm zur Ruhe bringen. In diesem entscheidenden Augenblick seiner Geschichte könne Rußland nicht ohne Monarchen auskommen. Er bestand darauf, daß ohne jede weitere Verzögerung die notwendigen Maßnahmen zur Anerkennung des neuen Zaren ergriffen werden müßten ...

Die Zeit ging dahin, der Morgen brach bereits an, aber eine Lösung war nicht gefunden. Das wichtigste war, zu verhindern, daß – bevor die endgültige Entscheidung feststand – die Abdankungserklärung zugunsten des Bruders Nikolais II. veröffentlicht wurde. Man einigte sich, die Sitzung zu vertagen.«

Die Duma-Abgesandten Gutschkow und Schulgin waren noch nicht in Petrograd angekommen, als auf der Millionnaja 12 das Klingeln des Telefons Michail Alexandrowitsch um fünf Uhr früh aus dem Schlaf riß. Am Apparat war Kerenski. Über das Gespräch berichtete Großfürst Andrej Wladimirowitsch: »Kerenski setzte ihn über die Abdankung in Kenntnis und fragte, ob er davon wisse. Mischa antwortete, er wisse nichts. Daraufhin fragte Kerenski, ob Mischa ihn und andere Mitglieder der Duma empfangen könne, und als er die Zustimmung erhielt, versprach er, in einer Stunde dazusein . . .«

Der uns bereits bekannte N. N. Iwanow berichtet, wie sich die Dinge entwickelten, als Michail Romanow eine selbständige Entscheidung treffen konnte. Wie die wenigen Stunden abliefen, die ihm die Geschichte einräumte. Iwanow schreibt:

»Ich erinnere mich, wie wir zusammen mit der aus Gattschina herübergekommenen Gattin des Großfürsten, der Gräfin Brassowa, frühstückten und zu Mittag aßen. Ich erinnere mich, wie verwirrt Michail Alexandrowitsch war, als er von der Abdankung seines Bruders erfuhr. An die Verlegenheit, die ihn ergriff, als ihm erklärt wurde, der Thron sei an ihn übergegangen. Jetzt war die Gräfin Brassowa bei ihm, mit ihr konnte er sich beraten, doch für einen freimütigen Meinungsaustausch kam als Außenstehender und inoffizielle Person nur ich in Frage, und wie aus alter Gewohnheit führte er in seiner neuen Eigenschaft ein langes Gespräch mit mir, wußte er doch nicht, wie er sich entscheiden sollte.

Was sein Fühlen vor allem beherrschte – das kann ich bezeugen –, war Abneigung gegen die Übernahme der obersten Macht. Er sagte, er habe nie den Thron gewollt und sei darauf nicht vorbereitet. Er werde als Zar antreten, wenn ihm alle sagten, daß er mit seiner Weigerung eine schwere Verantwortung auf sich lade, die gleichbedeutend mit dem Untergang des Landes sei.

Jedenfalls sei er auf keinen Fall bereit, sich auf Bajonette zu stützen. Jetzt sehe er in Rußland nichts als Bajonette . . .

Er war heftig erregt und unschlüssig. Lief von einem Zimmer ins andere. Verschwand irgendwo. Erschien plötzlich wieder. Und redete immerzu, während er hin und her lief. Oder bat, etwas zu sagen. Er magerte in diesen Stunden ab. Seine Gedanken machten Sprünge. Er fragte und vergaß, was er gefragt hatte.

›Mein Gott, was für eine Bürde – der Thron! Armer Bruder! Ohne mich wird es bei ihnen sicherlich besser laufen . . . Wie gefällt Ihnen Lwow? Ein kluger Mann, nicht wahr? Und Kerenski – einer mit Charakter. War er immer so, oder hat ihn die Revolution so gemacht? Der wird die Leute schon zur Vernunft bringen.›

Für Stunden verstummte er. Man konnte seine Fragen mehrfach stellen – sie erreichten ihn nicht. Dann kehrte seine innere Ruhe langsam zurück. Er sah irgendwie gefaßter aus.

›Wie haben Sie sich entschieden?‹ fragte ich ihn kurz vor seiner Abdankung.

›Ach!‹ Er fuhr sich mit der Hand über die Stirn. ›Allein werde ich es nicht entscheiden. Ich muß es zusammen mit diesen Herren entscheiden.‹

Er meinte die Vertreter der neuen Macht.

Das war offensichtlich der Entschluß, der ihn beruhigt hatte.«

Eine weitere, wenig bekannte Darstellung dieses Geschehens stammt von der Gräfin L. N. Woronzowa-Daschkowa:

»Alle beschäftigte eine Frage – was soll Michail Alexandrowitsch tun? Auf den Thron verzichten, dann geht die gesamte Macht an die Staatsduma über, oder die Bürde der Macht auf sich nehmen?

›Bei mir waren Mitglieder der Duma, aber sie sind sich nicht einig‹, sagte der Großfürst zu uns, und seiner Stimme war die Last der Verantwortung, die er auf sich ruhen fühlte, anzumerken . . .

›Nein, Gräfin‹, meinte Michail Alexandrowitsch, ›wenn ich das tue, fließt Blut, und ich kann nichts aufhalten. Alle sagen, wenn ich auf den Thron nicht verzichte, beginnt ein großes Gemetzel, und alles geht in Anarchie unter . . .‹

Bis heute bin ich überzeugt davon, daß Michail Alexandrowitsch nur deshalb so unschlüssig war, weil er bei niemandem in seiner Umgebung eiserne Entschlossenheit sah, bis zum Äußersten zu gehen. Die einen bestätigten durch ihr Schweigen die Richtigkeit seiner negativen Entscheidung, die anderen hießen sie offen gut. Ich denke, daß auch sein körperliches Leiden (die Verschlimmerung seines Magengeschwürs – d. Verf.) bei seiner negativen Entscheidung eine Rolle spielte. Die Schmerzen waren bisweilen so stark, daß Michail Alexandrowitsch kaum sprechen konnte.«

Aus den Erinnerungen des Barons B. E. Nolde, eines professionellen Kenners der Jurisprudenz, erfahren wir in allen Einzelheiten, wie die Abdankungsurkunde Michail Romanows zustande kam:

»Am 3. März saß ich nach dem Frühstück in meinem Dienstzimmer auf dem Schloßplatz. Das Telefon klingelte, und ich vernahm Nabokows Stimme, die, ruhig wie immer, keinerlei Aufregung verriet: ›Lassen Sie alles stehen und liegen, nehmen Sie den ersten Gesetzesband und kommen Sie sofort auf die Millionnaja, Nummer soundso, in die Wohnung des Fürsten Putjatin.‹ Zehn

Minuten später wurde ich in ein Zimmer geführt, in dem der Kinderschreibtisch der Tochter der Wohnungseigentümer stand und wo ich Nabokow und Schulgin vorfand. Schulgin berichtete rasch von seiner Fahrt nach Pskow, der Unterzeichnung der Abdankungserklärung des Imperators Nikolai und der entschiedenen Ablehnung der Thronübernahme durch den Großfürsten am Morgen dieses Tages. Nabokow fügte hinzu, daß dazu ein Manifest für den Großfürsten zu Papier gebracht werden müsse und daß es bereits ein von Nekrassow ausgearbeitetes Konzept gebe. Das Konzept war in höchstem Maße unfertig und offenkundig unbrauchbar. Wir machten uns sofort daran, einen neuen Text zu schreiben. Unser erster Entwurf – wir wägten zu dritt jedes Wort – war wie Nekrassows Konzept als Manifest abgefaßt und begann mit den Worten: ›Wir von Gottes Gnaden Michail I., Imperator und Selbstherrscher aller Russen . . .‹ In Nekrassows Entwurf stand lediglich, daß der Großfürst auf den Thron verzichte und die Entscheidung über die Regierungsform der Konstituierenden Versammlung überlasse. Was geschehen sollte, bis die Konstituierende Versammlung einberufen wurde, wer das Wahlgesetz schreiben würde usw. – an all das hatte er nicht gedacht. Nabokow war sich völlig darüber im klaren, daß unter solchen Verhältnissen die einzige noch vorhandene Macht – die Provisorische Regierung – in der Luft hing. Wir waren uns einig, daß in unserem Entwurf der Begriff ›volle Macht der Provisorischen Regierung‹ erscheinen mußte. Nabokow setzte sich an den Kinderschreibtisch und schrieb mit seiner vorzüglichen Handschrift den Entwurf ins reine, um ihn dann dem Großfürsten zu bringen, der sich im Nebenzimmer befand. Nach einer Weile kam der Großfürst mit seinen Bemerkungen und Einwänden zu uns. Er wollte nicht, daß das Dokument von ihm als einem Monarchen, der den Thron bestiegen hatte, sprach, und bat, einen Satz darüber aufzunehmen, daß er Gottes Segen erflehe und die russischen Bürger bitte – in unserem Entwurf stand das Wort ›befehlen‹ –, sich der Macht der Provisorischen Regierung zu unterwerfen. Die Korrekturen wurden eingearbeitet, das Dokument von Nabokow neu geschrieben und – mit geringfügigen zusätzlichen Korrekturen, wenn ich mich recht entsinne – vom Großfürsten gebilligt. Inzwischen waren Lwow, Rodsjanko und Kerenski eingetroffen . . .

Das Dokument vom 3. März stellte praktisch die Verfassung für die Zeit der Existenz der Provisorischen Regierung dar.

Damit ließ es sich bis zur Konstituierenden Versammlung leben – natürlich unter der Voraussetzung, daß die Formel ›volle Macht‹ real umgesetzt wurde . . .«

Alle diese Vorgänge waren das Vorspiel zum Hauptakt des politischen Dramas, das für Rußlands Zukunft zur Tragödie werden sollte.

Am 3. März, 10 Uhr vormittags, wurde in der Wohnung des Fürsten Putjatin eine Beratung eröffnet, auf der die Frage zur Debatte stand, ob Michail Romanow als Imperator bekanntzugeben sei oder nicht. Viele rieten Michail ab, die Macht zu übernehmen. So erklärte zum Beispiel Kerenski: »Ich habe nicht das Recht, Ihnen zu verhehlen, welchen Gefahren Sie sich aussetzen, sollten Sie sich für den Thron entscheiden . . . Ich kann mich für das Leben Eurer Hoheit nicht verbürgen.« Im Gegensatz zur Mehrheit erklärten Miljukow und Gutschkow, Michail Alexandrowitsch könne den Thron nicht nur übernehmen, er sei dazu verpflichtet. Michail Romanow, der die Situation im Lande nüchtern einschätzte, befolgte dennoch gehorsam alle Hinweise, die er von der Duma-Führung erhalten hatte, und unterzeichnete nach der Beratung die Urkunde über seine Abdankung.

Unter den Anwesenden trat Grabesstille ein; selbst die energischsten Befürworter der Abdankung wie Fürst Lwow und Rodsjanko wirkten niedergeschlagen durch das soeben Geschehene und Unabänderliche. Gutschkow erleichterte sein Gewissen mit einem letzten Einwurf: »Meine Herren, Sie bereiten Rußland den Untergang; ich werde Ihnen auf diesem Weg des Untergangs nicht folgen.« Lediglich Kerenski erklärte triumphierend: »Eure Hoheit, Ihr sind der edelste aller Menschen! Eure Hoheit! Ihr habt uns großmütig das heilige Gefäß Eurer Macht anvertraut. Ich schwöre Euch, daß wir es der Konstituierenden Versammlung übergeben werden, ohne auch nur einen Tropfen zu verschütten.«

Wie wurden die sich überstürzenden Ereignisse an der vordersten Linie aufgenommen? Der Flügeladjutant des Zaren S. S. Fabrizki, der einen Truppenverband an der rumänischen Front befehligte, schrieb:

»Es hatte praktisch keinerlei Anzeichen einer herannahenden Revolution gegeben, niemand dachte an so etwas, als plötzlich der bleiche Stabschef wie der Sturmwind in mein Zimmer brauste und mir unheilverkündende Telegramme des Oberbefehlshabers der Flotte mit der Nachricht von der Abdankung des

Gossudars und der Abtretung des Throns an den Großfürsten Michail Alexandrowitsch übergab. Das Telegramm war in nebulösen Wendungen abgefaßt, deutlich wurde lediglich die Tatsache der Abdankung und der Thronbesteigung eines neuen Imperators. Deshalb hatten die Truppen des Abschnitts umgehend den Treueid auf den Gossudar Imperator Michail Alexandrowitsch zu leisten. Die Ordnung blieb überall voll gewahrt, doch war allgemeine Bedrückung spürbar, wie vor einem Gewitter.

Über den Telegrafen ging der Text der Abdankung und der letzte Höchste Befehl an die Armee ein, in dem der Gossudar sie verpflichtete, sich der neuen Macht zu fügen. Welcher, blieb unklar. Schließlich wurde die Abdankung des Großfürsten Michail Alexandrowitsch gemeldet, und die Verwirrung war komplett. Absolut unklar, an wen die volle oberste Macht übergegangen war. Das konnte nur der Anfang vom Ende sein . . .«

Die Urkunde über den Verzicht des Großfürsten Michail Alexandrowitsch auf die »Übernahme der obersten Macht« wurde interessanterweise am 5. März 1917 im »Westnik Wremennogo prawitelstwa«, dem Blatt der Provisorischen Regierung, zusammen mit der Erklärung über die Abdankung Nikolais II. veröffentlicht:

»Eine schwere Bürde wurde mir auferlegt durch den Willen meines Bruders, der in der Zeit eines beispiellosen Krieges und der Volksunruhen den Thron des Imperators aller Russen an mich abtrat.

Beseelt von dem mich mit dem ganzen Volk einenden Gedanken, daß das Wohl der Heimat über alles geht, habe ich den festen Entschluß gefaßt, die oberste Macht nur zu übernehmen, wenn es der Wille unseres großen Volkes ist, dem es obliegt, durch Volksabstimmung, über seine Vertreter in der Konstituierenden Versammlung, die Regierungsform und die neuen Grundgesetze Rußlands festzulegen.

Deshalb bitte ich, den Segen Gottes erflehend, alle Bürger Rußlands, sich der Provisorischen Regierung unterzuordnen, die durch das Wirken der Staatsduma entstanden und mit der vollen Macht ausgestattet ist bis zu dem Augenblick, da die möglichst kurzfristig einzuberufende Konstituierende Versammlung auf der Grundlage allgemeiner, direkter, gleicher und geheimer Wahlen durch ihre Entscheidung über die Regierungsform dem Willen des Volkes Ausdruck verleiht. Michail.

3. März 1917. Petrograd.«

Als Michail Alexandrowitsch seine historische Entscheidung traf, hatte er praktisch keine Kenntnis, ob er mit der Unterstützung der Armee und des Volkes rechnen konnte oder auf ihre offene Opposition stoßen würde. Die Entscheidung über die Regierungsform wurde formal bis zur Konstituierenden Versammlung aufgeschoben. Im Grunde war die Vorentscheidung zugunsten der Republik bereits gefallen. Durch seine Abdankung glaubte Michail Romanow jedoch seine Pflicht so zu erfüllen, wie er sie verstand.

Die Nachricht von der Abdankung Nikolais II. und dem Verzicht Michails auf die Krone wurde überall in Rußland mit Begeisterung aufgenommen. Eines der Glückwunschtelegramme, in dem er für »Großmut und staatsbürgerliche Haltung« gelobt wurde, trug die Unterschrift L. B. Kamenews, eines der Führer der Bolschewiki.

Anders reagierte Michails Bruder Nikolai II. auf dessen Abdankung. In sein Tagebuch schrieb er: »Mischa hat abgedankt. Sein Manifest endet mit vier Zeilen der Befürwortung von Wahlen zur Gesetzgebenden Versammlung in 6 Monaten. Mag der Himmel wissen, wer ihn dazu gebracht hat, so etwas Schändliches zu unterschreiben . . .«

Die Mitglieder der Zarendynastie bezogen zu den für sie dramatischen Ereignissen unterschiedliche Positionen, doch viele waren zweifellos schockiert durch die unerwartete Wendung der Dinge. Großfürst Alexander Michailowitsch schrieb später über sein Wiedersehen mit Nikolai II., das nach dessen Abdankung im Hauptquartier stattfand:

»Nach der Ankunft in Mogiljow wurde unser Zug auf dem ›Imperatorengleis‹ abgestellt . . . Wir umarmten uns. Ich wußte nicht, was ich ihm sagen sollte. Seine Ruhe bewies, daß er von der Richtigkeit der Entscheidung, die er getroffen hatte, überzeugt war, obwohl er seinem Bruder zum Vorwurf machte, durch seine Abdankung Rußland ohne Imperator gelassen zu haben.

›Mischa hätte das nicht tun dürfen‹, schloß er in schulmeisterlichem Tone. ›Ich wundere mich, wer ihm einen so seltsamen Rat gegeben hat.‹

Eine solche Bemerkung von dem Manne zu hören, der eben erst ein Sechstel des Erdballs einer Handvoll undisziplinierter Soldaten und streikender Arbeiter überlassen hatte, verschlug mir die Sprache. Nach einer peinlichen Pause setzte er mir die

Gründe für seine Entscheidung auseinander. Die wichtigsten waren: 1. der Wunsch, einen Bürgerkrieg in Rußland zu vermeiden, 2. der Wunsch, die Armee von der Politik fernzuhalten, damit sie im Zusammenwirken mit den Verbündeten ihre Aufgabe weiterhin erfüllen konnte, und 3. der Glaube, daß die Provisorische Regierung Rußland mit größerem Erfolg regieren würde als er.

Nicht eines dieser Argumente erschien mir überzeugend . . .«

Wie bereits dargestellt, beschloß das Petrograder Exekutivkomitee schon einen Tag nach der Abdankung des Zaren, die Zarenfamilie zu inhaftieren. In diesem Beschluß wurde gesondert betont: »In bezug auf Michail ist die faktische Inhaftierung vorzunehmen, formal ist sie jedoch nur den faktisch unter Aufsicht der revolutionären Armee Gestellten bekanntzugeben.«

Die relative Freiheit der Romanows rief jedoch den Protest der Volksmassen hervor. Im Petrosowjet gingen nach wie vor zahlreiche Resolutionen und Telegramme ein, in denen gegenüber den Mitgliedern der Zarendynastie rigorose Maßnahmen gefordert wurden. In einem der Dokumente hieß es zum Beispiel:

»Da wir nicht wollen, daß die vielen Opfer im Kampf für die Freiheit umsonst gewesen sind, und da wir wissen, daß angesichts der Schwere des verantwortungsvollen Moments allein eine demokratische Republik den vordringlichsten Aufgaben des Proletariats entspricht, rufen wir nachdrücklich dazu auf, der gesamten Dynastie der Romanows die Freiheit zu entziehen, um die Wiederherstellung der Monarchie von vornherein unmöglich zu machen. Wir rufen dazu auf, mit den Verrätern wie mit Militärspionen zu verfahren.

Sowjet der Arbeiterdeputierten der Konstantin-Werke.«

Während der Petrosowjet die Restaurierung der alten Ordnung befürchtete, brachten Vertreter des Hauses Romanow ihre Sorge um die Sicherheit ihrer Angehörigen zum Ausdruck. So wurde am 5. März 1917 auf der Sitzung der Provisorischen Regierung ein Brief des Großfürsten Michail Alexandrowitsch behandelt, der sich mit Maßnahmen zum Schutz der Mitglieder der Zarendynastie befaßte. In einem von der Regierung gefaßten Beschluß wurde verfügt: »Der Kriegsminister wird beauftragt, in Abstimmung mit dem Minister des Innern für die Bewachung der Angehörigen des Imperatorenhauses zu sorgen . . .«

Die Besorgnis war nicht unbegründet. Am 10. März 1917

brachte die Petrograder Zeitung »Malenkaja gaseta« die Meldung über einen »Anschlag auf Großfürst Michail«.

In dieser ungewissen Zeit hatte ein Teil der Imperatorendynastie den Wunsch, Rußland vorläufig zu verlassen. Doch die Provisorische Regierung und der Petrograder Sowjet waren nicht bereit, den Großfürsten die Ausreise zu gestatten, da sie befürchteten, sie könnten eine konterrevolutionäre Bewegung organisieren. Ausländische Missionen gerieten durch Ersuchen von Vertretern der Imperatorendynastie in Bedrängnis. So sandte der englische Botschafter in Petrograd, George Buchanan, am 4. (17.) April 1917 folgende Anfrage nach London: »Großfürst Michail teilte mir in einem Brief mit, die Geldsumme, die er nach England transferieren möchte, betrage 100 000 Rubel. Ich habe ihm keine Antwort gegeben und würde mich freuen, von Ihnen auf mein obengenanntes Telegramm bis zur vorgesehenen Reise des Großfürsten . . . nach England Antwort zu erhalten.« Die gestrigen Verbündeten und Regierenden des Landes waren zu Geiseln der Revolution geworden.

Seit Frühjahr 1917 lebte Großfürst Michail Alexandrowitsch wieder relativ unauffällig in Gattschina, ohne im politischen Leben des Landes in Erscheinung zu treten. Am Vorabend der Abreise Nikolais II. und seiner Familie nach Tobolsk erhielt er von Kerenski die Erlaubnis, sich von seinem Bruder zu verabschieden. Wir wissen nicht, worüber sie bei ihrem letzten Zusammtreffen gesprochen haben. Je. A. Naryschkina, Hofdame der Zarin, vermerkte in ihrem Tagebuch: »Michail war da, Kerenski ließ ihn herein, setzte sich in die Ecke, hielt sich die Ohren zu und sagte: ›Sprechen Sie!‹«

Die stürmischen Ereignisse machten keinen Bogen um Michail Romanow. So auch in den Tagen des Kornilow-Putsches. Eine verhängnisvolle Rolle im Schicksal der Großfürsten spielte die Aufdeckung der Versuche monarchistischer Kreise, mit dem nach Tobolsk verbannten Nikolai II. in Kontakt zu treten. Die nicht gänzlich aufgeklärte Affäre um Margarita Chitrowo veranlaßte die Provisorische Regierung, die Inhaftierung des Großfürsten Michail Alexandrowitsch und seiner Gattin sowie des Großfürsten Pawel Alexandrowitsch, seiner Gattin, der Fürstin O. Palej, und seines Sohnes Wladimir Palej zu beschließen. In den Regierungsdokumenten hieß es u. a., die genannten Personen stellten eine Gefahr »für die Verteidigung des Staates, für die innere Sicherheit und die errungene revolutionäre Freiheit« dar.

In den Zeitungen wurden die Verhaftungen der Großfürsten, die am 21. August 1917 erfolgten, detailliert beschrieben:

»Gestern abend nach sechs Uhr wurden Einheiten in Kompaniestärke nach Gattschina und Zarskoje Selo entsandt. Kurz darauf fuhr Ministerpräsident A. F. Kerenski, begleitet vom Stellvertreter des Oberkommandierenden der Truppen des Petrograder Militärbezirks Kosmin und dessen Adjutanten, nach Gattschina.

Nach seiner Ankunft begab sich A. F. Kerenski zum Landhaus Michail Alexandrowitschs, das gleichzeitig von den Truppen umstellt wurde. A. F. Kerenski teilte Michail Alexandrowitsch persönlich die Motive mit, welche es der Provisorischen Regierung angezeigt erscheinen ließen, sowohl den Großfürsten selbst als auch seine Gattin unter Hausarrest zu stellen.

Michail Alexandrowitsch äußerte sich verwundert über die dargelegten Überlegungen, erklärte jedoch, er sei selbstverständlich bereit, sich dem Beschluß der Provisorischen Regierung zu unterwerfen . . .

In der gleichen Nacht, wird gemeldet, erfolgte die Inhaftierung einiger weiterer Großfürsten . . .«

Mit dieser politischen Aktion – der Bekämpfung der rechten Gefahr – hoffte Kerenski seine Position zu stärken und die Reihen seiner Anhänger in der Auseinandersetzung mit den »Linken« fester zusammenzuschließen. Doch die Entwicklung der Revolution in Rußland und die Instabilität der Lage an der Front erschütterten den Glauben der Verbündeten, die Provisorische Regierung könne diesen negativen Tendenzen erfolgreich widerstehen. So berichtete Botschafter Buchanan am 23. August (5. September) 1917 nach London: »Den hiesigen Vertretern fällt es äußerst schwer, die gegenwärtige Lage zu überblicken, und nur unter persönlicher Teilnahme eines Mitglieds der russischen Regierung werden die verbündeten Regierungen imstande sein zu entscheiden, in welchem Maße die Bereitstellung beträchtlicher Mengen Kriegsmaterial für Rußland fortgesetzt werden kann. Die neuesten Meldungen von der Front, verbunden mit der wirtschaftlichen Krise des Landes, haben meinen Glauben an die Fähigkeit Rußlands, sich der deutschen Truppen zu erwehren, stark erschüttert . . . Ich verlieh meiner Hoffnung Ausdruck, die Inhaftierung der beiden Großfürsten und aller . . . der Konterrevolution Verdächtigten werde nicht die Aufmerksamkeit von der schweren militärischen Lage ablenken, und fragte, ob er (der Außenminister – d. Verf.) mir den Grund ihrer Inhaftierung nennen könne. Er erwiderte, sie seien durch die Intrigen der Fürstin Palej, der Gattin des Großfürsten Pawel, und ihres Sohnes kompromittiert, welche auf die Rückkehr des Imperators oder die Inthronisierung des Großfürsten Dmitri abzielten; es seien zahlreiche chiffrierte Telegramme und Briefe der Fürstin entdeckt worden. Er glaube jedoch nicht, daß dieser Arrest, bei dem es sich lediglich um Hausarrest handle, von langer Dauer sein werde.«

Der Verdacht der monarchistischen Verschwörung ließ sich jedoch nicht aufrechterhalten. Die Ermittlungen wurden eingestellt. Die sich abzeichnende reale Hauptgefahr der Machtergreifung durch die Bolschewiki hingegen wurde nicht abgewendet.

So paradox es auch erscheinen mag – die Bolschewiki griffen bei ihrem neuerlichen politischen Umsturzversuch in Petrograd zu ihrem erprobten Mittel: sie bezichtigten ihre Gegner der Konterrevolution und des Komplotts mit den Anhängern des zaristischen Regimes. Wie in den Tagen des Kornilow-Putsches figurierte der Name Michail Romanows in den Kriegsberichten des Zentralkomitees der Ostseeflotte (Zentrobalt) und des Smolny. In den Tagen der Oktoberrevolution hieß es in den Funksprüchen des Zentrobalt: »Das Zentrobalt warnt vor den Meldungen Kerenskis, der sich mit Michail Alexandrowitsch, Kornilow und Kaledin verbündet hat. Alle Gerüchte über Petrograd und Moskau, über das Vorstoßen der Deutschen zur Linie Åbo – Åaland sind falsch . . .« Falsch waren die Meldungen, Michail Romanow hätte sich den Truppen Kerenskis und Krasnows angeschlossen. Zu dieser Zeit befanden sich die Großfürsten Pawel Alexandrowitsch und Michail Alexandrowitsch unter Arrest im Smolny. Die These von der monarchistischen Gefahr mußte auch diesmal herhalten.

Nach dem »Oktoberumsturz« erörterte das Petrograder Revolutionäre Kriegskomitee (RKK) am 13. November 1917 die Überführung Michail Romanows nach Gattschina oder Finnland:

»Kommissar Roschal in Gattschina bestätigte, daß Gattschina und die Eisenbahnlinie fest in unserer Hand sind. *Beschluß*: Das RKK hat keine Einwände gegen Überführung und Hausarrest in Gattschina. Diesbezüglich bei der Ermittlungskommission anfragen.

Überführung Michail Romanows und Hausarrest in Gattschina genehmigt.«

Für Michail Alexandrowitsch änderte sich in diesen ersten Tagen der Sowjetmacht praktisch kaum etwas, sieht man davon ab, daß er sich auf die neuen Verhältnisse einstellen mußte. Das belegen viele kleine Details. So schreibt er am 16. November 1917, drei Tage nach dem genannten Beschluß des Petrograder RKK, seiner Frau einen Brief. Auf dem Kuvert die lakonische Aufschrift: »Genossin Natalia Sergejewna Brassowa von Genossen M. A. R.« Die knappen Zeilen geben die Atmosphäre wieder, unter der Michail Alexandrowitsch leben mußte:

»Meine liebe Natascha.

Vielen Dank für Deinen Brief, ich war sehr froh, ihn zu erhalten und zu erfahren, was Du über mich denkst. – Zahnpasta und Nähgarn habe ich im Koffer gefunden und schicke Dir beides, an die Fotos bin ich leider nicht herangekommen, denn den Schlüssel hat offenbar noch Motja, und das komplizierte amerikanische Schloß ist nicht aufzukriegen. Komm schnell her, hier ist es ohne Dich traurig und leer, und nachts fühle ich mich sehr einsam. Da gestern die Wache abgezogen wurde, übernahmen für die Nacht zwei von unseren Leuten den Dienst, morgen sollen wir wohl wieder eine Wache bekommen. Hier ist alles still und gemütlich, und es war eine große Freude, nach Hause zurückzukehren und die wundervolle reine Luft zu atmen ... Johnny fährt morgen vormittag in die Stadt und kommt auf einen Sprung in die Millionnaja, und am Sonnabend will er mit Dir hierher zurückkehren. Jetzt ist es 9 ½ Uhr abends, und wir haben mit J. eine kleine Schlittenfahrt vor, bei herrlichem Mondschein – vielleicht schläft es sich auch besser danach. Bis bald, meine liebe Natascha; ich umarme und küsse Dich kräftig und zärtlich. Der Herr beschütze Dich. Ganz Dein Mischa. – P. S. Meinen herzlichsten und aufrichtigsten Gruß an Deine lieben Gastgeber. – Ich habe mich bemüht, meine Handschrift zu ändern, aber es ist nichts dabei herausgekommen.«

Bekannt ist, daß Michail Alexandrowitsch im November 1917 im Smolny erschien und an die Regierung die Bitte richtete, seinen Status in Sowjetrußland in irgendeiner Weise zu regeln, um eventuelle Mißverständnisse von vornherein auszuschließen. W. D. Bontsch-Brujewitsch, Verwaltungsleiter des Rates der Volkskommissare, fertigte auf einem offiziellen Formular das »freie Wohnrecht« Michail Romanows aus – als gemeiner Bürger der Republik. Ende 1917 führte Lenin ein Gespräch mit dem stellvertretenden Volkskommissar für Staatskontrolle E. E. Es-

Großfürst Michail Alexandrowitsch

sen, der ihn von der dem Rat der Volkskommissare zugegangenen Bitte des ehemaligen Großfürsten Michail Romanow unterrichtete, seinen Familiennamen in den seiner Frau umzuändern – Brassow (damit er den Status eines Bürgers der Russischen Sowjetrepublik erhalten könne). Lenin antwortete, daß er sich mit dieser Frage nicht zu befassen gedenke.

Verbannungsort Perm

Im Februar 1918 trat eine jähe Verschlechterung der Gesamtsituation im Lande ein (infolge des deutschen Vormarschs auf Petrograd, konterrevolutionärer Verschwörungen und anderer Entwicklungen). Michail Romanows Aufenthalt in Grenznähe betrachtete man deshalb als Gefahr. Am 7. März ließ der Deputiertensowjet von Gattschina ihn zusammen mit anderen hochgestellten Personen des »alten Regimes«, darunter Graf W. P. Subow und Oberst der Gendarmerie P. L. Snamerowski, festnehmen. Die oppositionellen Zeitungen zögerten nicht, diese »Sensation« publik zu machen und auf die schlechte Behandlung des Großfürsten und seines Sekretärs N. N. Johnson hinzuweisen. Die Festgenommenen wurden nach Petrograd zum Warschauer Bahnhof gefahren, wo der Großfürst im Wagen des Kommissars der Pskower Abteilungen, P. L. Pachan, warten mußte, bis das Auto aus dem Smolny eintraf.

In seinen Erinnerungen berichtete der Kommissar, Michail Romanow habe, während er in dem Wagen wartete, geäußert, er habe Hunger, und Beefsteak verlangt. Dieser Wunsch wurde erfüllt – für Romanow und Johnson seien vom Bahnhofsbuffet Beefsteaks gebracht worden, doch als der Großfürst Geld hervorholte und den Kellner bezahlen wollte, habe er, der Kommissar, ihm erklärt: »Sie sind ein Arrestant der Sowjetmacht, behalten Sie ihr Geld, die Sowjetmacht zahlt für Sie.« Bald kam das Automobil, und die Festgenommenen wurden zum Revolutionären Verteidigungskomitee Petrograds, das zu der Zeit unter Urizkis Leitung stand, gefahren. Kommissar M. S. Urizki stellte eine Bescheinigung aus, daß er die »festgenommenen Bürger Gattschinas« Romanow u. a. von Iwan Serow, Mitglied des Exekutivkomitees des Gattschinaer Sowjets, übernommen habe. In einer Notiz Urizkis für Lenin heißt es:

»Hochverehrter Wladimir Iljitsch!

Ich schlage vor, Romanow u. d. a. vom Gattschinaer Sowjet der Arbeiter- und Soldatendeputierten Festgenommenen in das Gouvernement Perm zu verbannen. Den Beschlußentwurf füge ich bei. Falls irgendwelche Erläuterungen erforderlich sind, bin ich bereit, zu einer Sitzung zu kommen und sie zu geben. M. Urizki.«

All das bildete den Anlaß für eine Beratung über das Schicksal Michail Alexandrowitschs auf der Sitzung des Rates der Volkskommissare vom 9. März 1918. Im Tagungsprotokoll wurde festgehalten:

»*Angehört*: Verbannung des Fürsten M. A. Romanow und anderer Personen in das Gouvernement Perm. (Urizki.) *Beschlossen*: Mit eingebrachten Korrekturen anzunehmen. Mit Durchführung des Beschlusses Gen. Urizki zu beauftragen.«

Auf derselben Sitzung des Rates der Volkskommissare wurde der von Lenin unterzeichnete Beschluß gefaßt: »Der ehemalige Großfürst Michail Alexandrowitsch, sein Sekretär Nikolai Nikolajewitsch Johnson ... werden bis auf weiteres in das Gouvernement Perm verbannt. Der Aufenthaltsort innerhalb des Gouvernements Perm wird durch den Rat der Arbeiter-, Soldaten- und Bauerndeputierten festgelegt, wobei für Johnson nicht dieselbe Stadt wie für den ehemaligen Großfürsten Michail Romanow vorzusehen ist.«

Den Engländer Brian (Nikolai Nikolajewitsch) Johnson verband eine alte Freundschaft mit Michail Alexandrowitsch. Beide hatten die Artillerieschule absolviert, und Johnson blieb zeitlebens der Privatsekretär des Großfürsten. Als der englische Botschafter in Petrograd, Buchanan, Johnson empfahl, Rußland zu verlassen, antwortete dieser: »Ich lasse den Großfürsten in einem so schweren Augenblick nicht im Stich.«

Michail Romanow ahnte alle Prüfungen der Verbannung voraus und nahm deshalb Geld, persönliche Habseligkeiten, viele Bücher, eine Apotheke und seinen Rolls-Royce mit. Der Kammerdiener W. F. Tschelyschew und der Fahrer Borunow folgten ihrem Herrn freiwillig nach Perm. Alle Bitten der Gräfin Brassowa, das Los ihres Mannes teilen zu dürfen, lehnte der Großfürst ab, und letzten Endes überredete er sie, in Gattschina zu bleiben und den Ausgang der Sache abzuwarten.

Am 10. März 1918 wies das Revolutionäre Verteidigungskomitee Petrograds den Kommissar des Nikolai-Bahnhofs an, einen Schlafwagen für die Festgenommenen M. Romanow, N. Johnson, P. Snamerowski u. a. sowie für sieben Begleitsoldaten bereitzustellen und für die gesamte Strecke die Anordnung zu geben, diesen Wagen an Züge nach Perm anzuhängen.

Unterwegs telegrafierte Johnson am 15. März 1918 von der Station Scharja an den Vorsitzenden des Rates der Volkskommissare, W. I. Lenin: »Auf Beschluß des Rates der Volkskommissar werde ich nach Ankunft [in] Perm von dem getrennt, dessen Sekretär ich bin; wir sind noch nicht einmal [in] Wjatka angekommen trotz viertägiger anstrengender Reise unter schwersten Bedingungen. Ich bitte Sie und den Rat [der Volkskommissare], seine angegriffene und durch diese Reise noch mehr [in] Mitleidenschaft gezogene Gesundheit [in] Betracht zu ziehen. [Ich bitte] per Telegramm Beschluß über Trennung aufzuheben. Johnson.«

Am 17. März erreichten die Verbannten mit ihren Bewachern Perm. Noch am selben Tag erhielt das Petrograder Begleitkommando vom Vorsitzenden des Exekutivkomitees des Permer Deputiertensowjets, A. I. Bortschaninow, eine Bescheinigung ausgehändigt, in der es hieß: »Hiermit bescheinigt das Permer Exekutivkomitee des Sowjets der A.- und S.d., daß die überstellten Arrestanten: Bürger Michail Alexandrowitsch Romanow (ehemaliger Großfürst), Bürger Nikolai Nikolajewitsch Johnson ... tatsächlich nach Perm gebracht und vom Permer Exekutivkomitee des S. der A.- und S.d. übernommen wurden.«

In Perm wurde den Verbannten, wie aus Michail Romanows Telegramm an Bontsch-Brujewitsch und Urizki hervorgeht, ein unfreundlicher Empfang bereitet: »Heute, am zwanzigsten [März], wurde die Anordnung der örtlichen Behörden verkündet, uns alle sofort [im] Permer Gefängniskrankenhaus [in] Einzelhaft zu nehmen, entgegen Urizkis Versicherung, ich würde [in] Perm [in] Freiheit leben, jedoch getrennt von Johnson, der an Lenin telegrafierte und den Rat [der Volkskommissare] bat, uns angesichts meiner Krankheit und Einsamkeit nicht zu trennen. Antwort kam nicht. Da die örtlichen Behörden keinerlei Direktiven von der Zentrale haben, können sie schwerlich anders verfahren. Ich bitte nachdrücklich um unverzügliche Erteilung solcher Direktiven. Michail Romanow.«

In zwei Telegrammen – des Rates der Volkskommissare, unterzeichnet von Bontsch-Brujewitsch und datiert vom 25. März 1918, und der Petrograder Tscheka, unterzeichnet von Urizki – an die Adresse des Permer Deputiertensowjets wurde verfügt:

»Auf Grund des Beschlusses besitzen Michail Romanow und Johnson das Recht, unter Aufsicht der örtlichen Sowjetmacht in Freiheit zu leben.«

Der Permer Deputiertensowjet befolgte die Weisung der Zentrale, wies Michail Romanow jedoch darauf hin, daß er ohne jede Garantie auf freien Fuß gesetzt werde und das Exekutivkomitee keine Verantwortung für die Konsequenzen übernehme.

Der Großfürst kam eine Zeitlang im Hotel bei der ehemaligen Adelsversammlung in Perm unter. Das bezeugt W. F. Siwkow, Mitglied des Präsidiums des Permer Gouvernementsexekutivkomitees, in seinen Memoiren:

»Ich erinnere mich an eine Begegnung mit Michail Romanow, der im Zimmer gegenüber wohnte, bevor er von unserem Hotel in die ehemaligen Königszimmer umzog. Eines Morgens betrat in dem Moment, als ich mich auf den Weg zur Arbeit machte, ein hochgewachsener schlanker blonder Mann mit militärischer Haltung den Flur. Er trug einen weiten grauen Sommermantel, auf dem Kopf eine Schirmmütze militärischen Zuschnitts, an den Füßen sorgfältig polierte Stiefel. Sein Anblick verband sich für mich unwillkürlich mit der Vorstellung von einem Gardisten.

Neugierig geworden, ging ich diesem Mann, der offenkundig aus anderen Kreisen kam, nach, und so gelangten wir zur Gouvernement-Tscheka. Er betrat das Zimmer des diensthabenden Kommandanten, während ich zu Malkow ging, von dem ich, nachdem ich ihm von meiner Begegnung erzählt hatte, wissen wollte, wer das denn sei.

Lächelnd und ruhig gab mir Pawel Iwanowitsch zur Antwort, das sei der Kalif für eine Stunde Michail Romanow, zu dessen Gunsten Nikolai II. abgedankt sei. Er sei hierherverbannt und habe die Auflage, sich morgens und abends in unserer Kommandantur registrieren zu lassen. Er stehe unter Aufsicht . . .«

Anfangs hatte der Großfürst unter Milizaufsicht gestanden und mußte sich täglich im Stab der Roten Garde melden. Dann, als das Permer Gouvernementsexekutivkomitee mit der Zentrale übereingekommen war und sich, unter Hinweis auf die entstandene Situation, der Verantwortung für die »Unversehrtheit« Romanows entledigt hatte, wurde er auf Vorschlag Petrograds der örtlichen Tscheka überantwortet. Am 20. Mai wurde dem Großfürsten per Boten gegen Unterschrift folgendes Dokument ausgehändigt:

»Bürger M. A. Romanow.
(Königszimmer).
Wir fordern Sie auf, sich täglich 11 Uhr vormittags in der Außerordentlichen Kommission, Petropawlowskaja-Ochanskaja-Straße 33 – Permjakowa, zu melden.
Vorsitzender des Komitees F. Lukojanow.
Leiter der Abteilung für den Kampf gegen Konterrevolution (Unterschrift).«

Darüber machte Michail Alexandrowitsch am 21. Mai 1918 folgende Eintragung in seinem Tagebuch: »Um 11 Uhr gingen J[ohnson], Wassili [Tschelyschew] und ich in die Permer Außerordentliche Bezirkskommission für den Kampf gegen Konterrevolution, Spekulation und Sabotage. Ich habe ein Papier erhalten, in dem ich aufgefordert werde, mich täglich 11 Uhr dort zu melden. (Gute Menschen, sagt mir, was das soll.) Danach ging ich nach Hause ...«

Gab es einen Grund für diese strengen Maßnahmen? Offensichtlich ja. So erreichte den Permer Sowjet eine Resolution, die auf einer Kundgebung in Motowilicha angenommen worden war: Wenn die Machtorgane Michail nicht hinter Schloß und Riegel setzten, würden die Arbeiter »es ihm selber besorgen«.

Krumnis, der Michail Romanow als Mitbewohner der Königszimmer gekannt hatte, schrieb in seinen in der Emigration entstandenen Erinnerungen: »Anfangs hatte ich die Befürchtung, der Großfürst könnte die Aufmerksamkeit der Sowjetmacht auf das Hotel lenken, doch man beruhigte mich, der Großfürst genieße volle Freiheit, dürfe in der Stadt allein spazierengehen ... Ich wohnte im ersten Stock der ›Königszimmer‹, der Großfürst im zweiten, wo man ihm und Johnson zwei nicht eben große Zimmer zugewiesen hatte. Ich sah den Großfürsten ein paarmal in der Hotelhalle und auf der Straße. Er trug einen grauen Anzug und einen weichen Hut, dazu einen Stock. In seiner Begleitung war stets Johnson. Der Kontrast zwischen seinem hohen Wuchs und der gedrungenen Gestalt Mr. Johnsons sprang ins Auge ... Der Großfürst betrat oft den Dobrinschen Laden auf der Sibirskaja, wo er mit dessen Beauftragten über verschiedene Themen sprach. Einmal fragte ihn der Beauftragte, warum er, da er sich auf freiem Fuße befinde, nichts unternehme, um zu fliehen. Darauf erwiderte der Großfürst lächelnd: ›Wo will ich denn hin bei meiner Größe. Man würde mich doch sofort finden.‹«

Die Möglichkeit zur Flucht hätte Michail Romanow durchaus gehabt, doch er befürchtete, damit die Lage seiner Verwandten zu verschlimmern. Sorge um die Angehörigen spricht auch aus seinen Tagebuchaufzeichnungen:

»13. Mai. ... Die Deutschen sind von Rostow zum Kuban vorgestoßen. Sie haben Mama nach Kiew gebracht, wahrscheinlich sind Xenia, Olga und die anderen mit ihr zusammen.«

»15. Mai. ... Allem Anschein nach sind außer Mama auch alle anderen, die auf der Krim waren, in Kiew.«

Für die Familie des Exzaren verwandte sich Michail Alexandrowitsch mit einem Telegramm an Lunatscharski. Grund zur Sorge gab es mehr als genug. In der Presse war die Rede von der Überführung Nikolais II. nach Jekaterinburg und dem bevorstehenden Prozeß gegen ihn.

Obwohl unter »Aufsicht« gstellt, blieb der Großfürst durch einen regen Briefwechsel in enger Verbindung mit Freunden und einigen Verwandten, doch es bestand auch eine unmittelbare Verbindung zwischen Perm und Petrograd. Anfang Mai bekam er Besuch von seiner Frau, der Gräfin Natalja Sergejewna Brassowa. Diesem Ereignis sind viele Zeilen seines Tagebuchs gewidmet:

»Perm, 25./8. Mai, Mittwoch. Am Morgen haben wir gelesen, nach dem Frühstück lernte ich Ingenieur Elshanowski kennen. Gegen 3/4 3 Uhr sind Natascha, J[ohnson] und ich mit der Droschke zu Tupizins gefahren, wo wir Tee tranken und viele leckere Dinge aßen. Um 7 Uhr verabschiedet wir uns, Natascha fuhr mit dem Wagen, während J[ohnson] und ich zu Fuß nach Hause gingen. Abends kam Pjotr Nilowitsch Wtorow zum Tee. Das Wetter war scheußlich . . .«

»Perm, 26./9. Mai, Donnerstag. Am Morgen haben wir gelesen, am Vormittag unternahmen wir einen Spaziergang über die Torgowaja Monastyrskaja, zurück am Fluß entlang. Nach dem Tee habe ich mich mit Natascha hingelegt. Zu Mittag kamen die Snamerowskis und blieben bis 1/2 11. Das Wetter war teils sonnig, 2° . . .«

»Perm, 27./10. Mai, Freitag. Gegen 1/2 11 sind Borunow und ich mit dem Boot zum anderen Kama-Ufer (Siedlung Kurja) gefahren, dort gingen wir ein Stück links am Waldrand entlang und wieder zum Fluß, von wo aus wir zurückfuhren. Nach dem Frühstück war der dänische Vizekonsul mit seinem österreichischen Sekretär bei uns – wir boten ihnen Kaffee an. Um 1/2 5 machte ich mich mit Natascha und J[ohnson] in die Peter-Paul-Kathedrale auf, wo Erzbischof Andronik den österlichen Abendgottesdienst hielt – er macht das sehr schön. Abends Gitarre gespielt. Das Wetter war trübe, bis auf den Abend, 2°.«

»Perm, 28./11. Mai, Sonnabend. Morgens bin ich mit Borunow über den Fluß gefahren, wo wir nach rechts in den Wald gingen und bei einem Übungsgelände herauskamen. Am Vormittag unternahmen Natascha, J. und ich eine erfolglose Fahrt in Blumenläden, dann waren wir im Fischladen von Anna K., und anschließend gingen wir zu Fuß zu Archimandrit Matwej (Rektor des Seminars). Wir sahen uns seine Wohnung an, da wir nach einer neuen Bleibe suchen. Wir bekamen Kaffee und Osterkuchen vorgesetzt – er lag krank im Bett, der Ärmste. Von da, von der Monastyrskaja, kehrten wir zu Fuß nach Hause zurück. Um 8 Uhr gingen wir ins Theater, wo der ›Liebestraum‹ gegeben wurde . . .«

Michail Romanows Leben ging seinen Gang, doch die Gräfin Brassowa war nicht gewillt, sich mit der Verbannung ihres Mannes abzufinden. Da sie erkannte, daß sein Schicksal von den höchsten Stellen der Sowjetmacht abhing, beschloß sie, nach Moskau zu fahren.

Am 17. Mai 1918 machte der Großfürst folgende Eintragung in seinem Tagebuch: »Am Morgen habe ich Briefe geschrieben – an Olga Pawlowna, Aljoscha, Tatja und Dworshizki. Am Vormittag ging ich mit Natascha spazieren, wir waren im Kaufhof, weiter gelangten wir an der Auferstehungskirche vorbei zum Friedhof und kehrten im Bogen über die Sibirskaja nach Hause zurück. Bis zum Essen schrieb ich noch einen Brief an Schneewittchen. Den ganzen Abend packte Natascha, weshalb wir spät ins Bett kamen . . . Seit gestern steht Nataschas Abreise fest – es ist sehr traurig, wieder allein zu bleiben.«

Tags darauf: »Wir standen gegen ½ 8 auf. ½ 9 fuhren Natascha und ich mit der Droschke zum Bahnhof Perm 2, hinter uns Johnson und Jekaterina Danilowna. Wir mußten auf dem Bahnsteig lange auf den Zug warten . . . Natascha bekam einen Platz in einem kleinen Coupé eines internationalen Wagens mit einer fremden Dame. Der Zug fuhr 12.10 Uhr ab. V. M. Snamerowskaja (die Frau des ehemaligen Leiters der Eisenbahngendarmerieverwaltung von Gattschina, Oberst Pjotr Snamerowski, der zusammen mit Michail Romanow nach Perm verbannt worden war – d. Verf.) reiste ebenfalls ab. Natascha fährt über Moskau . . . Mit Nataschas Abreise ist alles so traurig und leer, alles wirkt irgendwie anders, auch die Zimmer sind anders geworden.«

Die lakonischen Tagebucheintragungen berichten von Michail Alexandrowitschs Alltag, seinen Sorgen und seiner Hoffnung. Am 23. Mai 1918 schrieb er: »Morgens gingen wir zur Miliz, wo man uns fragte, warum wir uns nicht mehr bei ihnen meldeten. Wir antworteten, in den letzten Tagen meldeten wir uns beim Außerordentlichen Komitee, wo uns gesagt worden sei, man werde die Miliz verständigen, aber natürlich hatte man es vergessen. Vom Außerordentlichen Komitee zurück, las ich. Später machte ich mit Snamerowski einen Stadtbummel . . . Von Natascha habe ich zwei Telegramme aus Moskau erhalten, man brachte sie mir nicht vom Telegrafenamt, sondern übergab sie mir im Außerordentlichen Komitee. Natascha ist am Montag in Moskau eingetroffen . . .«

R. Wilton, Vertreter der englischen Mission, berichtet, die Gräfin Brassowa sei mit Lenin, dem Vorsitzenden des Rates der Volkskommissare, zusammengetroffen und habe für ihren Mann um die Erlaubnis ersucht, Perm zu verlassen, doch umsonst.

Im Lande breitete sich das Feuer des Bürgerkriegs aus. Wie die Tagebuchaufzeichnungen beweisen, entging Michail Alexandrowitsch die Verschärfung der politischen und mililtärischen Situation nicht:

»28. Mai. . . . In Perm ist der Kriegszustand verhängt worden. In den letzten Tagen wurden von hier allerhand Kompanien der Roten Armee an die verschiedenen inneren Fronten geschickt . . .«

»29. Mai. Schon zwei Tage gibt es keine Zeitungen aus Petrograd, und aus Moskau kamen heute keine Züge . . . Am Vormittag sah ich Obydenow, der soeben aus Jekaterinburg zurückgekehrt ist – offenbar haben dort Kriegsgefangene die Macht übernommen und die Sowjetmacht verhaftet, das gleiche geschah auch in einigen anderen Städten Sibiriens. Überhaupt ist nur schwer zu begreifen, was da vor sich geht, doch irgend etwas bahnt sich an . . .«

»5. Juni . . . Dieser Tage lasen wir, daß am Don eine Kosakenregierung gebildet wurde, an deren Spitze der Kosakenataman Krasnow steht.«

Mit der Einnahme der Städte Tscheljabinsk am 26. Mai und

Omsk am 7. Juni durch die Tschechen war der Zugverkehr nach Sibirien zum Erliegen gekommen, und in der Stadt hatten sich 10 000 Fahrgäste angesammelt, die nach Osten weiterzukommen versuchten. Unter ihnen waren viele ehemalige Militärs, die mit der weißen Bewegung sympathisierten.

Ungeachtet der Verschärfung der Situation hatte sich für Michail Romanow und seine Umgebung in Perm die Lage im Grunde nicht verändert. In dieser Zeit verschlechterte sich jedoch sein Gesundheitszustand:

»6. Juni. Heute traten meine berühmten Magenschmerzen auf, deshalb ging ich eher schlafen . . .«

»7. Juni. Heute bin ich im Außerordentlichen Komitee ein wenig mit einem ›Genossen‹ aneinandergeraten, der mir sehr grob kam. Am Vormittag las ich, dann erschien S. Tupizin, und zu dritt gingen wir an die Kama, durch die Sibirskaja, wir wollten mit dem Motorboot fahren . . . Mein Magen machte sich hin und wieder bemerkbar.«

»9. Juni. Ich habe den ganzen Tag im Bett am Fenster zugebracht und seit gestern nichts zu mir genommen, nicht einmal einen Tropfen Milch. Trotzdem traten zeitweise Schmerzen auf. Am Tage kam Snamerowski und erzählte mir viel Interessantes über die in der Stadt kursierenden Gerüchte. Abends las mir Johnson vor. Das Wetter war wundervoll. 22°.«

»10. Juni. Ich war den ganzen Tag auf den Beinen, fühlte mich aber sehr mäßig. Am Nachmittag schlief ich. Um 6 Uhr kam Doktor Schipizin. Die Schmerzen kehrten periodisch wieder. Den ganzen Tag habe ich vielleicht anderthalb Glas Milch, eins zu eins mit Wasser verdünnt, zu mir genommen, sonst nichts. Das Wetter war wundervoll, 20°, in den letzten Tagen sprießt das Grün nur so. Den ganzen Tag habe ich in dem französischen Buch weitergelesen. Zum Mittagstee besuchte mich Snamerowski. Gegen Abend erhob sich ein sehr starker, aber warmer Wind. Heute kam ein Telegramm von Natascha aus Gattschina – sie ist letzten Mittwoch dort eingetroffen.«

Noch ein Dokument verdient Erwähnung – das Gesuch des Großfürsten Michail Alexandrowitsch und Johnsons an die Permer Tscheka, in dem es heißt: »Da weiteres Wohnen in den Königszimmern unmöglich ist und auf Grund der Bescheinigung Nr. 3395, ausgestellt vom Städtischen Exekutivkomitee des Permer Deputiertensowjets und unterschrieben von dessen Vorsitzendem Marischen am 12. April, haben wir eine Unterkunft auf der Katherinenstraße 212 (Tupizin) gefunden. Wir bitten, uns der großen Entfernung zum Stadtzentrum wegen zu gestatten, zur Registrierung das Milizrevier jenes Stadtbezirks aufzusuchen und nicht das Ihnen unterstellte Komitee.

M. A. Romanow, N. Johnson. 7. Juni 1918. Perm.«

Auf dieses Dokument wird im folgenden noch zurückzukommen sein.

Die Entführung des Prätendenten

Die letzte Eintragung in seinem Tagebuch machte Michail Romanow am 11. Juni, einen Tag vor dem tragischen Geschehen, und sie ließ nichts Schlimmes vermuten: »Heute waren die Schmerzen schwächer und weniger lang. Am Morgen las ich. Am Nachmittag legte ich mich eine Stunde hin. Zum Tee kamen Snamerowski und mein Pate Nagorski (Rechtswissenschaftler), er aß mit großem Appetit, kein Wunder nach dem Petrograder Hunger. Danach schrieb ich an Natascha in Gattschina. Doktor Schipizin kam gegen ½ 8. Den Abend verbrachte ich mit Lesen. Das Wetter war teils sonnig, tagsüber regnete es kurz, 13°, abends ebenfalls. Gegen 10 kam mein Pate, der Rechtswissenschaftler Nagorski, sich verabschieden, er reist noch heute nach Petrograd ab.«

Da Michail Alexandrowitsch regelmäßig und sorgfältig Tagebuch führte, gibt das Fehlen der letzten Eintragung vom 12. Juni 1918 zu denken. Vielleicht kam er nicht dazu, weil ihn die Festnahme daran hinderte, vielleicht wurde die letzte Eintragung bei der Haussuchung von den Tschekisten getilgt. Auf jeden Fall wurde Michail Romanow vor der Festnahme aus dem Bett geholt, das ist durch mehrere Zeugenaussagen belegt.

Am 15. Juni 1918 brachte die Zeitung des Bezirksexekutivkomitees des Permer Sowjets wie zahlreiche andere zentrale und regionale Blätter die Meldung »Entführung Michail Romanows«:

»In der Nacht vom 12. zum 13. Juni kurz nach 24 Uhr erschienen in den ›Königszimmern‹, wo Michail Romanow wohnte, drei bewaffnete Unbekannte in Uniform. Sie betraten Romanows Zimmer und wiesen ihm irgendeinen Haftbefehl vor, den lediglich Romanows Sekretär Johnson las. Danach wurde Romanow aufgefordert, den Eindringlingen zu folgen. Er und Johnson wurden gewaltsam hinausgebracht und in einen Pferdewagen mit Verdeck gesetzt, der über die Handelsstraße in Richtung Obwinskaja davonfuhr.

Die telefonisch verständigten Mitglieder des Außerordentlichen Komitees waren wenige Minuten nach der Entführung zur Stelle. Unverzüglich wurde eine Anordnung zur Festnahme Romanows erlassen und zu allen Straßen berittene Milizabteilungen ausgesandt, doch Spuren konnten keine entdeckt werden. Die Durchsuchung der Räume Romanows, Johnsons und der beiden Diener blieb ergebnislos. Über die Entführung wurden unverzüglich der Rat der Volkskommissare, die Petrograder Kommune und der Ural-Gebietssowjet in Kenntnis gesetzt. Die Fahndung wird energisch weiterbetrieben.«

Am 13. Juni 1918 hatte die Permer Tscheka an mehrere Adressen ein alarmierendes Telegramm geschickt:

»Moskau. Rat der Volkskommissare. Tscheka. Petrograder Kommune Sinowjew. Kopie Jekaterinburger Gebietssowjet. Tscheka.

Heute nacht Michail Romanow und Johnson [von] Unbekannten [in] Uniform entführt. Fahndung blieb bisher ergebnislos. Energischste Maßnahmen ergriffen. Bezirk-Tscheka Perm.«

Schwer zu beurteilen, ob und in welchem Grade der Vorfall überraschend kam. Auf den ersten Blick zeigte man sich in Jekaterinburg sehr besorgt. So beeilte sich der Vorsitzende des Ural-Gebietssowjets, Beloborodow, per Telegraf anzufragen:

»Perm. Außerordentliche Kommission.

Unverzüglich telegrafisch mitteilen: wann wurde Michail [Romanow nach] Perm gebracht, wem übergeben, welche Haftbedingungen festgelegt, von wem gingen sie aus, welche Maßnahmen ergriff der Gouvernementssowjet zur Verschärfung der Bedingungen, von wem wurde seine Gefängnishaft aufgehoben? Was ergab die Ermittlung, wer wurde verhaftet, ihre Namen, auch Aussagen. Beloborodow.«

Die Version »Überraschungseffekt« scheint auch das Dokument zu bedienen, das die Permer Tscheka am 12. Juni 1918, d. h. einen Tag vor der Entführung des Großfürsten, vom Exekutivkomitee des Permer Deputiertensowjets erhielt. Es ist die Antwort auf das erwähnte Gesuch Michail Romanows, ihm zu gestatten, die Königszimmer zu verlassen:

»Nach Entgegennahme des Gesuchs des Bürgers Michail Alexandrowitsch Romanow, das tägliche Melden beim Außerordentlichen Komitee in wöchentlich zweimaliges Melden abzuändern, beschloß das Exekutivkomitee des Permer Deputiertensowjets auf seiner Plenartagung vom 7. d. M.: Das Melden des Bürgers Romanow beim Außerordentlichen Komitee ging von der in Gattschina erlassenen Anordnung aus, deshalb fällt die Aufhebung seines Meldens nicht in die Kompetenz des Städtischen Exekutivkomitees.

Vorsitzender W. Koselski.

Sekretär W. Trofimow.«

Dieses mit dem runden Stempel des Exekutivkomitees des Permer Deputiertensowjets versehene Dokument legt gewisse Vermutungen nahe. Warum beeilte sich die Tscheka so sehr, das am 7. Juni von Michail Romanow an sie gerichtete Dokument an eine andere Instanz weiterzugeben? War das nicht eine zusätzliche Vorsichtsmaßnahme, um kurz vor dem Verschwinden Michail Romanows jeden Verdacht von sich abzulenken und die Verantwortung für sein »Wohlergehen« loszuwerden?

In den Dokumenten der weißgardistischen Ermittlungen zu diesem Fall findet sich das Protokoll eines Verhörs des damaligen Chefs der Kriminalmiliz der Stadt Perm, B. N. Jaroslawzew. Dieser sagte aus: »Gegen 12 Uhr nachts wurde ich als Chef der Kriminalmiliz der Stadt Perm in die Außerordentliche Kommission bestellt, wo ich erfuhr, daß etwa eine Stunde zuvor der Großfürst in einer als Verhaftung getarnten Aktion entführt und an einen unbekannten Ort gebracht worden sei. Vermutet wurde seine Entführung durch extrem linke Organisationen oder durch Anarchisten. Deshalb sollte ich alle erforderlichen Maßnahmen einleiten, um diesen Sachverhalt zu klären ... Die bedrückte Stimmung der mit der Untersuchung befaßten Vertreter der Außerordentlichen Kommission und des Vorsitzenden [des Sowjets] Sorokin ließen den Schluß zu, daß die Entführung des Großfürsten für sie tatsächlich völlig überraschend kam und augenscheinlich nicht Teil ihres Aktionsplans war. Bald darauf wurde ich als Konterrevolutionär verhaftet ...«

Jaroslawzew wurde jedoch wie viele andere durch ein meisterhaft inszeniertes Schauspiel in die Irre geführt. Aber kehren wir zum Ablauf der Ereignise zurück.

Die Beschreibung der »Verhaftung« Michail Romanows und Johnsons stimmt mit den Aussagen mehrerer Zeugen im wesentlichen überein. So lesen wir in den bereits erwähnten Aufzeichnungen von Krumnis:

»Ich war mit Lipkowski und einem Dritten beim Kartenspiel. Plötzlich erhob sich in der Hotelhalle Lärm. Wir liefen alle hinaus und bekamen folgendes Bild zu sehen: Am Tisch des Hotelkommissars stand, in einen Disput mit ihm verwickelt, ein bewaffneter Rotarmist. Ich fragte den Kommissar, was denn los sei. Er antwortete, drei Bewaffnete seien erschienen und hätten ihm einen Befehl der örtlichen Tscheka auf Herausgabe Michail Romanows und seines Sekretärs Johnson vorgewiesen, ihm aber untersagt, bei der Tscheka anzurufen und den Befehl nachzuprüfen. Ungefähr zwanzig Minuten später kamen, von Rotarmisten begleitet, Leute die Treppe vom zweiten Stock, herunter. Wir durften uns nicht rühren. Vorn sah ich einen bewaffneten Rotarmisten, dahinter den Großfürsten und Johnson. Den Abschluß bildete ein zweiter bewaffneter Rotarmist. Der dritte, der beim Kommissar stand, blieb noch ein paar Minuten da. Der Großfürst und Johnson trugen ihre Anzüge, in denen sie spazierenzugehen pflegten, ohne Mantel. Beide hatten ihren Stock bei sich. Sonderliche Erregung sah ich in den Gesichtern dieser Leute nicht. Auf dem Hof stand eine einsame Droschke, vor die ein graues Pferd gespannt war. Auf dem Bock saß ein Unbewaffneter. Hinter der Droschke ritt ein bewaffneter Rotarmist. In der Droschke nahmen der Großfürst und Johnson Platz, ihnen gegenüber Rotarmisten. Wenige Minuten später konnte ich von meinem Fenster beobachten, wie die Droschke die Sibirskaja stadtauswärts hinauffuhr und verschwand.

Eine halbe Stunde verging. Der Hotelkommissar (der Name ist mir entfallen) rief bei der örtlichen Tscheka an, um nachzuprüfen, ob tatsächlich ein Befehl auf Herausgabe Michail Romanows und Johnsons ausgestellt worden sei. Die Frage wurde verneint. Eine Stunde später erschienen mehrere Tscheka-Agenten und auch Mitglieder des örtlichen Deputiertensowjets und erklärten, Romanow sei von Schurken mit unbekanntem Ziel entführt worden. Unruhe brach aus. Wir erschraken alle. Doch damit war die Sache beendet . . .«

Genaueren Aufschluß über den Hergang geben die Ermittlungsunterlagen über den Mord an der Zarenfamilie, die Untersuchungsführer N. A. Sokolow in Berlin veröffentlichte:

»Tschelyschew war zusammen mit dem uns bereits bekannten Kammerdiener der Gossudarin Alexej Andrejewitsch Wolkow inhaftiert . . . Im Verhör, das ich mit ihm führte, sagte er aus:

›Im gleichen Gefängnis wie wir (in Perm) saß Wassili Fjodorowitsch Tschelyschew, Kammerdiener des Großfürsten Michail Alexandrowitsch. Ihn traf ich auf dem Gang, und er erzählte mir, wie er ins Gefängnis geraten war.

Michail Alexandrowitsch wohnte in Perm in den „Königszimmern", wo auch Tschelyschew untergebracht war. Sein Sekretär Johnson wohnte ebenfalls dort ... Nachts um 12 betraten irgendwelche Bewaffnete die „Königszimmer". Einer davon in Soldatenkleidung. Alle hatten Revolver. Sie weckten Tschelyschew und wollten wissen, wo sich Michail Alexandrowitsch befinde. Tschelyschew nannte das Zimmer und ging mit. Michail Alexandrowitsch lag bereits im Bett. In rüdem Ton befahlen sie ihm, sich anzuziehen. Er tat es widerstrebend und sagte: „Ich gehe nirgendshin. Rufen Sie ... an. (Er nannte irgendeinen Bolschewiken, den er kannte.) Ihn kenne ich, Sie aber kenne ich nicht." Da packte ihn einer der Eindringlinge bei der Schulter und sagte mit einem derben Fluch: „Ihr Romanows hängt uns allesamt zum Halse raus!" Danach zog sich Michail Alexandrowitsch endgültig an. Sie befahlen auch seinem Sekretär Johnson, sich anzuziehen, und führten beide hinaus. Was weiter geschah, sah Tschelyschew nicht, er wußte auch nicht, womit und wohin Michail Alexandrowitsch weggefahren wurde. Nach einiger Zeit (nachdem Michail Alexandrowitsch bereits weggefahren worden war) machte sich Tschelyschew, wie er mir erzählte, auf den Weg zum Deputiertensowjet, um anzuzeigen, daß Michail Alexandrowitsch abgeholt worden sei ... Ich vergaß noch zu sagen, daß Tschelyschew, als Michail Alexandrowitsch das Zimmer verließ, zu ihm sagte: „Eure Hoheit, vergessen Sie Ihr Medikament nicht." Das waren Zäpfchen, ohne die Michail Alexandrowitsch nicht leben konnte. Fluchend brachten die Eindringlinge Michail Alexandrowitsch hinaus. Das Medikament blieb zurück. Tags darauf wurde Tschelyschew verhaftet, und wie ich später in Tobolsk aus den Zeitungen erfuhr, ist er erschossen worden.«

Das gleiche Schicksal ereilte den Obersten der Gendarmerie Snamerowski, der sofort nach der »Flucht« Michail Romanows verhaftet und unter ungeklärten Umständen während eines Spaziergangs auf dem Gefängnishof erschossen wurde.

Bestätigt werden die obigen Aussagen durch die Erinnerungen des Präsidiumsmitglieds des Permer Gouvernementsexekutivkomitees W. F. Siwkow:

»Nach dieser Meldung (über die »Entführung« Michail Romanows – d. Verf.) kamen in Perm und im Gouvernement alle möglichen Gerüchte auf. Die Anhänger des alten Regimes, deren es nicht wenige gab, sahen in der Entführung einen ›Fingerzeig Gottes‹ – das Wunder der Rettung eines Mitglieds der Zarenfamilie vor den Bolschewiken. Sie bestellten Bittgottesdienste ›für das Heil des Knechtes Gottes Michail‹ und warteten darauf, daß der auf wunderbare Weise Errettete an der Spitze eines Heeres erscheinen, ›den gefangengehaltenen Monarchen befreien und die Ordnung wiederherstellen‹ würde. Die Gerüchte erreichten mich, und ich erzählte Malkow davon, aus dessen Informationen ich wiederum wußte, daß es deraratige Tendenzen auch bei einem erheblichen Teil der Angestellten sowjetischer Institutionen in Perm und Motowilicha gab.

All das waren Gerüchte, ich aber wollte die Wahrheit wissen, und auf meine diesbezügliche Frage antwortete Pawel Iwanowitsch seelenruhig: ›Michail wird sich schon finden, wo will er denn hin!‹ Seiner Antwort entnahm ich, daß die sehnsüchtigen Hoffnungen der Monarchisten und Kleriker sich nicht erfüllt hatten . . .«

Der Vorsitzende der Permer Gouvernement-Tscheka wußte, wovon er sprach. Zahlreiche Archivdokumente belegen es. In einer vom 13. Oktober 1954 datierten Autobiographie äußerte Malkow: »Im März 1918 wurde ich vom Permer Gouvernementsparteikomitee und vom Gouvernementsexekutivkomitee mit dem Aufbau der Außerordentlichen Kommission des Gouvernements betraut. In meiner Eigenschaft als Vorsitzender des Kollegiums war ich im Auftrag des Permer Stadtparteikomitees der Bolschewiki zusammen mit den Genossen A. W. Markow und A. W. Trofimow Organisator der Entführung Michail Romanows (des Bruders Nikolais II.) aus dem Hotel und seiner Erschießung.«

Eines der interessantesten Dokumente sind die Erinnerungen Andrej Wassiljewitsch Markows, des unmittelbaren Vollstreckers der Festnahme und Erschießung Michail Romanows. Interessant ist allein schon die Geschichte dieses Dokuments. Eine Version seiner Erinnerungen wird im Permer Gebietsparteiarchiv aufbewahrt. Markow fertigte sie auf Bitte der Herausgeberin des Buches »Revolutionäre von der Kama«, der Leiterin des Parteiarchivs N. A. Alikina, an. Sie berichtete in der »Wetschernjaja Perm« darüber (Artikel »Auf der Waage der Geschichte« vom 3. Februar 1990):

»Im Sommer 1964 fiel mir bei einem meiner Treffen mit A. W.

Markow in Moskau seine silberne Armbanduhr auf, die eine ungewöhnliche Form besaß und sehr alt sein mußte. Sie erinnerte entfernt an die Scheibe eines hartgekochten Eis. Auf meine Frage, woher die Uhr sei, antwortete er, sie habe Brian Johnson, dem Privatsekretär Michails, gehört, nach Johnsons Erschießung habe er sie zur Erinnerung an sich genommen.

›Seitdem trage ich sie ständig‹, sagte Andrej Wassiljewitsch und fügte hinzu: ›Sie geht gut, nicht ein einziges Mal mußte sie repariert werden, nur zum Reinigen habe ich sie ein paarmal weggebracht.‹

Markow erzählte mir die ganze Sache in allen Einzelheiten. Meiner Bitte, mir seine Erinnerungen in das Parteiarchiv zu schicken, wo ich arbeitete, stimmte er nicht gleich zu. Nach monatelangem Schriftwechsel zur Präzisierung seiner biographischen Angaben (für das Buch ›Revolutionäre von der Kama‹ war ein Beitrag über ihn und seine Frau in Vorbereitung) erklärte Andrej Wassiljewitsch sich bei unserem nächsten Zusammentreffen bereit, mir seine Erinnerungen zu geben, nahm mir jedoch das Versprechen ab, niemandem davon zu erzählen und sie bis zu seinem Tode nicht zu veröffentlichen. Er fügte hinzu, sein Leben lang habe er Angst gehabt vor der Rache der Monarchisten.

Andrej Wassiljewitsch erzählte auch von einer Reise nach Moskau, die er bald nach der Erschießung Michail Romanows unternommen hatte, durch Vermittlung Swerdlows sei er von Lenin empfangen worden und habe ihm über dieses Ereignis berichtet.«

Dieser Artikel wirft viele Fragen auf. Versuchen wir, einiges klarer zu fassen. In Lenins biographischer Chronik wird eine Begegnung mit A. W. Markow nicht erwähnt, was natürlich nichts beweist und einer sorgfältigen Prüfung bedarf. Im Zentralen Staatsarchiv der RSFSR wird in der Akte des Empfängers einer personengebundenen Unionsrente A. W. Markow ein Erinnerungstext aus dem Jahre 1924 aufbewahrt, der praktisch identisch ist mit dem, den er später an das Permer Parteiarchiv übergab. Die Dokumente der Akte enthalten keinerlei Angabe über ein Treffen Markows mit Lenin.

Markows Erinnerungen sind eine reine Beschreibung und beschränken sich oft auf die Fakten. Ihrem Inhalt nach kommen sie der Version nahe, die in Mark Kaswinows Buch »23 Stufen nach unten« und in P. M. Bykows Arbeit »Die letzten Tage der

Romanows« (Swerdlowsk 1926) geboten wird. Im Unterschied zu diesen Publikationen legen Markows Erinnerungen jedoch die geheimen Triebfedern der Affäre bloß und zeigen den Anteil, den einige Mitarbeiter der Permer Tscheka und Miliz an dem Geschehen hatten.

Der Kreis der unmittelbar Beteiligten ist nicht groß: Gawriil Iljitsch Mjasnikow, Andrej Wassiljewitsch Markow, Wassili Alexejewitsch Iwantschenko, Nikolai Wassiljewitsch Shushgow, Iwan Fjodorowitsch Kolpaschtschikow, Jossif Georgijewitsch Nowossjolow. Sie alle waren zu jener Zeit oder etwas später Mitarbeiter entweder der Tscheka oder der Miliz. Über den Hergang der Sache im Bilde waren der stellvertretende Vorsitzende des Kollegiums der Permer Gouvernement-Tscheka Pawel Iwanowitsch Malkow und Alexander Wassiljewitsch Trofimow. Gesonderte Erwähnung verdient die Mitbeteiligung des Vorsitzenden der Gouvernement-Tscheka, Fjodor Nikolajewitsch Lukojanow (Maratow), und des Milizchefs von Motowilicha, des Linken Sozialrevolutionärs Alexej Iwanowitsch Pleschkow. Unklar ist, ob und in welcher Weise sie bei der Liquidierung Michail Romanows mit Sowjet- und Parteiorganen in Kontakt standen, sie alle (bis auf Pleschkow) waren jedoch Mitglied der KPR (B). Aber versuchen wir zunächst, die Gründe zu ermitteln, die zur Festnahme und Erschießung des Großfürsten führten.

In Mark Kaswinows Buch »23 Stufen nach unten« werden Unterlagen der in Perm durchgeführten Ermittlungen zum »Verschwinden« Michail Romanows zitiert, u. a. die Aussage des geistigen Inspirators und Organisators der ganzen Aktion, Gawriil Iljitsch Mjasnikow, Vorsitzender des Deputiertensowjets von Motowilicha und Mitglied des Kollegiums der Permer Gouvernement-Tscheka – Aussagen, die er machte, als angeblich die eigenmächtige Erschießung des Großfürsten bekanntgeworden war: »Gleich beim ersten unter Teilnahme von Vertretern des Sowjets durchgeführten Verhör in der Tscheka erklärte Mjasnikow: Die Arbeiter von Motowilicha hatten erfahren, daß Michail Romanow die Ausreisegenehmigung zu erlangen suchte. Seine Frau, die Gräfin Brassowa (geborene Scheremetewskaja) sollte in Moskau gewesen sein und sich sogar an den Rat der Volkskommissare gewandt haben. Doch noch bevor etwas konkret entschieden und mitgeteilt wurde, war sie ins Ausland geflohen und in Paris aufgetaucht. Da die Arbeiter befürchteten,

Michail könnte die ihm eingeräumte Freiheit dazu nutzen, ebenfalls zu verschwinden, hatten fünf Freiwillige aus eigenem Antrieb und Ermessen, ohne Wissen der Sowjetinstanzen, ›beschlossen zu tun, was sie dann taten . . .‹«

Das Argument der Flucht der Gräfin Brassowa in der von Kaswinow wiedergegebenen Aussage Mjasnikows war offenkundig falsch. Das beweist die Mitteilung der Russischen Telegrafenagentur (ROSTA) vom 21. Oktober 1918: »Wie uns gemeldet wird, ist die Frau des ehemaligen Großfürsten Michail Alexandrowitsch, Gräfin Brassowa, in Kiew eingetroffen. Nach der Flucht Michail Alexandrowitschs aus Perm war sie in Petrograd verhaftet worden. Da sich Freunde für sie verwendeten, gelang es ihr, Rußland zu verlassen, und sie machte sich auf den Weg zum Zufluchtsort ihrer ›ehemaligen Freunde‹ in Kiew. In Orscha wurde der Gräfin Brassowa von der deutschen Verwaltung ein ehrenvoller Empfang bereitet. Für die Fahrt nach Kiew stellte man ihr einen Offizierswagen zur Verfügung.« Außerdem erschien unseres Wissens in der Presse keine Meldung über eine Flucht der Gräfin Brassowa nach Paris. Verwunderlich ist auch, daß Mjasnikow so gut über ihre Bemühungen beim Rat der Volkskommissare Bescheid wußte!

Den Ausschlag gab natürlich die Befürchtung, als Prätendent Nummer eins auf den russischen Thron könnte Michail Romanow zum Banner der monarchistischen Kräfte werden.

Der Vollstrecker der Erschießung, Markow, begründete die getroffene Entscheidung mit der militärischen Lage: »Eine stürmische Zeit zog herauf, die Front der weißen Banden Koltschaks rückte näher, die Bourgeoisie wütete, die Nationalisierung des Eigentums war im Gange, die Popen wüteten, wir Bolschewiki aber waren damals nicht so stark. Ich erinnere mich, daß wir in Motowilicha im Sowjet nur 50 Prozent Arbeiter hatten, der Rest waren Menschewiki und Linke Sozialrevolutionäre. Auch gegen sie wurde ein erbitterter Kampf geführt, sie waren gegen uns, agitierten und bewaffneten sich sogar . . . Und das alles zusammengenommen und damit Michail Romanow sich nicht aus Perm davonmachen oder herausgeholt und irgendwo versteckt werden konnte, brachte uns, eine kleine Gruppe von Bolschewiki, auf die Idee, ihn aus dem Verkehr zu ziehen, und zwar durch Entführung aus den ›Königszimmern‹, wo er wohnte . . .«

Markow geht darauf ein, wie die Gruppe aufgebaut und der Plan entwickelt wurde, Michail Romanows »habhaft« zu werden: »Der erste, der auf diesen Gedanken kam, war Gen. G. I. Mjasnikow. Er sprach darüber in der Milizverwaltung mit Gen. Iwantschenko, dem Kommissar für den Wachdienst in Perm . . . Er weihte uns beide ein, aber zu dritt war das natürlich nicht zu machen, wir beschlossen sofort, auf Empfehlung des Gen. Iwantschenko Gen. Nikolai Shushgow dazuzunehmen, und ich empfahl Gen. Iwan Kolpaschtschikow . . . Wir wollten so vorgehen, daß wir gegen sieben Uhr abends zwei gute Pferde und zwei Wagen mit Verdeck nahmen und nach Perm fuhren. In Perm ließen wir die Pferde im Hof der Gouvernement-Tscheka und weihten den Tscheka-Vorsitzenden, Gen. Malkow (zu der Zeit war er Stellvertreter – d. Verf.), und Iwantschenkos Gehilfen, Gen. W. Drokin, in die Sache ein. Hier entstand unser endgültiger Entführungsplan. Er sah so aus: Gegen 11 Uhr abends erscheinen wir in dem Zimmer, in dem Michail Romanow wohnt, und weisen ihm ein von Gen. Malkow unterschriebenes Dokument vor, daß er die Stadt sofort zu verlassen habe. Wenn er sich auf die Hinterbeine stellt und sich weigert, uns zu folgen, bringen wir ihn mit Gewalt fort. Ich schrieb das Dokument auf der Maschine, drückte einen etwas undeutlich zu erkennenden Stempel darauf, und Gen. Malkow setzte unleserlich seine Unterschrift darunter . . .«

Markow liefert eine ziemlich ausführliche Beschreibung der »Verhaftung« Michail Romanows und Johnsons, die in wesentlichen Teilen die zitierten Augenzeugenberichte bestätigt: »Gen. Drokin wurde beauftragt, den Wachdienst für Gen. Iwantschenko zu übernehmen und, am Telefon sitzend, auf unsere Anweisungen zu warten, was er auch tat. Gen. Malkow blieb in der Tscheka, Gen. Mjasnikow ging zu Fuß zu den ›Königszimmern‹, während wir zu viert – Gen. Iwantschenko mit Gen. Shushgow im ersten Wagen, ich mit Kolpaschtschikow im zweiten – gegen 11 Uhr am Haupteingang des obengenannten Hotels vorfuhren. Shushgow und Kolpaschtschikow gingen hinauf in die Zimmer, Iwantschenko, Mjasnikow und ich blieben auf der Straße in Reserve, doch gleich wurde Verstärkung angefordert, weil Michail Romanow sich weigerte mitzukommen, nach Malkow verlangte, er sollte angerufen werden. Da ging ich, bewaffnet mit einem Nagant und einer Handbombe (einem ›Kommunisten‹), in das Haus, die verwirrte Wache an der Tür ließ mich ungehindert durch, wie schon die ersten beiden, so auch mich. Ich postierte mich in der Halle, ließ keinen ans Telefon, betrat

Beteiligt an der »Entführung« des Großfürsten Michail Alexandrowitsch in Perm: Shushgow, Markow (stehend), Mjasnikow, Iwantschenko, Kolpaschtschikow, Drokin (von links nach rechts)

das Zimmer, in dem Romanow wohnte, er sträubte sich immer noch, berief sich auf seine Krankheit, verlangte nach dem Arzt, nach Malkow. Da befahl ich, ihn mitzunehmen, wie er war. Wir warfen ihm zu, was uns unter die Finger kam, endlich machte er sich fertig und fragte, ob er seine Sachen mitnehmen solle. Ich sagte nein, seine Sachen würden andere mitnehmen. Da bat er, wenigstens seinen persönlichen Sekretär mitnehmen zu dürfen – diese Bitte wurde ihm erfüllt, denn das war zwischen uns abgesprochen. Als er nun seinen Sommermantel überzog, packte Shushgow ihn beim Kragen und forderte ihn auf hinauszugehen, was er auch tat. Johnson ging freiwillig mit vor das Haus, wo die Pferdewagen auf uns warteten. Michail Romanow ließen wir in den ersten einsteigen. Shushgow setzte sich auf den Kutschbock, Iwantschenko neben Michail Romanow; ich nahm Johnson mit in den zweiten, und Kolpaschtschikow machte den Kutscher. So fuhren wir mit unseren geschlossenen Wagen (es nieselte auch noch) los in Richtung Motowilicha . . .«

Der Tod Michail Romanows ist in vielen Publikationen der weißen Emigration beschrieben, die unterschiedlichen Varianten beruhten oft auf reinen Vermutungen. General Denikin resümierte: »Alle Ermittlungen, die die weißgardistische Südregierung bzw. die Sibirische Regierung auf Initiative der verwitweten Imperatorin vornahmen, endeten ohne verläßliches Ergebnis. Ebensowenig gab es eine offizielle Aufklärung von seiten der Bolschewiken.«

In Wirklichkeit lief alles weit prosaischer ab: »Zunächst«, fährt Markow fort, »verhielten sich die Entführten ruhig, und als wir in Motowilicha ankamen, fragten sie, wohin sie gebracht würden. Zum Zug, sagten wir, an der Ausweichstelle stehe ein Sonderwagen, mit dem sie weiterbefördert würden. Ich antwortete nur noch auf direkte Fragen, was ich ihnen auch erklärte, auf alle anderen verweigerte ich die Auskunft. So passierten wir das Petroleumlager (das ehemalige Nobel-Lager), das etwa 6 Werst von Motowilicha entfernt lag. Unterwegs begegnete uns niemand; nachdem wir noch eine Werst gefahren waren, bogen wir scharf rechts in den Wald ab.

Nach 100–120 Sashen* schrie Shushgow: ›Wir sind da – aussteigen!‹ Ich sprang vom Wagen und forderte meinen Mitfahrer ebenfalls zum Aussteigen auf. Er war noch nicht richtig

* 1 Sashen = 2,13 m.

draußen, als ich ihm in die Schläfe schoß, er taumelte und fiel zu Boden. Kolpaschtschikow schoß ebenfalls, aber sein Browning hatte Ladehemmung. Shushgow feuerte inzwischen auf Michail Romanow, verwundete ihn jedoch nur. Mit ausgebreiteten Armen lief Romanow auf mich zu und bat, von seinem Sekretär Abschied nehmen zu dürfen. Nun war auch noch Shushgows Nagant ausgefallen ... Auf ziemlich kurze Distanz (ein Sashen vielleicht) mußte ich Michail Romanow eine zweite Kugel in den Kopf schießen, wonach er sofort umfiel ... Die Leichen eingraben konnten wir nicht, weil es schnell hell wurde und die Straße zu nahe lag. Wir schleiften beide ein Stück weiter, deckten sie mit Zweigen zu und fuhren nach Motowilicha. Das Eingraben besorgte Gen. Shushgow die Nacht darauf mit einem zuverlässigen Milizionär, ich glaube, es war Nowossjolow.

Auf dem Rückweg fuhr ich zusammen mit Gen. Iwantschenko, wir unterhielten uns über die Sache und waren beide sehr kaltblütig, ich fror nur deshalb, weil ich bloß eine Uniformjacke anhatte. An meiner Linken trug ich eine Uhr, deshalb hatte man mich dort im Hotel für einen Offizier gehalten ...«

Markow, der alle Umstände der Ermordung Michail Romanows und Johnsons so ausführlich beschreibt, läßt einen weiteren Mittäter völlig unerwähnt: den Linken Sozialrevolutionär A. I. Pleschkow. In den Ermittlungsunterlagen der Weißgardisten ist eine Aussage A. S. Rebuchins enthalten: »Ich fragte Pleschkow: ›Wie ist die Sache abgelaufen? Erzähl mal.‹ Er erzählte mir, sie seien zu dem Hotel gefahren, in dem der Großfürst wohnte, hätten ihn mitgenommen und über die Sibirskaja weggebracht, dann seien sie in den Wald abgebogen und hätten ihn aufgefordert auszusteigen. Weiter erzählte er mir, Shushgow hätte auf ihn schießen wollen, doch ihm passierte eine Panne, das heißt, der Revolver schoß nicht, und da hätte ihn der Großfürst am Kragen gepackt und sich auf ihn gestürzt. ›Erst als ich auf den Fürsten schoß, konnte sich Shushgow befreien.‹ Ich wollte von Pleschkow wissen, wo genau das gewesen sei, aber er sagte: ›Das kann ich dir nicht sagen ...‹«

Die Motive für das Verschweigen der Mitbeteiligung eines Linken Sozialrevolutionärs sind völlig plausibel, da Markow seine Erinnerungen 1924 schrieb und die »Renegaten« der Revolution dem allgemeinen Vergessen anheimgegeben waren. Weit schlechter stand es mit den »Genossen«, die meinten, man hätte sie um ihre Helden-»Lorbeeren« gebracht. So verhielt es sich mit dem »zuverlässigen Milizionär« (in der Rolle des Totengräbers) Jossif Georgijewitsch Nowossjolow. Am 3. August 1928 schickt er einen Entlarvungsbrief an die Redaktion der »Prawda«:

»Ich bin Mitglied der KPR (B) seit 1918 und Teilnehmer an der Erschießung des Großfürsten Michail Romanow ... Auf Beschluß der Organisation der KPR (B) von Motowilicha wurde Michail Romanow festgenommen und im Raum Motowilicha, Ural-Gebiet, erschossen. An der Festnahme in den Königszimmern waren beteiligt: 1. Iwantschenko, Wassili Alexejewitsch, 2. Markow, Andrej Wassiljewitsch, 3. Shushgow, Nikolai Wassiljewitsch, 4. Kolpaschtschikow, Iwan Fjodorowitsch. Von hier wurde er mit seinem Offizier englischer Staatsangehörigkeit zum Werk von Motowilicha und anschließend fünf Werst weiter nach Ljowschino gebracht, wo er erschossen wurde, an der Erschießung nahmen teil 1. Shushgow, N. W., und 2. ich – Nowossjolow, Jossif Georgijewitsch, sonst niemand, und wir haben auch die Leiche der Erde übergeben. Von den Beteiligten weiß niemand außer Nikolai Wassiljewitsch Shushgow, an welcher Stelle er vergraben ist, dieses historische Grab ist in meinem Gedächtnis und in dem des Gen. Shushgow bewahrt. Was die anderen erwähnten Mitbeteiligten betrifft, so machte Iwantschenko, W. A., nur wegen der sechseckigen goldenen Uhr mit, und dafür erscheint er nun in der Veröffentlichung über das Ende des Hauses Romanow.

Wenn M. Romanow tatsächlich von W. A. Iwantschenko, A. W. Markow und I. F. Kolpaschtschikow erschossen worden ist, dann sollen sie das Grab zeigen und beweisen, daß ich an der Erschießung M. Romanows tatsächlich nicht beteiligt war. Statt die historischen Taten anderer für sich in Anspruch zu nehmen, sollen doch diese Genossen selbst welche vollbringen ...«

Die Erinnerungen Nowossjolows wurden erstmalig von Oleg Platonow in seiner Serie »Die Zarenmörder« (»Literaturnaja Rossija«, September 1990) veröffentlicht. Sie präzisiert einige Details. Wir zitieren:

»Am Tag des Mordes hatte er – Nowossjolow, damals Milizionär in Motowilicha – Dienst. Als die Wagen mit den Opfern durch Motowilicha kamen, stieg Mjasnikow aus, und an seiner Stelle fuhren Nowossjolow und Pleschkow mit. Im ersten Wagen saß Romanow mit Shushgow und Iwantschenko, im zweiten Johnson mit Markow und Kolpaschtschikow, im dritten Nowossjolow und Pleschkow. Fünf Werst hinter Motowilicha in

Richtung Ljowschino bog man rechts ab und fuhr an die 50 Sashen in den Wald hinein. Den ersten Schuß auf Michail gab Shushgow ab, verwundete ihn jedoch nur an der Schulter. ›Michail packte Shushgow mit beiden Händen und riß ihn zu Boden. Ich beobachtete dieses Drama im nächtlichen Halbdunkel ... (unleserlich) ... mit einem Schuß in die rechte Schläfe wurde Michail Romanow getötet.‹ Tags darauf um 10 Uhr grub man Michail und Johnson ein. ›Als wir sie eingegraben hatten, schnitt ich in eine Kiefer am Grab Romanows mit meinem Taschenmesser die Buchstaben »G.F.M.R.« – daß hier Großfürst Michail Romanow erschossen wurde. Dieses historische Grab habe ich bis heute nicht vergessen.«

Nowossjolow bombardiert weiterhin verschiedene Instanzen mit Briefen und Erklärungen über seine Verdienste bei der Vernichtung Romanows. In einer Erklärung, die wir im Zentralen Parteiarchiv fanden, heißt es:

»Ich bitte die Historische Kommission des ZK der KPR (B) und die Historische Gebietskommission Ural der KPR (B), folgenden drei Hauptfragen ernsthafteste Aufmerksamkeit zu schenken:

1. Wer bei der Erschießung Michail Romanows der erste war – als erster beteiligte sich Gen. N. W. Shushgow, mit dem ersten Schuß verwundete er Michail Romanow an der Schulter, und als sein Nagant nicht funktionierte – wer ihm dann Unterstützung leistete. Unterstützung leisteten ihm als erster der genannte Milizchef A. I. Pleschkow und Nowossjolow. Das kann Gen. N. W. Shushgow persönlich bestätigen.

2. Nach erfolgter Erschießung Michail Romanows und Rückkehr in die Milizverwaltung von Motowilicha, als unter den Teilnehmern die Sachen der Erschossenen aufgeteilt wurden, bekam W. A. Iwantschenko die sechseckige Golduhr des erschossenen Michail Romanow, mit dessen eingraviertem Namen, sie befindet sich gegenwärtig bei Gen. Iwantschenko. Diese Uhr ist heute ein Wertstück und gehört ins historische Museum.

3. Dem erschossenen Romanow wurden außerdem ein Goldring mit eingraviertem Namen, ein Mantel sowie die Halbstiefel abgenommen – durch den ehemaligen, später erschossenen Milizchef A. I. Pleschkow. Die Sachen des erschossenen Kammerdieners (gemeint ist Johnson – d. Verf.) wurden zwischen Markow und I. F. Kolpaschtschikow aufgeteilt.

Nur mittels Gegenüberstellung wird die Historische Gebietskommission Ural der KPR (B) die Wahrheit feststellen können. Ich bitte die KPR (B) nicht nur um eine Gegenüberstellung, ich verlange sie. Ich suche die Wahrheit und muß sie finden, sollen jene Gen. Teilnehmer den Nachweis erbringen, daß ich tatsächlich nicht an der Erschießung Michail Romanows teilgenommen habe.

Über Ihre Entscheidung bitte ich Sie, mich in Kenntnis zu setzen.

Nowossjolow
Mitglied der KPR (B)

Krestowskoje, Kreis und Bezirk Schadrinsk, Ural-Gebiet.«

Noch länger auf die moralischen Qualitäten dieses oder jenes Teilnehmers an dem Geschehen einzugehen lohnt sich nicht. Die Umstände sprechen für sich. Lassen wir die Handlanger, und wenden wir uns den Organisatoren des politischen Mordes zu.

Was die Beteiligung Mjasnikows an der Erschießung Michail Romanows betrifft, so gibt es in den Erinnerungen Markows eine (unseres Erachtens) tendenziöse Bemerkung: »Wie sich dann herausstellte, bekam Gen. Mjasnikow, der sich bei unserem Eintreffen bereits am Hotel befand, Angst, als sich Michail Romanow weigerte mitzukommen und das Ganze damit enden konnte, daß er und die anderen gleich an Ort und Stelle erschossen wurden, und suchte das Weite . . .« Wenn man berücksichtigt, daß Markows Erinnerungen vom 15. Februar 1924 datiert sind, ist nicht auszuschließen, daß hier versucht wird, die Rolle eines der aktiven Teilnehmer an dem Mordgeschehen herunterzuspielen. Fest steht, daß Mjasnikow sich seinerzeit die Durchführung der Operation als Verdienst anrechnete. Das beweist seine Antwort auf Lenins Brief aus dem Jahre 1921 (über die Arbeiteropposition), in der er, auf die Verfolgung der Andersdenkenden verweisend, klagte: »Wäre ich ein einfacher Schlosser, Kommunist besagten Werkes, wo wäre ich dann?«, und sich selbst die Antwort gab: »Bei der Tscheka oder, mehr noch, man hätte mich ›geflohen‹, so wie ich Michail Romanow ›geflohen‹ habe . . .«

Gawriil Iljitsch Mjasnikow (1899–1946), Mitglied der Partei der Bolschewiki seit 1906, ist ein Mann mit einer verwickelten Biographie, die noch der Aufarbeitung bedarf. Lenin, der 1921 seine Ansichten kritisierte, schenkte ihnen dennoch viel Beachtung. Trotzdem wurde Mjasnikow 1922 aus der Partei ausgeschlossen und nach Deutschland ausgewiesen, 1923 jedoch nach Rußland zurückgeholt und erneut verhaftet; nachdem er eine

Strafe verbüßt hatte, überschritt er 1928 illegal die Grenze und emigrierte nach Persien. Später lebte er in der Türkei. Lange Jahre arbeitete Mjasnikow als einfacher Arbeiter in französischen Automobilfabriken. Während des zweiten Weltkrieges soll er in der Résistance mitgekämpft haben. 1945 wurde ihm wie vielen anderen mit dem Versprechen, sie nicht zu belangen, angeboten, in die UdSSR zurückzukehren. Er kam zurück, wurde jedoch festgenommen und starb 1946 in der Haft.

Leider verfügen wir über keine gesicherten Erkenntnisse, welche Rolle der Vorsitzende der Permer Gouvernemt-Tscheka, F. N. Lukojanow, in der Mordaffäre spielte (verschiedenen Dokumenten ist zu entnehmen, daß er damals nicht in Perm war). Bereits am 20. Juni 1918 wurde er als Vorsitzender der Gebiet-Tscheka bestätigt und hatte unmittelbaren Anteil an der »Kommission, die die Familie Romanow aburteilte und für ihre Erschießung sorgte«. Eine weitergehende Klärung des Geschehens sowie der Rolle und des Anteils der Akteure bei der Ermordung Michail Romanows wird erst nach Einsicht in die Dokumente der Tscheka möglich sein.

Erwähnung verdient ein auf den ersten Blick sonderbares Zeugnis des ehemaligen Permer Tschekisten Alexander Asijewitsch Schamarin: »Nach seiner Abdankung wurde Michail Romanow, der Bruder Nikolais II., von Moskau (richtig: von Petrograd – d. Verf.) nach Perm verbannt. Die unverhohlen monarchistischen Zeremonien der Bourgeoisie, die fast täglichen festlichen Gänge des neuen Erlöserzaren zur Kathedrale über die mit Teppichen und frischen Blumen geschmückte Straße brachten die Arbeiterklasse auf, wir aber lehrten, daß die Meinung der Arbeiter mit der Entscheidung des Volkes identisch ist, und führten ihren Willen aus. Im April (so im Dokument – d. Verf.) 1918 wurde Michail Romanow auf Beschluß des Permer Exekutivkomitees und der Gouvernement-Tscheka im Hause der ehemaligen Handelsbank, Sibirskaja, Ecke Monastyrskaja-Straße, erschossen. Die mächtigen Wellen des Mütterchens Kama begruben auf immer die Reste des Zarenthrons Rußlands – der Romanows ... An der Operation beteiligt waren die Gen. Malkin, M. Barandochin, A. Schamarin, Worobzow und andere.«

Was ist das: das Dokument eines weiteren »Usurpators«, der den Helden spielt? Danach sieht es nicht aus. Schamarin bezog eine Sonderrente, und in seiner Akte gibt es einen Vermerk über diesen Beschluß der Permer Gouvernement-Tscheka. Später ging dieses Dokument offenbar verloren, oder es wurde entfernt. Möglicherweise wurden damals auf Beschluß der Permer Gouvernement-Tscheka der Kammerdiener des Großfürsten, Tschelyschew, und der Fahrer Borunow oder auch andere Personen erschossen und für Michail Romanow und Johnson ausgegeben. Und der Beschluß wurde für die Rehabilitierung der örtlichen Organe nach der »Flucht« des Großfürsten gebraucht. Für die Wahrscheinlichkeit letzterer Version spricht das Telegramm des Vorsitzenden der Permer Tscheka Worobjow an den Rat der Volkskommissare vom 14. August 1918: »Im Gefängnis befindet sich ein Diener der Romanows, der um seine Freilassung ersucht. Telegrafieren Sie, wie wir verfahren sollen.« Bald darauf, am 21. August, traf die Antwort Swerdlows ein: »Bezüglich Diener der Romanows überlasse ich es Ihnen, entsprechend Umständen [nach] eigenem Ermessen zu verfahren.«

Es drängt sich eine sehr wesentliche Frage auf. Kannte der Vorsitzende des Zentralen Exekutivkomitees (WZIK), Swerdlow, alle Umstände der Angelegenheit? Mit aller Bestimmtheit kann man sagen: Ja, er kannte sie! Davon zeugen nicht nur die Dokumente der örtlichen Archive, sondern auch des Zentralen Parteiarchivs beim ZK der KPdSU. So heißt es in einem der Dokumente: »Bald darauf fuhr Gen. Turkin nach Moskau, der, über die Angelegenheit im Bilde, Ja. M. Swerdlow über das Geschehene berichtete. Mjasnikow als unmittelbar Beteiligter informierte ebenfalls bei seinem Aufenthalt in Moskau ... Swerdlow ließ allen übrigen Beteiligten Grüße ausrichten ...«

Die Absegnung des Verbrechens ermunterte die Mörder Michail Romanows zu einer weiteren »Heldentat« – der Vernichtung Nikolais II. So gestanden die »revolutionären Terroristen« in einem Dokument ein: »Nachdem der Plan für die Entführung Romanows aufgestellt war, setzte die Gruppe ... die Außerordentliche Kommission in Jekaterinburg über ihre Absicht in Kenntnis und bot ihre Dienste an ... Doch als Antwort ... erhielt sie das Versprechen, man werde in nächster Zukunft die Frage Nikolai Romanow auf offiziellem Wege lösen ...«

Für viele stellt sich die Frage, ob es einen offiziellen Beschluß über die Erschießung Michail Romanows gegeben habe. Ein solches Dokument ist den Historikern bislang nicht bekannt, doch die reale politische und militärische Lage im Sommer 1918 spricht dafür. Als Beleg kann unter anderem das Tagungsprotokoll Nr. 41 des Kleinen Rates der Volkskommissare vom 23. Mai 1918 herangezogen werden:

»*Angehört*: 1. Ersuchen der Töchter Protopopows um seine Haftentlassung auf Grund seines schlechten Gesundheitszustandes. (Bontsch-Brujewitsch.) *Beschlossen*: 1. Das Ersuchen der Töchter Protopopows abzulehnen, alle auf freien Fuß gesetzten Minister und Führer reaktionärer Parteien, insbesondere auch Purischkewitsch, wieder festzunehmen und zur Inhaftierung nach Moskau zu bringen. ... *Angehört*: 3. Mitglieder führender Instanzen der Kadettenpartei. *Beschlossen*: 3. Angesichts der offenkundig konterrevolutionären und verräterischen Tätigkeit der Führung der Kadettenpartei in der Ukraine und der ihr gegenüber von den Zentralorganen der Kadettenpartei in Großrußland betriebenen offenen Solidarisierung die Mitglieder des Zentralkomitees und der anderen Führungsorgane der Kadettenpartei für außer Recht und Gesetz zu erklären und die Kommission Dsershinskis anzuweisen, sie unverzüglich zu verhaften. *Angehört*: 4. Mitglieder der Führungsorgane der Rechten Sozialrevolutionäre und der Menschewiki. *Beschlossen*: 4. Auf Grund des Geheimbeschlusses des Zentralkomitees der Rechten Sozialrevolutionäre, verantwortliche Posten in der Roten Armee zu besetzen, und der offenkundig verräterischen Tätigkeit der Menschewiki im Kaukasus, in Petrograd und anderswo die Mitglieder der Partei der Rechten Sozialrevolutionäre und der Menschewiki zu Volksfeinden zu erklären und die Kommission Dsershinskis anzuweisen, die Mitglieder der Führungsorgane dieser Partei zu verhaften.«

Eine Antwort auf die eingangs gestellte Frage geben bis zu einem gewissen Grade folgende Zeilen aus der Autobiographie Markows: »Praktisch wurde die Arbeit des Revolutionskomitees von uns Mitarbeitern an der Basis unter Leitung des Gen. Mjasnikow geleistet, Anweisungen operativen Charakters wurden von mir als Werkskommandant ausgeführt, zusammen mit den Gen. Iwan Kolpaschtschikow und Nikolai Shushgow, die sich an der Erschießung Michail Romanows beteiligten. Schriftliche Beschlüsse wurden nicht gefaßt, es war auch gar keine Zeit, welche zu schreiben, da die ganze Situation höchsten kämpferischen Einsatz verlangte . . .«

Ungeachtet der späten Stunde, zu der die »Entführung« Michail Romanows erfolgte, erfuhr sie eine unerwünschte Publizität. Daraufhin starteten die Tschekisten unter dem Deckmantel offizieller Ermittlungen eine Aktion, um die unbequemen Zeugen auszuschalten. Die Permer Gouvernement-Tscheka faßt am 13. Juni 1918 folgenden Beschluß: »Nach Behandlung der Umstände der Entführung Michail Romanows aus den Königszimmern und in Anbetracht dessen, daß hier der im Beschluß der [Allrussischen] Außerordentlichen Kommission vorgesehene Tatbestand des Verbrechens erfüllt ist, dessen die Bürger Tschelyschew, Burunow (so im Dokument – d. Verf.), Saposhnikow und Snamerowski verdächtigt werden, wurde *beschlossen*: als vorbeugende Maßnahme die Inhaftierung im Gouvernementsgefängnis von Perm vorzunehmen. Eine Kopie dieses Beschlusses ist dem Direktor und dem Kommissar des Gouvernementsgefängnisses zuzustellen.

Leiter der Abt. für den Kampf gegen Konterrevolution A. Trofimow / Untersuchungsführer der Abteilung P. Menschtschikow / Sekretär Naumow.«

Auf diese Weise kam es zur Verhaftung der Diener des Großfürsten, seines Freundes Snamerowski und des Hotelverwalters Saposhnikow.

Unter den Archivdokumenten findet sich ein am 14. Juni 1918 ausgestelltes Mandat der Permer Tscheka: »Der Inhaber dieses Mandats, Genosse P. Menschtschikow, wird von der Permer Bezirk-Tscheka entsandt zur Untersuchung der Umstände der Flucht des ehemaligen Fürsten Romanow, deshalb besitzt Gen. Menschtschikow das Recht, auf eigene Initiative Verhöre betreffs Fluchtfall Romanow durchzuführen. Alle sowjetischen Instituitionen haben die Anordnungen des Genossen Menschtschikow widerspruchslos zu erfüllen.«

Verhört wurden neben den Verhafteten auch Tupizin, seine Hausangestellte L. I. Misserewa und das Bedienungspersonal in den »Königszimmern«. Die Vernehmungsprotokolle tragen als Datum den 14.-18. Juni 1918. Offenbar war die Sache bereits am 19. Juni im großen und ganzen abgewickelt, doch freigelassen wurden die Verhafteten nicht. Unter dem 19. Juni ist in den

Ermittlungsunterlagen eine Verfügung über das Einreichen von Dokumenten (Kopien) beim Jekaterinburger Gebietssowjet enthalten. Eine weitere Verfügung vom 27. Juni 1918 lautet: »Von der Registratur des Gouv.-Exek.komitees ist umgehend eine Information betreffs Michail Romanow vorzubereiten, d. h. der gesamte Schriftwechsel des Präsidiums und alle Anweisungen der Tscheka und des Geb.-Exek.kom. in dieser Angelegenheit. Siwkow.«

Wie aus diesen Verfügungen ersichtlich, stand der »Fluchtfall Michail Romanow« unter Kontrolle der übergeordneten Instanzen.

Die Ermittlungsaussagen fügen dem, was die Organisatoren der »Entführung« selbst eingestanden, kaum etwas Neues hinzu. Von Interesse sind lediglich einige Details. So sagte der Verwalter der »Königszimmer«, Ilja Nikolajewitsch Saposhnikow, am 14. Juni 1918 bei der Vernehmung durch Untersuchungsführer Pawel Fjodorowitsch Menschtschikow aus:

»Bereits im März wurde bei uns in den Zimmern der ehemalige Großfürst Michail Alexandrowitsch Romanow mit seinem Anhang einquartiert, seinem Sekretär, Bürger Johnson, dem Kammerdiener Tschelyschew und dem Diener Borunow, jeder in einem Einzelzimmer. Romanow in Nr. 21, Johnson in Nr. 15, Tschelyschew zunächst in Nr. 18, im Mai zog er jedoch in Nr. 14 um, Borunow in Nr. 18. Die ganze Zeit, solange sie dort wohnten, kam häufig ein gewisser Snamerowski zu Besuch, wie er mit Vor- und Vatersnamen heißt, weiß ich nicht, außerdem eine alte Frau, die Milch brachte. Sonst habe ich niemanden gesehen. Vom 12. auf den 13. Juni neuen Stils betrat Viertel vor 12 Uhr nachts ein unbekannter Mann in Uniformmantel das Haus. Er kam herein und sagte, er müsse zu Mich. Romanow. Ich wollte wissen, wer er sei und ob er ein Mandat habe. Worauf der Unbekannte antwortete, sein Mandat betreffe nicht mich, sondern Romanow. Da fragte ich, was er von ihm wolle, worauf er mir antwortete: ›Das ist nicht Ihre Sache.‹ Dabei hielt er einen Revolver in der Hand. Da sagte ich, Romanow sei oben, der Unbekannte ging auf der Stelle hinauf, nach einer Weile kam er wieder herunter. Er rief von draußen noch zwei mir unbekannte Leute in Soldatenkleidung herein – der eine trug einen Uniformmantel, der andere ein Uniformhemd ... Sie kamen dann mit Romanow, Johnson und Tschelyschew herunter, der als letzter ging. Vor dem Ausgang sagte der, der als erster hereingekommen war, zu Tschelyschew, er solle zurückbleiben, und alle verließen das Hotel. Ich muß noch hinzufügen, daß, als ich bei der Außerordentlichen Kommission anrufen wollte, der Matrose Borunow mich daran hinderte und selbst anrief. Und als ich ihn fragte, was sie ihm geantwortet hätten, sagte er, sie hätten ihm geantwortet, sie kämen gleich. Und tatsächlich kamen nach einer Weile Malkow, Sorokin, Newolin und noch einige, die ich nicht kenne. Das ist alles, was ich auszusagen habe. Ilja Saposhnikow.«

Vier Tage später, am 18. Juni 1918, wurde Pjotr Ljudowigowitsch Snamerowski verhört: »Aus Gattschina, wo ich als Leiter der Gendarmerieabteilung bei der Ostsee-Eisenbahn tätig war, wurde ich nach Perm verbannt. Anderthalb Jahre vor der Revolution war ich in das Ministerium für Verkehrswesen übergewechselt als Bevollmächtigter des Ministers für die Aufklärung von Unterschlagungen bei Eisenbahntransporten, hier versah ich meinen Dienst bis Ende April 1917, danach ging ich an die Front, wo ich nicht lange war, aus Krankheitsgründen wurde ich entlassen und lebte wieder in Gattschina. Am 7. März 1918 neuen Stils wurde ich verhaftet und zusammen mit dem ehemaligen Großfürsten Mich. Romanow nach Perm verbannt... Vom 12. zum 13. Juni dieses Jahres war ich von 6 bis 9 Uhr abends bei Romanow. Die Nacht verbrachte ich zu Hause. Von der Entführung erfuhr ich am nächsten Tag, d. h. am 13. Juni, als ich in der Kirche war und von da direkt zu dem Hotel ging, in dem Romanow wohnte und wo man mir erzählte, wie alles passiert war. Ich könnte mir vorstellen, daß ihn böswillige, verrohte Leute in ihre Gewalt gebracht haben. Das war mein erster Gedanke, dann überlegte ich mir, daß es auch irgendwelche monarchistische Organisationen gewesen sein könnten. Doch ich vermute, daß alles von der zentralen Sowjetmacht ausging, ohne Wissen der örtlichen Machtorgane.«

Als Mann vom Fach kam Snamerowski der Wahrheit sehr nahe. Das kostete ihn das Leben. Die Sache wurde formal untersucht, die Verdächtigen verhaftet und später erschossen. Alles schien endgültig vertuscht.

Die Beseitigung des Thron-»Prätendenten« hatte jedoch eine von den Organisatoren nicht einkalkulierte Wirkung. In der Presse erschienen zahlreiche Meldungen, z. B.:

»Wie ›Nascha Rodina‹ aus Wjatka erfährt, kursieren hier Gerüchte, Michail Romanow befinde sich in Omsk und habe die Führung der sibirischen Aufständischen übernommen. Er soll ein Manifest an das Volk verkündet haben, in dem er zum Sturz der Sowjetmacht aufruft und eine Ständeversammlung verspricht, die darüber entscheiden soll, welche Machtform Rußland braucht.«

Der Sekretär der Petrograder Telegrafenagentur Romanowitsch wandte sich am 26. Juni 1918 mit einer offiziellen Anforderung an den Permer Deputiertensowjet: »Teilen Sie umgehend Einzelheiten der Entführung Michail Romanows mit. Sehr wichtig.«

Die »Petrogradskaja gaseta« teilte ihren Lesern am 17. Juli 1918 unter der Überschrift »Zur Flucht Michail Romanows« mit:

»Das in der Presse durchgesickerte Gerücht von der Flucht des ehem. Großfürsten Michail Romanow aus dem Ural findet in den Zeitungen des Urals seine Bestätigung. Die in Moskau mit großer Verspätung eingegangene ›Iswestija Uralskogo Soweta‹ brachte folgende Meldung:

›Der Ural-Gebietssowjet erhielt aus Perm ein Telegramm folgenden Inhalts:

„Am 13. Juli (so in der Zeitung – d. Verf.) nachts ehem. Großfürst Michail Romanow von unbekannten Personen in Uniform entführt. Fahndung blieb bisher ergebnislos. Energischste Maßnahmen werden ergriffen."›

Die Flucht Michail Romanows muß somit als Tatsache angesehen werden.«

»Die Schwarzhunderterzeitung ›Kiewski golos‹«, hieß es in einer anderen Meldung, »schlägt in einem Leitartikel vom 3. September für den russischen Thron Michail vor.«

Da sich das Gerücht von der »Rettung« Michail Romanows ausweitete, wurde versucht, einen Ausweg aus der entstandenen Situation zu finden. Bykow, Mitglied des Ural-Gebietssowjets und Verfasser einer Reihe von Arbeiten über die letzten Tage der Romanows, schrieb 1921: »In den offiziellen sowjetischen Verlautbarungen wurden die Beschlüsse über die Erschießung der Mitglieder der Familie Romanow zum entsprechenden Zeitpunkt nicht in vollem Umfang veröffentlicht. Lediglich die Erschießung des ehemaligen Zaren wurde mitgeteilt, während die Großfürsten unseren Verlautbarungen zufolge entweder geflohen oder fortgebracht worden waren – entführt von unbekannten Leuten. So erhielten die Anhänger der Monarchie die Möglichkeit, von der Flucht einiger Familienmitglieder zu sprechen.

Damit sich dieser Nebel lichtete, veröffentlichte der Gebietssowjet bereits im Winter 1918 eine offizielle Mitteilung über die Erschießung Michail Romanows.«

Unsere Suche nach dieser Verlautbarung ist bisher ergebnislos geblieben. Bei der Lektüre der Zeitungen von 1918 kann man indessen erstaunliche Funde machen.

Auf einer Seite der »Iswestija Permskogo ujesdnogo ispolkoma Soweta krestjanskich und rabotschich deputatow« vom 18. September 1918 stößt man auf ein schwarzes Quadrat. Nach seiner Behandlung im Labor für die Restaurierung von Dokumenten konnten wir folgendes lesen:

»Festnahme Michail Romanows.

Nach der Flucht des ehemaligen Großfürsten Michail Romanow sandte der Abwehrdienst der Permer Gouvernement-Tscheka nach allen Richtungen Agenten zur Festnahme Michail Romanows aus. Am 12. September fielen einem der Agenten 10 Werst von Tschussowoi entfernt auf der Straße nach Paschija zwei Personen auf, die sich ziemlich verdächtig verhielten. Der eine von beiden, hochgewachsen, mit hellbraunem ›Boulanger‹-Bart, war besonders auffällig.

Der Agent forderte sie auf, sich auszuweisen. Da sie seinen Verdacht erregten, nahm er sie fest und überstellte sie zur Klärung ihrer Identität der Permer Gouvernement-Tscheka.

Nach verworrenen Aussagen im Verhör und auf Grund der Absonderlichkeit ihrer Gesichter (sie waren offensichtlich geschminkt) wurden sie aufgefordert, ihre Namen zu nennen und die Schminke zu entfernen, was sie verweigerten. Da wir weiterhin überzeugt waren, ihre Gesichter seien geschminkt, zwangen wir sie, die Schminke zu entfernen. Nach Entfernung der Schminke erkannten wir in ihnen den ehemaligen Großfürsten Michail Romanow und seinen Sekretär Johnson, die sofort unter strenge Bewachung gestellt wurden.

In der Fluchtsache laufen beschleunigte Ermittlungen, die Vernehmungsergebnisse werden veröffentlicht.

Vorsitzender der Permer Gouvernement-Tscheka P. Malkow.«

In den anderen Permer (Gouvernements- und Kreis-)Zeitungen dieser Tage wurde der Text aus dem fertigen Satz entfernt, hier finden sich weiße Quadrate. Außerdem existiert ein ROSTA-Telegramm, das am 20. September 1918 über Direktleitung aus Moskau nach Kiew, damals Zentrum der monarchistischen weißgardistischen Bewegung, durchgegeben wurde. Sein Text ist lakonisch gehalten: »Perm. 18. September. 10 Werst von Tschussowoi entfernt durch Agenten der Permer Gouvernement-Tscheka Michail Romanow und sein Sekretär festgenommen. Wurden [nach] Perm überstellt.«

Die Vorgänge um Michail Romanow bildeten den Anlaß für die Verschärfung der Haftbedingungen der Romanows in Jekaterinburg und Alapajewsk. Die Generalprobe hatte stattgefunden, das Szenarium war für gut befunden. Der Hauptakt des Dramas folgte bald: Jekaterinburg und Alapajewsk.

Die Gräfin Brassowa überlebte ihren Gatten Michail Romanow um vierunddreißig Jahre. 1930 kam ihr Sohn Georgi bei einem Autounfall ums Leben. Viel Leid und Entbehrungen hatte sie zu tragen. Nur die Bilder »Zimmer im Landsitz Brassowo« und »Kleines Gästezimmer« von S. A. Shukowski, 1916 im Auftrag der Gräfin entstanden und heute in der Tretjakow-Galerie aufbewahrt, erinnern noch an den einstigen Glanz der Großfürstenfamilie.

Sechstes Kapitel
Jekaterinburg

Als der Zug, der Nikolai II. in den Ural brachte, sich Jekaterinburg näherte, stand das neue Gefängnis bereit, ihn aufzunehmen. Bereits im April, bei einem kurzen Aufenthalt auf der Durchreise nach Tobolsk, hatte Jakowlew Goloschtschokin folgende Notiz Swerdlows übergeben:

»Liebe Genossen!

Heute verständige ich Sie über Direktleitung von der Fahrt des Überbringers (der Notiz – d. Verf.), Gen. Jakowlew, zu Ihnen. Sie werden ihn beauftragen, Nikolai in den Ural zu überführen. Nach unserer Auffassung soll sein vorläufiger Aufenthaltsort Jekaterinburg sein. Entscheiden Sie selbst, ob er ins Gefängnis eingeliefert oder irgendeine Villa für ihn eingerichtet werden soll. Ohne spezielle Anweisung von uns ist er aus Jekaterinburg nirgendwohin fortzubringen.«

Die hier erstmals veröffentlichte Notiz macht deutlich, wie es sich mit der »Selbständigkeit« der Genossen aus dem Ural verhielt. Die Zentrale befahl: Sucht euch etwas, wo ihr den Imperator festsetzt, und wartet ab, wie sein Schicksal entschieden wird.

Über Jakowlew hieß es in der Notiz:

»Jakowlew hat die Aufgabe, Nikolai lebend nach Jekaterinburg zu bringen und ihn entweder dem Vorsitzenden Beloborodow oder Goloschtschokin zu übergeben. Jakowlew besitzt präzise und detaillierte Instruktionen. Tun Sie alles, was erforderlich ist. Die Einzelheiten sprechen Sie mit Jakowlew ab.

Mit freundschaftlichem Gruß Ja. Swerdlow 09.04.1918.«

Wie die »Absprache« der Jekaterinburger mit Jakowlew aussah, haben wir bereits ausführlich beschrieben. In bezug auf Villa oder Gefängnis entschieden sich die Uraler für die Villa, die sie in ein Gefängnis verwandelten. Die Wahl fiel auf das Ipatjew-Haus. Es stand am Hang des Himmelfahrtsplatzes, der von der Himmelfahrtskathedrale beherrscht wurde. Gegenüber der Kathedrale, direkt am Hang, der zu einem Teich abfiel, stand das Haus, das zur letzten Unterkunft der Zarenfamilie wurde.

Ipatjew-Haus, Jekaterinburg

Das Ipatjew-Haus hatte einen hervorragenden Standort. Bereits zur Zeit der Gründung der Stadt im 18. Jahrhundert hatte ihr Erbauer W. N. Tatischtschew, Historiker, Förderer des Bergbaus und Vertrauter Peters I., hier auf dem Himmelfahrtsberg ein Privathaus errichtet. Es handelte sich um den am höchsten gelegenen, nordöstlichen Punkt der Festungsstadt. Den Platz schmückte nicht nur die Himmelfahrtskathedrale. Gleich daneben war im 19. Jahrhundert das gleichsam die Himmelfahrtsstraße hinabsteigende wundervolle Palais des Kaufmanns und Hüttenwerksbesitzers Rastorgujew entstanden. Die Straße, die geradewegs zum Bahnhof führte, war dann rasch bebaut worden. Und in den siebziger Jahren des 19. Jahrhunderts war an diesem Platz, genau gegenüber der Himmelfahrtskathedrale, das zweigeschossige Haus errichtet worden, von dem hier die Rede ist. Als der Ingenieur und Geschäftsmann Nikolai Nikolajewitsch Ipatjew 1909 das Haus erwarb, hatte es bereits zwei Eigentümer gehabt, es war bestens ausgestattet, mit Wasserleitung, Wannen, Telefon u. dgl.

Goloschtschokin, der ein sicheres Gebäude als Zarengefängnis suchte, bestellte am 28. April den »Wohnraumverwalter« der Stadt, Shilinski, zu sich. Die Aufgabe, die Goloschtschokin ihm übertrug, war eindeutig formuliert: in der Stadt »unzugänglichen Wohnraum« zu finden, ein Gebäude, das im Falle eines möglichen Überfalls den Verteidigern ein freies Schußfeld bot. Die Suche dauerte zwei Tage. Shilinski wählte zunächst zwei Häuser aus: das des Arztes Archipow auf der Wasnezowstraße und das des Ingenieurs Ipatjew. Man entschied sich für letzteres. Ipatjew wurde aufgefordert, zu seinen Verwandten Golkondski zu ziehen und das Haus binnen achtundvierzig Stunden zu räumen. Er verließ es umgehend, das Mobiliar blieb zurück (u. a. ein riesiger ausgestopfter Bär, der die Besucher in der Diele begrüßte). Innerhalb der achtundvierzig Stunden wurden Bauarbeiten durchgeführt, an denen hundert Leute beteiligt waren. Hundert Pferde fuhren Bretter herbei, um das Haus zog man einen Zaun. Zur Abnahme stellten sich Goloschtschokin, Beloborodow, Didkowski und Tschuzkajew ein.

Daß die Romanows ausgerechnet nach Jekaterinburg gebracht wurden, darin lag etwas Schicksalhaftes. In dem von Peter I. gegründeten Petersburg war Nikolai II. geboren worden, dort hatte er seinen Thron verloren. Jetzt näherte er sich der Stadt, die 1723 von Gleichgesinnten Peters gegründet worden war und den Namen Katharinas I. erhalten hatte. Vor dem Eintreffen der Romanows hatten Matrosen die Büsten Katharinas und Peters I. von den Sockeln geholt und in den städtischen Teich geworfen. In jüngster Zeit kehrt alles nach und nach ins reale Leben zurück: Die 1924 erfolgte Umbenennung der Stadt (Swerdlowsk) wurde annulliert, sie heißt wieder Jekaterinburg. Im August 1992 wurde das Denkmal Peters I. wiedererrichtet.

Die Stadt liegt buchstäblich an der Grenze zwischen Europa und Asien und war fast zweihundert Jahre lang die »Hauptstadt« des Bergbau-Urals, Verwaltungszentrum zahlreicher Betriebe.

Einen schönen Frühling gibt es hier nur selten: bis der Eisgang einsetzt, ist er regnerisch, oft schneit es noch. Doch am 30. (17.) April, als der Zug mit den Romanows 8.40 Uhr den Bahnhof erreichte, war das »Wetter herrlich warm«. Im Gegensatz dazu der alles andere als freundliche Empfang, den die Menschenmenge dem Zug bereitete. Die auf dem Bahnhof Versammelten verlangten die Romanows zu sehen, ihr Verhalten ließ Schlimmes befürchten. Nachdem der Zug drei Stunden gestanden hatte, fuhr er weiter nach Jekaterinburg II (ab 1924 Schartasch).

Jakowlew schilderte die Situation in seinen Erinnerungen so:

»Der Zug stand auf dem fünften Gleis. Als die Leute uns sahen, verlangten sie, Nikolai solle herauskommen und sich zeigen. Gebrüll, immer wieder drohende Rufe: ›Erwürgen muß man die! Endlich sind sie in unserer Hand!‹ Die Wache auf dem Bahnsteig leistete nur schwachen Widerstand gegen die Menge, die tobend gegen meinen Zug losging. Rasch ließ ich meine Abteilung Aufstellung nehmen und sicherheitshalber die MG schußbereit machen. Zu meiner großen Verwunderung bemerkte ich an der Spitze der Menge den Bahnhofskommissar. Schon von weitem schrie er mir zu: ›Jakowlew! Bring die Romanows raus. Ich will ihm in die Visage spucken!‹

Die Lage wurde in höchstem Maße gefährlich. Die Menge ließ nicht locker und rückte immer näher. Entschlossenes Handeln war vonnöten.

›MG entsichern!‹

Das wirkte. Die Menge wich zurück, drohende Rufe wurden laut, die auch mir galten. Der Bahnhofskommissar brüllte wild:

›Vor deinen Maschinengewehren haben wir keine Angst! Wir haben Kanonen für dich! Guck sie dir an, da stehen sie auf dem Bahnsteig!‹

Ich blickte nach der Seite, wohin er zeigte. Tatsächlich, da bewegten sich die Rohre von Dreizöllern, an denen sich irgendwelche Leute zu schaffen machten ... Wenige Augenblicke später schützten uns die Waggonwände vor der rasenden Menge. Der Lokführer eines Güterzuges wurde mit Geschrei und Gefluche überschüttet. Während sie über die Puffer der Güterwagen kletterten, fuhren wir, da unsere Lokomotive bereits angespannt war, los, um zwischen den zahllosen Gleisen des Bahnhofsgeländes zu verschwinden, und nach 15 Minuten waren wir bereits in völliger Sicherheit in Jekaterinburg II.«

Nikolai Alexandrowitsch, der die Situation richtig bewertete, notierte in seinem Tagebuch: »Es gab starke Reibereien zwischen den hiesigen und unseren Kommissaren. Letzten Endes setzten sich erstere durch, und der Zug fuhr weiter zu einem Güterbahnhof. Nachdem wir anderthalb Stunden gestanden hatten, verließen wir den Zug. Jakowlew übergab uns einem hiesigen Kommissar ...« Danach, so heißt es in Alexandra Fjodorownas Tagebuch, »setzte uns der Vorsitzende des Sowjets zu dritt in einen offenen Wagen, und ein Lkw mit schwerbewaffneten Soldaten folgte uns«. Die Romanows wurden in den Fond des Wagens gesetzt, neben dem Fahrer Samochwalow nahmen Didkowski und Goloschtschokin Platz. Später sagte der Fahrer gegenüber Untersuchungsführer Sokolow aus: »Das Kommando führte Goloschtschokin. Als wir am Haus vorfuhren, sagte Goloschtschokin zum Gossudar: ›Bürger Romanow, Sie können hineingehen.‹ Ebenso ließ Goloschtschokin die Gossudarin und die Großfürstin sowie eine Anzahl Bedienter eintreten ... Unter den Ankömmlingen war ein General. Goloschtschokin fragte nach seinem Namen, und als der Mann ihn nannte, eröffnete er ihm, daß er ins Gefängnis gebracht würde ...« Es handelte sich um Dolgoruki. Alexandra Fjodorown hielt in ihrem Tagebuch kurz fest: »Walja ließ man nicht hinein.«

Ungeachtet aller ergriffenen Maßnahmen versammelte sich eine neugierige Menschenmenge vor dem Ipatjew-Haus. »Ich erinnnere mich«, sagte Samochwalow aus, »daß Goloschtschokin schrie: ›Eine Sondermaßnahme, hier gibt es nichts zu sehen!‹ Die Leute wurden auseinandergetrieben.«

Awdejew, der als Kommandant des »Hauses zur besonderen Verwendung«, wie das Ipatjew-Haus jetzt hieß, eingesetzt worden war, berichtet, Beloborodow habe den Romanows sofort verkündet: »Auf Beschluß des Allrussischen Zentralen Exekutivkomitees werden Nikolai Romanow und seine Familie der Zuständigkeit des Ural-Gebietssowjets der Arbeiter- und Soldatendeputierten unterstellt und sich bis zur Gerichtsverhandlung in Jekaterinburg aufhalten.«

Weiter heißt es bei Awdejew: »Didkowski und ich blieben im Haus und untersuchten die Sachen, die sie und ihre Begleiter aus Tobolsk mitgenommen hatten, da es bei der Abreise keine Durchsuchung gegeben hatte. Als wir sie dazu aufforderten, ihr Handgepäck vorzuweisen, protestierte Alexandra Fjodorowna.«

Den Bericht des Kommandanten ergänzte später der Kammerdiener des Imperators, G. N. Tschemodurow, der zufällig mit dem Leben davonkam: »Einer von denen, die die Durchsuchung vornahmen, griff nach dem Handtäschchen der Gossudarin, worauf der Gossudar mit der Bemerkung reagierte: ›Bisher hatte ich es mit redlichen und anständigen Menschen zu tun.‹ Didkowski entgegnete scharf: ›Ich bitte nicht zu vergessen, daß Sie sich in Untersuchungshaft befinden.‹«

Nach der Durchsuchung erfolgte die Unterbringung im Haus.

»2 Adressen. Moskau. Vorsitzenden des Rates der Volkskommissare Lenin. Vorsitzenden des ZIK Swerdlow. / Aus Jekaterinburg.

Heute, 30. April, 11 Uhr Petrograder [Zeit], übernahm ich von Kommissar Jakowlew ehemaligen Zaren Nikolai Romanow, die ehemalige Zarin Alexandra und ihre Tochter Maria Nikolajewna. Alle sind [in einer] bewachten Villa untergebracht. Ihre Anfragen [und] Erklärungen telegrafisch erbeten.

Vorsitzender des Ural-Gebietssowjets
Beloborodow.«

Die Verschärfung der Haftbedingungen der Romanows entsprach einer Sonderdirektive der Zentrale. Am Tage der Ankunft der Romanows in der Metropole der Ural-Industrie hatte der Vorsitzende des Gebietssowjets folgendes Telegramm erhalten:

»Jekaterinburg. Vorsitzenden des (Ural-)Gebietssowjets, Beloborodow.

Schlage vor, Nikolai [Romanow] unter schärfsten Bedingungen zu halten. Jakowlew beauftragt mit Transport der übrigen. Schlage vor, vollen Kostenanschlag zu schicken eingerechnet Wache. Mitteilen Einzelheiten neuer Haftverhältnisse. Vorsitzender des WZIK Swerdlow.«

Beloborodow antwortete umgehend:

»Geheim.

Vorsitzenden des WZIK Swerdlow. / Jekaterinburg.

Antwort [auf] Ihre Nachricht. [Die Romanows] in strenger Haft, Fremdbesuche grundsätzlich untersagt. Tschemodurow und Botkin [unter] gleichen Bedingungen [mit] Inhaftierten. Fürst Wassili Dolgorukow, Bischof Germogen von uns verhaftet, geben Sie keinen Anträgen, Beschwerden ihrer Fürsprecher statt. [Bei] Dolgorukow beschlagnahmte Papiere enthielten offenbar Fluchtplan. [Mit] Jakowlew ziemlich heftige Auseinandersetzung, im Ergebnis Abschied kühl. Sprachen ihn durch Beschluß [von] Beschuldigungen [der] Konterrevolution frei, räumten als Ursache übermäßige Nervosität ein. Jetzt ist er [im] Werk Ascha-Balaschewsk, heute telegrafieren wir ihm Abreise [zur] endgültigen Lösung [der] Aufgabe. Telegrafieren Sie [nach] Tobolsk [an] Sonderabteilung, daß sie sich nicht beunruhigen, ihre Genossen sind [in] Jekaterinburg. Soldzahlung [an] entlassene Soldaten der Sonderabteilung erfolgt durch uns über Jakowlew. Kostenanschlag schicken wir. Beloborodow.«

Jetzt war es an den Hauptakteuren des Geschehens, miteinander ins reine zu kommen. Heute, da uns entsprechende Dokumente (leider bei weitem nicht vollständig!) zur Verfügung stehen, die Licht in die Vorgänge um den »Umzug« Nikolais II., seiner Tochter und seiner Frau von Tobolsk nach Jekaterinburg bringen, besteht für uns kein Zweifel, daß die Führung des Jekaterinburger Sowjets, vielleicht mit Ausnahme Goloschtschokins, der sich nach der Zentrale richtete, es eindeutig darauf angelegte hatte, die Romanows nicht bis nach Jekaterinburg kommen zu lassen, sondern sie vorher zu liquidieren. Die Position der Zentrale, von Swerdlow repräsentiert, war schwieriger. Daß alle im ZK (auch Lenin) zu jeder Zeit bereit waren, den Befehl zur Erschießung der Romanows zu geben, die nach und nach planmäßig im Ural zusammengefaßt wurden, steht unseres Erachtens außer Frage und wird durch die Dokumente bestätigt.

Am 30. April, nach stundenlangen heftigen Debatten, erhielt Jakowlew auf einem offiziellen Formular folgende von Beloborodow unterzeichnete Bescheinigung ausgehändigt:

»Nach Anhörung der Erklärungen des Gen. Jakowlew und der Gen. Gusakow, Awdejew und Saslawski betrachtet der Gebietssowjet auf der Grundlage dieser Mitteilungen die Handlungen des Gen. Jakowlew als durch seine Nervosität begründet sowie seine Verdachtsmomente und die von ihm vermuteten

Verschwörungen vor allem als Produkt seiner übertriebenen Befürchtungen und einer falschen Auslegung der ihm übertragenen Mission. Was die gegen Gen. Jakowlew erhobenen Beschuldigungen der Konterrevolution und des Verrats der Revolution anbelangt, so spricht der Gebietssowjet Gen. Jakowlew entschieden davon frei.«

Trotz aller Konflikte war die Hauptsache zuwege gebracht: die Romanows, wenn auch vorläufig nicht die ganze Familie, befanden sich im Ural, es galt nun, den Plan weiter voranzutreiben. In dem schwierigen Spiel, das die Regierung Lenins im Frühjahr und Sommer 1918 trieb, waren die Romanows eine besondere Karte, sowohl in internationaler Hinsicht, d. h. in den Beziehungen der RSFSR zu den Achsenmächten und der Entente, als auch in bezug auf bestimmte Verpflichtungen Lenins gegenüber der deutschen Regierung, die nicht nur aus den Bedingungen des Brester Abkommens resultierten. Im Grunde hat Jakowlew, indem er die Anweisung Swerdlows ausführte, die Pläne der Genossen aus dem Ural durchkreuzt, die auf die Vernichtung der Romanows gerichtet waren. Doch Swerdlow wollte die Sache keineswegs so betrachtet wissen, als hätte es keinerlei reale Versuche zur Befreiung der Romanows gegeben. Der Eindruck drängt sich auf, daß Swerdlow, der den Standpunkt des ZK der Partei vertrat, sich fortwährend genötigt sah, das Gespenst endloser monarchistischer Verschwörungen zur Befreiung der Romanows an die Wand zu malen.

Bereits am 2. Mai 1918 gab er auf der Tagung des Rates der Volkskommissare eine außerordentliche Erklärung ab: »Nach allen Informationen, die uns aus Tobolsk erreichten, bestand keine Garantie, daß Nikolai Romanow nicht die Möglichkeit erhalten würde, aus Tobolsk zu fliehen. Diverse Meldungen besagten, daß von einzelnen Monarchistengruppen gewisse Vorbereitungen in dieser Richtung getroffen würden. Ausgehend von allen genannten Informationen, ordnete das Präsidium des Allrussischen Zentralen Exekutivkomitees der Sowjets die Überführung des Zaren Nikolai Romanow an einen sichereren Ort an, was auch erfolgt ist. Gegenwärtig befindet sich Nikolai Romanow mit seiner Frau und einer seiner Töchter in Jekaterinburg, Gouvernement Perm, die Aufsicht über ihn wurde dem Deputiertensowjet des Ural-Gebiets übertragen.«

In der zentralen und örtlichen Presse war die Überführung Nikolais II. und seiner Familie in den Ural Gegenstand ausgiebiger Berichterstattung. Über die Tagung des WZIK, die am 9. Mai 1918 zu dieser Frage stattfand, wurde gemeldet:

»Nach Bestätigung der Tagesordnung informiert der Vorsitzende Swerdlow über das Schicksal des Zaren Nikolai. Der Grund für dessen Überführung von Tobolsk nach Jekaterinburg sind offenkundige Versuche, die Unzuverlässigkeit der noch von Kerenski eingesetzten Wachmannschaft auszunutzen und dem Zaren zur Flucht zu verhelfen. Der für die Überführung des Zaren entsandte Sonderkommissar fand bei einer Durchsuchung 60 000 Rubel, stellte den freien Zugang Fremder zum Zaren fest und entdeckte bei ihm nahestehenden Personen eine verbrecherische Korrespondenz. Nach Jekaterinburg wurde der ehemalige Zar mit seiner Frau und einer Tochter gebracht. Sein Sohn blieb aus Krankheitsgründen bis zur Herstellung einer normalen bequemen Verbindung mit Jekaterinburg in Tobolsk zurück. Eine neue Wache wurde eingesetzt und eine strengere Ordnung eingeführt.«

Auf diese Meldung reagierte die Abteilung, die die Zarenfamilie in Tobolsk zu bewachen hatte, mit einem scharfen Protest. Sie richtete am 14. Mai 1918 folgendes Telegramm an Swerdlow: »Das von der Petrograder T[elegrafen]A[gentur] verbreitete Telegramm [vom] 10. Mai [mit] Darlegung Ihres Berichts [im] ZIK über die Überführung des ehemaligen Zaren [von] Tobolsk [nach] Jekaterinburg enthält offensichtliche Fehler: 1. die Sonderabteilung nimmt gemäß Anordnung des ZIK [vom] 3. April Nr. 1010 die Bewachung der Romanow-Familie bis auf den heutigen Tag wahr; 2. Fluchthilfeversuche von seiten der Abteilung des ehemaligen Zaren hat es nicht gegeben; 3. die Zuverlässigkeit der Abteilung wurde durch Ihre Anordnung Nr. 1010 und durch den Sonderkommissar des Sownarkom Jakowlew bestätigt . . . ; 4. von niemandem sind in dem Haus, in dem die Romanows untergebracht sind, Durchsuchungen vorgenommen worden, bei der Abreise des ehemaligen Zaren hat Jakowlew keine Haussuchung durchgeführt, somit ist die Angabe der beim ehemaligen Zaren gefundenen 30 000 Rubel (so im Dokument, die Zeitungen meldeten 60 000 Rubel – d. Verf.) gegenstandlos; 5. bis auf die Dienerschaft, die Ärzte und die Lehrer wurde niemand [zu den] Romanows vorgelassen. Empört über die schwere haltlose Bezichtigung konterrevolutionärer Betätigung, verlangen die Mitglieder der Abteilung, daß der Makel, der ihnen durch das obengenannte Telegramm anhaftet, mit einem entsprechenden Dementi über die PTA von ihnen genommen wird.«

Aus Moskau ging mit »höchster Dringlichkeit« ein Antworttelegramm nach Tobolsk ab:

»An Chochrjakow, Bevollmächtigten des WZIK für die Bewachung des ehemaligen Zaren, Kopien an Komiteevorsitzenden Matwejew und Abteilungskommandeur Kobylinski.

In Beantwortung Ihrer Anfrage zur telegrafischen Meldung der PTA vom 10. Mai stellt das Präsidium des WZIK fest, daß die für die Bewachung des ehemaligen Zaren eingesetzte Sonderabteilung die ihr auferlegte Pflicht bei voller Unterordnung unter die Sowjetmacht in Ehren erfüllt hat und Vertrauen verdient.

Vorsitzender des WZIK Ja. Swerdlow
Sekretär des WZIK W. Awanessow.«

Ihre neue Unterkunft gefiel den Romanows. »Ein schönes Haus, sauber«, schrieb Nikolai II. in sein Tagebuch. »Vier große Zimmer stehen uns zur Verfügung: ein Eckschlafzimmer, ein Ankleidezimmer, daneben das Speisezimmer mit Fenstern zum Gärtchen und mit Blick auf die Unterstadt und schließlich ein geräumiger Salon mit Bogen ohne Tür ... Aufgeteilt haben wir sie so: Alix, Maria und ich zu dritt im Schlafzimmer, das Ankleidezimmer für alle, im Speisezimmer N. Demidowa, im Salon Botkin, Tschemodurow und Sednew. Am Eingang ist das Zimmer des Kommandanten. Die Wache hat zwei Räume neben dem Speisezimmer. Zum Bad und WC muß man am Posten vor den Wachräumen vorbei. Um das Haus herum hat man, zwei Sashen von den Fenstern entfernt, einen hohen Zaun errichtet; dort steht eine Postenkette, ebenso im Gärtchen.«

Als Alexandra Fjodorowna das Schlafzimmer betrat, malte sie mit einem Kopierstift auf die Fensterleibung eine Swastika und schrieb daneben »17./30. April«. Später wurde sie deshalb immer wieder faschistischer Gesinnung bezichtigt.

Warten auf die Kinder

Jeden Tag verbrachten die Romanows in Erwartung ihrer Kinder. Ein erster Brief ging nach Tobolsk ab:

»Jekaterinburg. 18. April (1. Mai) 1918.

Christus ist auferstanden!*

In Gedanken küsse ich Dich dreimal, Olga, meine Liebe, und

* Ostergruß.

beglückwünsche Dich zum frohen Feiertag. Ich hoffe, Ihr verbringt ihn ruhig. Beglückwünsche alle Unsrigen. Ich sitze auf Papas Bett, während ich Dir schreibe. Mama liegt noch, weil sie sehr erschöpft ist ... Wir schlafen zu dritt in einem weißen gemütlichen Zimmer mit vier großen Fenstern. Die Sonne scheint herein wie bei uns im Salon. Die Fensterklappe steht offen, Vogelgezwitscher ist zu hören und die Tram. Sonst herrscht Stille. Am Morgen kam ein Demonstrationszug vorbei: 1. Mai. Wir hörten Musik. Unsere Zimmer liegen im Erdgeschoß, das Haus umgibt ein Holzzaun, wir sehen nichts weiter als die Kreuze auf den Kuppeln der Kirchen, die auf dem Platz stehen. Njuta schläft im Speisezimmer, und im großen Wohnzimmer schlafen Jewg. Serg., Sednew und Tschemodurow. Den Fürsten läßt man bisher nicht zu uns, ich verstehe nicht, warum, er tut mir sehr leid. Sie schlafen auf Feldbetten, die man gestern abend für sie und die Wache brachte. Die Hausbesitzer heißen Ipatjew. Ich küsse Dich heiß und segne Dich, geliebtes Herz.

Deine alte Mama ist in Gedanken immer bei Dir, meine liebe Olga. Wir drei reden immerzu von Euch und was Ihr wohl macht. Der Beginn der Reise war unangenehm und traurig; leichter wurde es, als wir im Zug saßen. Was hier weiter wird, ist ungewiß.

Der Herr beschütze Dich. Dreimal umarme ich Dich, meine Liebe. Papa.

Njuta stopft Strümpfe. Am Morgen haben wir zusammen die Betten bezogen. Christus sei mit Dir. Wir küssen die Kinderfrauen und die Damen. Deine M[aria].«

Das Gefühl der Sorge und Wehmut verließ die auseinandergerissene Zarenfamilie nicht. Im Tagebuch Nikolai Alexandrowitschs lautet die Eintragung vom 2. Mai 1918:

»... Bis auf Alix nutzten wir alle die Erlaubnis, ein Stündchen in den kleinen Garten zu gehen ... Es tat gut, frische Luft zu atmen. Beim Klang der Glocken stimmte es traurig, daß jetzt Karwoche ist und wir nicht die Möglichkeit haben, diesen wundervollen Gottesdiensten beizuwohnen, ja nicht einmal fasten dürfen! Vor dem Tee hatte ich die Freude, mich gründlich in der Wanne waschen zu können.

Um 9 Uhr aßen wir zu Abend. Dann setzten wir Bewohner der vier Zimmer uns im Salon zusammen, wo Botkin und ich abwechselnd 12 Perikope lasen, danach legten wir uns schlafen .«

Ihr Glauben gab der Zarenfamilie Halt. Doch die Rücksichtslosigkeit der Wache verletzte oft ihre Würde. So vermerkte Alexandra Fjodorowna am 2. Mai in ihrem Tagebuch: »Die Soldaten tranken den ganzen Samowar leer ... Ich ordne unsere Ikonen (Bilder) auf dem Tisch im Wohnzimmer ...«

Ihr einziger Trost waren die Briefe, die sie in der Hoffnung schickten, ihre Botschaften würden die Kinder erreichen. Hier ein an Olga Nikolajewna gerichteter Brief vom 2. Mai:

»Christus ist auferstanden!

Dreimal küsse ich Dich heiß, mein Herz. Heute fühle ich mich wohler, liege aber. Die anderen sind ein Stündchen im Garten spazierengegangen und waren sehr zufrieden. Man brachte in einem Faß Wasser, so daß Papa vor dem Essen um 9 Uhr ein Bad nehmen kann.*

Ich schaukelte mit Njuta auf der amerikanischen Schaukel und spazierte mit Papa hin und her. Mama liegt heute im Bett, es geht ihr etwas besser, sie hat aber Kopf- und Herzschmerzen. Es wurde gebeten, eine Liste aller, die mit Euch kommen, aufzustellen. Hoffentlich haben wir niemanden vergessen. Ich weiß nicht, wen Isa mitbringt. Wir müssen für jeden eine Begründung liefern. Oh, wie schwer wieder alles ist. 8 M[onate] haben wir ruhig gelebt, und jetzt beginnt alles von vorn, Ihr tut mir so leid, daß Ihr alles allein packen und besorgen müßt. Ich hoffe, Stupel hilft Euch. Wenn wir nur bald von Euch hören würden. Der Herr beschütze Dich. Mascha.«

Maria Nikolajewna war die Lieblingstochter der Familie. Das bezeugten alle, die die Zarenfamilie in der Unfreiheit erlebten. So berichtete Oberst Kobylinski: »Maria Nikolajewna war 18 Jahre alt, großgewachsen, kräftig, die Hübscheste von allen. Sie konnte gut malen. Von den Schwestern war sie die schlichteste und freundlichste. Sie konnte sich endlos mit den Soldaten unterhalten und wußte genau, wie wessen Frau hieß, wieviel Kinder sie hatten, wieviel Land u. dgl. Wie Olga Nikolajewna hing auch sie mehr am Vater. Ihrer Schlichtheit und Freundlichkeit wegen hatte sie in der Familie den Kosenamen ›Maschka‹ erhalten. So riefen sie die Schwestern und Alexej Nikolajewitsch.«

In gleicher Weise äußerte sich ihre Lehrerin K. M. Bittner: »Maria Nikolajewna war die Hübscheste, typisch russisch, gutmütig, fröhlich, mit ausgeglichenem Charakter, ein freundliches Mädchen. Sie unterhielt sich gern und konnte mit jedem spre-

* Das Wasser wurde in Fässern aus dem nahe gelegenen Stadtteich angefahren.

chen, vor allem mit einfachen Leuten und Soldaten. An gemeinsamen Themen mangelte es ihr nie ... Sie war sehr kräftig. Wenn der kranke Alexej Nikolajewitsch irgendwo hinmußte, rief er: ›Maschka, trag mich.‹ Sie sagte nie nein. Kommissar Pankratow hatte sie sehr gern, er vergötterte sie geradezu. Jakowlew mochte sie sicherlich auch ... Die Mädchen lachten einmal, als sie von ihr einen Brief aus Jekaterinburg bekamen, in dem sie wahrscheinlich etwas über Jakowlew geschrieben hatte: ›Maschka hat Glück bei den Kommissaren.‹ Sie konnte gut malen und war geschickt in Handarbeiten.«

In den ersten Maitagen des Jahres 1918 steht in jeder Tagebucheintragung Alexandra Fjodorownas der Satz: »An die Kinder geschrieben.« Endlich, am 8. Mai, der Vermerk: »Die erste Nachricht von den Kindern erhalten. Versuchte vergeblich, aus ihnen (der Wache – d. Verf.) etwas über Walja [Dolgorukow] herauszubekommen ...«

Am Tage der Ankunft, dem 30. April, war Dolgorukow am Betreten des Ipatjew-Hauses gehindert und damit von der Zarenfamilie getrennt worden, man verhaftete ihn und brachte ihn ins Gefängnis.

Am gleichen Tag schrieb er nach Petrograd:

»Dienstag, 30. April

Mein lieber Pawel,

Heute kam ich in Jekaterinburg an, nach entsetzlich strapaziöser Fahrt, 270 Werst im Tarantas. Wir waren 2 Tage unterwegs, und ich bin völlig zerschlagen. Man hatte es sehr eilig mit uns, ich weiß nicht, warum. Aber das war noch halb so schlimm. Als wir hier ankamen, wurde ich ohne jedes Verhör und ohne Erhebung einer Anklage verhaftet und ins Gefängnis gesteckt. Nun sitze ich hier, ohne zu wissen, weshalb. Ich habe eine Eingabe an den Gebietssowjet geschrieben mit der Bitte, mich freizulassen und mir zu gestatten, zu meiner kranken Mutter nach Petrograd zu fahren. Von ganzem Herzen hoffe ich, Euch bald wiedersehen und in die Arme schließen zu können. Erschrick meine kranke Mutter nicht mit meiner Verhaftung, sie ist alt und muß geschont werden. Sag ihr, so Gott will, werde ich sie bald wiedersehen.

Ich umarme Euch herzlich. Christus ist auferstanden

W. D.«

Wiederholt wandte er sich an den Deputiertensowjet mit der Bitte, ihn zur Zarenfamilie zurückzulassen, und der Zusicherung, sich allen Auflagen der Administration zu fügen. Außerdem benötigte er ärztliche Behandlung. Hier eines seiner Schreiben von Mai 1918:

»An den Gebietssowjet

Auf Grund meines Kranheitszustandes bitte ich untertänigst, mich aus dem Gefängnis Nr. 2 in das Ipatjew-Haus auf dem Himmelfahrtsprospekt zu überführen, damit ich wie die anderen von Doktor Botkin behandelt werden kann.

Bürg. Dolgorukow
18. Mai.«

Endlich erhielten die Bewohner des Ipatjew-Hauses Antwort aus Tobolsk. Es war das langerwartete Telegramm von Olga Nikolajewna.

»Danken für Briefe. Alle gesund. Der Kleine war schon [im] Garten. Schreiben. Olga.«

An diesem Tag machte Nikolai Alexandrowitsch in seinem Tagebuch eine ausführlichere Eintragung:

»25. April (8. Mai). Mittwoch. Wir standen gegen 9 Uhr auf. Das Wetter war etwas wärmer – bis 5°. Heute zog eine originell zusammengesetzte und bekleidete Wache auf. Mehrere Offiziere gehörten dazu, und die meisten Soldaten waren Letten, die unterschiedliche Jacken und alle möglichen Kopfbedeckungen trugen. Die Offiziere standen Posten mit Säbel und Gewehr. Als wir unseren Spaziergang machten, kamen alle Soldaten, die frei hatten, ebenfalls in das Gärtchen und beobachteten uns . . . Am Vormittag hatte ich ein langes Gespräch mit einem ehemaligen Offizier, der aus Transbaikalien stammt; er erzählte viel Interessantes, ebenso der kleine Wachhabende, der danebenstand; er stammt aus Riga. Ein Ukrainer übergab uns vor dem Abendessen das erste Telegramm von Olga. All das brachte im Hause eine gewisse Belebung mit sich. Außerdem waren aus dem Dienstzimmer Gesang und Klaviermusik zu hören; das Klavier ist vor ein paar Tagen aus unserem Salon dorthin geschleppt worden . . .«

Allmählich trafen von den Kindern regelmäßiger Nachrichten ein. Hier ein Brief der jüngsten Tochter Nikolais II., der Großfürstin Anastasia Nikolajewna:

»Tobolsk 24. April 1918
7. Mai, 6 Uhr ab[ends]

Wahrhaftig auferstanden!

Meine liebe, gute Maschka. Wir waren schrecklich froh, Nachricht von Euch zu bekommen, und haben lange darüber gesprochen! Ich bitte um Entschuldigung für meine schräge Schrift, das ist einfach Albernheit. Wir haben [einen Brief] von An. Paw. erh[alten], sehr nett, sie läßt Dich grüßen usw. Wie geht es Euch allen? Und Saschka usw.? Wie immer gibt es natürlich eine Unmenge Gerüchte, und man weiß einfach nicht, wem man glauben soll, und fühlt sich ganz scheußlich! Weil einem die Hälfte ges[agt] wird und das andre nicht, und darum denkt man, daß alles Lüge ist. X[enia] Mich[ailowna] Bittner kommt und sitzt bei dem Kleinen. Alexej ist schrecklich lieb, mit dem Essen gibt er sich auch Mühe (weißt Du noch, wie bei Dir auf der Bank). Wir frühstücken abwechselnd mit Alex[ej] und halten ihn zum Essen an, aber es gibt auch Tage, an denen er ohne Antreiben ißt. In Gedanken sind wir immer bei Euch Lieben. Schrecklich traurig und öde ist es, ich weiß auch nicht. Das Taufkreuz ist natürlich bei uns, und Post haben wir jetzt auch von Euch. Gott wird uns helfen und hilft auch. Der Ikonostas war zu Ostern schrecklich schön, alles mit Fichtenzweigen geschmückt, so ist es hier Brauch, und die Blumen ... Malen tu ich noch, gar nicht übel, hört man, sehr nett. Wir haben geschaukelt, da habe ich vielleicht gelacht, herrlich, das Runtersausen! Ich habe unseren Schwestern gestern sovielmal davon erzählt, daß sie es schon satt haben, aber ich kann es noch unzählige Male erzählen, bloß wem. Überhaupt habe ich Dir und Euch schon eine Unmenge zu erzählen. Mein Jim ist erkältet und hustet, drum sitzt er zu Hause und läßt grüßen. War das ein Wetter! Man hätte jubeln mögen vor Freude. Ich bin seltsamerweise am braunsten von allen, geradezu wie eine Araberin! Jetzt ist es langweilig und scheußlich. Eine Kälte, heute früh haben wir gefroren, obwohl wir natürlich nicht ins Haus zurück wollten ... Ich bitte vielmals um Entschuldigung, ich habe ganz vergessen, Euch Lieben zum Feiertag zu gratulieren, ich küsse Euch alle nicht dreimal, sondern unzählige Male. Alle danken Dir Schätzchen für Deine Briefe. Bei uns waren auch Demonstrationen – eine schwache Vorstellung. Jetzt sitzen wir wie immer zusammen, und Du fehlst uns ... Ich bitte um Entschuldigung, daß ich so sprunghaft schreibe, verstehst Du, die Gedanken laufen mir davon, ich komme nicht nach mit Aufschreiben ...

Einstweilen auf Wiedersehen. Glück und alles, alles Gute für Euch. Wir beten ständig für alle und denken an Euch. Hilf uns, Gott! Christus sei mit Euch, Ihr Lieben. Ich umarme Euch alle sehr fest ...«

Anhand der Briefe zwischen den auseinandergerissenen Familienmitgliedern lassen sich viele Details der Vorgänge in Jekaterinburg und Tobolsk rekonstruieren. Alexandra Fjodorowna und ihre Tochter Maria numerierten alle ihre Briefe nach Tobolsk:

»Jekaterinburg, 27. Apr[il]/10. Mai 1918. Nr. 16

Wir sehnen uns nach dem stillen und ruhigen Leben in Tobolsk. Hier gibt es fast täglich unangenehme Überraschungen. Eben waren Mitglieder des Gebietskomitees hier und fragten, wieviel Geld jeder von uns hat. Unterschreiben mußten wir auch. Ihr wißt ja, daß Papa und Mama nicht eine Kopeke bei sich haben, darum unterschrieben sie ›nichts‹ und ich die 16,17 Rbl., die mir Anastasia mitgegeben hat. Von den anderen haben sie gegen Quittung das ganze Geld zur Aufbewahrung ins Komitee mitgenommen – jeder durfte nur ein bißchen behalten. Sie wiesen darauf hin, daß wir vor neuen Durchsuchungen nicht sicher sind. Wer hätte gedacht, daß man uns nach 14 Monaten Inhaftierung so behandeln würde. Wir hoffen, daß es bei Euch besser zugeht, so, wie zu unserer Zeit.«

»28. Apr[il]/11. Mai. Guten Morgen, meine Lieben. Wir sind gerade aufgestanden und haben den Ofen geheizt, weil die Zimmer ausgekühlt sind. Das Holz prasselt behaglich wie an Frosttagen in T[obolsk]. Heute haben wir unsere schmutzige Wäsche der Wäscherin gegeben. Njuta ist auch unter die Wäscherinnen gegangen, hat Mamas Tuch gewaschen, sehr schön sogar, und Staublappen. Bei uns in der Wache sind schon ein paar Tage Letten. Bei Euch ist es bestimmt ungemütlich, alles gepackt. Habt Ihr auch an meine Sachen gedacht? Wenn mein Geburtstagsbuch nicht dabei ist, dann bittet T[atjana] darum. Wir wissen nichts von Euch, warten sehr auf einen Brief. Ich male immer noch viel ... Vielleicht könnt Ihr mir weiße Farbe kaufen? Hier bekommt man sie schlecht. Im Herbst hatte Shilik irgendwo recht gute aufgetrieben, flach und rund. Wer weiß, vielleicht erreicht Euch dieser Brief direkt vor Eurer Abreise. Gott segne Euren Weg und beschütze Euch vor allem Übel. Ich möchte schrecklich gern wissen, wer Euch begleitet. Mit zärtlichen Gedanken und Gebeten sind wir Euch nah. – Wenn wir nur bald wieder alle zusammen wären. Ich küsse Euch fest, meine Lieben, Teuren, und segne Euch. Herzliche Grüße an alle, auch an die Zurückbleibenden. Ich hoffe, daß Al[exej] sich gestärkt fühlt und die Fahrt ihn nicht zu sehr ermüdet. Mama.

Heute früh wollen wir einen Spaziergang machen, weil es warm ist. Walja haben sie immer noch nicht freigelassen. Einen schönen Gruß an Wl. Wass. u. d. a. Es tat mir sehr leid, daß ich mich nicht verabschieden konnte. Bestimmt werdet Ihr schrecklich traurig sein, T[obolsk], das gemütliche Haus usw. zu verlassen. Ich denke an alle gemütlichen Zimmer und den Garten zurück. Schaukelt Ihr noch, oder ist das Brett zerbrochen? Papa und ich küssen Euch Lieben heiß. Gott beschütze Euch. Ich grüße alle im Haus. Kommt Kolja spielen? Alles Gute und eine angenehme Reise, wenn Ihr losfahrt. Eure M[aria].«

Am 10. Mai 1918 traf aus Tobolsk folgendes Telegramm ein:

»Jekaterinburg, Gebietsexekutivkomitee, an den Vorsitzenden zur Übergabe an Maria Nikolajewna Romanowa.

Danken alle [für] Osterkarten. Kleiner erholt sich allmählich, Befinden gut. Küssen fest. Olga.«

Auf dem Telgramm steht die Anweisung: »Kommandant an Adressaten übergeben. A. Beloborodow.«

Was sich inzwischen in Tobolsk ereignet hatte, können wir den Tagebuchaufzeichnungen Pierre Gilliards und der Gräfin Hendrikowa entnehmen.

Gilliard schrieb u. a.: »Freitag. 3. Mai. – Oberst Kobylinski erhielt ein Telegramm mit der Nachricht, daß die Reisenden in Jekaterinburg aufgehalten wurden. Was mag geschehen sein?«

Unter dem gleichen Datum steht im Tagebuch der Gräfin Hendrikowa:

»Drei Tage keine Nachricht. Alexej Nik[olajewitsch] geht es Gott sei Dank besser; vor zwei Tagen ist er zum erstenmal aufgestanden.

Zweimal täglich ist Gottesdienst in der Feldkirche. Gestern empfingen wir mit den Kindern das heilige Abendmahl. Am Abend kam eine Nachricht (Telegramm von Matwejew – d. Verf.), sie seien in Jekaterinburg hängengeblieben. Keinerlei Einzelheiten.«

Und die Eintragung der Gräfin Hendrikowa vom Ostersonntag, dem 5. Mai 1918: »Früh- und Mittagsgottesdienst im Salon (Feldkirche), danach Fastenende: O. N., T. N., A. N., Tatischtschew, Trina, W. N. Derewenko, ich, Kobylinski, Axjuta (Geh. d. Kommandanten) und X. Mich. Bittner. Keinerlei Nachricht.«

Endlich begann sich die Lage auch in Tobolsk allmählich zu klären. Gilliard schrieb in seinem Tagebuch: »Dienstag. 7. Mai. –

Die Kinder haben endlich einen Brief aus Jekaterinburg erhalten, in dem steht, daß alle gesund sind, aber nicht erklärt wird, warum sie in dieser Stadt haltmachen. Wieviel Sorge ist zwischen den Zeilen herauszulesen!« Später präzisierte Gilliard gegenüber Untersuchungsführer Sokolow einige Details:

»Am 24. April (7. Mai neuen Stils – d. Verf.) traf von der Gossudarin ein Brief ein. Sie teilte mit, sie seien in zwei Zimmern des Ipatjew-Hauses untergebracht, es sei eng, spazierengehen könnten sie nur in einem kleinen Garten, die Stadt sei staubig, man habe alle ihre Sachen durchsucht, selbst die Medikamente. In diesem Brief gab sie in sehr vorsichtigen Wendungen zu verstehen, daß bei der Abreise aus Tobolsk alle Juwelen mitzunehmen seien, wobei mit größtem Bedacht vorgegangen werden müsse.« (Die Hinweise fanden tatsächlich Beachtung. Ein Großteil der Juwelen wurde sehr geschickt in die Kleidung der jungen Großfürstinnen eingenäht.)

»Mittwoch. 8. Mai. – Die Offiziere und Soldaten unserer Wache, die Ihre Majestäten begleitet haben, sind aus Jekaterinburg zurück. Sie erzählen, der Zarenzug sei bei seinem Eintreffen in Jekaterinburg von Rotarmisten umstellt worden, der Gossudar, die Gossudarin und Maria Nikolajewna seien im Ipatjew-Haus inhaftiert, Dolgorukow sitze im Gefängnis und sie selbst habe man erst nach zwei Tagen Haft freigelassen.«

»Sonnabend. 11. Mai. – Oberst Kobylinski ist ausgeschaltet, und wir unterstehen dem Tobolsker Sowjet.«

Jekaterinburg verfolgte indessen rigoros sein Ziel, allerdings unter der unveränderten Kontrolle seitens der Zentrale. Bevor Jakowlew abreiste, trat er seine Vollmachten an die Uraler ab. Das entsprechende Dokument hat folgenden Wortlaut:

»Ich, Kommissar des Allrussischen Zentralen Exekutivkomitees der Sow. der Arb.–, B.- und Sold.deputierten, sowohl vom Rat der Volkskommissare als auch vom WZIK mit dem Sonderauftrag betraut, die gesamte Familie des ehem. Zaren Nikolai Romanow von Tobolsk nach Jekaterinburg zu bringen, übergebe auf Grund dessen, daß ich infolge meiner Abreise nach Moskau die mir übertragene Aufgabe nicht in vollem Umfang erfüllen konnte, sondern lediglich den Zaren, die Zarin und ihre Tochter Maria nach Jekaterinburg brachte, im Interesse des Abschlusses dieser Angelegenheit und der erfolgreichen Lösung der mir übertragenen Aufgabe hiermit dem Ural-Gebietssowjet der Arb.-, B.- und Sold.deputierten meine Vollmachten zur weiteren Überführung der Zarenfamilie nach Jekaterinburg. Deshalb haben sich alle von mir in Tobolsk zurückgelassenen Personen den Anordnungen des Gebietssowjets in gleicher Weise widerspruchslos zu fügen, als wenn diese Anordnungen von mir persönlich ausgingen. Die Anordnungen des Gebietssowjets werden vom Vorsitzenden des Gebietssowjets, Gen. Beloborodow, unterzeichnet, dessen Unterschrift folgendermaßen lautet:

Vors. des Geb.sowjets A. Beloborodow
Sonderkommissar des Sownarkom W. Jakowlew
Jekaterinburg, 30.04.18.

P. S. Das auf den Namen Kobylinski hinterlegte Papier verliert durch dieses Dokument seine Gültigkeit. Sonderkommissar des Sownarkom Jakowlew.«

Swerdlow verschaffte sich einen raschen Überblick über die Lage und erteilte Chochrjkakow den Auftrag, die restlichen Romanows aus Tobolsk zu überführen. Die Uraler erhielten am 10. Mai aus Moskau folgende Direktive, und zwar über den Umweg des Ascha-Balaschewsker Sowjets (Swerdlow suchte nach dem dorthin gefahrenen Jakowlew):

»Jekaterinburger Gebietssowjet der Arbeiterdeputierten zur Kenntnis

Vom Zentralen Exekutivkomitee aus Moskau erhielten wir folgendes Telgramm:

›Mit Abtransport der Restfracht Chochrjakow beauftragen, Abreise Jekaterinburg Erhalt vollständigen Berichts . . . Abteilung Moskau kommen genauen Bericht geben 3035. ZIK-Vorsitzender Swerdlow.‹

Dieses Telegramm haben wir beantwortet:

›Moskau, Zentralkomitee der Deputiertensowjets, Swerdlow. Ihre Nummer 3035, wir nehmen an, es geht um Jakowlew, uns ist bekannt, daß er aus Ufa nach Moskau abgereist ist.

Ascha-Balaschewsker Deputiertensowjet.
Vorsitzender (Unterschrift unleserlich)
Sekretär (Unterschrift unleserlich)‹«

Am 17. Mai 1918 sandte die »Sonderabteilung« aus Tobolsk folgendes Telegramm nach Moskau:

»2 Adressen: Moskau, Vorsitzenden (des Rates der
Volkskommissare) Lenin,
ZIK-Vorsitzenden Swerdlow.

Am 17. Mai restliche Mitglieder der Familie Romanow an

Bevollmächtigten Chochrjakow übergeben, unsere Abteilung durch Uraler abgelöst. Kobylinski. Matwejew.«

Einen Tag zuvor, am 16. Mai 1918, hatte die Gräfin Hendrikowa in ihrem Tagebuch vermerkt: »Chochrjakow kommt täglich mehrmals, offenbar hat er es eilig mit der Abreise. Sie hat sich verzögert wegen der Krankheit Al[exej] Nik[olajewitschs], dessen Genesung nur langsame Fortschritte macht, aber Gott sei Dank geht es ihm jetzt besser; er verläßt den zweiten Tag das Haus.«

Die letzte Eintragung in ihrem Tagebuch vom 17. Mai lautet: »Die Abteilung wurde von Rotarmisten abgelöst.«

Am vollständigsten sind die Vorgänge um die Überführung der Zarenkinder in den Tagebuchaufzeichnungen Pierre Gilliards geschildert:

»Freitag. 17. Mai. – Die Soldaten unserer Wache sind durch Rotarmisten abgelöst. Sie wurden aus Jekaterinburg hergeschickt von Kommissar Rodionow, der uns holen gekommen ist. General Tatischtschew und ich haben das Gefühl, daß wir unsere Abfahrt so lange wie möglich hinauszögern sollten; aber die jungen Großfürstinnen drängt es so sehr, ihre Eltern wiederzusehen, daß wir kein moralisches Recht haben, uns ihrem heftigen Verlangen zu widersetzen.«

»Sonnabend. 18. Mai. – Abendgottesdienst. Der Geistliche und die Nonnen mußten sich ausziehen und wurden auf Befehl des Kommissars einer Leibesvisitation unterzogen.«

»Sonntag. 19. Mai (6. Mai). – Geburtstag des Gossudars ... Unsere Abreise ist auf morgen angesetzt. Der Kommissar verwehrt dem Geistlichen, uns zu besuchen. Er verbietet den jungen Großfürstinnen, nachts ihre Tür zu verschließen.«

»Montag. 20. Mai. – Halb zwölf verlassen wir das Haus und begeben uns auf die ›Rus‹. Es ist das Schiff, das uns vor acht Monaten zusammen mit Ihren Majestäten hergebracht hat. Die Baronesse Buxhoeveden hat die Erlaubnis erhalten, mit uns abzureisen, und trifft ebenfalls ein. Um fünf geht die Fahrt los. Kommissar Rodionow schließt Alexej Nikolajewitsch in dessen Kajüte ein. Wir protestieren – das Kind ist krank, und der Arzt muß jederzeit Zutritt haben.«

»Mittwoch. 22. Mai. – Am Morgen erreichen wir Tjumen.«

Chochrjakow und Rodionow hatten es eilig mit der Abfahrt. Schließlich mußte der Zarewitsch Alexej halbkrank fahren. Am 20. Mai, 3 Uhr, legte die von einer Abteilung Letten bewachte

»Rus« in Tobolsk ab. Zusammen mit den vier Zarenkindern befanden sich sechsundzwanzig Personen aus dem Gefolge und der Dienerschaft an Bord, darunter Tatischtschew, Hendrikowa, Schneider, Tuttelberg, Gilliard, Gibbs, der Diener des Zarewitsch Nagorny, der Koch Charitonow.

Später erinnerte sich Kammerdiener Wolkow: »Unterwegs legten die Soldaten ein äußerst undiszipliniertes Verhalten an den Tag: sie schossen vom Schiff aufs Geratewohl auf Vögel. Sie schossen nicht nur mit Gewehren, sondern auch mit MG. Rodionow ordnete an, nachts den Thronfolger zusammen mit Nagorny in der Kajüte einzuschließen ... Nagorny widersprach Rodionow scharf und ließ sich auf einen Disput mit ihm ein.«

Am 22. Mai 8 Uhr früh näherte sich das Schiff der Anlegestelle in Tjumen.

Dazu Gilliard vor dem Untersuchungsführer Sokolow:

»Als wir mit dem Schiff in Tjumen ankamen, stellte sich heraus, daß der bereitgestellte Zug nur Wagen vierter Klasse und einen Gepäckwagen hatte. Den um den kranken Alexej Nikolajewitsch besorgten Kommissar Chochrjakow kostete es viel Mühe, Aufregung und langes Herumstreiten, ehe endlich ein ordentlicher Wagen zur Verfügung stand. In ihm nahmen die ehemaligen Großfürstinnen, Alexej Nikolajewitsch mit Doktor Derewenko und dem Diener Nagorny, General Tatischtschew, Gräfin Hendrikowa, Baronesse Buxhoeveden, Je. A. Schneider und Je. N. Ersberg Platz. Alle übrigen, darunter auch ich und Mr. Gibbs, fuhren in einem Wagen vierter Klasse. Kommissar Rodionow war während der Fahrt wie schon in Tobolsk unnötig grob und schikanös.

In Jekaterinburg traf unser Zug in der Nacht zum 10./23. Mai gegen 2 Uhr ein. Gegen 8 Uhr standen die Droschken bereit, die mit den jungen Großfürstinnen sowie Alexej Nikolajewitsch mit Nagorny und Doktor Derewenko davonfuhren. Zum Empfang der Ankömmlinge erschien auf dem Bahnhof der Vorsitzende des Jekaterinburger Gebietssowjets Beloborodow ...«

Nikolai II. schrieb in sein Tagebuch:

»10. (23.) Mai. Donnerstag. Am Morgen verkündete man uns, die Kinder befänden sich wenige Stunden vor der Stadt, kurz darauf hieß es, ihr Zug habe den Bahnhof erreicht, und schließlich, sie seien am Haus eingetroffen, obwohl ihr Zug seit 2 Uhr nachts hier stand! Es war eine riesige Freude, sie wiederzusehen und nach vierwöchiger Trennung und Ungewißheit in die Arme schließen zu können.

Die gegenseitigen Fragen und Antworten nahmen kein Ende. Nur sehr wenig Briefe sind bei ihnen und von ihnen angekommen. Viel moralisches Leid hatten die Ärmsten in Tobolsk und während der dreitägigen Reise zu ertragen. In der Nacht ist Schnee gefallen, und er blieb den ganzen Tag liegen. Von allen Ankömmlingen ließ man mit den Kindern nur den Koch Charitonow und seinen Neffen Sednew zu uns. Tagsüber haben wir einen Spaziergang von 20 Minuten gemacht, es war kalt und ein fürchterlicher Matsch. Bis zur Nacht warteten wir darauf, daß die Betten und die nötigen Sachen vom Bahnhof gebracht würden, doch umsonst, und unsere Töchter mußten alle auf dem Fußboden schlafen. Alexej verbrachte die Nacht in Marias Bett. Abends hatte er sich dummerweise das Knie gestoßen, hatte die ganze Nacht starke Schmerzen und ließ uns nicht schlafen.«

»11. (24.) Mai. Freitag. Seit früh warteten wir darauf, daß sie unsere Leute aus Tobolsk hereinließen und das restliche Gepäck brachten. Ich beschloß, meinem alten Tschemodurow etwas Ruhe zu gönnen und ihn vorübergehend durch Trupp zu ersetzen. Erst am Abend durften er und Nagorny herein, und anderthalb Stunden lang wurden sie im Zimmer des Kommandanten verhört und einer Leibesvisitation unterzogen . . .

Darüber hinaus mußten sie folgendes schreiben:

›Bescheinigung

Ich, endesunterzeichneter Bürger Klimenti Grigorjewitsch Nagorny aus Pustowarowo, Amtsbezirk Antonowka, Kreis Swir, Gouvernement Kiew, bescheinige hiermit, daß ich mich, da ich meinen Dienst beim ehem. Zaren Nikolai Romanow fortzusetzen wünsche, verpflichte, vorbehaltlos alle vom Kommandanten des Hauses ausgehenden Weisungen des Ural-Gebietssowjets zu befolgen, und mich im gleichen Status wie die Familie Romanow betrachte.

24. Mai 1918 K. Nagorny‹

›Bescheinigung

Ich, endesunterzeichneter Alex. Jegorow. Trupp aus Kolnogowa, Amtsbezirk Bortowo, Kreis Reshiza, Gouvernement Witebsk, bescheinige hiermit, daß ich mich, da ich meinen Dienst beim ehem. Zaren Nikolai Romanow fortzusetzen wünsche, verpflichte, vorbehaltlos alle vom Kommandanten des Hauses ausgehenden Weisungen des Ural-Gebietssowjets zu befolgen, und mich im gleichen Status wie die Familie Romanow betrachte. Trupp«

»12. (25.) Mai. Sonnabend. Wir haben alle gut geschlafen, mit Ausnahme von Alexej, den wir gestern gegen Abend in sein Zimmer trugen. Seine starken Schmerzen hielten an, wenn auch in Abständen nachlassend.

Das Wetter entsprach unserer allgemeinen Stimmungslage, nasser Schnee bei 3° plus. Über Jewg[eni] Serg[ejewitsch] führten wir Verhandlungen mit dem Vors[itzenden] des Gebietssowjets, daß man M. Gilliard zu uns läßt. Die Kinder ordneten einige ihrer Sachen, nachdem man sie unvorstellbar lange im Kommandantenzimmer untersucht hatte. Unser Spaziergang dauerte an die zwanzig Minuten . . .«

Gilliard fand keinen Einlaß in das Ipatjew-Haus, trotz aller Bitten der Zarenfamilie und ungeachtet des Gesuchs Botkins. Gegenüber Sokolow berichtete er: »Alle, die im Wagen vierter Klasse gefahren waren, bekamen vom örtlichen Sowjet die Auflage, das Gouvernement Perm zu verlassen. Es wurde ein Papier ausgestellt, das für alle zusammen galt: ›Für die Diener des ehemaligen Zaren, insgesamt 18 Personen‹. Mit uns blieb auch die Baronesse Buxhoeveden. Erst 10 Tage später schickte man uns nach Tjumen, wo wir über unsere Weiterreise selbst entscheiden durften.«

Das Schicksal der dem Zaren am nächsten stehenden Personen, die in Jekaterinburg blieben, schildert in seinen Erinnerungen der zufällig mit dem Leben davongekommene Kammerdiener Wolkow. Er geht auch auf die Situation der ersten Tage im Ural ein:

»Am Morgen erschienen die Kommissare: zwei, die wir kannten, Chochrjakow und Rodionow, und ein neuer – Beloborodow. Sie betraten den Wagen zweiter Klasse und forderten alle Insassen auf, in Droschken umzusteigen.

Aus dem Wagen stieg als erster Nagorny, um dem Thronfolger herauszuhelfen, ihm folgten die jungen Großfürstinnen. Nachdem Nagorny den Thronfolger in eine Droschke gesetzt hatte, ging er zum Zug zurück und wollte den Großfürstinnen helfen, ihre Sachen zu tragen. Das ließ man nicht zu. Alle Mitglieder der Zarenfamilie nahmen mit den Kommissaren in den Droschken Platz und fuhren zum Ipatjew-Haus. Eine halbe Stunde später kehrten die Kommissare mit den Droschken zum Bahnhof zurück. Kommissar Rodionow trat vor die Wagen und rief: ›Ist Wolkow hier?‹ – ›Ja‹, antwortete ich. – ›Steigen Sie aus, wir fahren gleich los.‹

Ich stieg mit meinem Koffer aus ... Gen. Tatischtschew, Gräfin Hendrikowa, Frau Schneider, der Koch Charitonow und der Küchenjunge Sednew folgten. Wir wurden in die Droschken verfrachtet und zu irgendeinem Haus gefahren. Dieses Haus umgab ein hoher Zaun, der mich ahnen ließ, daß hier die Zarenfamilie gefangengehalten wurde ... Nur Charitonow und Sednew durften aussteigen. Alle übrigen wurden weitergefahren.

... Wir hielten vor einem Gebäude. Kommissar Beloborodow stieg aus und rief: ›Tor öffnen und die Festgenommenen übernehmen!‹ Es war klar, wohin man uns gebracht hatte.

Wir wurden ins Büro geführt und registriert. General Tatischtschew sagte in der Stille des Büros zu mir: ›Wahrhaftig, Alexej Andrejewitsch: gegen Gefängnis und Bettelsack ist niemand gefeit.‹ – ›Dem Zarismus habe ich zu verdanken, daß ich in einem Gefängnis geboren wurde‹, sagte Kommissar Beloborodow, der Tatischtschews Worte mitbekommen hatte.

Nachdem wir registriert waren, wollte man zunächst unsere Koffer kontrollieren, nahm jedoch davon Abstand und trug sie irgendwohin, mit dem Versprechen, sie uns nachzuschicken. Und ab ging es in die Zellen. Hendrikowa und Schneider kamen in die Krankenzelle, ich und Tatischtschew nach oben in eine Extrazelle. Tags darauf brachten sie aus dem Ipatjew-Haus Tschemodurow, den Kammerdiener des Gossudars, und steckten ihn mit in unsere Zelle. Wir saßen in der politischen Abteilung des Gefängnisses, in der auch Geiseln gefangengehalten wurden.«

Die Unterlagen der weißgardistischen Ermittlungen zum Mord an der Zarenfamilie enthalten eine Zeugenaussage Wolkows, in der wir eine interessante Präzisierung finden: »Für mich gab es noch keinen Haftbefehl, obwohl er für alle anderen bereits vorlag. Der Gefängnisdirektor erwähnte das gegenüber einem Kommissar. Der winkte ab: ›Schicke ich Ihnen noch.‹ Wer das war, weiß ich nicht. Als dann aber Justizkommissar Poljakow das Gefängnis besuchte und wir ihn wegen der Sachen ansprachen, die man uns abgenommenen hatte, sagte der Gefängnisdirektor zu ihm, Jurowski habe uns hergebracht und übergeben. Daran kann ich mich genau erinnern.«

Wolkow erwähnt in seinen Erinnerungen auch das traurige Schicksal Tatischtschews: »Um den 25. Mai alten Stils betraten zwei Aufseher die Zelle und forderten Tatischtschew auf, ihnen ins Büro zu folgen, dort erwarte ihn eine bewaffnete Wache. Tatischtschew erbleichte. Die Aufseher zeigten ihm ein Papier, in dem es hieß: ›Wird aus dem Ural-Gebiet ausgewiesen.‹ Wir nahmen Abschied, und er wurde abgeführt ... Tags darauf hörten wir von der Frau eines Aufsehers, Tatischtschew sei erschossen worden. Erschossen in unmittelbarer Nähe des Gefängnisses. Identifiziert worden war er anhand seines englischen Mantels ...«

Bei weitem nicht alle Personen aus der nächsten Umgebung und der Dienerschaft des Zaren ließ man also unbehelligt ziehen. Gilliard schrieb:

»Einige Tage nach der Einnahme Jekaterinburgs, als alle mit Aufräumungsarbeiten und mit der Bestattung der Toten beschäftigt waren, fand man in der Nähe des Gefängnisses zwei Leichen. Bei der einen entdeckte man einen auf den Namen des Bürgers Dolgorukow ausgestellten Scheck über 80 000 Rubel, und nach der Beschreibung, die die Zeugen lieferten, ist es wahrscheinlich, daß es sich um den Leichnam des Fürsten Dolgorukow handelte. Bei dem anderen Toten ließ alles auf General Tatischtschew schließen.

Beide starben, wie sie es selbst vorausgesehen hatten, für ihren Imperator. General Tatischtschew sagte mir einmal in Tobolsk: ›Ich weiß, daß ich hier nicht lebend herauskomme. Ich wünschte mir nur eins – daß man mich nicht vom Gossudar trennt und mit ihm zusammen sterben läßt.‹ Aber auch dieser Trost war ihm nicht vergönnt.

Die Gräfin Hendrikowa und Frau Schneider brachte man wenige Tage nach der Ermordung der Zarenfamilie aus Jekaterinburg nach Perm. Dort wurden sie in der Nacht vom 3. zum 4. September 1918 erschossen. Ihre Leichname wurden im Mai 1919 aufgefunden und identifiziert. Sie hatten ebenfalls beschlossen, ihr Leben für die hinzugeben, die sie liebten.

Den Matrosen Nagorny, der für die Betreuung des Thronfolgers zuständig war, und den Lakaien Iwan Sednew schickte man Ende Juni 1918 in die Umgebung Jekaterinburgs, wo man sie erschoß. Ihre Leichname wurden zwei Monaten später am Ort der Hinrichtung gefunden.

Alle, vom General bis zum einfachen Matrosen, waren ohne Bedenken bereit, ihr Leben zu opfern, und gingen mutig in den Tod.«

Zur Analyse des Geschehens schrieb Gilliard in seinen Erinnerungen:

»Ich kann bis heute nicht begreifen, wovon sich die bolschewistischen Kommissare in ihrem Tun leiten ließen, als sie unser Leben schonten. Weshalb brachten sie zum Beispiel die Gräfin Hendrikowa ins Gefängnis, während Baronesse Buxhoeveden, die ebenso eine Hofdame der Imperatorin war, ihre Freiheit behielt? Wieso sie und nicht wir? Sonderbar!

Gleich am nächsten und den folgenden Tagen suchte ich mit meinen Kollegen den englischen und den schwedischen Konsul auf, da der französische abwesend war. Es mußte, koste es, was es wolle, etwas unternommen werden, um den unglücklichen Gefangenen zu helfen. Beide Konsuln beruhigten uns, es seien Maßnahmen eingeleitet und sie fänden die Lage nicht bedrohlich . . .«

In den unveröffentlichten Memoiren Beloborodows wird der Umzug der Romanows aus Tobolsk folgendermaßen beschrieben:

»Die Überführung der verbliebenen Mitglieder der Zarenfamilie und des zahlreichen Gesindes von Tobolsk nach Jekaterinburg erfolgte unter Leitung des Gen. Chochrjakow, der sich, bald nachdem Saslawski nach Tobolsk aufgebrochen war, ebenfalls dorthin begeben hatte; in der Zeit zwischen der Abreise Jakowlews mit dem Zaren und dem Abtransport der übrigen war Chochrjakow Kommandant des Gouverneurshauses.

Nach Wiederaufnahme der Schiffsfahrt brachte Chochrjakow die Fürstinnen Olga, Tatjana, Anastasia und den Thronfolger Alexej, Doktor Botkin und die Dienerschaft mit dem Schiff nach Tjumen und weiter mit dem Zug nach Jekaterinburg. Mit ihnen trafen auch die zahlreichen Höflinge ein, die sich mit dem Zaren in Tobolsk befunden hatten, sowie Gilliard, der Erzieher Alexejs.

Mit der Beförderung der zweiten Gruppe war Gen. Mratschkowski beauftragt, der die Ankömmlinge auch aufzuteilen hatte: eine Gruppe durfte zur Zarenfamilie, um mit ihr zusammenzuleben, eine zweite kam ins Gefängnis, der restliche, größere Teil sollte gar nicht erst nach Jekaterinburg hereingelassen, sondern aufgefordert werden, die Fahrt fortzusetzen, wohin sie wollten.*

* Mratschkowski spielte überhaupt eine besondere Rolle im Schicksal der Romanows. In allen Erinnerungen bis 1991 wurde er herabgesetzt, weil er als Trotzkist abgeurteilt worden war.

Der Umzug brachte der Zarenfamilie zweifellos eine Verschlechterung ihrer Lage. Ihre Unterbringung in Jekaterinburg kam einer Gefängnishaft gleich (ein hoher Doppelzaun vor den Fenstern, über dem nichts als ein Stückchen Himmel zu sehen war, Begrenzung der Spaziergänge auf eine Stunde, Wache innerhalb des Gebäudes vor den Zimmern der Inhaftierten), Beschränkung der Zahl der Personen, die die Zarenfamilie in Tobolsk umgeben und ihr ›Gesellschaft‹ geleistet hatten, Reduzierung der Versorgungsrationen (in Jekaterinburg hatte es 500 Rubel pro Person gegeben), Kontrolle des Schriftwechsels (die aus der ›Freiheit‹ kommenden und die von den Inhaftierten abgesandten Briefe wurden von mir durchgesehen), Unterbindung jeglicher Treffen mit Personen, die sich außerhalb des Hauses befanden, usw.«

In Moskau wurde die Entwicklung der Ereignisse im Ural aufmerksam verfolgt. Den Angaben der »Biographischen Chronik« zufolge nahm Lenin am 19. Mai 1918 an einer Tagung des ZK der RKP (B) teil, auf der unter anderem die Frage Nikolai Romanow zur Debatte stand.

Die Vorbereitung

Den ganzen Juni und die erste Julihälfte 1918 befand sich Jekaterinburg in einer Ausnahmesituation. Am 25. Mai hatten sich entlang der Eisenbahnstrecke von Pensa bis Wladiwostok tschechoslowakische Einheiten erhoben. Am 29. Mai forderte der Kriegskommissar des Gebietes, Goloschtschokin, auf einer Sitzung des Stadtsowjets die Verhängung des Kriegszustandes. Chochrajakow rückte mit Jekaterinburger Abteilungen in den Südural zur Slatouster Front aus.

Am 10. Juni kam es zu einer Aktion von Frontkämpfern gegen die Sowjetmacht. Unterstüzt durch die Werch-Isset-Fabrik, organisierten sie auf einem der städtischen Plätze eine Kundgebung. Die Sprecher verlangten die Verteilung von Waffen, Friedensschluß mit den Tschechoslowaken und die Abschaffung der Institution der politischen Kommissare. Als Anführer betätigten sich Offizier Rostowzew und Kosakenrittmeister Mamkin. Die Kundgebung wurde gewaltsam aufgelöst. An der Niederschlagung beteiligte sich die Abteilung N. S. Jermakows. Rostowzew kam ums Leben. Verhaftungen setzten ein.

All das wirkte sich natürlich auf die Lage der Gefangenen im Ipatjew-Haus ungünstig aus. Die Verbände der aufständischen Tschechoslowaken und der Sibirischen Armee setzten zu dieser Zeit – Juni, Anfang Juli – von Tscheljabinsk und Sibirien aus zum Angriff auf Jekaterinburg an.

In dieser Situation wurde der Mythos von der monarchistischen Verschwörung in die Welt gesetzt, die angeblich die Befreiung der Romanows zum Ziel hatte, damit sie sich an die Spitze aller konterrevolutionären Kräfte stellten und deren Zusammenschluß herbeiführten. Was ging tatsächlich in Jekaterinburg vor sich?

Die Geschichte der monarchistischen Verschwörungen verdient eine gesonderte Darstellung. Zunächst sei eine erstaunliche Besonderheit des 1921 herausgegebenen »Rotbuchs der Tscheka« angemerkt. Hier wird der Kampf der Tscheka-Organe gegen die zahlreichen, auf den Sturz der Sowjetmacht gerichteten Verschwörungen auf dem gesamten Territorium Rußlands dargestellt, doch nicht ein Mal wird dabei Nikolai II. und überhaupt die Familie Romanow erwähnt.

Bei aller Verwirrung, die unter den Monarchisten herrschte und die daran abzulesen ist, daß sie auch nicht eine ernst zu nehmende Organisation zustande brachten, die ganz real die Befreiung der Zarenfamilie ins Auge gefaßt hätte, gab es immerhin in der Hauptstadt und in Tobolsk einzelne Versuche in dieser Richtung. Auch in Jekaterinburg gab es sie.

Im Mai 1918 wurde die ehemalige Nikolaitische Akademie des Generalstabs nach Jekaterinburg verlegt, in die Nähe des im Weichbild der Stadt gelegenen Tichwin-Klosters. Die höchste Klasse zählte 216 Hörer, von denen lediglich 13 auf der Seite der Sowjets kämpften. Die meisten werteten den Brester Frieden als Verrat. Mit der Verlegung der Akademie fanden sie sich in einer feindlichen Umgebung wieder, und die Kommissare des Ural-Gebietssowjets Anutschin und Goloschtschokin waren überhaupt der Ansicht, daß ein »organisierter Herd der Konterrevolution im Zentrum des Urals unter dem Aushängeschild der Akademie absolut unzulässig« sei. Im Juni 1918 zählte die Akademie 300 Hörer bei 14 Professoren und 22 festangestellten Dozenten. Mit Beginn der Offensive der tschechoslowakischen Einheiten wurde die Akademie auf Befehl Trotzkis nach Kasan verlegt. Doch da die Studenten ihre »Neutralität« erklärten, wechselte weniger als die Hälfte dorthin über. In der Folgezeit schlossen sie sich fast alle der Koltschak-Armee an, und die Nikolaitische Akademie hörte auf zu existieren.

Jedenfalls hatten es die 300 Berufsoffiziere, die sich im Juni/Juli 1918 in Jekaterinburg befanden, nicht vermocht, die Befreiung der Zarenfamilie ernsthaft in die Wege zu leiten. Nach der Einnahme der Stadt stellte sich dann heraus, daß es unter den Hörern der Akademie eine geheime Offiziersorganisation gegeben hatte. Ihr gehörten die Hauptleute Malinowski, Achwerdow, Delinshausen, Herschelman, Durassow, Semtschewski, Baumgarden und Desbinin an. Über Dmitri Apollonowitsch Malinowski stand sie in Kontakt zu Monarchisten in Petrograd, litt jedoch unter chronischem Geldmangel. Mitbeteiligt an der Organisation war auch Achwerdows Mutter Maria Dmitrijewna. Die Offiziere traten in Kontakt zu den Nonnen des Tichwin-Klosters, die den Gefangenen des Ipatjew-Hauses Lebensmittel brachten, und zu Doktor Derewenko. Sie versuchten, an den Plan des Ipatjew-Hauses heranzukommen. Oberstleutnant Georgi Wladimirowitsch Jarzow, Leiter der Instrukteursschule der Akademie, machte am 17. Juni 1919 folgende Aussage:

»Unter uns Offizieren waren fünf Mann, mit denen ich damals ganz offen darüber sprach, daß wir Maßnahmen ergreifen müßten, um die FAMILIE zu retten. Das waren Hauptmann Malinowski, Hauptmann Achwerdow, Hauptmann Delinshausen, Hauptmann Herschelman. Über Delinshausen versuchten wir den Plan der Wohnung Ipatjews, in der die DURCHLAUCHTIGSTE FAMILIE untergebracht war, herauszubekommen. Das gelang ihm über Doktor Derewenko, der ihm die Lage der Zimmer beschrieb. Später war ich selbst im Ipatjew-Haus und konnte mich davon überzeugen, daß Derewenkos Angaben stimmten. Zum gleichen Zweck waren wir um Kontakt zum Kloster bemüht, von dem die DURCHLAUCHTIGSTE FAMILIE Milch bekam. Etwas Konkretes in Angriff zu nehmen gelang uns jedoch nicht: das war völlig ausgeschlossen, einerseits wegen der Bewachung des Ipatjew-Hauses durch die Bolschewiken und andererseits, weil wir ständig beschattet wurden. Ich erinnere mich, daß ich am 16. Juli im Kloster war. Die Leiterin der Fotoabteilung, die Nonne Augustina, sagte mir, daß an diesem Tage eine Nonne Milch ins Ipatjew-Haus gebracht und dort ein Rotarmist zu ihr gesagt habe: ›Heute nehmen wir sie noch, aber morgen brauchen Sie keine mehr zu bringen.‹«

Die Aussage von Hauptmann Malinowski entspricht im wesentlichen der Jarzows:

»Hauptmann Achwerdows Mutter Maria Dmitrijewna lernte Doktor Derewenko näher kennen und erfuhr über ihn, was sich in Erfahrung bringen ließ. Derewenko, der hin und wieder Zutritt zur DURCHLAUCHTIGSTEN FAMILIE erhielt, gab ihr einen Plan des Obergeschosses im Ipatjew-Haus. Wer ihn angefertigt hat, ist mir nicht bekannt. Möglicherweise Derewenko, vielleicht die Achwerdowa nach Derewenkos Beschreibung selbst, vielleicht auch Delinshausen. Ich habe ihn von letzterem erhalten. Darin war eingezeichnet, daß der GOSSUDAR und die GOSSUDARIN im Eckzimmer wohnten, das mit zwei Fenstern auf den Himmelfahrtsprospekt und mit den beiden anderen auf die Himmelfahrtsgasse ging. Gleich neben diesem Zimmer war das der jungen Großfürstinnen, lediglich durch eine Portiere abgetrennt. Alexej Nikolajewitsch wohnte mit Vater und Mutter zusammen, die Demidowa im Eckzimmer zur Himmelfahrtsgasse, Tschemodurow, Botkin, der Koch und der Lakai waren in dem Bogenzimmer untergebracht. Außer dem Wohnungsplan und der Zimmeraufteilung erfuhren wir von Derewenko nichts. Uns interessierte natürlich, in welcher seelischen Verfassung sich die DURCHLAUCHTIGSTE FAMILIE befand. Doch die Informationen waren dürftig. Warum, weiß ich auch nicht: ob es der Achwerdowa nicht gelang, von Derewenko etwas Genaueres zu erfahren, oder ob er in dieser Hinsicht nichts Konkretes sagen konnte, weil er selbst beobachtet wurde und bei seinen Gesprächen mit der DURCHLAUCHTIGSTEN FAMILIE immer Kommissare dabei waren. Jedenfalls waren die Informationen dürftig. ... Jemand von unserer Fünfergruppe hatte noch Informationen von anderer Seite. Ein Gymnasiast hatte das Ipatjew-Haus fotografiert. Die Bolschewiken griffen ihn sofort auf und steckten ihn in eines der Zimmer im Erdgeschoß, wo wahrscheinlich Rotarmisten untergebracht waren. Als er dort saß, konnte er folgende Szenen beobachten: In einem der Zimmer im Erdgeschoß stand ein Klavier. Er war Zeuge, wie die Rotarmisten auf die Tasten hämmerten und unanständige Lieder grölten. Irgendein Chef kam dazu. Nach einer Weile erschien einer der Bewacher und sagte zu ihm in verächtlichem Ton, indem er zu der DURCHLAUCHTIGSTEN FAMILIE hinüberwies: ›Sie wollen spazierengehen.‹ In dem gleichen Ton antwortete der Chef: ›Laß sie für eine halbe Stunde raus.‹ Der Gymnasiast – wie er heißt und wo er wohnt, dazu kann ich überhaupt nichts sagen – erzählte es entweder seinen Eltern oder den Leuten, bei denen er wohnte, und irgendwie erfuhr unsere Fünfergruppe davon. Einmal detonierte eine Granate irgendwo am Ipatjew-Haus. Derewenko erzählte, das habe sich sehr schlecht auf die seelische Verfassung des Thronfolgers ausgewirkt. Wenn ich am Ipatjew-Haus vorbeiging, bedrückte mich der Anblick jedesmal sehr; wie ein Gefängnis aus vergangenen Zeiten: ein liederlicher Staketenzaun mit ungleichmäßigen Enden. Sie konnten sich dort kaum wohlfühlen. Eine Quelle, aus der wir auch noch Informationen bekamen, war Achwerdows Bursche (den Namen weiß ich nicht mehr, Kotow könnte er geheißen haben). Er schloß Bekanntschaft mit einem der Bewacher und erfuhr einiges von ihm. Ich informierte unsere Organisation in Petrograd mit chiffrierten Telegrammen an Hauptmann Fechner (einen Offizier aus meiner Brigade) und Rittmeister Rjabow vom vereinigten Kosakenregiment. Aber nie bekam ich eine Antwort, und sie schickten auch nicht eine Kopeke. Was konnten wir aber ohne Geld anfangen? Wir taten, was uns möglich war. Zweigten Zucker von unseren Rationen ab und übergaben ihn der Achwerdowa. Mein Dienstmädchen buk aus gutem Mehl, das ich aufgetrieben hatte, Osterkuchen. Auch ihn gab ich der Achwerdowa. Sie sollte alles Derewenko übergeben, der es an die DURCHLAUCHTIGSTE FAMILIE weiterleitete. Wie sie mir erzählte, ist alles angekommen.

Das ist natürlich alles nebensächlich. Das Eigentliche, was unsere Fünfergruppe vorhatte, war, die DURCHLAUCHTIGSTE FAMILIE fortzubringen. Ich würde sagen, wir hatten zwei Pläne, zwei Ziele. Wir brauchten eine Gruppe von Leuten, die im Falle der Vertreibung der Bolschewiken jeden Moment in der Lage waren, das Ipatjew-Haus zu besetzen und die FAMILIE zu beschützen. Der zweite Plan war ein dreister Überfall auf das Haus, um die FAMILIE herauszuholen. Bei der Beratung dieser Pläne weihte unsere Fünfergruppe sieben Offiziere ein, die ebenfalls aus unserer Akademie waren: Hauptmann Durassow, Hauptmann Semtschewski, Hauptmann Mjagkow, Hauptmann Baumgarden, Hauptmann Dubinkin und Bartenew; den siebenten habe ich vergessen. Diesen Plan hielten wir streng geheim, und ich denke, daß den Bolschewiken nichts zu Ohren kam. Zum Beispiel wußte die Achwerdowa überhaupt nichts davon. Aber was wir zur Rettung der DURCHLAUCHTIGSTEN FAMILIE auch unternahmen, wir brauchten Geld. Und daran fehlte es völlig. Mit der Hilfe der Ortsansässigen war in keiner Weise zu rechnen; der bolschewistische Terror hatte alles zunichte gemacht. So wurde aus Geldmangel nichts aus unseren Plänen, und das einzige, womit wir der DURCHLAUCHTIGSTEN FAMILIE helfen konnten, waren Osterkuchen und Zucker. Zwei Tage vor der Einnahme Jekaterinburgs durch die Tschechen ging ich mit 36 anderen Offizieren zu ihnen über, und einen Tag nach der Besetzung der Stadt kehrte ich zurück.«

Als Nikolai Ross die Aussage Malinowskis 1987 veröffentlichte, ließ er den Schluß von Sokolows Protokoll aus dem Jahre 1919 weg. Hauptmann Malinowski hatte erklärt:

»Die Achwerdowa erzählte mir, sie sei damals auf einer Kundgebung gewesen und Kommissar Goloschtschokin habe die Erschießung des GOSSUDARS bekanntgegeben. Es gab darüber auch spezielle Verlautbarungen. Ich selbst habe keine gelesen, aber davon gehört, über den Inhalt hat man mir erzählt. Darin war von der Erschießung des GOSSUDARS die Rede. Man konnte es so verstehen, daß die Bolschewiken als damalige Träger der Macht für sich das Recht in Anspruch genommen hatten, den IMPERATOR ›hinzurichten‹. Über die FAMILIE wurde in den Verlautbarungen mitgeteilt, SIE sei außer Landes gebracht worden. Nicht einen Augenblick habe ich damals daran geglaubt. Sie wollen wissen, warum ich der Mitteilung der Bolschewiken keinen Glauben geschenkt habe? Ich als Militär, als Teilnehmer am Europäischen Krieg, hatte bei unserer Revolution den Eindruck, daß die Deutschen sie sich zunutze gemacht hatten. Ich glaube, daß unsere Revolution ganz danach aussieht, daß sie künstlich, von außen gemacht wurde. Wessen Hände Arbeit das ist, kann ich nicht beurteilen. Doch ich hatte die ganze Zeit das Gefühl und bin auch jetzt davon überzeugt, daß alles, was danach kam und unsere Heimat in ihre gegenwärtige Lage gebracht hat, das Werk der Deutschen ist. Sie haben es nach dem Umsturz, nach der Abdankung des GOSSUDARS IMPERATORS geschafft, daß bei uns alles auseinanderbrach, und als Mittel dazu benutzten sie die Herren Lenin, Trotzki und andere gleicher Art. Für mich ist der Bolschewismus ein Produkt der Deutschen, ihre Waffe im Kampf gegen uns. Wenn ich mir die Bolschewiken, diese Diener der Deutschen, ansah, wollte mir nicht einleuchten, daß die Machthaber im Deutschen Reich nichts unternommen haben sollten, um das Leben der deutschblütigen IMPERATORIN zu retten, die mit dem deutschen Kaiserhaus verwandtschaftlich verbunden war, und mit IHR auch den IMPERATOR und ihre FAMILIE. Zu der Zeit war Deutschland stark, und ich konnte mir vorstellen, daß man die DURCHLAUCHTIGSTE FAMILIE ganz einfach außer Landes gebracht und die Ermordung vorgetäuscht hatte.

In den ersten Tagen nach meiner Rückkehr nach Jekaterinburg kam ich, mit operativen Dingen beschäftigt, nicht in das Ipatjew-Haus. Meine Aussage, wie sie mir verlesen wurde, ist richtig niedergeschrieben. Das Verhör wurde wegen der vorgerückten Stunde abgebrochen.

Gardehauptmann Malinowski.«

Den Erinnerungen Radsinskis ist zu entnehmen, daß in das Offiziersmilieu ein Provokateur eingeschleust wurde, dem die Tschekisten den Decknamen »Fürst Wolkonski« gaben. Von ihm kamen regelmäßig Situationsberichte über die Offiziere, doch wußte er nichts über die Gruppe Malinowski/Jarzow, die freilich, wie ihre Aussagen zeigen, völlig hilflos war. Dafür bewiesen die Jekaterinburger Tschekisten bei einem anderen Unternehmen, mit dem das Ziel verfolgt wurde, die Romanows aus dem Haus zu »locken« und beim Fluchtversuch zu erschießen, eine teuflische Erfindungsgabe. Sie spielten den Romanows Briefe über eine »Offiziersorganisation« zu, die ihnen angeblich zur Flucht verhelfen wollte. Bei der Analyse dieser Briefe in einer seiner Publikationen gelangte Geli Rjabow, gestützt auf seine Erfahrungen als Untersuchungsführer (in der ehemaligen UdSSR), zu dem Schluß, sie stammten von einer Frau. In Wirklichkeit hatte sie der junge Tschekist Radsinski geschrieben, und diktiert wurden sie ihm von Woikow.

Radsinski wurde 1897 in Odessa in der Familie eines Landarztes geboren. Er studierte an der 1916 gegründeten Universität in Perm. Hier war er Kommissar der Permer Eisenbahn und Vorsitzender des Volksgerichts von Motowilicha, bevor er 1918 nach Jekaterinburg geschickt wurde zur Arbeit bei der Tscheka (Ermittlungskommission).

Der zweite Teilnehmer an dem schändlichen Spiel (es lief unter unmittelbarer Mitwirkung Beloborodows) war ein nicht nur im Ural bekannter Mann. Er sollte Botschafter der RSFSR in Polen werden, damals aber fungierte er als Mitglied der Ermittlungskommision und als »Lebensmittel-Kommissar« des Urals.

Es existiert die hochinteressante Aufzeichnung eines Gesprächs mit Radsinski über seine »Korrespondenz« mit Nikolai II.

*»Erzählen Sie uns über die mit roter Tinte geschriebenen Papiere, im Archiv hat man die Originale sozusagen durcheinandergebracht.**

Ah, Sie sprechen von meinen Briefen an Nikolai. Im Archiv das Dokument, ich weiß nicht, wo man das alles zeigt, im Revolutionsmuseum offenbar, dort sind offenbar die zwei Briefe, die ich auf Französisch geschrieben habe, mit Unterschrift ... Als russischer Offizier. Ja, ich erinnere mich jetzt, wir haben die beiden Briefe mit roter Tinte geschrieben, so war es vereinbart. Das war einige Tage vorher, vor allen diesen Ereignissen natürlich, wir hatten beschlossen, für alle Fälle so einen Briefwechsel zu inszenieren, daß eine Offiziersgruppe – also daß die Befreiung naht, wir orientierten sie also, auf alles vorbereitet zu sein, daß sie ... und so weiter. Und auf Grund dieser Briefe haben sie tatsächlich ihre Vorbereitungen getroffen. Sehen Sie, hier wurden zwei Ziele verfolgt. Einerseits, damit wir Dokumente in der Hand haben, daß sie Vorbereitungen getroffen hatten, damals war das notwendig, denn weiß der Teufel, für den Fall ... Für die Geschichte brauchte man offensichtlich für eine gewisse Zeit Beweise dafür, daß eine Entführung vorbereitet wurde. Jetzt aber, wozu noch drum herum reden, die Dokumente gibt es. Eine Entführung, nein, die wurde nicht vorbereitet, bestimmte Kreise wären sicherlich froh gewesen, sie bei sich zu haben. Aber offenbar befaßte man sich mehr mit anderem, weniger mit der Zarenfamilie als mit der Organisierung der Konterrevolution.

In größerem Umfang?

Ja, in größerem Umfang. Ihr Schicksal interessierte dort offenbar am wenigsten. Wenn sie plötzlich dagewesen wären, hätte man sie natürlich benutzen können, aber speziell damit, wie man sie herausbekam, befaßte man sich offenbar nicht. So ist das zu verstehen, denn auf eine Organisation, die das betrieben hätte, sind wir nicht gestoßen.

In der Geschichte des Bürgerkriegs ist von Verbindungen Nikolais zu Nonnen, zu Klöstern die Rede.

Das kann ich erklären. Mit ihrer Verpflegung war das so organisiert, sie kümmerten sich selbst.

Eine Frage noch zu den Briefen. Sagen Sie, hatten Beloborodow und Pawel Lasarowitsch damit zu tun?

Hatten sie, das habe ich vergessen zu erwähnen. Die Briefe – nein, das war nicht so, daß ich sie geschrieben hätte. Das lief

* Hier und im weiteren Fragen des Gesprächsführers.

anders. Gewöhnlich trafen wir uns dazu, Beloborodow, Woikow und ich von der Tscheka des Ural-Gebiets. Woikow war ja auch noch Lebensmittel-Kommissar des Gebiets.

Pjotr hieß er wohl, ja?

Das ist jener Woikow, der dann Botschafter in Polen war, er wurde ermordet, starb in Polen.

Ein Betrieb trägt jetzt seinen Namen.

Ja, das stimmt. Ein unwahrscheinlich netter Mensch war das, übrigens in Frankreich in der Emigration gewesen. Offenbar wurde er wegen seiner polnischen Herkunft dann nach Polen geschickt. Darum haben sie ihn wohl auch umgebracht – einer von ihnen und plötzlich kommt er als Botschafter. So was gab es.

Wir beschlossen also, einen entsprechenden Brief loszulassen. Und verfaßten auch gleich den Text, wir dachten ihn uns so aus, daß sie zu einer Antwort angeregt wurden. Dann diktierte Woikow also französisch, und ich schrieb, darum also ist meine Handschrift dort in diesen Dokumenten ist. Auch den zweiten, beide Briefe, glaube ich, haben wir über jemanden von der inneren Wache übergeben. Es gab dort zwei Bewachungsringe, mit zwei Zäunen. Und über einen Genossen von der inneren Wache, den wir speziell dazu beauftragt hatten, wurden die Briefe zugestellt.

Er übergab sie der Zarin, oder ...

Ich glaube ja, der Zarin, für so etwas war dort die Zarin zuständig.

Und gab es auch Briefe von dort?

Nicht daß ich wüßte, nein, von dort nicht, von dort gab es keine Briefe.

Wie lange vor dem bewußten Tag war das mit den Briefen?

Eine Woche vorher, eine oder anderthalb Wochen vor diesem Tag bekamen sie die Briefe. Es war zu spüren, daß sie sich darauf einstellten, herausgeholt zu werden.«

Woikow und Radsinski waren also die Verfasser der nachstehend abgedruckten Briefe, die in das Ipatjew-Haus geschickt wurden (zum erstenmal im Wortlaut veröffentlicht bei Geli Rjabow). Der erste Brief lautete:

»Mit Gottes Hilfe und durch Ihre Kaltblütigkeit hoffen wir, Erfolg zu haben ohne jedes Risiko. Unbedingt notwendig ist, daß von einem Ihrer Fenster die Verklebung entfernt wird, damit wir es im notwendigen Moment öffnen können. Daß der kleine Zarewitsch nicht gehen kann, erschwert die Sache, doch das haben wir einkalkuliert, und ich glaube nicht, daß das ein zu großes Hindernis sein wird. Schreiben Sie, wenn nötig, daß zwei Mann ihn tragen, oder vielleicht kann das jemand von Ihnen übernehmen. Wäre es möglich, den Kleinen für ein, zwei Stunden einzuschläfern, wenn Sie vorher die genaue Zeit wissen? Der Arzt muß dazu seine Meinung sagen, gegebenenfalls können wir die dazu nötigen Mittel beschaffen. Seien Sie unbesorgt: Es wird kein Versuch ohne absolute Erfolgsaussicht unternommen. Vor Gott, vor der Geschichte und unserem Gewissen geben wir Ihnen feierlich dieses Versprechen. Ein Offizier.«

Die Romanows antworteten umgehend.

Rjabow betont, daß der Brief von einer der Töchter des Imperators in Französisch geschrieben wurde, eine verstümmelte Übersetzung druckte 1919 die »Iswestija« ab. Die Streichungen wurden vorgenommen, um den Leser glauben zu machen, der Verfasser des Briefes sei Nikolai II. Zum Beispiel fehlte in dem in der »Iswestija« veröffentlichten Text der Absatz: »Der Arzt liegt schon seit drei Tagen mit einer Nierenkolik im Bett, aber es geht ihm jetzt besser. Wir warten die ganze Zeit darauf, daß man zwei kräftige junge Männer zu uns zurückschickt, die schon einen Monat in der Stadt eingesperrt sind, wir wissen weder wo noch aus welchem Grund. In ihrer Abwesenheit trägt Vater den Kleinen durch die Zimmer, um mit ihm in den Garten zu kommen.«

Bei den »kräftigen jungen Männern« handelte es sich um Sednew und Nagorny, die, wie wir wissen, bald darauf umgebracht wurden. Der zitierte Brief stammt vom 13. (26.) Juni (»der Doktor«, Jewgeni Sergejewitsch Botkin, »ist nierenkrank«, hatte Nikolai Alexandrowitsch am 10. (23.) Juni in seinem Tagebuch notiert. Drei Tage später dann der Brief, der die Mitteilung enthielt, daß er »schon seit drei Tagen ... im Bett« liege). Die Verfasserin äußerte berechtigte Sorge um das Eigentum der Familie und besonders um die Dokumente, die in Kisten im Schuppen lagerten. Nachdem die Tschekisten die Antwort gelesen hatten, wußten sie genau, wo das lag, worauf sie besonderen Wert legten: die Briefe und die Tagebücher Alexandra Fjodorownas und Nikolais.

Zweifellos zogen die Tschekisten auch den Schluß, daß die Romanows das Verhalten des Kommandanten positiv bewerteten, was ihnen natürlich gar nicht recht war. Der Briefwechsel ging weiter. Bald kam die Antwort des »Offiziers«. Er schrieb:

»Machen Sie sich keine Sorgen wegen der 50 Leute, die sich in dem kleinen Haus gegenüber befinden – von ihnen wird keine Gefahr drohen, wenn gehandelt werden muß. Sagen Sie uns etwas Genaueres über Ihren Kommandeur, um uns unsere Aufgabe zu erleichtern. Es läßt sich im Moment noch nicht sagen, ob es möglich sein wird, alle Ihre Leute mitzunehmen. Wir hoffen ja, aber auf jeden Fall werden sie, bis auf den Arzt, nicht mit Ihnen zusammen sein, wenn Sie das Haus verlassen haben. Wir ergreifen alle Maßnahmen für Doktor D., hoffen, Ihnen lange vor Sonntag den detaillierten Operationsplan mitteilen zu können. Vorläufig ist er so festgelegt: Wenn Sie das Signal hören, verschließen und verbarrikadieren Sie mit Möbeln die Tür, die Sie von der Wache trennt, die innerhalb des Hauses ausgeschaltet und unschädlich gemacht wird. Mit einem speziell dazu angefertigten Strick lassen Sie sich vom Fenster herab, unten werden Sie erwartet, der Rest ist nicht schwer, an Fahrzeugen ist kein Mangel und die Bedeckung so gut wie nie zuvor. Eine wichtige Frage ist, ob der Kleine herabgelassen werden kann, antworten Sie nach gründlicher Überlegung. Auf jeden Fall lassen sich Vater, Mutter und Sohn als erste herab, dann die Töchter, denen der Arzt folgt. Antworten Sie, ob es Ihrer Meinung nach möglich ist und ob Sie einen Strick unter Verwendung des bereits vorhandenen anfertigen können, im Moment ist es sehr schwierig, einen Strick zu übergeben. Ein Offizier.«

Die Antwort der Romanows war: Nichts unternehmen.

Sie schrieben:

»Wir wollen und können nicht fliehen, wir können nur gewaltsam entführt werden, da uns Gewalt nach Tobolsk geführt hat. Rechnen Sie also mit keiner aktiven Unterstützung von unserer Seite. Der Kommandeur hat viele Helfer, sie wechseln häufig und wirken in letzter Zeit sehr besorgt. Sie wachen gewissenhaft über unsere Inhaftierung wie auch über unser Leben und behandeln uns sehr gut. Wir wollen nicht, daß sie unsertwegen zu leiden haben und vor allem, daß Ihnen etwas zustößt, vermeiden Sie um des Himmels willen Blutvergießen. Ohne Leiter aus dem Fenster zu steigen ist absolut unmöglich. Und unten angekommen, ist man in noch größerer Gefahr wegen des geöffneten Fensters im Kommandeurszimmer und der Mitrailleuse im Erdgeschoß, wohin man vom Innenhof gelangt. (Nehmen Sie Abstand von dem Gedanken, uns hier herauszuholen.) Wenn Sie über uns wachen, können Sie uns jederzeit im Falle einer unausweichlichen realen Gefahr zu Hilfe kommen. Wir haben keinerlei Kenntnis, was draußen vor sich geht. Wir erhalten weder Zeitungen noch Briefe. Seit erlaubt wurde, das Fenster zu öffnen, ist die Bewachung verstärkt worden, und selbst den Kopf aus dem Fenster zu stecken ist verboten, man riskiert, eine Kugel abzubekommen.«

In seinem Tagebuch vermerkte Nikolai II. in diesen Tagen:

»31. Mai (13. Juni). Himmelfahrt.

... Tagsüber durften wir nicht in den Garten. Awdejew erschien und führte ein langes Gespräch mit Jewg. Serg. (Botkin – d. Verf.). Nach seinen Worten befürchten er und der Gebietssowjet anarchistische Übergriffe, deshalb steht uns möglicherweise eine baldige Abreise bevor, wahrscheinlich nach Moskau! Er bat, daß wir uns darauf vorbereiten. Wir begannen sofort zu packen, aber leise, damit die Wache nicht aufmerksam wurde, darum hatte uns Awdejew extra gebeten.

Gegen 11 Uhr abends kam er zurück und sagte, es blieben noch ein paar Tage. Den 1. Juni werden wir auf gepackten Koffern verbringen.«

Überlegen wir: In der Nacht vom 12. zum 13. Juni (31. Mai) wurde in Perm der Bruder Nikolais II., Michail Alexandrowitsch, mit seinem Begleiter Johnson abtransportiert und erschossen. Die Erschießung wurde in der Presse als »Flucht« hingestellt. Zur selben Zeit hatten die Tschekisten Jekaterinburgs mit ihren Briefen die Romanows zur »Flucht« provoziert. Ist das ein zufälliges Zusammentreffen oder eine koordinierte Vernichtungsoperation, die in Perm gelang und in Jekaterinburg wegen unzulänglicher Vorbereitung, vor allem aber wegen der Weigerung der Romanows zu »fliehen« verschoben wurde?

Die Tschekisten unternahmen einen dritten Versuch, die Romanows aus dem Ipatjew-Haus »herauszulocken«. Noch ein Brief wurde geschrieben, doch infolge der grundlegend veränderten Situation änderte sich auch der Plan zur Vernichtung der Romanows, und der Brief erreichte seine Adressaten nicht mehr.

Am 22. (9.) Juni hielt Nikolai in seinem Tagebuch fest: »Heute erschienen während unseres Teetrinkens 6 Mann, wahrscheinlich vom Gebietssowjet, um nachzusehen, welche Fenster geöffnet werden können.« Am nächsten Tag präzisierte er: »Wie sich herausstellt, waren die gestrigen Besucher Kommissare aus Petrograd.«

Wie wir sehen, traf man vor allem Vorbereitungen für die

Öffentlichkeit. Der erste Schritt war die Verbreitung von Falschmeldungen über die »Flucht« des Zarenbruders. Danach erschienen in der Presse fortwährend Informationen über die Erschießung Nikolais II. in Jekaterinburg. Diese Gerüchte wurden postwendend offiziell dementiert. So brachte zum Beispiel die Permer Zeitung »Swobodny put« vom 2. Juli 1918 neben einem Bericht über das angebliche »Auftauchen Michail Romanows« im Lager der Weißgardisten die Meldung: »Der Oberbefehlshaber der Norduralfront, Bersin, telegrafiert aus Jekaterinburg, daß sich bei der Besichtigung des vom ehemaligen Zaren bewohnten Hauses herausstellte, daß er und seine Familie am Leben sind und unter Bewachung stehen.« Bersin war einer der »Petrograder« Kommissare, die die Romanows besucht hatten.

Unter dem 14. (27.) Juni steht in Nikolais Tagebuch die vielsagende Eintragung: »Wir blieben auf und verbrachten eine unruhige Nacht.« Was war das: noch ein uns unbekanntes Signal der »Verschwörer« oder neue Evakuierungsvorschläge? Doch die Entscheidung stand noch bevor.

Keiner will sie

Am 19. Mai 1918 stand auf der von Lenin geleiteten Tagung des ZK der KPR (B) wiederum das Schicksal des ehemaligen Imperators zur Debatte. Zu diesem Zeitpunkt war die Zarenfamilie vollzählig in Jekaterinburg »versammelt«. Am 23. Mai wurde aus Jekaterinburg folgendes für Swerdlow bestimmtes Telegramm nach Moskau durchgegeben: »Heute, 23. 5., brachte unser Kommissar Chochrjakow [aus] Tobolsk [nach] Jekaterinburg die restlichen: Olga, Tatjana, Anastasia, Alexej – untergebracht mit den anderen. Fahrt verlief ohne Zwischenfälle. 3425. Beloborodow.« Am 25. Mai beschloß das ZIK nach Entgegennahme dieser Mitteilung: »Zur Kenntnis nehmen.«

Nach den uns gegenwärtig vorliegenden Informationen hatte die sowjetische Regierung unter Lenin zu diesem Zeitpunkt die Absicht, Nikolai II. vor Gericht zu stellen. Im Frühjahr 1918 ließ auf der Krim der Matrose Sadoroshny, der für die Bewachung eines Teils der Mitglieder des Hauses Romanow verantwortlich war, nicht zu, daß sie erschossen wurden. Er wartete auf Lenins Befehl aus Moskau. Nachdem die Deutschen die Krim besetzt hatten, zeigten sie keine Eile, die Imperatorenwitwe Maria Fjodorowna (Mutter Nikolais II.) und die anderen Mitglieder des Hauses Romanow wenn schon nicht nach Deutschland, so doch jedenfalls außer Landes zu schicken. Sie zeigten keine Eile, auf die sowjetische Regierung Druck auszuüben bezüglich des Schicksals der ehemaligen deutschen Prinzessin Alexandra Fjodorowna und ihrer Töchter, obschon gewisse Schritte in dieser Richtung unternommen wurden.

»Um den 15. Mai (alten Stils)«, schreibt Gilliard, »als ich in Jekaterinburg war, erfuhr ich aus absolut zuverlässiger Quelle, daß sich dort gerade eine deutsche Mission des Roten Kreuzes aufhielt. Das kann ich bezeugen. Ich saß mit der Baronesse Buxhoeveden und der Kinderfrau Teglewa im Restaurant. Am Nebentisch saßen zwei Mitglieder dieser Mission und deutsche Barmherzige Schwestern zusammen und unterhielten sich auf Deutsch. Ich weiß genau, daß die Mission bald darauf nach Deutschland abreiste. Die entsetzlichen Bedingungen, welche die Zarenfamilie zu ertragen hatte, waren dort bekannt.«

Es sei hinzugefügt, daß es unseres Wissens kein einziges Dokument gibt, das den von Nikolai II. und Alexandra Fjodorowna geäußerten Wunsch belegen würde, zu dieser Zeit nach Deutschland ausreisen zu wollen. Im Gegenteil, ihre antideutsche Haltung spricht sowohl aus ihren Tagebüchern als auch aus den Zeugnissen von Zeitgenossen, die mit ihnen verkehrten.

Die ehemaligen Verbündeten Rußlands im Krieg gegen die Deutschen betrachteten indessen die Möglichkeit der Übergabe der Romanows an die Deutschen mit Argwohn, was von der sowjetischen Regierung begrüßt wurde. So war in den Kommentaren der sowjetischen Zeitungen zu lesen: »Am 14. Mai betonte der ›Manchester Guardian‹ in einem Beitrag, in dem berichtet wurde, die Deutschen hätten die Imperatorenwitwe und die beiden Großfürsten in ihre Gewalt gebracht, diese Personen ließen sich dazu benutzen, wieder eine zaristische Regierung zu installieren.«

Nikolai II. nicht außer Landes zu lassen und ihm den Prozeß zu machen – das war die Position Lenins im Mai 1918. In dieser Richtung wurden konkrete Schritte unternommen. Am 4. Juni 1918 wurde auf einer Tagung des Volkskommissariats für Justiz der Beschluß gefaßt, in den Rat der Volkskommissare (auf dessen Bitte) zur Vorbereitung des Prozesses »als Untersuchungsführer Gen. Bagrow« zu delegieren. Für die Rolle des offiziellen Anklägers war Trotzki vorgesehen.

In Jekaterinburg und Perm sammelte man inzwischen zusätzliches kompromittierendes Material über die Kontakte Nikolais II. mit monarchistischen und anderen Organisationen, die angeblich »Verschwörungen« zur Befreiung der Zarenfamilie vorbereiteten. So meldete am 4. Juni 1918 der Jekaterinburger Deputiertensowjet an den Rat der Volkskommissare: »[Auf] Ihre 510 [an den] Vorsitzenden des örtlichen Deputiertensowjets teilen wir mit, daß die genannte Person [auf] Anordnung des (Ural-) Gebietssowjets [auf] Grund der Erkenntnisse [über] Fluchtvorbereitung [in] Tobolsk verhaftet wurde. 4522. Vorsitzender des Gebietssowjets Beloborodow.« In Tobolsk, wo Erzbischof Germogen bereits unter Bewachung gestellt war, wurden zahlreiche Verhaftungen vorgenommen. In Perm versuchten die Tschekisten zur gleichen Zeit ein illegales Zentrum zur Befreiung Michails zu »organisieren«, und im Jekaterinburger Gefängnis wurde zu diesem Zweck Fürst Lwow, ehemaliges Oberhaupt der Provisorischen Regierung, verhört, der in Tjumen verhaftet und in Jekaterinburg inhaftiert worden war. Mitte Juni unternahm man den geschilderten Versuch, die »Flucht« der Romanows aus dem Ipatjew-Haus zu organisieren. Mit alldem wurde ein und dasselbe Ziel verfolgt: die Romanows im Ural zu vernichten, ohne daß der Regierung eine direkte Beteiligung angelastet werden konnte. Im Juni begann die Realisierung dieses Plans mit der Erschießung Michail Romanows.

Wachablösung

Anfang Juli 1918 kam es in Moskau und Jekaterinburg zu Vorfällen, die das Schicksal Rußlands entscheidend beeinflußten. Am 5. Juli wurde der deutsche Botschafter Mirbach ermordet. Um einen militärischen Konflikt zu verhindern, fanden sich die Führungen beider Mächte zu gegenseitigen Konzessionen bereit. Die Deutschen zogen ihre demütigenden Forderungen an Rußland zurück, sie verzichteten darauf, ein deutsches Bataillon zum Schutze ihrer Botschaft nach Moskau zu verlegen. Die russischen Getreidelieferungen an Deutschland gingen weiter, in die Deutsche Bank floß nach wie vor russisches Gold.

Am 5./6. Juli sorgte die Artillerie der Bolschewiki dafür, daß die Frage des Mehrparteiensystems im Sowjetstaat nicht mehr zur Debatte stand. In Moskau wurde der Putsch der Linken Sozialrevolutionäre in Blut erstickt.

In diesen sorgenvollen Tagen, angesichts einer unverändert schwierigen Lage, gelangten Moskau und Jekaterinburg zu dem Entschluß, die Romanows in Jekaterinburg und Alapajewsk zu erschießen.

Bei der Aufdeckung vermeintlicher und tatsächlicher konterrevolutionärer Verschwörungen völlig durcheinandergeraten, nahm die Ermittlungskommission der Tscheka Verhaftungen vor, um sie zum Teil gleich wieder aufzuheben. Sämtliche Aktionen der Jekaterinburger Tscheka standen unter der Kontrolle Moskaus. So ging am 2. Juli 1918 im Ural folgendes Telegramm ein: »Jekaterinburg. Gebietsdeputiertensowjet. Safarow. Bitte die Gründe für die Durchsuchung bei den Ardaschews und ihrer Verhaftung, insbesondere der Kinder, in Perm zu ermitteln und mir mitzuteilen. Vorsitzender des Sownarkom Lenin.« Das Telegramm wurde 1990 zusammen mit anderen Dokumenten des Sokolowschen Archivs bei »Sotheby's« versteigert. In einem Kommentar des Versteigerungskatalogs heißt es, Lenin habe sich für die Vorgänge in Jekaterinburg interessiert, weil dort im Ipatjew-Haus die Romanows inhaftiert waren. In Wirklichkeit hatte Lenin zu diesem Zeitpunkt andere Sorgen: Bereits im Januar 1918 war in Jekaterinburg sein Vetter W. A. Ardaschew ums Leben gekommen. Er war in Werchoturje wegen Organisierung eines Angestelltenstreiks verhaftet, nach Jekaterinburg gebracht und bei einem Fluchtversuch auf dem Weg zum Gefängnis erschossen worden. Am 3. Juli 1918 stellte Lenin, besorgt über die erneute Verhaftung zweier Verwandter, in einem weiteren Telegramm klar, daß die Ardaschews in Jekaterinburg und nicht in Perm verhaftet worden waren. Der Ural-Gebietssowjet antwortete, Lenins Onkel Ardaschew sei verhaftet worden, die anderen (seine »Neffen«) seien geflohen. Die Ardaschews wurden der Organisierung eines Aufstandes in der Werch-Isset-Fabrik beschuldigt.

Am 4. Juli entließ die Jekaterinburger Ermittlungskommission das ehemalige Oberhaupt der Provisorischen Regierung, den Fürsten Lwow, aus dem Gefängnis. Seine Verhaftung in Tjumen war bereits am 28. März 1918 erfolgt. Die Ermittlung ergab, daß er, nachdem er im Herbst 1917 Moskau verlassen hatte, zusammen mit einer Gruppe ihm nahestehender Leute (Lopuchin, Golizyn u. a.) in Sibirien die Aktiengesellschaft »Markt« zu gründen versucht hatte. In diesem Zusammenhang und zum Zwecke der Kontaktaufnahme zu amerikanischen Kapitalisten prüfte man die wirtschaftlichen Möglichkeiten Sibiriens. Bei der Verhaftung des Fürsten wurden Tagebuchaufzeichnungen seiner Tante Pissarewa beschlagnahmt, aus denen hervorging, daß Lwow von einem gewissen Ladyshinski aufgesucht worden war, der eine Rundreise durch die Städte Sibiriens unternahm, um »weißgardistische Freiwilligenverbände« aufzubauen. Aus den Dokumenten ist zu schließen, daß Lwows Position in dieser Frage eher neutral als konterrevolutionär war. Jedenfalls ergaben sich keine ausreichenden Indizien dafür, daß Lwow einen Geheimbund hatte gründen wollen mit dem Ziel der Befreiung Nikolais II. Seine gesamte bisherige Tätigkeit war eher von Feindseligkeit ihm gegenüber geprägt. Als der Fürst wieder auf freiem Fuße war, beschloß er, das Schicksal nicht länger zu versuchen, und floh, ohne den Prozeß abzuwarten, kurz entschlossen aus Jekaterinburg.

Die Vollstrecker

Drei Hauptakteure waren es, denen die Aufgabe zufiel, den Willen der Partei zu erfüllen und die Romanows zu vernichten. Über sie kann man so viel nachlesen, daß wir uns hier auf die biographischen Fakten beschränken wollen.

Folgendes schrieb *Jakow Michailowitsch Jurowski* über sich:

»Ich wurde 1878 in Sibirien in Tomsk geboren. Mein Vater war Glaser, meine Mutter Näherin in Heimarbeit. Ich besuchte eine jüdisch-russische Grundschule, die ich vor Beendigung des zweiten Abschnitts verließ. Mit 7 arbeitete ich in einer Hefefabrik, dann bei einem Schneider. Mit 10 nahm ich die Lehre in einer Uhrmacherwerkstatt auf. Von 13 bis 17 Jahren setzte ich sie bei einem Uhrmacher in Tjumen fort. Danach arbeitete ich als Geselle in Tobolsk, Tomsk und Jekaterinograd. Zeitweilig arbeitete ich als selbständiger Handwerker. 1897 begann ich den Kampf für die Einführung des 12-Stunden-Arbeitstags für die Uhrmacher. Ab 1904 besuchte ich Zirkel und Versammlungen in Jekaterinograd. 1905 arbeitete ich in Tomsk und wurde Mitglied der SDAPR. Als einfaches Parteimitglied übernahm ich technische Arbeiten: Aufbewahrung und Verbreitung illegaler Literatur, Anfertigung von Ausweisen und Ausweisstempeln, Besorgen von Wohnungen für Organisationen. Meine Wohnung wurde für konspirative Zwecke genutzt. Ich leistete unter

Jakow Michailowitsch Jurowski

den Handwerkern fachliche und propagandistische Arbeit. Am 4. April 1912 wurde ich verhaftet und Mitte Mai nach Paragraph 16.4 unter verschärfter Bewachung nach Jekaterinburg verbannt, mit Verbot für 64 Orte in Rußland und Sibirien. 1915 kam die Verfügung über meine Verbannung in den Kreis Tscherdyn im Gouvernement Perm, doch sie trat nicht in Kraft, da ich zu dieser Zeit im Militärdienst war. Die Februarrevolution erlebte ich in Jekaterinburg im Militärdienst. Von den ersten Märztagen an leistete ich agitatorische und organisatorische Arbeit für die Sowjets und die Partei. Nach dem Oktober wurde ich Mitglied der Militärabteilung, Vorsitzender der Ermittlungskommission des Revolutionstribunals des Ural-Gebiets, Stellvertreter des Kommissars für Justiz im Ural-Gebiet, Mitglied des Kollegiums der Gebiet-Tscheka, Leiter der Stadtwache, Kommandant des Hauses zur besonderen Verwendung, in dem der ehemalige Zar Nikolai und seine Familie inhaftiert waren, ich vollstreckte das Urteil gegen sie auf Beschluß des Gebietsexekutivkomitees Ural. Seit Ende 1918 war ich Organisator und Leiter der Kreis-Tscheka der Stadt Moskau bei der Allrussischen Tscheka, danach Mitglied des Kollegiums der Moskauer Tscheka und später Stellvertreter des Leiters der Verwaltungsabteilung des Moskauer Sowjets. Mitte 1919 wurde ich vom ZK in den Ural entsandt, wo ich bis Ende 1920 Vorsitzender der Gouvernement-Tscheka und Leiter der Gouvernementsabteilung für Sozialwesen war. Danach arbeitete ich als Leiter der Organisations- und Instruktionsabteilung des Volkskommissariats für die Arbeiter- und Bauerninspektion. 1921 wurde ich vom ZK in das Staatliche Schatzamt der Republik beim VK der Finanzen entsandt, wo ich bis Ende 1923 als Leiter der Goldabteilung und anschließend als Vorsitzender der Abteilung Wertsachenrealisierung tätig war. Danach war ich bis 1924 stellvertretender Direktor des ›Bogatyr‹-Werkes, von 1924 bis 1926 Leiter der Abteilung Vervollkommnung des Staatsapparates und stellvertretender Leiter der Wirtschaftssektion in der Arbeiter- und Bauerninspektion. Von Ende 1926 bis Ende 1927 war ich Mitglied des Vorstandes der Vereinigung für Feinmechanik, von 1927 bis Ende 1928 Parteisekretär des Russakow-Straßenbahnparks, von 1928 bis Ende 1930 Mitglied des Vorstandes und danach Direktor des Staatlichen Polytechnischen Museums.« Einiges hat Jurowski in seiner Biographie weggelassen. In einem Fragebogen antwortete er auf die Frage: »Gab es Unterbrechungen in Ihrer Parteiarbeit?«: »Ich leistete

Alexander Grigorjewitsch Beloborodow

Parteiarbeit, soweit ich Aufträge erhielt, Berufsparteiarbeiter war ich nicht.« Als er der Gesellschaft der alten Bolschewiki beitrat, stellte sich auch heraus, daß er in seiner Jugend in einen Totschlag verwickelt gewesen war, und 1912 hatte er an den »Herrn Stellvertreter des Ministers« aus Jekaterinburg ein Gesuch geschrieben, in dem er versicherte, mit revolutionären Dingen nichts im Sinn zu haben, und bat, ihn nach Tomsk zurückzulassen. In einem Fragebogen gab er an, 1904 in Berlin gelebt zu haben.

Soweit das kurze »Selbstporträt« Jurowskis. Dokumente belegen, daß er persönlich den Befehl Moskaus zur Erschießung der Zarenfamilie ausführte. Außer ihm gab es jedoch im Ural noch zwei andere »hervorragende« Organisatoren des Mordplans.

Beloborodow, Alexander Grigorjewitsch, geboren am 26. Oktober 1891 in Alexandrowski Sawod im Ural. Besuchte die Grundschule. 1905 Lehre in der Gaselektrischen Abteilung des Werkes von Nadeshdinsk. Trat 1907 der SDAPR (B) bei. Arbeitete in den Gruben von Lunjewka. Am 8. Februar 1908 verhaftet und abgeurteilt. Kam in ein Heim für minderjährige Verbrecher, saß im Gefängnis. Freigelassen am 12. März 1912. Arbeitete im Werk von Nadeshdinsk, schrieb für die »Prawda« unter dem Pseudonym »Igor«. 1913 abermals verhaftet, für 2 Jahre in das Gouvernement Perm verbannt. Lebte in Slatoust, Bilimbai, Tjumen und Lyswa. 1917 aktiver Teilnehmer des I. Sowjetkongresses des Ural-Gebiets und der Parteikonferenz der Bolschewiki in Jekaterinburg. Teilnehmer der VII. Allrussischen Parteikonferenz. In Jekaterinburg vom III. Gebietskongreß der Sowjets zum Mitglied des Gebietsexekutivkomitees gewählt, danach zum Stellvertreter und zum Vorsitzenden des Gebietsexekutivkomitees Ural. Im weiteren Mitglied des ZK der KPR (B) und im Juli 1923 zum Volkskommissar des Innern der RSFSR ernannt. Der trotzkistischen Opposition zugehörig. 1937 Opfer der Stalinschen Repressalien, während der Haft ums Leben gekommen. 1958 wurde das Urteil gegen ihn aus Mangel eines Tatbestandes aufgehoben.

Goloschtschokin, Filipp Issajewitsch (1876–1941), Kleinbürger aus Newel im Gouvernement Witebsk, absolvierte die Zahnarztschule in Riga. In der Partei seit 1903. 1906 im Gouvernement Petersburg wegen bolschewistischer Betätigung verhaftet, zu zwei Jahren Festungshaft verurteilt. Verbrachte insgesamt sechs Jahre in der Verbannung, floh mehrmals. Parteideckname »Fi-

Filipp Issajewitsch Goloschtschokin

lipp«. Delegierter des VI. Parteitages der SDAPR (B), arbeitete in Perm und Jekaterinburg. Ab Dezember 1917 Kriegskommissar des Ural-Gebietssowjets, ab Mai 1918 Bezirkskriegskommissar. Als Mitglied des Präsidiums des Gebietsexekutivkomitees Ural führte Goloschtschokin mit Moskau Verhandlungen über das Schicksal der Zarenfamilie. Er stand Swerdlow und Sinowjew nahe, war an der »Militäropposition« beteiligt. 1924–1934 Mitglied des ZK, lange Jahre Mitglied des Kollegiums der Tscheka, der GPU, des NKWD. Ab 1933 Hauptschiedsrichter des Rates der Volkskommissare der UdSSR. 1941 Opfer der Stalinschen Repressalien, »postum rehabilitiert«.

Das Geheimnis des Befehls: Moskau oder Jekaterinburg?

Es wäre naiv zu glauben, in den Archiven könne sich ein von Lenin oder Swerdlow unterzeichneter schriftlicher Befehl zur Erschießung der Zarenfamilie finden, sozusagen als eindeutiger Beweis. Dennoch gibt es genügend Dokumente, auch Originale, die belegen: Die Anweisung zur Erschießung der Zarenfamilie ging unmittelbar von Lenin und Swerdlow aus. So existiert das Original der von dem bekannten Historiker M. N. Pokrowski angefertigten Niederschrift der Zeugenaussage des Vollstreckers Jurowski. Wie wir wissen, war letzterer ungebildet: mühelos läßt sich (anhand anderer von ihm stammender Aufzeichnungen) nachweisen, daß er einen solchen Text nicht ohne Pokrowskis Hilfe schreiben konnte. Es existiert ein Autograph Lenins: sein Telegramm vom 16. Juli. Es gibt weitere Dokumente, auf deren Grundlage sich die Kette der Ereignisse rekonstruieren läßt, die am 16. Juli 1918 in Moskau und Jekaterinburg abliefen.

Beginnen wir mit dem Stenogramm der Beratung alter Bolschewiki, auf der Jurowski 1934 in Swerdlowsk sprach. Die Situation im Lande hatte sich geändert. Noch 1928 waren Briefmarken mit der Darstellung des Gebäudes und dem Text herausgegeben worden: »Ehemaliges Ipatjew-Haus, in dem Nikolai II. und seine Familie inhaftiert und erschossen wurden.« Jetzt betonte Jurowski gegenüber seinen Zuhörern – von denen einige in direkter Beziehung zu dem Geschehen von 1918 in Jekaterinburg gestanden hatten –, daß seine Ausführungen der absoluten Geheimhaltung unterlägen. Unter anderem bemerkte er (Weitsicht kann man ihm in diesem Punkt nicht absprechen): ». . . worüber ich hier zu reden habe, wird der Öffentlichkeit erst in vielen Jahren bekannt werden.« Zutreffend war auch, daß bisher keiner über alle Umstände der Angelegenheit »berichtet hat noch berichten wird, weil die einen physisch und die anderen politisch tot sind« – eine offenkundige Anspielung darauf, daß viele der damals Beteiligten (falls sie nicht bereits umgebracht waren, wie zum Beispiel Woikow) des Trotzkismus bezichtigt wurden (Beloborodow, Safarow). Zugleich kam Jurowskis Feststellung, »bis zum Sieg der Revolution in einer Reihe von Ländern Europas (der erhofften Weltrevolution – d. Verf.) kann eine Bekanntgabe des Sachverhalts direkt oder indirekt nichts als Schaden bringen«, einer politischen Direktive gleich.

Da es sich (bei der Erschießung der Zarenfamilie – d. Verf.) »um einen Akt von großer politischer Bedeutung handelte, wurde die ganze Sache dem hohes Vertrauen genießenden Gen. Goloschtschokin übertragen. ... Mitte Juli«, fuhr Jurowski fort, »sagte Filipp (Goloschtschokin – d. Verf.) zu mir, daß wir uns für den Fall des Näherrückens der Front auf die Liquidierung vorbereiten müßten.«

Und weiter: »Mit der Zentrale blieben wir in dieser Frage ständig im Kontakt und im Gespräch.« Schließlich: »Am Morgen des 15. Juli sagte er (Goloschtschokin – d. Verf.), die Sache müsse am nächsten Tag erledigt werden, außerdem hieß es, daß wir Nikolai hinrichten und darüber eine offizielle Verlautbarung bringen würden, und was die Familie betreffe, so könne es dazu eine Meldung geben, aber wie, wann und auf welche Weise, das wisse noch keiner.«

16 Jahre später berichtete Jurowski nun, wie alles gewesen war. Doch wenden wir uns den anderen Dokumenten zu.

Jekaterinburg. 16. Juli. Alexandra Fjodorowna notierte in ihrem Tagebuch, daß der Tag mit dem üblichen grauen Morgen begonnen hatte. Alexej hatte sich leicht erkältet, Maria las mit ihr in dem Buch der ehrwürdigen Amos und Obadia. Um 20 Uhr aß man zu Abend, doch plötzlich wurde »Mika Sednew« (der Küchenjunge) zu seinem Onkel geholt. Nach einem Bésigue-Spiel legte sie sich um 22.30 Uhr schlafen.

Moskau. 16. Juli, 13.27 Uhr. Ein an Lenin gerichtetes Telegramm aus Kopenhagen ging ein, in dem nach dem Schicksal der Zarenfamilie gefragt wurde. Auf das Telegramm schrieb Lenin: »Gerücht unwahr, Exzar lebt. Alles Erfindungen der kapitalistischen Presse.« Darunter ist der Abgangstermin vermerkt: 16.07.18. Und die Uhrzeit: 16 Uhr. Bis 16 Uhr war Lenin also völlig davon überzeugt, daß es keine Erschießung geben würde.

Dann geschah etwas Unerwartetes: Plötzlich brach die Verbindung zwischen Moskau und Europa ab, ebenso die mit Jekaterinburg. Ob jemand den Telegrafen außer Betrieb gesetzt hatte oder ob es eine technische Panne war, ist nicht bekannt.

Jekaterinburg. 16. Juli. Gegen 18 Uhr (Moskauer Zeit 16 Uhr) intensive Vorbereitungen für die Exekution.

Aus dem Stenogramm von Jurowskis Auftritt am 1. Februar 1934: »Am Morgen des 16. (ein offensichtlicher Fehler, im Tagebuch der Zarin ist »um 20 Uhr« vermerkt; 1920 hatte Jurowski in seinem Bericht von 6 [18] Uhr gesprochen) schickte ich unter dem Vorwand, sein Onkel sei in Swerdlowsk angekommen und möchte ihn sehen, den Küchenjungen Sednew weg ... Ich hielt 12 Nagants bereit und legte fest, wer wen zu erschießen hatte. Gen. Filipp informierte mich, daß 12 Uhr nachts ein Lastwagen kommen würde ... Gegen 11 Uhr abends holte ich die Leute zusammen und teilte die Nagants aus ... Erst halb zwei kam der Lastwagen ...« Halten wir fest, daß die Vorbereitungen liefen, aber noch kein Befehl vorlag.

Jekaterinburg, Petrograd, Moskau. 16. Juli abends.

In dieser Situation, da mit Moskau keine Verbindung bestand, ging von Jekaterinburg über Direktleitung der Ruf nach Petrograd. Die an Sinowjew, Mitglied des ZK, gerichtete Anfrage der Uraler nahm einen Umweg. Über seine Verhandlungen verständigte Sinowjew seinerseits Moskau mit folgendem Telegramm (Kopie im Zentralen Staatsarchiv der ehemaligen UdSSR): »Moskau, Kreml, Swerdlow, Kopie für Lenin. Aus Jekaterinburg wird über Direktleitung folgendes mitgeteilt: ›Melden Sie nach Moskau, daß der mit Filipp vereinbarte Prozeß wegen der Kriegslage keinen Aufschub duldet, wir können nicht länger warten. Wenn Sie gegensätzlicher Meinung sind, teilen Sie es uns unverzüglich mit, höchste Dringlichkeit. Goloschtschokin, Safarow.‹ Setzen Sie sich deswegen mit Jekaterinburg in Verbindung. Sinowjew.« Auf dem Petrograder Telegramm steht der Vermerk: »aufgenommen am 16. 7. 1918, 21.22 Uhr. Aus Petrograd Smolny. 14228.«

Das Telegramm beweist, daß Sinowjew im Bilde war: Als sich Goloschtschokin Anfang Juli 1918 in Moskau aufgehalten hatte, waren die Varianten – Prozeß oder im Falle einer heiklen Situa-

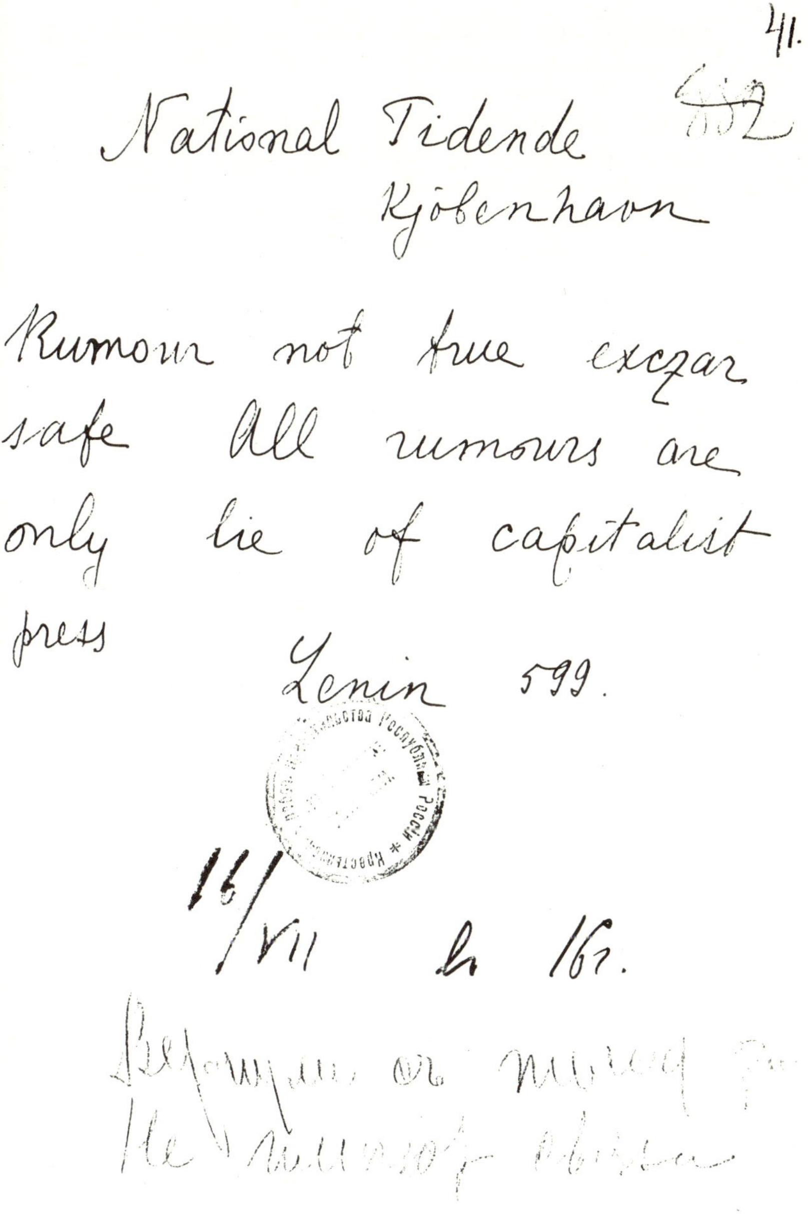

41.

National Tidende
Kjöbenhavn

Rumour not true exczar safe All rumours are only lie of capitalist press

Lenin 599.

16/VII

Vermerk Lenins zur Anfrage einer dänischen Zeitung wegen der Gerüchte über die Erschießung der Zarenfamilie

tion sofortige Erschießung Nikolais II. – allem Anschein nach im ZK der Partei erörtert worden. Doch das letzte Wort blieb nach wie vor Moskau vorbehalten.

Man brauchte also eine Anordnung, und sie ging am 16. Juli 1918 spätnachts ein. Im Original* der Aufzeichnung des Hergangs, die der Historiker Pokrowski 1920 besorgt hatte und die gewöhnlich Jurowski zugeschrieben wird, heißt es dazu:

»Am 16. 7. ging ein *Fernspruch aus Perm* (Hervorhebung d. Verf.) in einer verschlüsselten Sprache ein, der die Anordnung zur Exekution der Romanows enthielt.« Die bisher von verschiedenen Autoren zitierten Kopien der »Aufzeichnung« sprechen von einem »Telegramm«, doch das zu schicken war unmöglich: die telegrafische Verbindung war gestört, wenn auch nicht überall. Auf Umwegen, teils telegrafisch, teils telefonisch über Jekaterinburg–Petrograd, Petrograd–Moskau, Moskau–Perm und schließlich Perm–Jekaterinburg, erhielt Goloschtschokin endlich die langerwartete Sanktion: Erschießung genehmigt.

Werfen wir nun einen Blick auf den weiteren Ablauf der Ereignisse, immer unter Berücksichtigung des zweistündigen Zeitunterschieds zwischen Moskau und Jekaterinburg.

Nachdem Sinowjews Telegramm in Moskau eingetroffen war, zwischen 21.22 und 23.22 Uhr (Moskauer Zeit), war man dort mit der Entscheidung über die Erschießung der Romanows befaßt. Anschließend ging das Telegramm nach Perm ab. In Jekaterinburg entsprach das der Zeit zwischen 23.22 und 1.22 Uhr (Ortszeit). Nach der »Aufzeichnung« zu urteilen, erwartete Jurowski vergeblich zu 24 Uhr den Lastwagen: solange die Anordnung aus Moskau noch nicht eingetroffen war, gab es keine Anweisung, ihn loszuschicken. Erst danach fuhr das Fahrzeug halb zwei am Ipatjew-Haus vor.

Am 16. Juli 1918 hatte also Lenin bis 16 Uhr nicht die Absicht, die Erschießung anzuordnen. Naheliegend ist, daß Swerdlow, der von Anfang an die ganze Sache in der Hand hatte, den Telegrafen abschaltete, um Lenin dazu zu bewegen, die Erschießung *aller* Romanows zu sanktionieren. Dabei blieb der erste Mann durch sein »Autogramm« für die dänische Zeitung als unmittelbar Beteiligter aus dem Spiel, und die ganze Sache war undurchschaubar geworden.

* Aufbewahrt im ehemaligen Zentralen Parteiarchiv des Instituts für Marxismus/Leninismus beim ZK der KPdSU, jetzt Russisches Zentrum für die Aufbewahrung und das Studium von Dokumenten der neuesten Geschichte.

Wie wir noch sehen werden, versuchte Swerdlow, auch sich selbst herauszuhalten, indem er im weiteren Verlauf der Ereignisse die Verantwortung auf den Ural-Sowjet abwälzte. Doch kehren wir zu den Ereignissen in der Nacht zum 17. Juli zurück.

Die Erschießung

Lassen wir wieder Pokrowski zu Wort kommen:

»Als das Fahrzeug eintraf, schliefen alle. Man machte Botkin wach, und der weckte die ganze Familie. Die Erklärung war: Die Lage in der Stadt sei bedrohlich, deshalb müsse die Familie Romanow aus dem Obergeschoß ins Souterrain gebracht werden. Über dem Anziehen verging eine halbe Stunde. Die Wahl war auf ein Zimmer mit verputzter Holzzwischenwand (wegen möglicher Querschläger) gefallen, aus dem man sämtliches Mobiliar entfernt hatte. Das Kommando hielt sich im Nebenzimmer bereit. Die Romanows ahnten nichts. Der Komm[andant] ging sie persönlich holen und führte sie die Treppe hinunter. Nikolai trug Alexej, die anderen hatten kleine Kissen und diverse Sächelchen bei sich. Als Alexandra das leere Zimmer betrat, fragte sie: ›Wie, kein Stuhl? Darf man sich nicht einmal setzen?‹ Der Komm. ließ zwei Stühle bringen. Nikolai setzte auf den einen Alexej, auf dem anderen nahm Alexandra Fjodorowna Platz. Die übrigen mußten sich in einer Reihe aufstellen. Dann wurde das Kommando geholt. Als es hereingekommen war, sagte der Komm. zu den Romanows, da ihre Verwandten in Europa den Angriff auf Sowjetrußland fortsetzten, habe das Ural-Exekutivkomitee entschieden, sie zu erschießen. Nikolai drehte sich seiner Familie zu, dann, als habe er sich besonnen, wandte er sich zu dem Komm. um und fragte: ›Was? Wie?‹ Der Komm. wiederholte hastig seine Worte und befahl dem Kommando, sich schußbereit zu machen. Wer auf wen zu schießen hatte, war vorher festgelegt worden, gezielt werden sollte aufs Herz, um unnötiges Blut zu vermeiden und die Sache rasch zum Abschluß zu bringen. Nikolai sagte nichts mehr und drehte sich wieder zu seiner Familie um, die anderen stießen ein paar unzusammenhängende Rufe aus, das alles dauerte wenige Sekunden. Dann fielen die Schüsse, zwei, drei Minuten lang. Nikolai wurde vom Komm. selbst mit dem ersten Schuß getötet, gleich danach starb Alexandra Fjodorowna. Insgesamt verloren 12 Personen ihr

Leben: Nikolai, Alexandra Fjodorowna, die 4 Töchter – Tatjana, Olga, Maria und Anastasia, [Alexej], Dr. Botkin, der Lakai Trupp, der Koch Tichomirow, noch ein Koch und eine Hofdame, ihren Namen hat der Komm. vergessen (Demidowa, Zimmermädchen der Zarin – d. Verf.).

Alexej, drei seiner Schwestern, die Hofdame und Botkin lebten noch. Auf sie mußten weitere Schüsse abgegeben werden. Das verwunderte den Komm., weil sie direkt aufs Herz gezielt hatten. Verwunderlich war auch, daß die Nagantkugeln von etwas abprallten und wie Hagel durch das Zimmer schwirrten. Als jemand versuchte, eines der Mädchen totzustechen, blieb das Bajonett im Korsett stecken. Dadurch nahm die ganze Prozedur einschließlich Kontrolle (Pulsfühlen usw.) an die zwanzig Minuten in Anspruch. Dann begann man die Leichen auf das Fahrzeug zu schaffen, das mit Stoff ausgelegt war, damit das Blut nicht durchfloß. Gleich ging es los mit den Diebstählen, drei zuverlässige Genossen mußten zur Bewachung der Leichen abgestellt werden, solange nicht alle weggebracht waren (man trug sie einzeln). Nach Androhung der Erschießung wurde alles Gestohlene zurückgegeben (goldene Uhren, ein Zigarettenetui mit Brillanten usw.).«

Als alle Leichen auf dem Lastwagen waren, raste Jurowski in Richtung des Dorfes Koptjaki los.

Das Geheimnis der Wegbefestigung

Nachdem der Mord verübt war, ging Jurowski daran, die Spuren des Verbrechens zu tilgen. In seiner Aufzeichnung von 1920 hat er diesen schrecklichen Vorgang in allen Einzelheiten beschrieben. Demnach wurden die Leichname der Ermordeten in der Frühe des 17. Juli in das nahegelegene Dorf Koptjaki gefahren und dort in der Waldung »Vier Brüder« in den alten Schacht »Otkrytaja« geworfen, was »von vornherein nur als Provisorium gedacht war«. Bereits im Frühjahr war die Gegend dafür abgeriegelt worden.

Nach Jekaterinburg zurückgekehrt, beschloß Jurowski, nachdem er sich mit Beloborodow und Safarow sowie mit Tschuzkajew beraten hatte, die Leichen noch am selben Tag wieder aus dem Schacht herauszuholen und zu anderen, »sehr tiefen Schächten« im Umkreis der sogenannten Ganin-Gruben zu schaffen.

»Für den Fall, daß der Plan mit den Gruben nicht aufgehen sollte, war beschlossen worden, die Leichen zu verbrennen oder sie, mittels Schwefelsäure bis zur Unkenntlichkeit entstellt, in wassergefüllten Tongruben zu versenken.«

Jurowskis Bericht steht im Widerspruch zu den Ermittlungsunterlagen Sokolows. Letzterer führte, gestützt auf das Material seines Vorgängers Sergejew, den glaubwürdigen Nachweis, daß die Leichen am Schacht »Otkrytaja« zerstückelt und innerhalb von drei Tagen verbrannt und endgültig vernichtet worden waren. Möglicherweise seien einige Überreste weggefahren und in dem Waldmoor beseitigt worden.

Das im Juli 1991 bei Koptjaki gefundene Grab mit den vermuteten sterblichen Überresten der Zarenfamilie wirft, sofern sie identifiziert werden, die ganze Version des Koltschakschen Untersuchungsführers Sokolow über den Haufen.

Pokrowskis Aufzeichnung von 1920 zufolge wurden die Leichname der Zarenfamilie am 17. Juli zunächst anderthalb Werst von Koptjaki entfernt in einen Schacht geworfen. Am 18. Juli wurden sie wieder aus dem Schacht herausgeholt und 9 Uhr abends neun Werst weit auf der Moskauer Chaussee in den Wald gefahren:

»Wir kamen nur mühsam voran, befestigten gefährliche Stellen mit Baumstämmen und blieben trotzdem ein paarmal stekken. Am 19. Juli gegen ½ 5 Uhr morgens saßen unsere Autos endgültig fest. Da wir nicht bis zu den Schächten kommen würden, blieb uns nichts anderes übrig, als die Leichen hier zu begraben oder zu verbrennen ... Wir wollten Alexej und Alexandra Fjodorowna verbrennen, doch aus Versehen verbrannten wir die Hofdame. Dann vergruben wir die Überreste der beiden unter der Brandstelle und entfachten wieder ein Feuer, um die Spuren restlos zu beseitigen. In der Zwischenzeit wurde für die übrigen ein Massengrab ausgehoben. Gegen 7 Uhr früh war die Grube von etwa zweieinhalb Arschin* Tiefe und dreieinhalb im Quadrat fertig. Wir legten die Leichen hinein und übergossen sie mit Schwefelsäure, einerseits um sie unkenntlich zu machen, andererseits um Verwesungsgeruch zu verhindern (die Grube war nicht sehr tief). Nachdem wir sie zugeschüttet und mit Reisig abgedeckt hatten, packten wir obenauf Baumstämme und fuhren ein paarmal darüber – Spuren blieben auch

* 1 Arschin = 71,1 cm.

hier nicht zurück. Das Geheimnis konnte gewahrt werden – diese Stelle entdeckten die Weißen nicht.«

Im Februar 1934 sprach Jurowski auf der Beratung alter Bolschewiki in Swerdlowsk erneut über diesen Vorgang. Er bekräftigte seine Darstellung von 1920 und machte eine genaue Ortsangabe. Die entsprechende Passage aus dem Stenogramm lautet: »Vor anderthalb oder zwei Monaten las ich zum erstenmal das Buch von Sokolow. Ich erfuhr daraus, daß meine List ihren Zweck erfüllt hatte. Da ist die Rede davon, daß der Weg an einer Stelle mit Stämmen befestigt wurde, offenbar für den Lastwagen. So fanden sie nicht, was sie suchten, und ließen sich in die Irre führen. Das Buch enthält sogar eine Abbildung, auf der diese Stämme zu sehen sind.«

1989 verkündete der Filmszenarist Geli Rjabow in einer Publikation der »Moskowskije nowosti«, er habe die Gebeine der erschossenen Zarenfamilie gefunden. In diesem Zusammenhang muß sich Geli Rjabow die Frage gefallen lassen, ob ihm denn der Inhalt des Stenogramms von 1934 nicht bekannt war. Wenn er es kannte, worin soll dann seine Entdeckung bestanden haben? Falls nicht, wie kam er darauf, ausgerechnet unter den Schwellen zu suchen?

Jurowski gab also den fraglichen Ort sehr genau an, denn die genannte Abbildung ist tatsächlich in Sokolows Buch zu finden. Und Sokolows Akte enthält sowohl eine Karte des Geländes als auch eine Abbildung der Wegbefestigung.

Doch bleibt es fraglich, ob dort auch wirklich die Überreste beerdigt wurden. Nach unserem Dafürhalten hütet die Erde des Urals bis auf den heutigen Tag ihr schreckliches Geheimnis – nicht das der Beerdigung, sondern das der Vernichtung der Überreste der Zarenfamilie.

Für den jüngst gemachten sensationellen Fund des Zarengrabs gibt es anscheinend bisher keinen dokumentarischen Beleg. Womöglich handelt es sich hier um eine geplante Aktion. Um die Fortsetzung eines bereits in den zwanziger und dreißiger Jahren begonnenen Spiels. Sokolows Archiv von 1919 mit der Karte, auf der besagte Wegbefestigung markiert ist, der oben zitierte Text des Stenogramms und das Buch Sokolows – all das, was dem Forscher seinerzeit unzugänglich war, stellt für den kein Geheimnis mehr dar, der die Überreste der Zarenfamilie hätte finden wollen, bevor Rjabow seinen »Fund« machte.

Das Geheimnis des Zarengrabes

Am 18. Juli 1918 fand in Moskau eine wichtige Tagung statt. Um 18 Uhr trat das WZIK zusammen zu seiner ersten Beratung nach dem V. Sowjetkongreß und den stürmischen Ereignissen, die mit dem Aufstand der Linken Sozialrevolutionäre in Moskau und Jaroslawl zusammenhingen.

Einen Tag vor der Eröffnung lag um 12 Uhr auf dem Tisch des WZIK-Vorsitzenden Swerdlow ein Telegramm aus Jekaterinburg: »Vorsitzenden des Sownarkom Gen. Lenin. Vorsitzenden des WZIK Gen. Swerdlow. Am Apparat Präsidium des Gebietssowjets der Arbeiter- und Bauernregierung. Angesichts des Vorrückens des Feindes bis vor Jekaterinburg und der Aufdeckung einer großen weißgardistischen Verschwörung durch die Außerordentliche Kommission, deren Ziel die *Entführung* des ehemaligen Zaren und seiner Familie *(Dokumente sind in unserer Hand)* war, wurde *auf Beschluß des Präsidiums* des Gebietssowjets Nikolai Romanow in der Nacht zum 16. Juli (so im Telegramm – d. Verf.) erschossen. Seine Familie ist an einen sicheren Ort evakuiert worden. Aus diesem Anlaß geben wir folgendes bekannt: ›Angesichts des Vorrückens der konterrevolutionären Banden bis vor die rote Hauptstadt des Urals und der drohenden Gefahr, daß der gekrönte Henker dem Gericht des Volkes entgeht (es wurde eine Verschwörung der Weißgardisten, die ihn zu entführen versuchten, aufgedeckt und kompromittierende Dokumente gefunden), beschloß das Präsidium des Gebietssowjets, den ehemaligen Zaren N. Romanow, der sich zahlloser blutiger Gewalttaten gegen das russische Volk schuldig gemacht hat, zu erschießen. In der Nacht zum 16. Juli 1918 wurde das Urteil vollstreckt. Die Familie Romanow, die im Interesse der öffentlichen Sicherheit zusammen mit ihm unter Bewachung gestanden hatte, wurde aus Jekaterinburg evakuiert. Präsidium des Gebietssowjets.‹ Die Dokumente über die Verschwörung werden umgehend mit Kurier an den Sownarkom und das ZIK gesandt. Wir bitten dringend um Antwort. Warten am Apparat.«

Den Erinnerungen Worobjows (von 1928) zufolge lautete Swerdlows Antwort:

»Heute noch werde ich dem Präsidium des WZIK über Ihren Beschluß berichten. Es besteht kein Zweifel, daß er gebilligt wird.«

An diesem Tag begann um 18 Uhr (in Jekaterinburg 20 Uhr) die Sitzung des ZIK-Präsidiums. Im Protokoll steht: »*Angehört*: Mitteilung über die Erschießung Nikolai Romanows (Telegramm aus Jekaterinburg [die Verbindung war also wiederhergestellt – d. Verf.]). *Beschlossen*: Das Präsidium erkennt den Beschluß des Ural-Gebietssowjets als richtig an. Die Gen. Swerdlow, Sosnowski und Awanessow werden beauftragt, eine entsprechende Verlautbarung für die Presse zu verfassen.«

Doch es gab noch ein zweites, chiffriertes Telegramm, das Untersuchungsführer Sergejew nach der Einnahme der Stadt durch die weiße Sibirische Armee entdeckte und das erst 1921 dechiffriert wurde. Es war »nach 9 Uhr abends« abgesandt worden, als in Moskau bereits die zweite Tagung im Gange war, die des Rates der Volkskommissare, die unter Lenins Leitung stand.

Das Telegramm wurde in Moskau nach 19 Uhr (Moskauer Zeit) aufgenommen. Sicherlich brauchte man eine Weile für die Dechiffrierung. Hier der Text:

»Moskau. Sekretär des Sownarkom Gorbunow. Übermitteln Sie Swerdlow, daß die gesamte Familie das gleiche Schicksal erlitten hat wie das Oberhaupt, offiziell wird die Familie bei der Evakuierung ums Leben kommen.«

Die Echtheit dieses Telegramms wird angezweifelt. Bis heute behaupten manche, Sokolow habe es fabriziert. Die Gesamtheit aller Momente spricht unseres Erachtens für seine Echtheit. Allerdings müßte die Chiffrierung statt von ausländischen von kompetenten Fachleuten des eigenen Landes – die bisher dazu schweigen – begutachtet werden (es erscheint kaum glaubhaft, daß sich in den Archiven nicht der Schlüssel zu der Chiffre, die 1918 verwendet wurde, finden sollte).

Die Klärung dieser Frage könnte auch manches andere erhellen, z. B., welche Information es in der Nacht vom 18. zum 19. Juli auf der Tagung des Rates der Volkskommissare gab. Die Echtheit des zweiten Telegramms verlagert automatisch die Verantwortung auf die Zentrale, denn mit der Bestätigung einer falschen Information übernimmt sie die volle Verantwortung.

Am 18. Juli 1918 also (einigen diesbezüglichen Dokumenten zufolge nach Mitternacht) wurde auf der Tagung des Rates der Volkskommissare eine »außerordentliche Erklärung« des »Vorsitzenden des ZIK, Gen. Swerdlow, über die Hinrichtung des ehemaligen Zaren Nikolai II. auf Grund des vom Jekaterinburger Deputiertensowjet gegen ihn verhängten Urteils entgegengenommen«. Die Romanow-Frage wurde nicht behandelt, es wurde lediglich ein kurzer Beschluß gefaßt: »Zur Kenntnis nehmen.« Wie wir sehen, verlangte Lenin keine Auskunft, ob die ganze Familie erschossen worden war, es ist klar, daß er im Bilde war.

Zu den Teilnehmern der Tagung des Rates der Volkskommissare hatte auch Trotzki gehört, im Original des Tagungsprotokolls ist er als anwesend vermerkt. Im April 1935 schrieb er indessen in seinem Tagebuch:

»Bei einem meiner kurzen Besuche in Moskau – ich glaube, es war einige Wochen vor der Hinrichtung der Romanows – hatte ich im Politbüro beiläufig geäußert, angesichts der schlimmen Lage im Ural müsse der Prozeß gegen den Zaren beschleunigt werden. Ich schlug eine öffentliche Gerichtsverhandlung vor, die das Gesamtbild seiner Regentschaft zu entwerfen hätte . . .; der Rundfunk sollte landesweit über den Prozeßverlauf berichten; in den Amtsbezirken der Dörfer sollten die Prozeßberichte täglich verlesen und kommentiert werden. Lenin meinte dazu, es wäre sehr gut, wenn das gemacht würde. Aber . . . es könnte sein, daß die Zeit dafür nicht ausreicht . . . Zu einer Diskussion kam es nicht, da ich, von anderen Problemen beansprucht, nicht auf meinem Vorschlag beharrte. Im Politbüro waren wir, wie ich mich erinnere, auch nur zu dritt . . . Kamenew fehlte wohl . . . Das nächstemal kam ich erst nach dem Fall Jekaterinburgs nach Moskau. Im Gespräch mit Swerdlow fragte ich beiläufig:

›Ja, und wo ist der Zar?‹

›Natürlich erschossen‹, antwortete er.

›Und die Familie, wo ist die?‹

›Mit ihm erschossen.‹

›Alle?‹ fragte ich, sicherlich ein wenig verwundert.

›Alle!‹ erwiderte Swerdlow. ›Warum?‹

Er wartete auf meine Reaktion. Ich gab darauf keine Antwort.

›Und wer hat es entschieden?‹ wollte ich wissen.

›Wir alle. Iljitsch war der Ansicht, daß wir ihnen kein lebendes Banner überlassen dürften, besonders unter den gegenwärtigen schwierigen Verhältnissen.‹

Ich stellte keine Fragen mehr . . .«

Erstaunlich, welches Ausmaß die Desinformation über die Ermordung der Zarenfamilie annahm. In den Zeitungen erschien im Herbst 1918 zum Beispiel folgende Meldung.

»Begräbnis Nikolais des Blutigen.

In der in Tscheljabinsk erscheinenden ›Wlast naroda‹ war eine aus Jekaterinburg übermittelte Beschreibung des feierlichen Begräbnisses des ehemaligen Zaren, das von Einheiten der Volksarmee veranstaltet wurde, zu lesen.

Der am Ort der Erschießung im Wald beerdigte Leichnam des ehemaligen Zaren wurde auf Grund der Hinweise von Leuten, die die Umstände der Hinrichtung kannten, exhumiert. Die Exhumierung erfolgte im Beisein des obersten Klerus Westsibiriens, der örtlichen Geistlichkeit, von Delegierten der Volksarmee, der Kosaken und der Tschechoslowaken.

Der Leichnam des Zaren wurde in einen Zinksarg mit prunkvoller Verkleidung aus sibirischer Zirbelkiefer gelegt.

Der Sarg befindet sich gegenwärtig, unter dem Schutz einer aus den höchsten Kommandochargen der Volksarmee gebildeten Ehrenwache, in der Jekaterinburger Kathedrale, von wo er zur zeitweiligen Beisetzung in einem Sarkophag nach Omsk gebracht werden soll.«

Siebentes Kapitel

Der Weg aufs Schafott

Im Frühjahr 1918 wurden die aus Petrograd verbannten Mitglieder der Romanowdynastie innerhalb des Urals mehrfach »verlegt«. In den entsprechenden Dokumenten sind ihre Ortswechsel festgehalten, die unter strikter Kontrolle der ihrerseits von Petrograd und dann von Moskau aus kontrollierten Machthaber Jekaterinburgs erfolgten. Lassen wir die Dokumente sprechen.

Zum 2. Gouvernement-Sowjetkongreß in Wjatka fährt als Vertreter des Urals Beloborodow. Nachdem er vor den Delegierten seine Rede gehalten hat, wird am 19. April der Beschluß »Über die Aussiedelung der in Wjatka befindlichen Vertreter des Hauses Romanow« gefaßt. Es heißt darin: »Der schwachentwickelten revolutionären Bewegung in Wjatka Rechnung tragend, beschließt der Gouvernement-Sowjetkongreß, zur Vermeidung konterrevolutionärer Exzesse jeglicher Art die in Wjatka lebenden ehemaligen Großfürsten binnen einer Woche aus dem Gouvernement zu verbannen. Als Verbannungsort wird in Abstimmung mit dem Gebietssowjet Perm oder Jekaterinburg festgelegt. Der Beschluß wurde bei einer Gegenstimme und zwei Enthaltungen angenommen.«

Auf diese Weise kamen die Großfürsten nach einem Monat Aufenthalt in Wjatka für kurze Zeit nach Jekaterinburg. Auch Jelisaweta Fjodorowna, die Schwester der Imperatorin, wurde hierherverbannt. Auf Anfrage aus Jekaterinburg erteilte die Allrussische Außerordentliche Kommission am 17. Mai 1918 folgende Auskunft:

»Geheim

Abteilung für den Kampf gegen Konterrev[olution]

VORSITZENDEN DES GEBIETSSOWJETS BELOBORODOW / Jekaterinburg

Entsprechend Ihrem Telegramm teilen wir mit, daß es Jelisaweta Fjodorowna als der ehem[aligen] Zarenfamilie angehörig nicht gestattet ist, in großen Zentren zu wohnen, weshalb sie nach Jekaterinburg verbannt wurde, wo sie unter strenger Aufsicht zu stehen hat.

Vorsitzender der Kommission: Saks
Abteilungsleiter: Trepalow
Sekretär: [Unterschr.unl.]«

Doch wie wir noch sehen werden, hielt Jekaterinburg es für notwendig, sie nach Alapajewsk weiterzuschicken.

Großfürst Sergej Michailowitsch war zusammen mit seinem Diener F. Remes in ein Zimmer der Anitschkowschen Wohnung gezogen. Abends spielte er mit dem Hausherrn und dessen Bekannten Préférance und führte Gespräche über aktuelle Fragen. Über die Bolschewiki sagte er: »Sie haben viel Gemeinsames mit der schlechten alten Vergangenheit: die gleiche Schonungslosigkeit, die gleiche Voreingenommenheit, die gleiche Bestechlichkeit.« Über die Zusammenarbeit mit den Bolschewiki äußerte er laut Anitschkow: »Ich rate der russischen Intelligenz ehrlichen Herzens, mit den Bolschewiken zu arbeiten, um deren Unwissenheit zu verdünnen . . .«

Zu Beginn schien die Verbannung den jungen Konstantinowitsch-Fürsten, den Söhnen Konstantin Konstantinowitschs (des Älteren), und W.P. Palej wenig auszumachen. Konstantin Konstantinowitsch sagte sogar einmal: »Wir sind froh über die Vertreibung. Wir haben Leute und ein Leben kennengelernt, das wir bisher leider nicht kannten.«

In den weißgardistischen Ermittlungsunterlagen zur Ermordung der Zarenfamilie ist eine Aussage P. A. Leonows über den Aufenthalt der Fürsten Romanow in Jekaterinburg enthalten: »Igor Konstantinowitsch bat mich, ihm und den anderen Großfürsten Zimmer zu besorgen. Er sagte, im Hotel zu wohnen sei für sie ›zu teuer‹, da sie kein Geld hätten . . . Wir gingen zum Wohnungskommissar Shilinski, um für diese Zimmer eine Berechtigung zu erhalten . . . Er gab uns die Genehmigung nicht . . . Danach war ich noch einige Male bei dem Großfürsten. Ich schlug ihm vor unterzutauchen und bot ihm meinen Ausweis an. Igor Konstantinowitsch sagte, er habe sich nicht gegen seine Heimat vergangen und schließe deshalb einen solchen Schritt aus. Er fügte hinzu: ›Ich fühle, daß man uns hier nicht leben lassen wird. In Wjatka hatten wir auch ein gutes Verhältnis zur Bevölkerung. Von dort hat man uns hierher überführt. Und von hier wird man uns auch wegbringen.‹ Am Dienstag in der Woche des Thomas (d. h. am 14. Mai – d. Verf.), als ich beim Fürsten war, brachte ihm irgendein Rotarmist ein Papier. Darin hieß es, alle Fürsten müßten gemäß Beschluß der örtlichen ›Kommissare‹ nach Alapajewsk umziehen . . .«

Am 17. (30.) April 1918 wurden Nikolai II., Alexandra Fjodorowna und ihre Tochter Maria nach Jekaterinburg gebracht, am 23. Mai alle übrigen Mitglieder der Zarenfamilie.

Mitte Mai, als sich nahezu alle in den Ural verbannten Romanows in Jekaterinburg befanden, beschloß der Ural-Sowjet, einen Teil der Imperatorendynastie, um ihre »Konzentration« in der Stadt aufzuheben, nach Alapajewsk zu schicken. Großfürst Sergej Michailowitsch protestierte dagegen mit einem Telegramm an Lenin und Swerdlow:

»Wurde am 2. April aus Petrograd [nach] Wjatka verbannt mit freiem Wohnrecht. Nach einem Monat [auf] Beschluß des Gouvernement-Sowjetkongresses [nach] Jekaterinburg verbannt. Jetzt werde ich auf Beschluß des Gebietssowjets [nach] Alapajewsk verbannt. Leide an Rheumatismus, das rauhe Klima veranlaßt mich, um Überführung [nach] Wologda oder Wjatka zu bitten. Sergej Michailowitsch Romanow.«

Fast zur gleichen Zeit wurde in einem Telegramm des Jekaterinburger Deputiertensowjets vom 14. Mai 1918 mitgeteilt:

»Aus Jekaterinburg.

Zwei Adressen. Moskau, Lenin, Swerdlow.

[Aus] Jekaterinburg verbannte ehemalige Großfürsten ersuchen, [in] Jekaterinburg bleiben zu können. Das ist nach Meinung des Gebietssowjets unmöglich. Haben ihre Aussiedelung [nach] Alapajewsk, Kreis Werchoturje, beschlossen. Vorsitzender des Gebietssowjets Beloborodow.«

Nach Erhalt der Telegramme antwortete Swerdlow:

»Jekaterinburg. Sergej Michailowitsch Romanow.

Ihr Gesuch [auf] Überführung nach Wologda ist abgewiesen.

Vorsitzender des Allrussischen Zentralen

Exekutivkomitees [Swerdlow]«

Zahlreiche Details des Vorgangs präzisiert die »Akte des Staatsanwalts des Jekaterinburger Bezirksgerichts Jordanski über die Ermordung der Großfürsten«. Jordanski, der 1918/19 die Aufsicht über die Ermittlungen im Fall der Zarenfamilie innehatte, brachte die Akte aus Jekaterinburg heraus. Später wurde er in Semipalatinsk verhaftet und erschossen.

Die Akte enthält ein einzigartiges Dokument mit den originalen Unterschriften der Alapajewsker Verbannten. Wir geben es im vollen Wortlaut wieder:

»Der Beschluß des Gebietssowjets ist uns bekanntgegeben worden, und wir, die Endesunterzeichneten, verpflichten uns, uns am 19. Mai 1918, 9 ½ Uhr früh, zur Abfahrt zum Bahnhof in Begleitung eines Mitglieds der Außerordentlichen Gebietskommission Ural bereitzuhalten.

Jelisaweta Fjodorowna, Äbtissin des Martha-Marien-Klosters der Barmherzigkeit. Fürst Ioann Konstantinowitsch. Fürstin Jelena Petrowna. Fürst Konstantin Konstantinowitsch. Fürst Igor Konstantinowitsch. Fürst Wladimir Palej. Sergej Michailowitsch Romanow.«

Am 20. Mai 1918 trafen alle Unterzeichner in dem unweit von Jekaterinburg gelegenen Alapajewsk, Kreis Werchoturje, ein.

Zum Zeitpunkt der Verbannung der Romanows nach Alapajewsk blickte die Stadt auf eine mehr als zweihundertjährige Geschichte zurück. Einer der »Erstlinge« der Petrinischen Hüttenindustrie, war sie 1704 gegründet worden und damit älter als Jekaterinburg. Vor dem ersten Weltkrieg zählte sie nur 10 000 Einwohner, war aber weltberühmt durch das hier hergestellte Dachblech. Der Alapajewsker Stahl mit dem Warenzeichen »Alter sibirischer Zobel« rostete angeblich hundert Jahre nicht. 1912 erhielt Alapajewsk Eisenbahnanschluß nach Nishni Tagil und Jekaterinburg. Für alle Unterzeichner des Dokuments – bis auf Jelena Petrowna, die Gattin Ioann Konstantinowitschs – war es die letzte Station ihres Kreuzwegs.

Gefängnisregime

Für die Verbannten gestaltete sich das Leben in Alapajewsk ähnlich wie für Michail Romanow in Perm. Zunächst verlief alles normal. Die am 25. Oktober 1918 von Untersuchungsführer Sergejew vernommene Alexandra Kriwowa, ehemaliges Dienstmädchen in dem Hause, in dem die Großfürsten in Alapajewsk gewohnt hatten, berichtete:

»Alle G[roß]fürsten waren im Gebäude der sog[enannten] Schule untergebracht, die am Stadtrand von Alapajewsk lag. Dieses Gebäude hat 4 große und 2 kleine Zimmer. Außerdem gab es noch ein kleines am Eingang gelegenes Zimmer für die diensthabenden Rotarmisten.

Alle G[roß]fürsten wurden im Mai nach Alapajewsk gebracht, anfangs konnten sie sich frei bewegen und in der Stadt und im

Grünen spazierengehen. Nach etwa einem Monat erschienen die Kommissare Kutschnjakow und Jefim Solowjow und verkündeten, Großfürst Michail Alexandrowitsch sei aus Perm geflohen und deshalb würden alle unter strenge Kontrolle gestellt. Danach veränderten sich die Lebensbedingungen schlagartig: Spaziergänge wurden untersagt, die Verpflegung extrem eingeschränkt, fortan gab es unverhoffte, völlig grundlose Haussuchungen, die Wache behandelte die ehem[aligen] G[roß]fürsten rüde und schroff. Außerdem nahm man allen das Geld ab. Die Lakaien des G[roß]fürsten Konstantin Kon[stantinowitsch] – Iwan – und des F[ürsten] Palej – Krjukowskich – wurden angewiesen, Alapajewsk zu verlassen. Ebenso Jelisaweta Fjod[orownas] Gefährtinnen, die Nonnen Warwara Jakowlewa und Jekaterina Petrowna. Jelena Petrowna, die Gattin des G[roß]f[ürsten] Ioann Konstantinowitsch, verließ von sich aus Jekaterinburg, um zu ihren Kindern zu fahren.«

Telegramme und Dokumente geben uns die Möglichkeit, den Hergang der Ereignisse zu verfolgen. Die »Flucht« des Großfürsten Michail Alexandrowitsch wurde von den örtlichen Machthabern als Anlaß für die Verschärfung der Haftbedingungen der Romanows in Jekaterinburg und Alapajewsk benutzt. In einem Telegramm vom 21. Juni 1918, 11.56 Uhr, protestierten die Fürsten beim Jekaterinburger Deputiertensowjet:

»Jekaterinburg. Vorsitzenden des Gebietssowjets.

Auf Anordnung des Gebietssowjets wurde mit dem heutigen Tage für uns Gefängnisregime festgelegt. Vier Wochen haben wir unter Aufsicht des Alapajewsker Sowjets verbracht, ohne das Gebäude der Schule und den Hof zu verlassen, abgesehen von Kirchenbesuchen in Begleitung eines Rotarmisten. Da wir uns keiner Schuld bewußt sind, ersuchen wir um Aufhebung des Gefängnisregimes. Für mich und meine in Alapajewsk befindlichen Verwandten, Sergej Michailowitsch Romanow.«

Die Alapajewsker Machthaber blieben bei ihrer Linie, erbaten jedoch von Jekaterinburg Instruktionen. So telegrafierten sie am 21. Juni, 14.20 Uhr:

»Militärtelegramm. Jekaterinburg. Gebietssowjet.

Ist Dienerschaft der Romanows als inhaftiert zu betrachten, ist ihr Verlassen der Stadt zu gestatten? 4227. Alapajewsker Gebietssowjet.«

Die postwendend eintreffende Antwort aus Jekaterinburg vom 22. Juni entsprach offenbar einer bereits vorliegenden Instruktion der Zentrale: »Dienerschaft [nach] Ihrem Ermessen, Verlassen der Stadt nicht gestatten ohne Genehmigung: [nach] Moskau Dsershinski, Petrograd Urizki, Jekaterinburg Gebietssowjet. Geben Sie Sergej Romanow bekannt, daß Inhaftierung Vorbeugemaßnahme gegen Flucht angesichts des Verschwindens Michails [aus] Perm. Beloborodow.«

Am selben Tag, dem 22. Juni 1918, schickte Belobrodow folgendes Telegramm an die Zentrale:

»Aus Jekaterinburg.

3 Adressen: Moskau. Außerordentliche Kommission, Dsershinski. Sownarkom, Bontsch-Brujewitsch. [W]ZIK-Vorsitzenden Swerdlow.

[Aus] Jekaterinburg Jelisaweta Fjodorowna [nach] Alapajewsk überführt. Nach Flucht Michail Romanows [in] Alapajewsk für alle Personen des Hauses Romanow Gefängnisregime eingeführt. Vorsitzender des Gebietssowjets Beloborodow.«

Ein analoges Telegramm ging zur gleichen Zeit an die Newa:

»Petrograd. Urizki.

[Für] alle von Ihnen verbannten, [von] Wjatka [nach] Jekaterinburg und [von] uns weiter nach Alapajewsk überführten Großfürsten Gefängnisregime eingeführt. Vorsitzender des Gebietssowjets Beloborodow.«

Hier sind einige Erläuterungen angebracht. Nach R. Wilton, Korrespondent der »Times«, sah Jelisaweta Fjodorowna, leibliche Schwester der Imperatorin Alexandra Fjodorowna, Alapajewsk zum zweitenmal in ihrem Leben. Unmittelbar vor Ausbruch des ersten Weltkriegs hatte sie eine Rundreise durch die Klöster und Kirchen des Urals unternommen und war auch in der Alapajewsker Kathedrale gewesen. Nach der Hinrichtung und der Bergung aus der Grube wurde sie hier zunächst beigesetzt.

Höchst dramatisch gestaltete sich auch das Schicksal Jelena Petrownas – einer Tochter des serbischen Königs Petar und Gattin des Fürsten Ioann Konstantinowitsch. Wie die Gräfin Brassowa hatte auch sie ihre Kinder in Petrograd zurückgelassen und war ihrem Mann in die Verbannung gefolgt, wo sie ihr Möglichstes tat, um ihn zu retten. Dank ihren Bemühungen wurde am 1. Juni 1918 auf der Sitzung des WZIK-Präsidiums ein »Schreiben des serbischen Regierungsvertreters Dr. Šajnović über das Gesuch der serbischen Königstochter Jelena Petrowna« angehört, »ihr zu gestatten, gemeinsam mit ihrem Mann Johann (so im Dokument – d. Verf.) Konstantinowitsch und ihren Kindern von Jekaterinburg nach Wologda überzusiedeln«. Der Beschluß des WZIK-Präsidiums lautete indessen: »Da das Präsidium die Erörterung eines Ortswechsels für alle ehemaligen Großfürsten als unzeitgemäß betrachtet, wird von der Behandlung des Ersuchens von Dr. Šajnović bis zur generellen Lösung der Frage Abstand genommen.«

Erst kurz vor dem tragischen Geschehen verließ sie Alapajewsk in der Hoffnung, bei der Zentrale die Freilassung ihres Mannes zu erwirken. Nach dem 20. Juni erhielt ihr Privatsekretär, S. N. Smirnow, eine von Karachan beglaubigte »Genehmigung der Reise Jelena Petrownas nach Petrograd«. Ein von Karachan abgezeichnetes diesbezügliches Telegramm wurde an den Jekaterinburger Sowjet gesandt. Smirnow traf anschließend in Begleitung von Major Žarko Mićić und Unteroffizier Mihail Božić sowie einem gewissen Georgi Abramović am 4. Juli 1918 in Jekaterinburg ein. Hier fand er Jelena Petrowna in den »Artamonow-Zimmern« vor. Wie sich herausstellte, war sie plötzlich in Jekaterinburg festgenommen worden.

»Als Fürstin Jelena Petrowna erfuhr, daß Fürst Ioann Konstantinowitsch Gefängnisregime auferlegt war«, so Smirnow, »beschloß sie, sofort zu ihm zurückzukehren . . .« Daraufhin verlangte Beloborodow von ihr folgende Erklärung: »Ich, Bürgerin des Serbischen Königreiches Jelena Petrowna, verheiratete Romanowa, kehre, da ich das Gefängnisregime mit meinem Mann zu teilen wünsche, freiwillig nach Alapajewsk zurück, wo ich mich denselben Bedingungen unterwerfe und alle Kosten meines Unterhalts übernehme. Ich verpflichte mich, bei keinen ausländischen Botschaften um Schutz zu ersuchen, und falls von deren Seite Schritte zu meinen Gunsten unternommen werden sollten, werde ich davon keinen Gebrauch machen. Jelena Petrowna, Serbische Prinzessin.«

Beloborodow und die örtliche Tscheka gerieten in Verlegenheit: Einerseits durfte man die Prinzessin nicht nach Alapajewsk lassen, denn sie als Bürgerin eines anderen Staates zusammmen mit den übrigen Romanows zu erschießen war schlecht möglich. Wo aber sollte man mit ihr hin, da sie jetzt nicht mehr nach Petrograd zu reisen wünschte. Zudem behelligte der zur Unzeit gekommene Smirnow jetzt auch noch alle Leitungsinstanzen und verlangte, der Prinzessin die Fahrt nach Alapajewsk zu ermöglichen.

Sie war eine unerwünschte Zeugin der Vorbereitung des Vernichtungsschlages gegen die Romanows und eine beharrliche Verfechterin ihrer Rechte. Ihre Forderungen wurden von ausländischen Missionen unterstützt. So hieß es in einem Brief des serbischen Gesandten Spolajković an die Petrograder Kommune vom 28. Juni 1918: »Meinem Gesuch entsprechend, hat der Rat der Volkskommissare der Tochter des Serbischen Königs, Fürstin Jelena Petrowna, gestattet, von Jekaterinburg, wohin ich für sie einen Eisenbahnwagen schicke, nach Petrograd zu reisen. Angesichts ihres bevorstehenden Eintreffens bitte ich die Ausländerabteilung des Juristischen Bereichs der Petrograder Kommune untertänigst, den bevollmächtigten Kommissar für das Eigentum der Sowjetischen Republik, Bürger Kimmel, anzuweisen, bis zur Ankunft der Fürstin Jelena Petrowna die Exmission der Kinder Ihrer Königlichen Hoheit wie auch ihrer Großmutter Jelisaweta Mawrikijewna, bei der sie wohnen, aus dem Marmorpalais aufzuschieben. Das Eintreffen der Fürstin Jelena Petrowna erwarte ich bereits in etwa drei Wochen, und ich bin überzeugt davon, daß es von seiten der Petrograder Kommune keine Hindernisse für die Befriedigung dieses meines Ersuchens geben wird . . .«

Es ergab sich also folgende Situation: Den Fürsten Ioann Konstantinowitsch als Vertreter des Hauses Romanow, das es von der politischen Szene zu entfernen galt, wollte man nicht freilassen, und die Fürstin Jelena Petrowna (als gefährliche Zeugin, die den Schutz ihrer ausländischen Staatsbürgerschaft genoß) hatte man für eine gewisse Zeit zu isolieren beschlossen. Als Anlaß für die Festnahme der Fürstin diente das Auftauchen von Emissären des serbischen Gesandten und mit ihnen Smirnows in Jekaterinburg. Nach seinem Bericht spielte sich das Ganze so ab:

»Am 7. Juli gegen 8 Uhr abends wurde unser Wagen umstellt. Irgendwelche Leute kamen zu uns herein und brachten uns alle zur Tscheka. Dort mußten wir etwa eine halbe Stunde im Büro warten, bevor man uns nach oben holte und in einem Zimmer einschloß. Wir waren festgenommen.

Mit uns zusammen war zunächst Jelena Petrowna. Doch dann führte man sie ins Nebenzimmer, und in unserem erschien eine Gruppe Tschekisten unter Leitung eines mir unbekannten Mannes, der eine Leibesvisitation anordnete. Ihn interessierte vor allem der Major, bei dem er die Durchsuchung mit geübten Griffen persönlich vornahm, den Kragen, die Stiefelsohlen usw. einer gründlichen Kontrolle unterzog.

Als ich anschließend auf den Flur trat, traf ich Jelena Petrowna wieder. Auf Französisch sagte sie zu mir: ›Eine Schande ist das. Einer Leibesvisitation haben sie mich unterzogen.‹ (Bei ihr hatte es eine Frau erledigt.) Der Mann, der sich den Major vorgenommen hatte, sagte zur Fürstin: ›Madame, ich bitte Sie, nicht in fremden Sprachen zu reden.‹

Die Rotarmisten, bei denen ich mich erkundigte, sagten mir, dieser Mann sei Jurowski, er sei Kommissar des ›Hauses Romanow‹. Bei der Tscheka saßen wir bis zur Nacht auf den 20. Juli.«

Interessanterweise kam das Präsidium des WZIK am 25. Juli 1918 auf diese Frage zurück. In seinem Sitzungsprotokoll steht:

»*Angehört*: 10. Frage der Kenntnisnahme der Dokumente der verhafteten Serben in Jekaterinburg.

»*Beschlossen*: Gen. Rosenholz wird beauftragt, sich gemeinsam mit Vertretern des Komm[issariats für] Ausw[ärtige] Angelegenheiten und der Ermittl[ungs]komm[ission] des Revolutionstribunals beim WZIK mit den bei den Serben beschlagnahmten Dokumenten bekannt zu machen und eine Stellungnahme zu weiteren Ermittlungen in dieser Sache vorzulegen. Zum Vorsitzenden der Kommission wird Gen. Rosenholz ernannt.«

Weiter berichtet Smirnow, daß Jurowski in der Nacht zum 20. Juli Jelena Petrowna und die übrigen »Serben« von der Tscheka abholte. Er setzte sie zusammen mit Gräfin Hendrikowa, Je. A. Schneider und Kammerdiener Wolkow in einen Zug. Am 23. Juli kamen alle ins Gefängnis von Perm, wo sich bereits Kammerdiener Tschelyschew, Fahrer Borunow und Oberst Snamerowski befanden, die in Verbindung mit dem Fall Michail Romanow verhaftet worden waren.

Welche Rolle Smirnow bei der Freilassung der serbischen Prinzessin spielte, darüber hat er Untersuchungsführer Sokolow berichtet:

»Retten konnten wir uns mit Hilfe der in Perm lebenden Cousine meiner Frau, Olga Jossifowna Paltowa. In einem Brief, den ich ihr über einen unserer Aufseher zukommen ließ, schilderte ich unsere Lage. Als sie meinen Brief bekommen hatte, begab sie sich sofort nach Petrograd zum Sekretär der serbischen Botschaft Anastasević, der wegen des Botschaftsarchivs hier geblieben war. Der Kurier der norwegischen Botschaft wurde nach Moskau zu Lenin geschickt.

Für uns wurde die Tscheka-Zentrale als zuständig erklärt, und am 29. November schickte man uns auf die Fahrt nach Moskau.

Jelena Petrowna wurde am 2. Dezember im Kreml inhaftiert und in der zweiten Dezemberhälfte auf freien Fuß gesetzt. Am 13. November war Major Mićić mit seinen Soldaten freigelassen worden. Ich kam am 28. Februar 1919 frei.«

Ende November 1918 wurde die Fürstin Jelena Petrowna also von Perm nach Moskau überführt, wo sie bei der Landes-Tscheka, genauer gesagt, beim Kreml-Kommandanten Malkow in Haft blieb. Möglicherweise kam die Fürstin in die Zelle, in der vorher die Terroristin Faina Kaplan* gesessen hatte. Über den Gesundheitszustand der Fürstin gibt es ein Gutachten des Psychiaters S. Mizkewitsch: »Am 17. Dezember begutachtete ich auf mündliche Anforderung des Kreml-Kommandanten, Gen. Malkow, die psychische Verfassung Jelena Petrowna Romanowas (Serbskajas). Ich diagnostizierte eine Psychoneurose im Stadium schwerer Depression ... mit heftigen Schwermutsanfällen und Suizidgedanken ... Die weitere Inhaftierung kann ihren psychischen Zustand verschlimmern und eine schwere seelische Krankheit herbeiführen.«

Dank der Intervention des norwegischen Attachés Thomas Christiansen wurde sie auf freien Fuß gesetzt. Ihre Schwiegermutter, die Großfürstin Jelisaweta Mawrikijewna (geboren als deutsche Prinzessin) hatte mit den Kindern bereits wesentlich früher die Möglichkeit erhalten, nach Norwegen auszureisen. Am 2. Dezember 1918 faßte das WZIK den Beschluß: »Die Prinzessin Jelena Serbskaja ist auf freien Fuß zu setzen und der norwegischen Botschaft zu übergeben, ihrer Ausreise aus der RSFSR sind keine Hindernisse in den Weg zu legen.« Zu diesem Beschluß gab es auch ein Begleitschreiben: »Gen. Malkow. Anbei erhalten Sie einen Auszug aus dem Protokoll Nr. 6 der Sitz[ung] des Präsid[iums] des WZIK vom 2. Dezember d. J. zur Realisierung.«

Doch kehren wir zu den Ereignissen in Alapajewsk zurück.

Chronik eines Verbrechens

»Am 25. Okt[ober] [19]18 besichtigte das Gerichtsmitgl[ied] den Schacht, in dem die Leichen der Gr[oß]fürsten entdeckt worden waren. Dieser Schacht liegt 11 Werst von Alapajewsk entfernt in

* Verübte ein Attentat auf Lenin.

Richtung der beiden Werke von Sinjatschicha (nächstgelegene Werke bei Alapajewsk – d. Verf.). Er hat die Form eines Brunnens von 28 Sashen Tiefe . . . In die Wände sind, durch Leitern miteinander verbunden, eine Art Zwischenböden oder Stege eingebaut.«

Das »Gerichtsmitglied« war der weißgardistische Untersuchungführer Sergejew, der bis zu seiner Ablösung durch Sokolow in Jekaterinburg in der Mordsache Romanow ermittelte. Doch gefunden hatte den Schacht ein anderer.

1932 konnten die Organe der OGPU* durch Denunziation einen gewissen T. P. Malschikow verhaften. Er war Anfang Oktober 1918 auf die genannte Grube »gestoßen«. Früher Angestellter des Telgrafenamtes, war er unter den Weißen »Milizionär« geworden und bewies seinen angeborenen Spürsinn. Sein Gedankengang war recht einfach: Die Großfürsten waren auf der Straße zu den nahen Werken von Sinjatschicha abtransportiert worden, dort jedoch nicht angekommen. Also mußte an der Fahrtstrecke gesucht werden. Wie es der Zufall wollte, half ihm ein unfreiwilliger Zeuge – der Schwarzbrenner A. Sasmsonow, der sein verbotenes Werk, geschützt vor unerwünschten Mitwissern, in der Tiefe des Waldes betrieb. Spätnachts kehrte er mit einem Freund nach Alapajewsk zurück. Auf dem Weg nach Sinjatschicha begegneten sie unerwartet einem Wagenzug von »zehn, elf Fuhrwerken, jeweils zwei Mann drin, ohne Kutscher auf dem Bock«. Später sagte der andere – K. Truschkow – bei der Vernehmung durch die Weißen: »Weder Geschrei noch Gespräche, noch Gesang, noch Gestöhn – überhaupt nichts war zu hören, sie fuhren still und leise dahin.«

Als Sergejew am 25. Oktober 1918 am Ermittlungsort eintraf, hatte Malschikow die Leichen bereits ausfindig gemacht.

Weiter folgt unsere Darstellung dem offiziellen Protokoll, das, mit den Unterschriften der Zeugen versehen, sorgfältig alle Details von Malschikows Suche nach den in der Tiefe des Schachts Umgekommenen festgehalten hat:

»Am 7. Oktober 1918 begann ich, T. Malschikow, Milizionär der Alapajewsker Abteilung, auf Grund eines Auftrages des Leiters der obengenannten Abteilung, Stabshauptmann Schmakow, nach [dem Ort] der Hinrichtung der Großfürsten des Hauses

* »Vereinigte Politische Hauptverwaltung beim Rat der Volkskommissare der UdSSR«, existierte als Nachfolgerin der Tscheka – dazwischen GPU – von 1922 bis 1934.

Romanow zu fahnden, die in Alapajewsk gewohnt hatten und durch rotgardistische Banditen in der Nacht vom 17. zum 18. Juli im Umkreis der Stadt hingerichtet worden waren, wobei meinen eigenen inoffiziellen Informationen zufolge die obengenannten Fürsten hingerichtet oder lebend in einen Schacht der Alapajewsker Bergwerke geworfen worden sein sollten ...«

Mit Hilfe dieser Anhaltspunkte und seiner Intuition folgend, fand Malschikow »einen seit etwa 15 Jahren aufgegebenen Steinkohlenschacht« und ging daran, die frischen Erd- und Müllhaufen vor dem Eingang wegzuräumen. Als er dann noch am ersten Tag in den Schacht hinabstieg, fand er auf einem der oberen »Zwischenböden« an einem Nagel der Schachtverkleidung »weiße Bänder von einer leinenen Frauenschürze« und eine »Schirmmütze aus schwarzem Tuch [mit] gemustertem schwarzem Seidenrand«.

Tags darauf, am 8. Oktober, fand man, nun schon in großer Tiefe, im Maschinenbereich »nach Entfernen des ganzen Krams ... einen Leichnam männlichen Geschlechts ..., der mit einer Jacke und mit Hosen aus dunkelblauem Trikotstoff bekleidet war«. Weiter enthält das Protokoll verblüffende Einzelheiten: bei den Toten wurden Papiere, Geld und persönliche Gegenstände gefunden, die die Feststellung ihrer Identität ermöglichten. Gleich am ersten Tag wurde »eine geladene Artilleriebombe« entdeckt, und als man die Papiere in der Briefmappe las, stellte sich heraus, daß der Tote Fjodor Semjonowitsch Remes war, der den Großfürsten den Haushalt geführt hatte.

Am 9. Oktober fand man »im Stollenbereich in 6 Sashen Tiefe« zwei Leichen – einen Mann und eine Frau –, die keine Wunden von Schuß- oder von blanken Waffen aufwiesen. Und wieder konnte an Hand der Papiere der Getöteten festgestellt werden, daß es sich um den Großfürsten Wladimir Pawlowitsch Palej und Warwara Jakowlewa handelte. Am Hals der letzteren hingen »zwei Zypressenholzkreuze an seidenem Band und silberne Kreuze an zwei Silberkettchen, die Finger der einen Hand waren zur Bekreuzigung zusammengelegt, an der Brust trug sie an einer schwarzen Wollschnur eine Damenuhr«.

Am 10. Oktober wurde bei der Fortsetzung der Suche und der Freilegung des Schachtes in einer Tiefe von 7 Sashen im Stollenbereich ... der Leichnam eines etwa fünfundzwanzigjährigen Mannes gefunden, der um den Hals »einen vorn zum Knoten gebundenen schwarzen Schal« trug und unter der Kleidung, über die rechte Schulter gelegt, ein 2 cm breites Band mit der Aufschrift »Leben durch Helfen«. Da sich in der linken Innenseite des Jacketts des Ermordeten eine »Brieftasche mit Geld und Papieren« befand, konnte er als Großfürst Konstantin Konstantinowitsch Romanow identifiziert werden.

Bei der weiteren Suchen fand man »einen Gummibeutel mit Machorka, den Griff einer detonierten Bombe, ein breites Beil mit kurzem Stiel, einen schwarzen Herrenmantel«, in dessen rechter Tasche »eine goldene Taschenuhr und andere kleine Gegenstände« steckten. Gleich daneben wurde eine weitere nichtdetonierte Bombe mit Dynamitkapsel entdeckt.

In 7 Sashen Tiefe fand man am gleichen Tag den Leichnam des Großfürsten Igor Konstantinowitsch, der folgendermaßen bekleidet war: »Sommermantel, dunkelgrünes Jackett, graues Kattunhemd, weiße Baumwollsocken, schwarze Lederschuhe, über der linken Schulter ein hellblaues Band mit einem Gebet, um den Hals fünf Silberkreuze am Goldkettchen.«

Für diejenigen, die in der Tiefe des Schachts ihre schwere Arbeit verrichteten, wie für jene, die oben einen Leichnam zum anderen legten, bestand längst kein Zweifel mehr, daß die Opfer lebend in den Schacht gestürzt worden waren.

Am 10. Oktober barg man auch den Leichnam des Großfürsten Sergej Michailowitsch. Später stellte sich heraus, daß er als einziger durch Kopfschuß getötet worden war. Sergej Michailowitsch hatte Widerstand geleistet, einen der Henker – den Bolschewiken Plischkin aus Sinjatschicha – an der Jacke gepackt und um ein Haar mit in den Schacht gerissen.

Am 11. Oktober wurde der Leichnam einer Frau in grauer Regenpelerine und in grauem Kleid gefunden. Um den Hals trug die Ermordete an einem schlichten Band ovale Perlmuttbildchen und ein kleines Kreuz. An einem Kettchen hing neben Zypressenholzkreuzen auch ein Metallkreuz und an einem Goldkettchen ein zweites Kreuz aus Silber. Weiter belegt das Protokoll, daß die Ermordete um den Hals in einem Beutel ein in Wachspapier eingewickeltes edelsteingeschmücktes Bild des Erlösers trug. Auf der Rückseite war in roten Samt ein Goldtäfelchen mit der Gravur »Palmsonntag, 13. April 1891« eingelassen. Außerdem trug die Ermordete – es handelte sich um Jelisaweta Fjodorowna – an einem Goldkettchen ein Bild der Mutter Gottes mit der Inschrift »Rette und erhalte«. Neben Jelisaweta Fjodorowna fand man den Leichnam des Großfürsten Ioann Konstantinowitsch.

Großfürst Igor Konstantinowitsch

Ein anderes Dokument aus der Akte von Staatsanwalt Jordanski konstatierte trocken: »Am 26. Oktober fand die Obduktion der Toten statt, bei der festgestellt wurde, daß die Großfürsten durch Schläge mit festen stumpfen Gegenständen gegen Kopf und Brust starben bzw. diese Verletzungen durch einen Sturz aus größerer Höhe erlitten hatten.«

Nachdem die »Revolutionäre« ihre Opfer in den Schacht hinabgestürzt hatten, warfen sie ihnen Granaten und Balken nach und ließen am Ort des Verbrechens eine Wache zurück, denn zwei oder drei Tage lang waren noch Stöhnen, Psalmengesang und Gebete zu hören. Erst als sich der Vorsitzende der Alapajewsker Tscheka, Gowyrin, beim Arzthelfer ein Stück Schwefel besorgte, es anzündete und auf den Grund des Schachtes schleuderte, als man schließlich den Schachteingang zuschüttete, hörten die Qualen der Opfer auf. Später ermittelten die Untersuchungsführer, daß die Großfürstin, ungeachtet ihrer schweren Verletzungen, die Kraft gefunden hatte, Ioann Konstantinowitsch mit ihrem Tuch den Kopf zu verbinden.

Desinformation

Die Vernichtung der Romanows, sei es in Perm, Jekaterinburg oder Alapajewsk, ging mit einer bewußten, von Petrograd und Moskau gesteuerten Desinformation einher. Ihr Hauptzweck bestand darin, das Geschehen in einem anderen Licht darzustellen und das Verbrechen zu verschleiern. Ihre Methoden und ihre organisatorischen Mittel (auch über die Massenmedien) waren durchdacht, jedoch keineswegs perfekt. Ihr Adressat war die Bevölkerung, vor der die Inspiratoren der ganzen Aktion verheimlicht werden sollten. Was Alapajewsk betrifft, so war die Desinformation hier besonders plump.

Wenden wir uns nun wieder den Dokumenten des Staatsanwalts Jordanski zu:

»Am 16. Dezember 1918 nahm das Mitglied des Gerichts Sergejew neun Telegramme in Augenschein, die man auf seine Anweisung im Alapajewsker Post- und Telegrafenkontor unter insgesamt 43 ausgewählt hatte. Die übrigen hatten mit dem Vorgang nichts zu tun.

Sechs der neun Telegramme, die die inhaftierten Fürsten aus Alapajewsk an Privatpersonen in Petrograd geschickt hatten,

Großfürstin Jelisaweta Fjodorowna, Schwester der Zarin, Witwe des Großfürsten Sergej Alexandrowitsch, Äbtissin

enthalten die Mitteilung, daß ›sie, die Inhaftierten . . ., auf Gefängnisregime und Soldatenverpflegung umgestellt‹ wurden.«

»In einem Telegramm an den Ural-Gebietssowjet, das die Unterschrift des Alapajewsker Justizkommissars Solowjow trägt, wird angefragt, ob der Dienerschaft der inhaftierten Fürsten das Verlassen der Stadt zu genehmigen sei.«

Im folgenden zitieren wir die beiden letzten der ausgewählten Telegramme:

»Mililtärtelegramm – Jekaterinburg. Ural-Verwaltung. Am 18. Juli, 2 Uhr früh, überfiel Bande unbekannter Bewaffneter Feldschule, in der Großfürsten untergebracht waren. Während des Schußwechsels ein Bandit getötet, offensichtlich gibt es Verletzte. Fürsten gelang es, mit Dienerschaft in unbekannter Richtung zu entfliehen. Als Abteilung Rotarmisten eintraf, flohen Banditen in den Wald, Festnahme gelang nicht, Fahndung läuft weiter. Alapajewsker Exekutivkomitee. Abramow. Perminow. Ostanin.«

»Jekaterinburg. Gebietssowjet.

Das Alapajewsker Exekuktivkomitee teilt mit: Sonderkommission Ostanin, Starzew, Gowyrin, Syrjanow nahm Ermittlungen zur Flucht der Fürsten Romanow auf. Vorsitzender des Exekutivkomitees, Abramow.«

Beide Telegramme wurden am 18. Juni abgeschickt.

Daß es sich hierbei um Originaltelegramme handelt, sei deshalb betont, weil immer wieder Stimmen laut wurden, Sokolow habe das alles später im Westen gefälscht.

Am 18. Juli 1918 teilte der Vorsitzende des Ural-Gebietssowjets, Beloborodow, seinerseits in einem Telegramm an den Rat der Volkskommissare, das WZIK und an Sinowjew und Urizki in Petrograd mit: »Alapajewsker Exekutivkomitee meldete Überfall unbekannter Bande [am] Morgen des Achtzehnten [auf] Gebäude, in dem ehemalige Großfürsten Igor Konstantinowitsch, Konstantin Konstantinowitsch, Iwan Konstantinowitsch, Sergej Michailowitsch und Palej unter Bewachung standen. Trotz Widerstand der Wache wurden Fürsten entführt. Es gibt Opfer [auf] beiden Seiten. Suche geht weiter.«

Unverkennbar das gleiche »Szenarium« wie bei Michail Romanow. Auffällig ist nur, daß nirgends die Großfürstin Jelisaweta Fjodorowna erwähnt wird. Die Vermutung liegt nahe, daß die ganze Korrespondenz zur Rechtfertigung gegenüber einer dritten Seite gestartet wurde. Da noch unklar war, wie sich die

Deutschen verhalten würden – Jelisaweta Fjodorowna war gebürtige Deutsche –, zog man es zunächst vor, ihr Schicksal zu verschweigen. Einen Präzedenzfall gab es bereits – die Deutschen hatten der Forderung der Sowjetregierung nachgegeben, die Romanows nicht von der Krim ausreisen zu lassen. Die Vernichtungsmaschine war in Gang gesetzt. Daß die Details Swerdlow nicht sonderlich interessierten, darauf lassen seine telegrafischen Verhandlungen mit dem Ural schließen, die er am 19. Juli 1918 über Direktleitung führte und in denen es um die Klärung der militärischen Lage an der Front, um den Text der Verlautbarung über die Erschießung Nikolai Romanows und nebenbei um das Alapajewsker Geschehen ging. Hier die vom Telegrafisten »auf die Schnelle« gemachte Aufzeichnung:

»Moskau-Jekaterinburg.

Swerdlow. Teile vor allem mit ob Arbeit Alapajecha Kom. Exek. (Auslassung – d. Verf.) oder nicht.

[Beloborodow.] Noch ist nichts bekannt. Die Untersuchung läuft. . . .«

Offenbar ist Swerdlows Frage so zu verstehen: »Teile vor allem mit, ob die Arbeit der Alapajecha (d. h. die Ermordung der Großfürsten – d. Verf.) das Werk der Ermittlungskommission des Exekutivkomitees (oder des Parteikomitees) ist oder nicht.«

In die Desinformation wurde die Presse eingeschaltet. Sehen wir uns die Regionalzeitungen an.

»Golos Kungurskogo Soweta Krestjanskich, Rabotschich i Soldatskich Deputatow« (Gouvernement Perm) brachte am 25. Juli 1918 die Meldung »Flucht ehemaliger Großfürsten aus Alapajewsk«: »Aus Alapajewsk ging folgendes Telegramm ein: ›Am 18. Juli, 2 Uhr früh, überfiel Bande unbekannter Bewaffneter Schule, in der Großfürsten untergebracht waren. Während des Schußwechsels ein Bandit getötet, offensichtlich gibt es Verletzte. Fürsten gelang es, mit Dienerschaft in unbekannter Richtung zu entfliehen. Als Abteilung Rotarmisten eintraf, flohen Banditen in den Wald, Festnahme gelang nicht, Fahndung läuft weiter. Alapajewsker Exekutivkomitee.‹« Weiter gab die Meldung alle offiziellen Versionen der Vorgänge wieder: wer in Alapajewsk gesessen hatte, weshalb das Gegängnisregime eingeführt worden war (Flucht Michails), Verhaftung der Serben und Jelena Petrownas wegen Täuschung der Sowjetmacht.

Eine Woche später, am 1. August 1918, schmückten die Zeitungen dieses Sujet weiter aus:

»Zur Entführung der Romanows.

Über die Entführung der ehemaligen Großfürsten aus Alapajewsk, Gouvernement Perm, wurden Einzelheiten bekannt.

Anfangs lebten die Romanows in Jekaterinburg, und zwar unter recht freizügigen Bedingungen. Sie gingen in der Stadt spazieren, schlossen Bekanntschaften, sangen im Kirchenchor, flirteten mit den Mädchen und hatten Gelegenheit, mit weißgardistischen Elementen zu tuscheln.

Da schickte man sie nach Alapajewsk. Doch auch hier beruhigten sie sich nicht. Bald schon fielen der Wache verdächtige Vorbereitungen von seiten der Romanows auf. Ihr Verhalten wurde um so auffallender, je näher die Tschechoslowaken auf Jekaterinburg vorrückten.

Aus Alapajewsk wird zudem gemeldet, daß in der Wohnung der Romanows nach ihrer Entführung alle Habseligkeiten der Fürsten reisefertig eingepackt vorgefunden wurden.

Die ›Entführten‹ haben sich also sehr sorgfältig auf ihre Entführung vorbereitet.

Jetzt werden Maßnahmen ergriffen, um alle Umstände der rätselhaften Entführung zu klären.«

Nicht genug damit, hatte bereits am 18. Juli 1918 der am Ort des Geschehens befindliche (was für ein Zufall!) »politische Vertreter« Kobeljanko folgendes Telegramm an die Zentrale gerichtet:

»Moskau: Sownarkom, Frontstab und Justizkommissar des Ural-Gebiets.

Teile mit, daß ich bei meiner Dienstreise nach Alapajewsk auf dem Bahnhof von dem Überfall auf das Gebäude, in dem die ehemaligen Großfürsten Romanow untergebracht waren, und ihrer Entführung erfuhr. Eingezogene Erkundigungen und die Besichtigung des Ortes des Geschehens ergaben: Die Romanows waren in der sogenannten Feldschule im Norden der Stadt mit Sechs-Mann-Wache untergebracht.

Vom 17. zum 18. Juli 2 Uhr nachts erfolgte von der Feldseite her ein bewaffneter Überfall unbekannter Leute in ungeklärter Zahl, angeblich etwa 50 Mann. Nachdem sich die Wache Richtung Stadt zurückgezogen hatte, drangen die Banditen in das Gebäude ein, befreiten alle Romanows samt Dienerschaft und nahmen sie mit. Zur Unterstützung der Wache wurde Abteilung entsandt, aber die Banditen waren schon verschwunden. Vom örtlichen Deputiertensowjet wurden unverzüglich Maßnahmen zur Ergreifung der Entwichenen eingeleitet. Von den Eindringlingen einer getötet, offenbar Intelligenzler, aber mit schmutziger Kleidung. Bei der Besichtigung des Gebäudes festgestellt, daß Habseligkeiten der Romanows eingepackt und in Zimmer am Hofausgang Richtung Feld abgestellt waren. Unverzügliche Untersuchung durch selbständige Kommission sowie Erstellung genauer Besichtigungsprotokolle und detaillierter Listen des vorbereiteten, aber nicht mitgenommenen persönlichen Besitzes veranlaßt. Vermute, daß Überfall und Flucht vorbereitet waren, ergreife entsprechende Maßnahmen zur Klärung. Bitte um Anweisungen und Entsendung von Bevollmächtigten für weitere Ermittlungen. Politischer Vertreter Kobeljanko«

Ferner existiert ein Protokoll der Machthaber Alapajewsks vom 17. Juli, in dem die Hauptetappen des »Überfalls« in allen Einzelheiten und mit Zeugenaussagen festgehalten sind.

Allen offiziellen Version lag dasselbe Schema zugrunde: geheimnisvolle Flucht, entsprechende Zeitungsmeldungen, erfolglose Suche. Bis zur Einnahme Alapajewsks durch die Weißen am 28. September 1918 und Perms im Dezember 1918 wäre genügend Zeit gewesen, die Umstände der »Flucht« zu klären, aber begreiflicherweise suchte niemand nach den »Flüchtigen«.

Wir haben geschildert, wie Malschikow und Sergejew den Schacht fanden und wie die Ermordeten geborgen und identifiziert wurden. Was geschah weiter?

Was die Untersuchung ergab

Die wichtigsten Aussagen für Sergejew waren die der bereits erwähnten Alexandra Kriwowa – vom 25. Oktober 1918 – und die später – zwischen dem 11. und 29. Dezember – gemachte des Bewachers Pjotr Konstantinowitsch Starzew.

Hier ein Auszug aus der Aussage Alexandra Kriwowas:

»Am 10. oder 11. Juli bekamen die Großfürsten Besuch von irgendwelchen Bolschewiken, 6 Mann, in Zivil. Sie waren mit Gewehren und Revolvern bewaffnet. Auch 4 Kommissare waren dabei. Von letzteren sind der Zeugin Schtschupow und Pjotr Starzew mit Namen bekannt. Sie stellten Verzeichnisse der persönlichen Habe der Großfürsten auf und erklärten, sie würden sie nach Sinjatschicha, 14 Werst von Alapajewsk, bringen.

Am Tag der Abreise drängten sie die G[roß]f[ürsten] beim

Essen, daß 6 Uhr abends gereicht wurde, zur Eile, um 11 Uhr, hieß es, würden sie mit ihnen losfahren. Als sie, die Zeugin, ihnen Eßwaren einpacken wollte, verwehrten es ihr die Bolschewiken mit der Erklärung, sie könne die Sachen nachbringen. Tags darauf hörte sie von dem Lebensmittelhändler Michail Sergejewitsch, bei dem sie für die G[roß]f[ürsten] einkaufte, man habe sie erschossen.

Nach dem Abtransport der G[roß[f[ürsten] wurde am 18. Juli in Alapajewsk eine Bekanntmachung ausgehängt, aus der hervorging, daß die Fürsten entführt worden seien von einer ›Bande Weißgardisten‹, mit der die ›kühnen Truppen‹ der Roten Armee den Kampf aufgenommen hätten, wobei einer der Banditen getötet worden sei und zwei Rotgardisten leichte Verwundungen erlitten hätten, und daß es allen Fürsten gelungen sei, spurlos zu verschwinden.

Als Staffage für ihre Inszenierung schleppten die Bolschewiken den Leichnam eines Österreichers zu der Feldschule, der, wie sich herausstellte, bereits einige Zeit im Leichenhaus gelegen hatte.

Der Abtransport erfolgte am 18. Juli.«

Tatsächlich existiert ein diesbezügliches Dokument von erstaunlichem Zynismus: das Protokoll »1918, 18. Juli, fünf Uhr früh«, zu Papier gebracht vom »Volksgericht des 7. Bereichs des Kreises Werchoturje«, d. h. von Nikolai Nikiforowitsch Gnewanow und anderen Alapajewsker Bürgern, die »die Leichenschau bei dem während des bewaffneten Überfalls Getöteten« vorgenommen hatten. Aufschlußreich ist die vom Klassenstandpunkt geprägte Überzeugung der vermutlich hinters Licht geführten Zeugen, die ihre Unterschrift unter folgende Feststellung setzten: »Leiche männlichen Geschlechts, Alter schätzungsweise 22 Jahre, Körperbau und Ernährungszustand gut, Gesicht glattrasiert, Hände fahl, dem ganzen Äußeren nach der Typ des bürgerlichen Muttersöhnchens.«

Der im Dezember verhörte Starzew berichtete folgendes:

»Smolnikow verkündete den Fürsten, sie würden in ein Landhaus gebracht, und verließ mit ihnen das Schulgebäude. Die Festgenommenen wurden einzeln auf die Fuhrwerke verteilt, jeweils mit einem von denen, die sie abholen gekommen waren. Er, Starzew, erinnert sich, daß mit G[roß]fürst Sergej Michailowitsch Grigori Abramow fuhr, mit Graf Palej Pjotr Syrjanow, mit Fürst Ioann Konstantinowitsch Wladimir Spiridonow.

Zurück blieb allein Ingenieur Rodionow, der dann irgendwo anders hinfuhr. Außer den bereits genannten Personen schlossen sich dem ›Wagenzug‹ noch Jegor Sytschow und der Rotarmist Iw[an] Dmit[rijewitsch] Maslow an.

Nach dem Abtransport der Fürsten verbrachte Starzew im Schulgebäude noch etwa drei Stunden. In dieser Zeit warf der Rotarmist Wassili Paw[lowitsch] Gowyrin im Schulhof eine Bombe, die jedoch nicht detonierte. Warum er es getan hat, war ihm, Starzew, nicht bekannt.

Er ging nicht erst nach Hause, sondern gleich zum Gebäude des Sowjets, wo er den bereits von der Fahrt zurückgekehrten Smolnikow traf, der in seiner Anwesenheit dem diensth[abenden] Milizionär den Satz hinwarf: ›Endlich haben sie sich beruhigt.‹

Auf Anordnung Smolnikows wurden dann die Rotarmisten zusammmengeholt, er selbst lief hinaus und schoß in die Luft. Das diente als Alarmsignal, und die Rotarmisten wurden losgeschickt, ›die Weißgardisten zurückzuschlagen‹. Danach wurde bekanntgegeben, die Fürsten seien von ›Weißgardisten‹ entführt worden. Einige Tage darauf, als bereits durchsickerte, daß die Fürsten ermordet waren, wurde ihm und den anderen Gemeinen eingeschärft, nicht die Wahrheit über den Abtransport der Fürsten zu sagen.

Später erzählte der obengenannte Iw[an] Dm[itrijewitsch] Maslow ihm, Starzew, er habe ›den Fürsten eine Bombe in den Schacht nachgeworfen‹. Aus späteren Andeutungen und halben Eingeständnissen gelangte er zu dem Schluß, daß der Mord auf Anordnung des Gebietssowjets geschehen war.«

Die Ermittlungen dauerten den ganzen November und Dezember an, erst vor Neujahr kehrte Sergejew nach Jekaterinburg zurück. Außer Starzew und Solowjow, die ihre direkte Beteiligung an dem Mord der Großfürsten und dem anschließenden Flucht-Szenarium leugneten, verhörte Sergejew Dutzende von Leuten. Einer von ihnen, Anatoli Pereberin, Sohn eines Geistlichen, Angestellter des Alapajewsker Verbandes der Kooperativgesellschaften, überführte mit seiner Aussage Solowjow der Lüge:

»In jener Nacht, in der, der Erklärung der Bolschewiken zufolge, die Fürsten entführt worden waren, hatte ihn eine eilige Arbeit im Hause der Gesellschaft zurückgehalten. Er verließ es erst nach 1 Uhr nachts, nachdem er draußen zwei Gewehrschüsse gehört hatte.

Als er sich dem Gebäude näherte, in dem der Sowjet seinen Sitz hatte, hielt ihn eine Streife an und verlangte seinen Passierschein. Auf Anordnung des Sekretärs des Sowjets, Perminow, wurde er dann in das Haus gebracht. Hier stieß er auf einen Kommissar, der sich, nachdem er sein Telefonat beendet hatte, vor ihm aufbaute und in rüdem Ton fragte, was er sich nachts auf der Straße herumtreibe. Das Äußere dieses Kommissars (dichte, herabhängende rötliche Brauen, zerzauster Schnurrbart, rasiertes Gesicht, funkelnde, blutunterlaufene Augen) prägte sich dem Zeugen so fest ein, daß er ihn jederzeit unfehlbar wiedererkennen würde. Er trug eine Uniformjacke mit aufgeknöpftem Kragen, auf dem Kopf eine in den Nacken geschobene Soldatenmütze.

Das die Untersuchung führende Gerichtsmitglied ließ daraufhin dem Zeugen Pereberin den verhafteten obengenannten Jefim Andr[ejewitsch] Solowjow vorführen. Der Zeuge erkannte in ihm eindeutig den Kommissar wieder, von dem er in seiner Aussage gesprochen hatte.

Von besagtem Solowjow spricht der Zeuge wohl auch, wenn er die Worte von Nadeshda Paw[lowna] Udinzewa, Hörerin der Moskauer Zahnarztkurse, wiedergibt. Als sie einem ihr von Moskau her bekannten Arzt, der zu den Fürsten zu Besuch gekommen war, einen Blumenstrauß mitgeben wollte, wurde sie dafür von Kommissar Jefim Solowjow festgenommen, der ihr erklärte, falls die Tschechen bis Alapajewsk vordringen und die Fürsten entführen sollten, würde er, wenn es ihm nicht selbst gelänge, seinen Söhnen auftragen, die Udinzewa wegen ihres Mitgefühls mit den Fürsten abzustechen.

Die genannte Udinzewa wurde von den Bolschewiken als Barmherzige Schwester deportiert.«

Die Zeit verging. Unzufrieden mit dem schleppenden Gang der Ermittlungen, ließ Koltschak im Februar 1919 Sergejew durch den neuen Untersuchungsführer Sokolow ablösen, was sich auch auf die Ermittlungen in Alapajewsk auswirkte. Der hier für Sergejew vorgesehene F. I. Michnewitsch, Mitglied des Bezirksgerichts, erkrankte und trat nicht in Aktion.

Indessen gingen die Verhaftungen in Alapajewsk weiter: festgenommen wurden der Vorsitzende der Außerordentlichen Ermittlungskommision, N. P. Gowyrin, und der Volksrichter W. P. Postnikow. In der Nacht zum 1. April 1919 wurde Kommissar I. P. Abramow verhaftet. Sokolow verhörte ihn am 18. April. In der Akte von Staatsanwalt Jordanski lesen wir:

»In der Nacht zum 1. April. d. J. wurde von der Kriminalmiliz in Alapajewsk der ehemalige Kommissar Iwan Pawlowitsch Abramow, einer der Teilnehmer an der Hinrichtung der Großfürsten, verhaftet. Im Verhör bequemte er sich lediglich zu einer kurzen Aussage, in der er seine Schuld leugnete und erklärte, zwar hätten ihn sein Bruder Grigori Pawlowitsch Abramow, Nikolai Gowyrin, Pjotr Ostanin und Alexej Smolnikow aufgefordert, sich am Abtransport der Großfürsten zu beteiligen, doch er habe abgelehnt und sei nach Hause gegangen, am nächsten Morgen dann habe er die Bekanntmachung über die ›Entführung der Fürsten‹ gelesen.

Am 18. April d. J. wurde Iwan Pawlowitsch Abramow auf Grund der nach 132, Art. 1453 des Strafgesetzb. gegen ihn laufenden Ermittlungen vom Untersuchungsführer für besondere Angelegenheiten N. A. Sokolow verhört.

Nach seiner Erklärung wurde er vor dem Abtransport der Fürsten von dem Vorsitzenden Nik. Pawl. Gowyrin in die Außerordentliche Ermittlungskommission bestellt. Dort traf er seinen Bruder Grigori, das Mitglied der Ermittlungskommission Pjotr Fjod. Ostanin, Gowyrin selbst und Alexej Smolnikow. Letzterer habe ihm erklärt, angesichts der durch die Truppen der Sibirischen Armee für Alapajewsk entstandenen Gefahr sei es notwendig, die Fürsten weiter weg zu bringen, ›zunächst wenigstens nach Sinjatschicha‹. Man habe ihm angeboten, als Kutscher zu fungieren. Er, Abramow, habe abgelehnt und sei nach Hause gegangen, wo er sich nach dem Abendessen schlafen gelegt habe. Als er am nächsten Morgen in seinen Betrieb gekommen sei, habe er die Bekanntmachung über das Verschwinden der Fürsten gelesen.«

Wir wollen die Beschreibung der Tragödie mit einem letzten Dokument abschließen. Am 7. Juli 1919 erhielt Sokolow folgende Anordnung (eine Kopie ging an den Bevollmächtigten des Gebirgsbezirkes Alapajewsk):

»Ich weise Sie an, für die Beförderung der Leichname der Großfürsten Sergej Michailowitsch, Ioann Konstantinowitsch, Konstantin Konstantinowitsch, Igor Konstantinowitsch, des Grafen Wladimir Pawlowitsch Palej, der Großfürstin Jelisaweta Fjodorowna, Fjodor Semjonowitsch Remes' und der Nonne Warwara Jakowlewa von Alapajewsk zur Station Ischim (Omsker Eisenbahn) zu sorgen. Den Abtransport der Leichname teilen Sie mir telegrafisch mit unter Angabe der Abfahrtszeit in

Alapajewsk und der Waggonnummer. Sie sind befugt, von allen militärischen und zivilen Stellen volle Unterstützung bei der Ausführung dieser meiner Anweisung zu verlangen.

Oberkommandierender des Generalstabs Generalleutnant Dieterichs

Stabschef des Generalstabs Oberst Salnikow

Für die Richtigkeit:

Chef der Allgemeinen Abteilung a. i. Oberst [Abramow]«

Die sterblichen Überreste der »Alapajewsker Häftlinge« wurden nach Tschita gebracht und fanden dann ihre Ruhestätte in der Kirche des heiligen Serafim von Sarow bei der russischen Mission in Peking. Die Särge mit den Gebeinen der Großfürstin Jelisaweta Fjodorowna Romanowa und ihrer Gefährtin Warwara Jakowlewa wurden nach Jerusalem in die Maria-Magdalenen-Kirche überführt, wo sie zur ewigen Ruhe gebettet wurden.

Achtes Kapitel

Der letzte Akt der Tragödie Die Erschießung der Großfürsten in der Peter-Paul-Festung

Unweit der Stelle, an der die Opfer des roten Terrors hingerichtet wurden, in der Peter-Paul-Festung, fand im Frühjahr 1992 die Beisetzung des Großfürsten Wladimir Kirillowitsch (1917–1992) statt, der von seinem Vater Kirill Wladimirowitsch (1876–1938) den Titel des Russischen Zaren im Exil übernommen hatte. Ein solcher Vorgang wäre noch vor wenigen Jahren als reißerischer Westkrimi oder das Hirngespinst eines Phantasten erschienen. Leider bot unsere russische Geschichte des öfteren Sujets, die noch jeden Horrorfilme aus Hollywood übertrafen. Vielleicht kann der erwähnte Akt zum Symbol der Versöhnung werden, die es irgendwann einmal geben muß.

Auf Grund der weißgardistischen Untersuchungen steht uns heute über die Vernichtung der Romanows im Ural mehr Material zur Verfügung als über die entsprechenden Aktionen in anderen Gebieten, wo keine Ermittlungen möglich waren. Die Umstände der Erschießung und Beerdigung der Großfürsten im Januar 1919 in der Peter-Paul-Festung bleiben geheimnisumwoben. Verständlich, daß die Agenten der Tscheka alles taten, um die Spuren ihres Verbrechens zu verwischen. Aus diesem Grunde haben selbst dürftige dokumentarische Zeugnisse über das Schicksal der Großfürsten in Petrograd ihren Wert.

Unmittelbar nach der Verbannung Michail Romanows aus der Hauptstadt veröffentlichte die »Krasnaja gaseta« vom 26. März 1918 folgendes von Sinowjew und Urizki unterzeichnetes Dekret:

»Der Rat der Kommissare der Petrograder Arbeitskommune *beschließt*:

Die Mitglieder der ehemaligen Romanow-Dynastie Nikolai Michailowitsch Romanow, Dmitri Konstantinowitsch Romanow und Pawel Alexandrowitsch Romanow werden bis auf weiteres aus Petrograd und Umgebung verbannt mit Recht auf freie Wahl des Wohnortes im Bereich der Gouvernements Wologda, Wjatka und Perm ...

Alle obengenannten Personen haben sich binnen drei Tagen nach Veröffentlichung dieses Beschlusses in der Außerordentlichen Kommission für den Kampf gegen Konterrevolution und Spekulation (Gorochowaja 2) einzufinden, um die Durchfahrtbescheinigungen zu den von ihnen gewählten ständigen Wohnorten in Empfang zu nehmen, und zu dem von der Außerordentlichen Kommission für den Kampf gegen Konterrevolution und Spekulation festgesetzten Termin die Reise anzutreten.

Der Wechsel des gewählten Wohnortes ist mit Genehmigung der entsprechenden Sowjets der Arb.-, Sold.- und Bauerndeputierten zulässig.«

Nur durch die intensiven Bemühungen der Fürstin Olga Palej entging Großfürst Pawel Alexandrowitsch aus Gesundheitsgründen der Verbannung. Doch ihrem Sohn Wladimir Pawlowitsch Palej wurde kein Aufschub gewährt, und eine Woche nach Veröffentlichung des Dekrets war er gezwungen, sich auf den Weg nach Wjatka zu begeben.

Bald darauf wurden die Großfürsten Nikolai Michailowitsch und Dmitri Konstantinowitsch nach Wologda verbannt. Hier traf im April 1918 auch Großfürst Georgi Michailowitsch ein, der kurz zuvor von einer Patrouille der Rotfinnen auf dem Bahnhof von Helsingfors festgenommen und an die Petrograder Tscheka überstellt worden war. Seine Festnahme geschah eher zufällig, war es ihm doch nach der Februarrevolution gelungen, mit seiner Familie Rußland zu verlassen. Er wollte die schlimme Zeit auf seinem Gut in Finnland abwarten, doch Sehnsucht und Sorge um die Familie veranlaßten ihn, sich in Gefahr zu begeben, was mit seiner Verhaftung endete und ihn das Leben kostete.

Anfangs gestalteten sich die Bedingungen in Wologda ähnlich wie in Wjatka. Auf Nikolai Michailowitsch machte die Stadt einen guten Eindruck. Einfache russische Menschen nahmen dem Großfürsten am Slatoustowskaja-Kai auf und behandelten ihn überaus freundlich. Er schrieb weiter an seinen Erinnerungen und biographisch-historischen Skizzen, lebte still und unauffällig, doch die Eintönigkeit der Provinz und vor allem die völlig ungewisse Zukunft verursachten ihm, wie er sich ausdrückte, »Gehirnermüdung«. Erhalten geblieben sind u. a. Blätter vom Juni 1918 mit seinen kurzen Eintragungen. Jeden Tag hielt er die wichtigsten Ereignissde fest: 16. Juni – Tschitscherin*-Note, 22.

* Georgi Wassiljewitsch Tschitscherin (1872–1936), Volkskommissar für Auswärtige Angelegenheiten der RSFSR und der UdSSR von 1918 bis 1930.

und 23. Juni – Gerüchte über Ermordung Nikolais II. Die Aufzeichnungen brechen am 30. Juni ab. Bis zur Einführung des Gefängnisregimes in Alapajewsk stand Großfürst Sergej Michailowitsch mit den Brüdern in Wologda in ständigem Briefwechsel. Am 21. Juni schickte er per Telegramm die alarmierende Meldung aus dem Ural:

»Nikolai Michailowitsch Romanow. Wologda, Slatoustinskaja-Kai 6.

Auf Gefängnisregime [und] Soldatenration umgestellt. Sergej«

Die »Flucht« Michail Romanows hatte bald auch für die »Wologdaer Verbannten« Konsequenzen. In den Zeitungen erschien die Meldung: »Wologda. 1. Juli (PTA). Großfürsten Nikolai Michailowitsch, Georgi Michailowitsch und Dmitri Konstantinowitsch verhaftet.« Zunächst wurden sie in das Gouvernementsgefängnis von Wologda gesteckt und drei Wochen später in das Untersuchungsgefängnis der Petrograder Tscheka mit dem Ziel überführt, sie in die Peter-Paul-Festung zu bringen. Der Verhaftung entgingen auch die Großfürsten Pawel Alexandrowitsch und Gawriil Konstantinowitsch nicht, die, beide schwerkrank, in Petrograd geblieben waren. Stellten diese Romanows für die Sowjetmacht eine Gefahr dar?

Pawel Alexandrowitsch wurde verhaftet, als sein Sohn Wladimir Palej bereits in Alapajewsk ermordet war. 1860 als fünfter und letzter Sohn Alexanders II. geboren, war »Onkel Pawel«, wie er von den Verwandten allgemein genannt wurde, zu der Zeit der einzige, der von den Brüdern noch lebte. Die Gräfin Kleinmichel, die den Großfürsten seit seiner Jugend kannte, erinnerte sich: »Er war ein geschickter Tänzer, sehr begabt, ein vorzüglicher Schauspieler, und wäre er nicht ein Prinz von Geblüt gewesen, er hätte es zu großem Ruhm gebracht. Der ganzen russische Gesellschaft ist die Inszenierung des ›Boris Godunow‹ von Alexej Tolstoi im Ermitage-Theater noch in bester Erinnerung. Großfürst Sergej, der das Preobrashenski-Regiment befehligte und später Generalgouverneur von Moskau war, bot als Godunows Sohn Fjodor eine sehr mäßige Leistung, während Großfürst Pawel in der Rolle des dänischen Prinzen Christian temperamentvoll und brillant auftrat. Der große italienische Tragöde Salvini, der sich gerade in Petersburg aufhielt, hatte zu dieser Galavorstellung ebenfalls eine Einladung erhalten. Er saß neben mir und sagte: ›Wie schade, daß so ein großartiges Talent für die Bühne verlorengeht.‹ ... Alle, die den Großfürsten kannten, hatten Gelegenheit, sich von seiner edlen Gesinnung zu überzeugen. Er besaß ein ungewöhnlich harmonisches Wesen. Obwohl er sich zu seiner Umgebung äußerst höflich, bescheiden und wohlwollend verhielt, bewahrte er doch stets die Haltung des Adligen, und wie schlicht er auch im Umgang mit anderen sein mochte, nicht einen Augenblick lang vergaß man, einen Großfürsten vor sich zu haben. Er besaß einen ausgeprägten Familiensinn, und seine Lieblingsbeschäftigung war das Lesen. Zusammen mit seinem Bruder Sergej hatte er unter Leitung von Admiral Arsenjew eine vorzügliche Ausbildung genossen. Seine Lehrer gehörten zu den größten wissenschaftlichen Kapazitäten der Hauptstadt. Eine besondere Begabung zeigte er für Sprachen.«

Pawel Alexandrowitsch war zweimal verheiratet. Seine erste Frau – Alexandra von Griechenland – starb mit einunzwanzig Jahren bei der Geburt ihres Sohnes. Aus dieser Ehe waren zwei Kinder hervorgegangen: eine Tochter – Großfürstin Maria Pawlowna (»die Jüngere«, wie sie in der Romanow-Dynastie genannt wurde) – und ein Sohn – Großfürst Dmitri Pawlowitsch, mitbeteiligt an der Ermordung Rasputins, wofür ihn Nikolai II. nach Persien verbannte. Seine zweite Ehe schloß Pawel Alexandrowitsch 1902 in Livorno mit Olga Valerianowna Pistolkors (geborene Karnowitsch). Für diese unstandesgemäße Ehe erhielt er nicht die »höchste Billigung«, was den Verlust gewisser Rechte als Mitglied der Imperatorendynastie sowie die Versetzung in den Ruhestand und die Ausweisung aus Rußland nach sich zog. Dadurch gezwungen, im Ausland zu leben, verbrachte das Paar zwei Jahre in Italien, bevor es nach Paris übersiedelte. Der bayrische Regent Luitpold verlieh Olga Valerianowna den Titel einer Gräfin von Hohenfelsen.

Gräfin Kleinmichel schrieb später: »Wieviel angenehme Abende verbrachten wir in seiner wunderschönen Villa in Boulogne! Oft traf ich dort Reynaldo Hahn*, Paul Bourget** mit Frau, Prinz und Prinzessin Murat, die reizende Gräfin Robert de Fitz-James, die Gräfin Pourtalès und viele andere.«

Sobald der Zar es gestattete, kehrte Pawel Alexandrowitsch mit seiner Frau in die Heimat zurück, wo er bald darauf den Befehl über ein Gardekorps übernahm. Für seine militärischen

* Französischer Komponist (1875–1947).
** Französischer Schriftsteller (1852–1935).

Großfürst Pawel Alexandrowitsch

Verdienste im ersten Weltkrieg bekam er das Georgskreuz verliehen. Imperator Nikolai II. bedachte Pawel Alexandrowitschs Gattin mit dem Titel Fürstin O. V. Palej (Hetman Palej war ein Verwandter der Vorfahren der Karnowitschs gewesen).

In ihren Erinnerungen beschreibt Gräfin Kleinmichel ihr letztes Zusammentreffen mit dem Großfürsten, als sich dieser 1918 noch in Freiheit befand: »Statt der teuren Limousine, die den Gästen früher zur Verfügung stand, brachte uns eine Droschke zu dem kleinen Landhaus, das sie gemietet hatten, nachdem ihnen ihr prächtiges Palais weggenommen worden war. Ich fand den Großfürsten sehr verändert. Obwohl er sich seine Haltung und seine edle Gesinnung bewahrt hatte, sah er doch recht mitgenommen aus. Dabei machte er, wie stets liebenswürdig und freundlich, einen fast glücklichen Eindruck und lächelte sogar. Wenn seine Gattin um ihn war, schien er nichts weiter zu benötigen: die Zärtlichkeit, die sie ihm schenkte, ihr Blick bedeuteten ihm die Welt. Ihr Eheleben war sehr anrührend. Sie hatten Briefe erhalten von ihrem Sohn, der zusammen mit seinen Cousins in den Ural verbannt worden war. Die Fürstin las mir diese Briefe vor, diese Gedichte in Prosa, in denen der arme Junge seinen hehren Gefühlen freien Lauf ließ, daß ich mich der Tränen nicht erwehren konnte. Dieser junge Mann, der eine so reine Seele besaß, mußte den Märtyrertod sterben. Zusammen mit Großfürst Sergej Michailowitsch, der Schwester der Gossudarin und den Fürsten Ioann, Konstantin und Igor warfen die Bolschewiken ihn in eine Grube und brachten ihn auf bestialische Weise mit einem Steinhagel um.«

Seinen 58. Geburtstag erlebte Fürst Pawel Alexandrowitsch in der Peter-Paul-Festung und teilte bald darauf das Schicksal seines jüngeren Sohnes. Nach Aussagen von Zeitgenossen war der Großfürst an Politik völlig desinteressiert, doch für seine Hinrichtung bildete das kein Hindernis.

Großfürst Dmitri Konstantinowitsch, der jüngere Sohn des Großfürsten Konstantin Nikolajewitsch, General der Kavallerie, neunundfünfzigjähriger Junggeselle, war in der »weltlichen Gesellschaft« durch seinen Lieblingsausdruck »Hütet euch vor den Weiberröcken« bekannt. Er führte ein zurückgezogenes Leben, seine Interessen galten der Pferdezucht und Pferderennen. Zu Beginn des ersten Weltkriegs hatte er seine Sehkraft fast völlig eingebüßt und konnte lediglich, sein Los verwünschend, Fähnchen in die Kriegskarte stecken.

Die Großfürsten Dmitri Konstantinowitsch, Konstantin Konstantinowitsch (d. Ä., gest. 1915) und Georgi Michailowitsch

Großfürst Georgi Michailowitsch, Sohn des Großfürsten Michail Nikolajewitsch, wurde 1863 geboren. Er versah seinen Dienst in der berittenen Artillerie der Leibgarde, brachte es zum General der Infanterie, während des ersten Weltkriegs unterstand er dem Hauptquartier des Obersten Befehlshabers. 1915/16 fuhr er in einer Sondermission nach Japan. Von allen Seiten wurde seine Begabung für die Malerei gelobt. Der Großfürst war mit Maria von Griechenland verheiratet und hatte zwei Töchter.

Großfürst Nikolai Michailowitsch wurde 1859 geboren und übernahm traditionsgemäß den Befehl über die 3. Garde- und Grenadierartilleriebrigade sowie andere Gardeeinheiten. Seine Mutter erträumte sich für ihn eine glänzende militärische Karriere, ihr zu Gefallen schlug er den Weg der militärischen Ausbildung ein und bekleidete in der Folgezeit Kommandeursposten in der Armee. Von allen Mitgliedern der Imperatorendynastie kann man ihn ohne Übertreibung als die größte schöpferische Begabung bezeichnen. Er war hochgebildet und beherrschte sechs Sprachen. Als Entomologe besaß er eine reiche Insektensammlung, und mit 18 Jahren wurde er auf Grund seiner Publikationen zum Mitglied der Französischen Entomologischen Gesellschaft gewählt. Er war Vorsitzender der Russischen Historischen Gesellschaft, Historiker und Fachmann der Epoche Alexanders I., seine Arbeiten sind für jeden ernsthaften Forscher unentbehrlich. In der Romanow-Dynastie galt er als »gefährlicher Liberaler« und hatte bereits in seiner Jugend den Spitznamen »Philippe Egalité« (oppositionelles Mitglied der französischen Königsdynastie*) erhalten. An der gesellschaftlichen Bewegung nach der Februarrevolution nahm er aktiven Anteil und betätigte sich als großzügiger Förderer von Künstlern und Wissenschaftlern.

Sein Bruder Großfürst Alexander Michailowitsch (1866–1933) erinnerte sich:

»Sein scharfer Verstand, seine europäische Denkungsart, sein angeborener Edelsinn, seine Aufgeschlossenheit für das Weltverständnis außerhalb Rußlands, seine große Toleranz und aufrichtige Friedensliebe hätten ihm in jeder anderen Metropole Liebe und Achtung eingebracht. Infamer Neid und dumme Vorurteile verhinderten, daß er eine exponierte Stellung in der

* Louis-Philippe-Joseph, 1793 hingerichtet.

russischen Diplomatie einnahm, und statt Rußland auf dem Gebiet helfen zu können, auf dem es seine Hilfe am meisten benötigte, war er von Leuten zur Untätigkeit verurteilt, die ihm seine Fähigkeiten, seine Verachtung für ihre Ignoranz nicht verzeihen konnten.

In früher Jugend war er in die badische Prinzessin Viktoria verliebt gewesen. Diese unglückliche Liebe – die orthodoxe Kirche ließ keine Ehen zwischen Cousins und Cousinen zu – war für ihn eine niemals heilende Wunde. Sie hatte den schwedischen König Gustav Adolf geheiratet, während er Junggeselle blieb und sein Leben in dem allzu geräumigen Palais zwischen Büchern, Manuskripten und botanischen Sammlungen verbrachte.«

Nikolai Michailowitsch stand in freundschaftlichem Briefwechsel mit Lew Tolstoi. In dieser Korrespondenz spiegelte sich alles, was Rußlands Leben und Nöte ausmachte. Tolstoi nahm sogar die Vermittlung des Großfürsten in Anspruch, um Nikolai II. sein Sendschreiben zuzustellen – nicht nur, damit es direkt »in die Hände des Gossudars« gelangte, sondern auch, damit es »gute Auswirkungen für viele« haben konnte. »Und das kann Sie, wie ich glaube verstanden zu haben, nicht gleichgültig lassen.« Er erfüllte bereitwillig Tolstois Bitten: den im Kaukasus bedrängten Duchoborzen* beizustehen und ihm behilflich zu sein mit Archivdokumenten, die er für seine Arbeit an »Hadshi Murat« brauchte. In zahlreichen Briefen ließ der Großfürst Tolstoi teilhaben an seinen Plänen und seinen Reiseeindrücken. Ihr vertrauensvolles Verhältnis blieb trotz gewisser Differenzen, zum Beispiel in der Frage des privaten Bodenbesitzes in Rußland, ungetrübt – in der Notwendigkeit von Veränderungen waren sie sich einig. »Mit welchen Mitteln die Krankheit zu behandeln ist – da liegt der Unterschied zwischen uns«, schrieb der Großfürst an Tolstoi.

Über den ersten Weltkrieg äußerte sich Nikolai Michailowitsch sehr prononciert und prophetisch: »Wozu hat man diesen mörderischen Krieg entfacht, womit wird er enden? Eines ist für mich klar – daß es in allen Ländern kolossale Umwälzungen geben wird. Ich sehe das Ende vieler Monarchien kommen und den Triumph des weltweiten Sozialismus, der die Oberhand

* Sekte, die die kirchlichen Dogmen ablehnte, insbesondere die Anbetung des Heiligen Geistes.

gewinnen muß, denn er hat sich stets gegen Kriege ausgesprochen. Bei uns in Rußland wird es nicht ohne ungeheure Unruhen und Gewalttätigkeiten abgehen . . ., besonders wenn sich die Regierung zu einem unvernünftigen Rechtsruck, hin zu Willkür und Reaktion, verleiten läßt.«

Zeit seines Lebens träumte Nikolai Michailowitsch von einem Dekabristendenkmal vor seinem Palais.

Wie sich jedoch bald zeigte, waren für die Sowjetmacht alle Großfürsten in erster Linie Repräsentanten der Konterrevolution. Für den sechzigjährigen Nikolai Michailowitsch verwendete sich Maxim Gorki, doch seine Bitte wurde abgewiesen. Belegt wird das unter anderem in den Erinnerungen des Großfürsten Alexander Michailowitsch: »Maxim Gorki bat Lenin um Begnadigung Nikolai Michailowitschs, dessen wertvolle historische Arbeiten und allseits bekannte fortschrittliche Denkweise selbst bei der bolschewistischen Führung hohe Achtung genossen. Die Revolution braucht keine Historiker, antwortete das Oberhaupt der sowjetischen Regierung und unterschrieb das Todesurteil . . .«

Auch die Zeitungsmeldungen über das Interesse der wissenschaftlichen Weltöffentlichkeit an den Arbeiten Nikolai Michailowitschs bewirkten nichts. So wußte die »Petrogradskaja gaseta« bereits am 17. Juli 1918 zu berichten: »Der ehemalige Großfürst Nikolai Michailowitsch erhielt vom Leipziger Brockhaus-Verlag das Angebot, seine Werke für 5 Mill. Mark zu verkaufen. Sein literarisches Archiv erwirbt die Königliche Berliner Akademie. Analoge Angebote wurden der Familie des verstorbenen Konstantin Konstantinowitsch (des Älteren – d. Verf.) gemacht, für dessen literarisches Erbe sich deutsche Museen interessieren.«

Nikolai Michailowitsch sah jedoch ebenso wie Dmitri Konstantinowitsch – Bruder des Schriftstellers »K. R.« (des Großfürsten Konstantin Konstantinowitsch Romanow) – in den Verliesen der Peter-Paul-Festung weiter seinem Schicksal entgegen.

Ab September 1918 lebte Rußland auf Grund des Dekrets des Rates der Volkskommissare im Zeichen des roten Terrors und der Diktatur der Tscheka. Allein der Anschlag der Sozialrevolutionärin Faina Kaplan auf das Leben Lenins hatte den Tod Tausender zur Folge, die weder mit der Kaplan etwas zu tun hatten noch vor einem Jahr etwas von der Existenz eines Führers der Weltrevolution geahnt hatten.

Die Zeitungen brachten die Meldung: »Petrograd. 6. September. In der ›Sewernaja Kommuna‹ wurde eine 1. Liste von Geiseln veröffentlicht, die für den Fall, daß jemand von den Sowjetfunktionären ermordet wird, erschossen werden sollen. Die Liste eröffnen die ehemaligen Großfürsten Dmitri Konstantinowitsch, Nikolai Michailowitsch, Georgi Michailowitsch, Pawel Alexandrowitsch, Gawriil Konstantinowitsch . . .«

Die zentralen und regionalen Massenmedien verfielen wie auf Kommando in antimonarchistische Hysterie: »Beloostrow, 4. September. Wie aus Helsingfors berichtet wird, beteiligt sich der ehemalige Großfürst Dmitri Pawlowitsch an den Kämpfen im Raum Archangelsk auf der Seite der Engländer und Franzosen. Letzte Meldungen besagen, daß Dmitri Pawlowitsch eine aus Engländern und russischen Weißgardisten zusammengesetzte Abteilung befehligt. Wie zu erfahren ist, beabsichtigen die Engländer, Dmitri Pawlowitsch auf den russischen Thron zu setzen.« Eine dreiste Lüge, mit der die Bevölkerung desinformiert und manipuliert werden sollte.

Die »neunte Woge« derartiger Publikationen überflutete sämtliche Periodika. In der Charkower Zeitung »Russkaja shisn« stand am 10. September 1918 zu lesen, in Nowotscherkassk sei »ein ›monarchistischer‹ Kongreß eröffnet worden, auf dem sich der ehemalige Oberbefehlshaber der Truppen des Kiewer Bezirks, N. Ju. Iwanow, besonders hervortut. Der Kongreß beabsichtigt, in allen Städten Rußlands ›monarchistische‹ Zellen zu organisieren, um dann den Ranghöchsten der Romanow-Dynastie zum Imperator aller Russen auszurufen.«

Unterschwellig wurde dem Volk suggeriert, mit der Machtübernahme durch die Romanows würden die alten Verhältnisse restauriert, den Arbeitern die Fabriken und den Bauern der Boden wieder weggenommen. Auf diese Weise bereitete man die geplante Vernichtung der verbliebenen Vertreter der Imperatorendynastie als Symbol der alten Ordnung und als Klassenfeind vor.

Über das Ende der vier Großfürsten in Petrograd ist kaum etwas bekannnt. Das einzige verläßliche Zeugnis sind die Erinnerungen des Fürsten Gawriil Konstantinowitsch, der sich wie durch ein Wunder retten konnte und später nach Deutschland emigrierte:

»Am 15. August (neuen Stils) 1918 wurde ich auf Anordnung der Tscheka festgenommen und, nachdem man mich stundenlang in völliger Ungewißheit gehalten hatte, ins Untersuchungsgefängnis gebracht ... Der Anblick des Gefängnisses wirkte auf mich niederschmetternd, zumal in solch schwerer Zeit, angesichts einer absolut ungewissen Zukunft. Meine Nerven versagten. In der Zelle erschien der Gefängnisdirektor, ein Herr mit grauem Bart und sehr sympathischem Äußeren. Ich bat um Krankenhausaufnahme, wie es mir Urizki zugesagt hatte. Doch diese Möglichkeit bestand im Untersuchungsgefängnis nicht, deshalb bot mir der Gefängnisdirektor eine Einzelzelle an.

Man brachte mich in den obersten Stock, in eine Zelle mit einem winzigen vergitterten Fenster. Sie war sechs Schritt lang und zweieinhalb Schritt breit. Das eiserne Bett, der Tisch, der Hocker – alles war an der Wand angeschraubt. Der Gefängnisdirektor hieß mich eine zweite Matratze auf das Bett legen.

Im gleichen Gefängnis saßen meine Onkel, die Großfürsten Dmitri Konstantinowitsch – Bruder meines Vaters –, Pawel Alexandrowitsch, Nikolai und Georgi Michailowitsch.

Es dauerte nicht lange, bis ich von zu Hause die nötigsten Sachen geschickt bekam, so daß ich mich in meiner neuen Behausung ein wenig einrichten konnte. Gleich am ersten Tag suchte mich Onkel Nikolai Michailowitsch in meiner Zelle auf. Mein Hiersein verwunderte ihn nicht im geringsten, er war überzeugt gewesen, daß man mich ebenfalls herbringen würde. Onkel Dmitri Konstantinowitschs Zelle befand sich im gleichen Stock wie meine, ging aber nicht nach Osten, sondern nach Norden. Onkel Pawel Alexandrowitsch, Nikolai und Georgi Michailowitsch waren einen Stock tiefer untergebracht, jeweils in einer Einzelzelle ...

Noch am gleichen Tag gelang es mir, mit Onkel Dmitri Konstantinowitsch Kontakt aufzunehmen. Die Wache drückte ein Auge zu, war sie doch von unserer Unschuld überzeugt. Ich ging zur Zelle meines Onkels, und wir sprachen durch die Türöffnung miteinander ... Ich empfand für Onkel Dmitri eine zärtliche Liebe; er war ein wunderbarer, gütiger Mensch und für uns wie ein zweiter Vater. Lange konnten wir nicht reden, denn Gespräche waren verboten ...

Die Wärter behandelten uns sehr gut. Ich und mein Onkel Dmitri Konstantinowitsch unterhielten uns oft mit ihnen, sie ließen mich auf den Gang, erlaubten mir, mit meinem Onkel zu sprechen, und manchmal durfte ich sogar zu ihm in die Zelle. Diese Gespräche taten vor allem abends gut, denn da war die Einsamkeit besonders schwer zu ertragen.

Mit Erlaubnis der Bolschewiken kam unser Hausarzt zu mir ... Wegen meiner Krankheit besuchte mich auch oft die Barmherzige Schwester des Gefängnisses ... Meine Onkel sah ich weiterhin. Meist trafen wir uns während der Spaziergänge und wechselten ein paar Sätze. In Zivil machten sie einen sonderbaren Eindruck auf mich. Ohne die gewohnte Uniform waren sie bis zur Unkenntlichkeit verändert. Ich kann nicht sagen, daß das Gefängnis sie sehr deprimiert hätte ...

Während eines Spaziergangs sagte uns einer der Wärter, Kommissar Urizki sei ermordet worden ... Bald setzten Massenerschießungen ein, und bei einem unserer Spaziergänge bekamen wir zu hören, wir seien zu Geiseln erklärt. Das war eine schreckliche Nachricht, die mich furchtbar aufregte. Onkel Dmitri Konstantinowitsch tröstete mich: ›Wär's Gottes Wille nicht gewesen‹, zitierte er aus ›Borodino‹*, ›nie hätten Moskau hergegeben wir – und was bedeutet unser Leben schon im Verhältnis zu Rußland, unserer Heimat?‹

Er war ein religiöser, gläubiger Mensch, und später erfuhr ich, daß er mit einem Gebet auf den Lippen gestorben sei. Die Gefängnisaufseher erzählten, als er zur Erschießung geführt wurde, habe er Christi Worte wiederholt: ›Vater, vergib ihnen; denn sie wissen nicht, was sie tun.‹«

Nur dank Gorkis Intervention entging Fürst Gawriil Konstantinowitsch Romanow dem traurigen Schicksal seiner Verwandten. Darauf lohnt es ein wenig genauer einzugehen.

Die Verwandten und der behandelnde Arzt Iwan Iwanowitsch Manuchin setzten sich für den kranken Gawriil Konstantinowitsch ein und richteteten Gesuche nicht nur an Sinowjew in Petrograd, sondern auch an Bontsch-Brujewitsch, den Verwaltungsleiter des Rates der Volkskommissare. In seinem Brief an den Rat der Volkskommissare vom 19. August 1918 betonte Manuchin:

»Das harte Gefängnisregime, dem er jetzt unterworfen ist, muß sich bei seiner schweren Krankheit zwangsläufig verhängnisvoll auswirken; unter diesen Bedingungen bringt ihn die Verhaftung zweifellos in Lebensgefahr. Darüber haben ich und der Arzt des Untersuchungsgefängnisses der Außerordentlichen Kommission für den Kampf gegen Konterrevolution und Spekulation soeben Mitteilung gemacht.

* Gedicht von Michail Lermontow.

Nachdem ich dort erfuhr, daß die Inhaftierung des Bürgers G. K. Romanow auf Anordnung des Rates der Volkskommissare erfolgte, wende ich mich an Sie und den Rat der Volkskommissare mit der Bitte, seine Haftbedingungen zu ändern, und zwar den Verhafteten in eine Privatklinik zu überführen, gegen Bürgschaft ihres leitenden Arztes (und, falls sie nicht genügen sollte, dann auch meiner Person), daß er sich nirgendwohin entfernt und auf Ihr Verlangen sofort zur Stelle ist. Ich bitte wenigstens darum . . .«

Aus den Dokumenten geht hervor, daß es zwischen Petrograd und Moskau dazu einen Meinungsaustausch gab. Es existiert ein Telegramm der Petrograder Tscheka an Bontsch-Brujewitsch vom 22. Oktober 1918, in dem es heißt: »Gawriil Romanow als Geisel verhaftet Aufenthalt Wohnung Gorki schwer tuberkulosekrank. Für Vorsitzenden der Tscheka Jakowlewa. 13623.« In seinen Erinnerungen erwähnt Gawriil Konstantinowitsch: »Der Kommissar zeigte mir ein Papier, in dem stand, daß ich aus dem Gefängnis in die Gersoni-Klinik gebracht würde.«

An demselben 22. Oktober 1918 ging vom Kreml folgendes Telegramm ab:

»Petrograd. Smolny, Sinowjew.

Fürchte, Sie sind mit Ausreiseerlaubnis [für] Romanow [nach] Finnland zu weit gegangen. Wird seine Krankheit nicht übertrieben? Empfehle abzuwarten, nicht gleich nach Finnland lassen. Lenin.«

Endlich in Bewegung gekommen, geriet die Sache wieder ins Stocken. Es verging fast noch ein Monat. Am 20. November 1918 wandte sich Maxim Gorki mit folgendem Brief an Lenin:

»Lieber Wladimir Iljitsch!

Tun Sie ein kleines und kluges Werk – veranlassen Sie, daß der ehemalige Großfürst Gawriil Konstantinowitsch Romanow aus dem Gefängnis freikommt. Er ist erstens ein sehr guter und zweitens ein lebensgefährlich kranker Mensch.

Wozu Märtyrer produzieren? Das ist, ganz allgemein gesprochen, eine äußerst schädliche Beschäftigung, erst recht für Leute, die einen freien Staat errichten wollen.

Zudem kann ein bißchen Romantik der Politik nie schaden.

Sie wissen sicherlich bereits, daß ich mich mit A. W. Lunatscharski über einen Buchverlag verständigt habe. Die Sache eilt, und ich hoffe, daß Sie alles von Ihnen Abhängende tun werden, um diese schwerfällige Angelegenheit auf den Weg zu bringen.

Lassen Sie also Romanow frei und bleiben Sie gesund.

A. Peschkow.

Noch etwas: Nadeshda Konstantinowna* sollte sich von Dr. Iw. Manuchin behandeln lassen. Er besitzt eine eigene, sehr wirksame Behandlungsmethode für diese Krankheit. Vielleicht kann N. K. herkommen und mit Manuchin reden.

Richten Sie ihr einen Gruß aus. A. P.«

So gelang es, Fürst Gawriil Konstantinowitsch Romanow vor der sicheren Vernichtung zu retten.

Die Akademie der Wissenschaften wandte sich ebenfalls an den Rat der Volkskommisare und ersuchte um die Freilassung des Großfürsten Nikolai Michailowitsch. In diesem Dokument vom 23. Dezember 1918, das die Unterschrift des Präsidenten der RAdW A. Karpinski trägt, heißt es:

»Die Russische Akademie der Wissenschaften erachtet es als ihre Pflicht, den Rat der Volkskommissare auf die schwere Situation eines ihrer Ehrenmitglieder aufmerksam zu machen, des ehemaligen Großfürsten Nikolai Michailowitsch Romanow, der ihr seit langem durch seine fruchtbaren Arbeiten zum Nutzen der russischen Wissenschaft bekannt ist.

Bereits Ende der siebziger Jahre trat Nikolai Michailowitsch mit einer Arbeit über die Lepidopteren an die Öffentlichkeit... und legte im Laufe der folgenden Jahrzehnte des vergangenen Jahrhunderts eine ganze Reihe von Publikationen vor, die sich mit diesbezüglichen Forschungen beschäftigten ... Bald darauf machte Nikolai Michailowitsch der Akademie zusammen mit den Restexemplaren seiner Luxusausgabe eine ›in ihrem Wert und ihrer wissenschaftlichen Bedeutung konkurrenzlose‹ Kollektion von 110 220 Exemplaren paläarktischer Schmetterlinge zum Geschenk, wodurch das Zoologische Museum der Akademie in den Besitz ›einer der reichsten, wenn nicht in der Welt einzigartigen Sammlung‹ gelangte, die überwiegend aus Spenden russischer Forschungsreisender entstanden ist.

Seit Beginn unseres Jahrhunderts verlegte Nikolai Michailowitsch den Schwerpunkt seiner Forschungen auf das Gebiet der neueren russischen Geschichte. Nach Erscheinen einer Monographie über die Fürsten Dolgoruki (1901), die binnen zweier

* Lenins Frau Krupskaja.

Jahre zwei Auflagen erlebte, legte er seine außerordentlich wertvollen Forschungen über den Grafen Pawel Alexandrowitsch Stroganow* in drei Bänden vor (1903) und ging so auf ganz natürliche Weise zur Epoche Alexanders I. über, auf deren detaillierte Erforschung er sich nun vorwiegend konzentrierte, neben der Herausgabe einiger der wichtigsten Dokumente dieser Zeit, wie zum Beispiel der Berichte von Botschaftern der Imperatoren Alexander I. und Napoleon I. . . .

. . . Da die Akademie es für überaus wünschenswert hält, Nikolai Michailowitsch die Möglichkeit zu geben, seine fruchtbare Arbeit zum Nutzen der russischen Wissenschaft fortzusetzen, ersucht sie um seine Freilassung.«

Auf dem Brief der Akademie ist auch die Stellungnahme des Volkskommissars für Bildungswesen, A. W. Lunatscharski, notiert:

»Dieses Gesuch kann ich zutiefst nachfühlen. Meines Erachtens hätte Nik. Mich. Romanow längst freigelassen werden müssen. Ich bitte um Behandlung auf der nächsten Tagung des Sownarkom.«

Das Gesuch der Akademie der Wissenschaften ging erst am 4. Januar 1919 beim Rat der Volkskommissare ein. Zwei Tage später schrieb Nikolai Michailowitsch einen persönlichen Brief an Lunatscharski:

»Den siebenten Monat sitze ich als Geisel eingekerkert im Untersuchungsgefängnis. Ich habe mich nicht über mein Schicksal beklagt und die mir auferlegten Prüfungen schweigend ertragen. Doch in den letzten drei Monaten haben sich die Verhältnisse zum Schlechteren verändert, und sie werden unerträglich. Kommissar Trejman, ein ungebildeter, von morgens bis abends betrunkener Mensch, hat Zustände eingeführt, daß sich nicht nur alle Häftlinge, sondern auch die Angestellten des Gefängnisses über seine Schikanen und Ausfälle empören, jeden Moment kann es zu einem höchst unliebsamen Zwischenfall kommen.

In diesen langen Monaten führe ich meine historischen Forschungen unbeirrt weiter und bereite, trotz widriger Umstände und fehlenden Materials, eine große Arbeit über Speranski** vor.

* Liberaler Politiker (1772–1817), trat für Reformen ein.

** Michail Michailowitsch Speranski (1772–1839), Graf, Berater Alexanders I., setzte sich für Reformen ein.

Ich bitte Sie eindringlich, sich in meine traurige Lage zu versetzen und mir meine Freiheit wiederzugeben. Ich bin moralisch und physisch so sehr erschöpft, daß mein Organismus nach Erholung verlangt, wenigstens für drei Monate. Ich hege die Hoffnung, daß man mir gestatten wird, irgendwohin auszureisen, so wie Gawriil Romanow die Ausreise nach Finnland gestattet wurde. Erholt, bin ich bereit, nach Petrograd zurückzukehren und jede meiner Bildung entsprechende Arbeit zu übernehmen, denn arglistige Absichten gegen die Sowjetmacht hatte ich nie und habe ich nicht.

Ich möchte bitten, diese Zeilen Volkskommissar Lunatscharski zur Kenntnis zu bringen oder sie ihm einfach zu übergeben.

Nikolai Michailowitsch Romanow.
6. Januar 1919
Untersuchungsgefängnis
Zelle 207«

Die Tagung des Rates der Volkskommissare, auf der diese Frage behandelt wurde, fand erst am 15. Januar 1919 statt. Den Vorsitz führte Lenin.

In seinem Diskussionsbeitrag auf der Tagung betonte Sch. S. Eliawa, Vorsitzender des Gouvernementsexekutivkomitees und Mitglied des Gouvernementskomitees der KPR (B) Wologda:

»Konkrete Anhaltspunkte irgendwelcher Art, die N. Romanow der konterrevolutionären Betätigung überführen würden, habe ich nicht. In der Zeit seines Verbannungsaufenthalts in Wologda (von April bis Juli 1918) wurden persönliche Kontakte Romanows zur japanischen Botschaft festgestellt. Insgesamt gesehen lebte er in Wologda sehr zurückgezogen.

In unseren persönlichen Gesprächen machte er auf mich den Eindruck eines gewitzten Mannes mit hoher Verstandeskraft. Alles in allem meine ich, daß er für uns völlig ungefährlich ist.«

Im Ergebnis der Behandlung dieser Frage im Rat der Volkskommissare wurde ein verschwommener und zweideutiger Beschluß gefaßt:

»Stellungnahmen der Petrograder Tscheka und des Gen. Eliawa anzufordern und die Entscheidung in dieser Frage bis zum Erhalt der Antwort zu vertagen, sofern bis dahin keine erschöpfenden Angaben von Gen. Lunatscharski vorliegen.«

Kaum verständlich, was für »erschöpfende Angaben« Lunatscharski präsentieren sollte – Nikolai Michailowitschs Arbeiten oder die Schmetterlingssammlung aus dem Zoologischen Museum? Die Schlußfolgerung liegt auf der Hand, daß die »obersten Kommissare« abermals ein Manöver vollführt hatten, um sich der Verantwortung für das Schicksal der Großfürsten zu entziehen. Doch andernorts – im Präsidium der Allrussichen Tscheka – begriff man die Situation sehr wohl und faßte einen Beschluß über die Bestätigung der Höchststrafe für die Großfürsten.

Am 17. Januar 1919 ging vom Rat der Volkskommissare folgende Depesche an die Petrograder Tscheka:

»Die Russische Akademie der Wissenschaften hat über Gen. Lunatscharski beim Rat der Volkskommissare ein Gesuch zur Freilassung des ehem. Gr.fürsten N. M. Romanow eingereicht.

Auf seiner Tagung vom 15. Januar d. J. beschloß der Rat der Volkskommissare, eine Stellungnahme der Petrograder Außerordentlichen Kommission anzufordern und die Entscheidung zu dieser Frage bis zum Erhalt der Antwort zu vertagen.«

Wir haben bisher keine genaue Kenntnis, wie die Tschekisten im einzelnen im Fall der »als Geiseln inhaftierten Großfürsten« vorgingen, doch aus dem Schriftwechsel zwischen Rat der Volkskommissare und Tscheka ist auf eine »zweigleisige« Abwicklung zu schließen. Bereits zwei Tage später traf in Moskau ein Telegramm aus Petrograd ein:

»In Beantwortung Ihrer Mitteilung vom 17. Januar d. J., Nr. A/326, bringt Ihnen die Außerordentliche Kommission für den Kampf gegen Konterrevolution und Spekulation beim Kommunalverband des Nordgebietes zur Kenntnis, daß auf der Tagung des Präsidiums der Außerordentlichen Kommission vom 24. Dezember 1918 zur Frage der als Geiseln inhaftierten Mitglieder der ehemaligen Imperatorenfamilie beschlossen wurde, bei der Allrussischen Tscheka anzufragen, wie mit den genannten Geiseln zu verfahren ist, unter Beifügung der Ansicht des Präsidiums, daß sie umgehend zu erschießen sind. Die uns zugegangene Antwort lautet, daß das von uns vorgeschlagene Strafmaß vom Präsidium der Allrussischen Tscheka und vom Zentralen Exekutivkomitee bestätigt wird.

In Anbetracht obiger Darlegung ist die Außerordentliche Kommission für den Kampf gegen Konterrevolution und Spekulation beim Kommunalverband des Nordgebietes der Auffassung, daß auch bei Vorliegen von Gesuchen der Russischen Akademie der Wissenschaften für den ehemaligen Großfürsten N. M. Romanow keine Ausnahme gemacht werden sollte.«

Eine sonderbare »Diplomatie«, fürwahr: Moskau in Gestalt

des Rates der Volkskommissare fragt bei der Petrograder Tscheka an, Petrograd seinerseits beruft sich auf das Präsidium der Allrussischen Tscheka, das heißt auf Moskau. Das Ziel ist jedoch erreicht: man hat sich wieder einmal geeinigt, das Karussell hat sich gedreht, im Notfall würde sich die Spur in der kollektiven Schuld verlieren, was bleibt, ist wenig – den I-Punkt zu setzen nach der Devise: »Der beste Feind ist der tote Feind«. Über dem Abstimmen der notwendigen Befehle vergingen noch ein paar Tage. Am Ende wurden die Großfürsten Nikolai Michailowitsch, Pawel Alexandrowitsch, Dmitri Konstantinowitsch und Georgi Michailowitsch am 29. Januar 1919 spätnachts »im Rahmen des roten Terrors« und als Antwort auf die »verbrecherische Ermordung der Genossen Rosa Luxemburg und Karl Liebknecht in Deutschland« im Hofe der Peter-Paul-Festung erschossen, wenige Tage vor Abschaffung der Todesstrafe.

Am 31. Januar 1919 brachten die Petrograder Zeitungen die lakonische Meldung: »Auf Beschluß der Außerordentlichen Kommission für den Kampf gegen Konterrevolution und Spekulation beim Kommunalverband des Nordgebietes wurden die ehemaligen Fürsten Romanow Pawel Alexandrowitsch, Nikolai Michailowitsch, Dmitri Konstantinowitsch und Georgi Michailowitsch erschossen.«

Offenbar erschien das gewohnte Argument der politischen Notwendigkeit, das monarchistische Banner den Händen der Konterrevolution zu entreißen, zu absurd. Deshalb setzte man eine neue Version in Umlauf, die von der Gräfin Kleinmichel ganz ernsthaft erwähnt wird: »Wie ich hörte, hatte Lenin, wenige Tage bevor das Verbrechen geschah, die Absicht, die Freilassung der Großfürsten anzuordnen. Diese Anordnung sollte an jenem Morgen von Maxim Gorki nach Petersburg gebracht werden. Der Bolschewik Peters telegrafierte der Vorsitzenden der schrecklichen blutrünstigen Organisation für den Kampf gegen Konterrevolution, Jakowlewa: ›Anordnung über Freilassung der Großfürsten unterzeichnet. Ergreifen Sie entsprechende Maßnahmen.‹ Dieses zweideutige Telegramm interpretierte die Jakowlewa auf ihre Weise, und zu vermuten ist auch, daß Peters ein solches Telegramm nicht ohne Hintergedanken schickte. In einer frostkalten Januarnacht wurden die vier Großfürsten aus dem Untersuchungsgefängnis zur Peter-Paul-Festung gebracht und dort erschossen . . .«

Erinnert all das nicht an die wohlbekannte Grammatikübung mit dem weggelassenen Komma: hinrichten geht nicht begnadigen?! Hier hatte die Grammatik ihre eigenen Gesetze, doch früher oder später wird das Dokument, das die Erschießung der Großfürsten anordnete, bekanntwerden.

Nachtrag

In jünger Zeit erschienen im In- und Ausland zahlreiche Pressemeldungen, bei Jekaterinburg seien die Gebeine der Zarenfamilie aufgefunden worden. Zunächst wurde ihre Entdeckung dem Filmszenaristen Geli Rjabow zugeschrieben, dann erfuhr man aus der »Iswestija«, daß sie Ergebnis der Sucharbeiten einer Gruppe unter Leitung des Geologen A. N. Awdonin war. Im Juli 1991 wurden die Gebeine von neun seinerzeit mit Schwefelsäure übergossenen Leichnamen geborgen. Sie waren ein Stück von der durch Untersuchungsführer Sokolow bezeichneten Stelle entfernt unter einer in sumpfigem Gelände aus Baumstämmen angelegten Wegbefestigung vergraben worden. Der Fund der Überreste von neun Leichnamen bestätigte die von Jurowski erwähnte Verbrennung zweier Leichname (der Hofdame und des Thronfolgers Alexej) vor dem Eingraben.

Im Juli 1992 und im Januar 1993 fanden in Jekaterinburg bzw. Moskau internationale Konferenzen zur Identifizierung der Gebeine der Zarenfamilie statt. Wie die Presse berichtete, waren die entsprechenden Untersuchungen, durch das britische Außenministerium finanziert, in Jekaterinburg und in Großbritannien vorgenommen worden. Bisher konnten die Gebeine der Zarin und dreier ihrer Töchter identifiziert werden: die DNS-Struktur ihrer Knochen entspricht dem DNS-Blutwert des Prinzen Philip (des Gemahls der britischen Königin Elisabeth II.), eines Großneffen der Imperatorin Alexandra Fjodorowna in weiblicher Linie. Wesentlich schwieriger gestaltet sich die Identifizierung der vermutlichen Gebeine Nikolais II.

Moskau, Januar 1993

Anhang

Quellenverzeichnis

Chroniken, Dokumente und Zeugnisse

Awdejew, N.: Die Revolution von 1917 (Chronik der Ereignisse). Band I. Moskau 1924.
Briefe der Imperatorin Alexandra Fjodorowna an den Imperator Nikolai II. Band 1–2. Berlin 1922.
Briefe des Zaren Nikolai II. und der Imperatorin Maria. London 1937.
Briefwechsel zwischen Nikolai II. und Alexandra Fjodorowna. 1914–1917. Band 3–5. Moskau/Leningrad 1923–1927.
Dekrete der Sowjetmacht. Band 1–8. Moskau 1957–1967.
Der Kampf um die Sowjetmacht im Gouvernement Tjumen (Tobolsk) 1917–1920. Gesammelte Dokumente. Swerdlowsk 1967.
Der Niedergang des Zarenregimes. Stenogramme der Verhöre und Aussagen vor der Außerordentlichen Ermittlungskommission der Provisorischen Regierung im Jahre 1917. Band 1–7. Moskau/Leningrad 1924–1927.
Der Petrograder Sowjet der Arbeiter- und Soldatendeputierten. Tagungsprotokolle des Exekutivkomitees und des Büros des ZK. Moskau/Leningrad 1925.
Der Tod der Zarenfamilie. Untersuchungsmaterialien zur Ermordung der Zarenfamilie (August 1918–Februar 1920). Herausgegeben von Nikolai Ross. Possev, 1987.
Die Abdankung Nikolais II.: Erinnerungen von Augenzeugen und Dokumente. Leningrad 1927.
Die Februarrevolution von 1917 (Dokumente des Hauptquartiers des Obersten Befehlshabers und des Stabes des Oberkommandierenden der Armeen der Nordfront). In: Krasny archiv, 21–22/1927.
Die letzten Tage der Romanows. Sammelband. Swerdlowsk 1991.
Die Romanows und die Verbündeten in den ersten Tagen der Revolution (Dokumentation). In: Krasny archiv, 16/1926.
Familienkorrespondenz der Romanows (Dokumentation). In: Krasny archiv, 4/1923.
Forderungen des Volkes nach Festungshaft für Nikolai Romanow (Dokumentation). In: Krasny archiv, 81/1937.
Lenin, Wladimir Iljitsch. Biographische Chronik. 1870–1924. Band 5/6. Moskau 1975.
Maksakow,W./Nelidow,N.: Chronik der Revolution. 1. Ausgabe. Petrograd 1923.

Nikolai II. und die Großfürsten. Moskau/Leningrad 1925.
Nikolai II., Imperator. Tagebuch. Berlin 1923.
Tagebuch des Großfürsten Andrej Wladimirowitsch. Leningrad 1925.
Tagebuch Nikolai Romanows. In: Krasny archiv, 20–22/1927.

Erinnerungen und Memoiren

Alexander Michailowitsch (Großfürst). Erinnerungsbuch. Paris 1933.
Awdejew, A. D.: Aus den Erinnerungen eines Kommandanten. In: Krasnaja now, 5/1928.
Awdejew, A. D.: Mit Geheimauftrag in Tobolsk. In: Proletarskaja revoljuzija, 9/1930.
Awdejew, A. D.: Nikolai Romanow in Tobolsk und Jekaterinburg. In: Krasnaja now, 5/1928.
Blok, A.: Die letzten Tage der Zarenmacht. Petrograd 1921.
Bublikow, A. A.: Die russische Revolution. New York 1918.
Buchanan, G.: Memoiren eines Diplomaten. Moskau 1924.
Danilow, Ju. N.: Großfürst Nikolai Nikolajewitsch. Paris 1930.
Denikin, A. I.: Skizzen über die russischen Wirren. Paris 1922.
Dubenski, D.: Wie der Umsturz in Rußland vor sich ging. Riga 1923.
Fabrizki, S. S.: Aus vergangenen Zeiten. Erinnerungen eines Flügeladjutanten des Gossudar Imperators Nikolai II. Berlin 1926.
Gilliard, P.: Der Imperator Nikolai II. und seine Familie. Petershof, September 1915–Jekaterinburg, Mai 1918. Wien 1921.
Gurko, W. I.: Der Zar und die Zarin. Paris 1927.
Jussupow, F. F.: Das Ende Rasputins. Erinnerungen. Paris 1927.
Kerenski, A. F.: Aus der Ferne. Aufsätze. Paris 1922.
Kerenski, A. F.: Rußland am historischen Wendepunkt. In: Woprossy istorii, 6–12/1990.
Kleinmichel, M.: Aus einer untergegangenen Welt. Verlag Glagol.
Koganizki, I.: 1917/18 in Tobolsk. Nikolai Romanow. Die Umtriebe der Germogenleute. In: Proletarskaja revoljuzija, 4/1922.
Markow, S.: Die verlassene Zarenfamilie (Zarskoje Selo–Tobolsk–Jekaterinburg). Wien 1928.
Melnik-Botkina, T.: Erinnerungen an die Zarenfamilie und ihr Leben vor und nach der Revolution. Belgrad 1921.
Miljukow, P. N.: Erinnerungen (1859–1917). Band 1–2. Moskau 1990.
Miljukow, P. N.: Rußland im Umbruch. Paris 1926.
Mordwinow, A. A.: Aus Erinnerungen. Paris 1925.
Mstislawski, S.: Fünf Tage. Der Anfang und das Ende der Februarrevolution. Berlin 1922.
Nabokow, W. D.: Die Provisorische Regierung. Moskau 1923.
Nemzow, N. M.: Die letzte Reise des Obersten Romanow. In: Krasnaja niwa, 27/1928.

Nolde, B. E. (Baron): Fernes und Nahes. Paris 1930.
Obninski, W. P. Der letzte Selbstherrscher. Moskau 1917.
Paléologue, M.: Das zaristische Rußland am Vorabend der Revolution. Moskau 1991.
Pankratow, W.S.: Mit dem Zaren in Tobolsk. Aus Erinnerungen. Leningrad 1925.
Revolution und Bürgerkrieg in der Darstellung von Weißgardisten. Band 4. Moskau/Leningrad 1927.
Rodsjanko, M. W.: Der Zusammenbruch des Imperiums. Charkow 1990.
Schulgin, W. W.: Tage. 1920. Aufzeichnungen. Moskau 1989.
Siwkow, W. F.: Durchlebtes. Perm 1968.
Tschudinow, D.: Sonderauftrag – Für die Sowjetmacht. Erinnerungen. Ufa 1961.
Wilhelm II., Kaiser: Ereignisse und Gestalten. Berlin 1923.
Wojejkow, W. N.: Mit dem Zaren und ohne den Zaren. Helsingfors 1936.
Wolkow, A. A.: Im Dienste der Zarenfamilie. Paris 1928.
Worobjow, W.: Das Ende der Romanows. Aus Erinnerungen. In: Proshektor, 9 (47)/1928.
Wyrubowa (Tanejewa), A. A.: Seiten aus meinem Leben. Berlin 1923.

Monographien, Aufsätze

Awrech, A. Ja.: Der Zarismus am Vorabend seines Sturzes. Moskau 1989.
Buranow, Ju./Chrustaljow, W.: Blaues Blut. Die heimliche Ermordung der Großfürsten. In: Sowerschenno sekretno, 12/1990.
Buranow, Ju./Chrustaljow, W.: Die Entführung des Prätendenten. Unbekanntes Tagebuch Michail Romanows. In: Sowerschenno sekretno, 9/1990.
Buranow, Ju./Mirkina, I./Chrustaljow, W.: Das Schicksal Michail Romanows. In: Woprossy istorii, 9/1990.
Bykow, P. M.: Die letzten Tage der Romanows. Swerdlowsk 1926.
Die Arbeiterrevolution im Ural. Episoden und Fakten. 1917–1921. Herausgegeben von P. M. Bykow. Jekaterinburg 1921.
Die letzten Tage des letzten Zaren. Saratow 1922.
Dieterichs, M. K.: Die Ermordung der Zarenfamilie und der Mitglieder des Hauses Romanow im Ural. Teil 1–2. Wladiwostok 1922.
Felschtinski, Ju.: Trotzki und die Ermordung der Zarenfamilie. In: Russkaja mysl, 2. August 1985.
Ferro, M.: Nikolai II. Moskau 1991.
Joffe, G. S.: Der Große Oktober und der Epilog des Zarismus. Moskau 1987.

Kaswinow, M. K.: Dreiundzwanzig Stufen nach unten (deutscher Titel »Rußlands letzter Zar«). Moskau 1978.
Massie, R.: Nikolai und Alexandra. Moskau 1990.
Melgunow, S. P.: Auf den Wegen zur Palastrevolution. Paris 1931.
Melgunow, S. P.: Die Märztage des Jahres 1917. Paris 1956.
Miljukow, P. N.: Die Geschichte der zweiten russischen Revolution. Sofia 1921.
Nasanski, W. I.: Der Zusammenbruch des großen Rußlands und des Hauses Romanow. Paris 1930.
Oldenburg, S. S.: Die Herrschaft des Imperators Nikolai II. St. Petersburg 1991.
Platonow, O. A.: Die Ermordung der Zarenfamilie. Moskau 1991.
Radsinski, E.: Die Erschießung in Jekaterinburg. In: Ogonjok, 2/1990.
Revolutionäre von der Kama. Perm 1966.
Rjabow, G.: »Wir sind gezwungen, Sie zu erschießen . . .« In: Rodina, 4–5/1989.
Schtschogolew, P. Je.: Die letzte Fahrt Nikolais II. Moskau/Leningrad 1928.
Sokolow, N. A.: Die Ermordung der Zarenfamilie. Berlin 1925.
Tarassow, I. D./Dedenko, W. P.: Dmitri Michailowitsch Tschudinow. Ufa 1969.
Tschermenski, Je. D.: Die 4. Staatsduma und der Sturz des Zarismus. Moskau 1976.
Wassilewski, I. M.: Nikolai II. Petrograd/Moskau 1923.
Wilton, R.: Die letzten Tage der Romanows. Berlin 1923.

Genutzte Archive
(für Text und Abbildungen)

Archiv des Sicherheitsministeriums Rußlands.
Museum für Geschichte und Heimatkunde des Gebietes Swerdlowsk – jetzt: Jekaterinburg.
Parteiarchiv des Gebietes Swerdlowsk – jetzt: Jekaterinburg.
Staatsarchiv des Gebietes Swerdlowsk –jetzt: Jekaterinburg.
Staatsarchiv des Gebietes Tobolsk.
Zentrales Parteiarchiv des IML beim ZK der KPdSU – jetzt: Russisches Zentrum für die Aufbewahrung und das Studium von Dokumenten der neuesten Geschichte.
Zentrales Staatsarchiv der Oktoberrevolution, der höchsten Organe der Staatsmacht und staatlichen Leitungsorgane der UdSSR – jetzt: Staatsarchiv der Russischen Föderation.
Zentrales Staatsarchiv der RSFSR – jetzt: Staatsarchiv der Russischen Föderation.
Zentrales Staatsarchiv für Film- und Fotodokumente.

Register

Register der erwähnten Zeitungen

Personenregister

Nikolai II. und Alexandra Fjodorowna wurden nicht erfaßt.

Stammtafel Nikolais II. (Auszug)

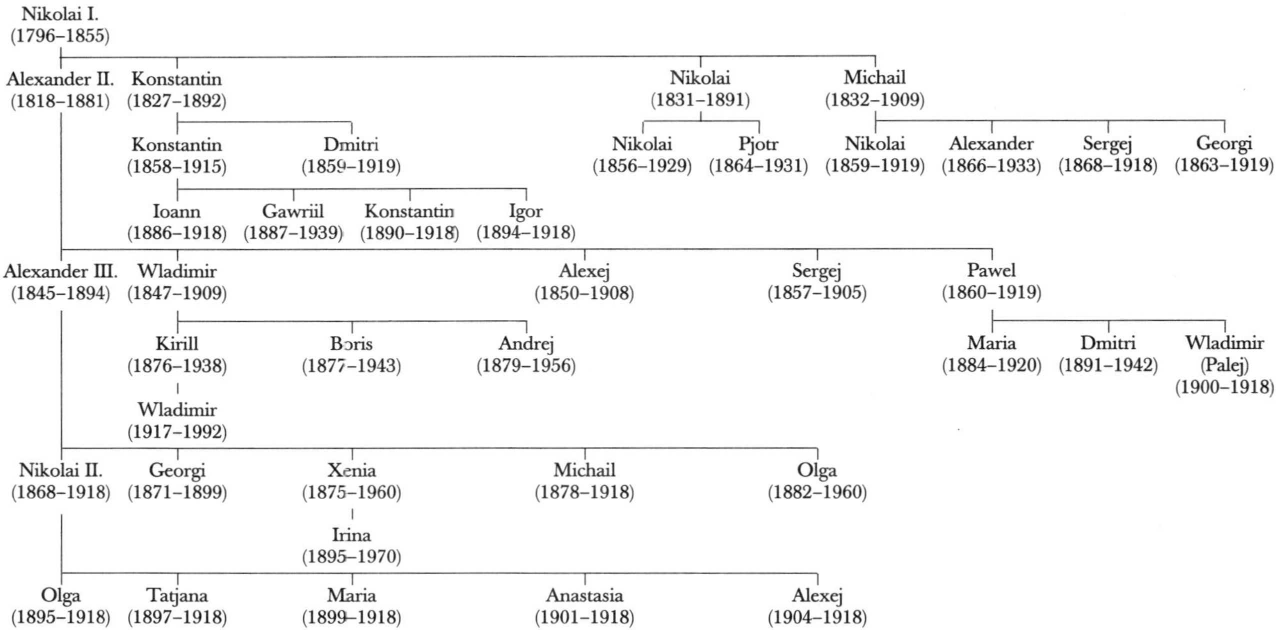

ISBN 3-351-02408-8

1. Auflage 1993

Einband und Schutzumschlag Ute Henkel
Typographie Peter Birmele
Satz Dörlemann-Satz, Lemförde
Schrift 9,5/11 p Baskerville
Druck und Binden Clausen & Bosse, Leck
Printed in Germany